SV

Hans Blumenberg
Lebenszeit und Weltzeit

Suhrkamp

Erste Auflage 1986
© Suhrkamp Verlag Frankfurt am Main 1986
Alle Rechte vorbehalten
Druck: MZ-Verlagsdruckerei GmbH, Memmingen
Printed in Germany

CIP-Kurztitelaufnahme der Deutschen Bibliothek
Blumenberg, Hans:
Lebenszeit und Weltzeit / Hans Blumenberg. – 1. Aufl.
Frankfurt am Main: Suhrkamp, 1986.
ISBN 3-518-57725-5

Inhalt

Erster Teil
Das Lebensweltmißverständnis 7

Zweiter Teil
Öffnung der Zeitschere 69

I Apokalypse und Paradies 71
II Die Kongruenz von Lebenszeit und Weltzeit als Wahn 80
III Entschärfungen: Abkopplung der Lebenszeit – Zurückholung der Weltzeit 86
IV Die Weltzeitsprünge der Himmelstheorie 99
V Der ägyptische Obelisk und das große kosmische Jahr 130
VI Raumgewinn als Zeitbedarf 141
   Exkurs: Die Kalenderreform 150
VII Die Wahrheit – Tochter der Zeit? 153
VIII Universalmensch und Weltvernunft im Zeitverhältnis 173
IX Die Vernunft bekommt eine Geschichte 180
   Exkurs: Zur fehlenden Geschichte der Unsterblichkeit 212
X Verspätung der Aufklärung und Beschleunigung ihres Verfahrens 218
   Exkurs: Beschleunigung als Heilserwartungsrest 242
XI Annäherung an den Lebenszeitaugenblick 249
XII Biologischer Funktionstausch von Lebenszeit und Weltzeit 267
XIII Zeitfüllung und Erfüllungszeit 291
XIV Zur genetischen Phänomenologie der Weltzeit 295

Dritter Teil
Die Urstiftung 313

Namenregister 375

Erster Teil

Das Lebensweltmißverständnis

Die Zeit entsteht mit der Unlust.

Novalis

Die Magie der Sprache ermöglicht es und verleitet dazu, aus der Luft zu greifen, was darin liegt, und einem verblüfften Publikum vorzuzeigen, wovon es alsbald nicht mehr wissen wird, was es gewesen war oder sein sollte. Vor allem ist es die Kunstfertigkeit in Doppelbegriffen, die sonst ungekannte Effekte hervorbringt – und dies auch oder gerade dann, wenn derartiges nicht beabsichtigt, nicht einmal vermutet worden war.

So etwas unterlief in folgenreichster Weise Immanuel Kant, als er 1790 in der dritten »Kritik«, der der Urteilskraft, die Komposition *Weltanschauung* in die Begriffswelt einführte, ein unter seinen Voraussetzungen paradoxes Gebilde: ›Welt‹ galt ihm als die ideale Totalität der Erscheinungen, die sich niemals für irgend eine Erfahrung herstellen ließe und dennoch die Unermüdlichkeit jeder Erfahrung antreibt – eben in solcher absoluten Unerreichlichkeit keinesfalls eine Sache von ›Anschauung‹ sein konnte. Berücksichtigt man, daß Kant erst sechs Jahre nach der letzten »Kritik« die Auseinandersetzung mit dem *neuerdings erhobenen vornehmen Ton in der Philosophie* führte und dabei das Platonisch-Verführerische von ›Anschauung‹ zu Gesicht bekam, mag es verzeihlich erscheinen, daß er fast beiläufig – und ein einziges Mal – der Neuprägung ›Weltanschauung‹ zur Welt verholfen hatte, in der sie eine durch Vieldeutigkeit begünstigte fatale Karriere machen sollte. Immerhin: der Kontext, in dem dieser Doppelbegriff bei Kant auftaucht, ist durchaus einschlägig für die Verknüpfungen, in denen er vom »Faust« Goethes über den »Kosmos« Alexander von Humboldts bis zur Weltläufigkeit an der Jahrhundertwende und der damit beginnenden Anfälligkeit für intellektuelle Hochstapelei auftreten sollte. Die ästhetische Idee des ›Erhabenen‹ reißt alles an sich, was sich den Maßsetzungen wissenschaftlicher Solidität entzieht, *jeden Maßstab der Sinne übertrifft*.[1] Wenn in bezug auf die Welt keine Anschauung verstattet und dennoch Anschauung

---

[1] Kritik der Urteilskraft § 26 (Akademie-Ausg. V 254 f.): *Aber, was das Vornehmste ist, es als ein Ganzes auch nur denken zu können, zeigt ein Vermögen des Gemüths an, welches allen Maßstab der Sinne übertrifft ... Das gegebene Unendliche aber dennoch ohne Widerspruch auch nur denken zu können, dazu wird ein Vermögen, das selbst übersinnlich ist, im menschlichen Gemüthe erfor-*

unverzichtbar ist, greifen Substitutionen ein, Erlebnisse für Sachverhalte: das Gewaltige für das Unermeßliche – absolute Metaphern, deren Risiko darin besteht, daß sie, als ›beim Wort genommene‹, zur Dogmatik eben dessen werden, was am Ende ›Weltanschauung‹ heißt und vordergründige Befriedigungen an der Durchsichtigkeit wie Übersichtlichkeit der Dinge suggeriert. Es ist mehr ein Begriffsschicksal als eine Begriffsgeschichte.

Einem eher unbeholfenen und weithin glücklosen Begriffsbildner gelang ein an Nachhaltigkeit vergleichbarer Kompositionsgriff 1924 mit der so leicht und unproblematisch wirkenden ›Lebenswelt‹. Husserls Neuprägung stand nicht von ungefähr im Zusammenhang seiner gründlicheren Einlassung auf Kant, zu dessen zweihundertstem Geburtstag er die akademische Gedenkrede in Freiburg zu halten hatte. Doch nicht im Text dieser Rede selbst, sondern in deren Ausarbeitung zur – freilich nie von ihm publizierten – Druckfassung tritt das Erfolgswort auf. Aber nicht für das, was Kant mit ›Welt‹ gemeint hatte – den unerreichbaren Bezugswert der Erfahrung –, setzte Husserl seine Erfindung ein, sondern für die von der Naturforschung ausgeschlossene, weil als ›subjektiv‹ befundene Grundthematik der phänomenologischen Beschreibungen: *Die Welt gewann eine unendliche Weite, sobald die wirkliche Lebenswelt, die Welt im Wie der Erlebnisgegebenheit betrachtet war.*² Nur daran, daß ›Unendlichkeit‹ auch für diese ›Welt‹ nochmals in Anspruch genommen wird, macht sich der Hinblick auf Kant kenntlich. Im übrigen war es die Abkehr von der normativen Vorgabe wissenschaftlicher Erfahrung, die sich ih-

---

dert. Denn nur durch dieses und dessen Idee eines *Noumenons, welches selbst keine Anschauung verstattet, aber doch der Weltanschauung, als bloßer Erscheinung, zum Substrat unterlegt wird* ... – Zur Theorie der Doppelbegriffsbildung: J. Fisch, Zusammengesetzte Begriffe. In: Archiv für Begriffsgeschichte XVII, 1973, 93–118.
2 Husserl, Kant und die Idee der Transzendentalphilosophie (Gesammelte Werke VII 232). Daß diese Welt *die alltägliche Gemeinwelt* sein könnte wie im Spätwerk (Werk VI 357), liegt hier noch fern, weil im Vordergrund die Revision des Naturbegriffs steht, insofern er *ein Kunstprodukt der Methode* geworden war, das auf die *volle Ursprungskonkretion der Welt* zurückzuführen (Werke IX 54 f.) die sich abzeichnende Aufgabe sein sollte; zunächst eine Begründungsaufgabe für die Wissenschaft selbst, danach erst *als Aufgabe schon in der Alltäglichkeit* liegend (Werke VI 11). Bezeichnenderweise hatte die Neuprägung ›Lebensalltäglichkeit‹ (Werke VI 28) keine Durchsetzungskraft: zu wenig Deutungspotential.

Erster Teil: Das Lebensweltmißverständnis

ren ›Ausdruck‹ verschafft hatte: ein Stück aufgehobener ›Lebensphilosophie‹ im Jahre ihrer Todeserklärung durch Heinrich Rickert *und* im Todesjahr Paul Natorps, mit dem die Bindung des Neukantianismus an das Faktum Wissenschaft erlosch, ebenso wie Husserls seit 1894 bestehende Fixierung auf diesen philosophischen ›Konkurrenten‹, im besten Wortsinne.

Was Husserl unversehens gelungen war, lag auf der Linie eigener tastender Benennungen, vor allem aber von Vorprägungen, die im Positivismus von Ernst Mach und Richard Avenarius mit der ›natürlichen Weltansicht‹ und dem ›menschlichen Weltbegriff‹ gegeben worden waren, um die aller Wissenschaftlichkeit und ihrer disziplinierten Gegenstandbildung voraus- und zugrundeliegende Empfindungs- und Erlebnissphäre zu thematisieren. Husserl selbst hatte allerlei Kombinationsversuche unternommen, um die ›Natürlichkeit‹ außertheoretischer ›Einstellungen‹ und der ihnen zugeordneten ›Erlebnis‹inhalte an die Schwelle der Beschreibbarkeit heranzuführen. ›Leben‹ war ein konstantes Element solcher Versuche geworden, der Gebrauch der Vorsilbe ›Ur-‹ diente der Zurückholung ans Anfänglich-Grundgebende wie nicht weniger der Sinnvertiefung bis hin zur ›Urstiftung‹ des Spätwerks. Die Metaphorik der ›Urquellen‹ des ›lebendigen Lebens‹, der ›strömenden Lebensgegenwart‹ sollte nicht aus dem Griff lassen, daß *Leben selbst eine Limesidee* sei[3] – insofern ein nur annäherungsfähig Unerreichliches des reflektierenden Rückgangs wie die ›Welt‹ ein solches des empirischen Fortgangs. Diese ›Nähe‹ in der Äquidistanz zum Ideellen regulativer Unbestimmtheit macht die Komposition von ›Leben‹ und ›Welt‹ so virulent, wie sie werden sollte. Sonst bleiben eben nur zwei Allerweltswörter beieinander, die ihre nichtssagende Allgemeinheit im überraschenden Verbund verbergen, indem sie an ihre große Zeit in den Gestalten von Lebens- und Weltweisheit erinnern. So konnten und können noch die großen Erwartungen mit diesem Stichwort erweckt werden, die Ermüdung

---

3 Erste Philosophie II. Vorlesung Wintersemester 1923/24 (Gesammelte Werke VIII 162; 309). Die sich zunehmend verstetigende Verbindung von ›Leben‹ mit der ›Strom‹-Metaphorik begünstigt die Öffnung des Begriffs zur ›Idee‹; die Gegensätzlichkeit zur Konjunktion von ›Dasein‹ und ›Tod‹ als dem letzten Sorgegrund in Heideggers »Sein und Zeit« ist bei Husserl mit der Entendlichung des Lebens programmiert. In *strömender Lebensgegenwart* ist das Sein-zum-Tode deskriptiv unauffindbar: *Leben ist ein Fortleben* (Werke XI 381).

an Abstraktionen lasse sich endlich überwinden, um in umfassender und nur noch theorieähnlicher Bewegung ›ans Leben selbst‹ heranzugehen. Jedermann müsse und werde das seine wiedererkennen, zumindest seiner als des Wiedererkennbaren gewärtig sein.

Der Begründer der Phänomenologie hat zunächst nicht bemerkt, was ihm geglückt war; und die ausgebliebene Publikation des erweiterten Kant-Vortrags hat auch anderen keine Gelegenheit gegeben, Akklamation und Rezeption – oder gar diese ohne jene – zu tätigen. In der Vorlesung des Sommersemesters 1925 über »Phänomenologische Psychologie« scheint Husserl gänzlich die ›Lebenswelt‹ des Vorjahres vergessen zu haben, sonst brauchte er sich bei der Erörterung der ›Vorgegebenheit‹ für alle Erfahrung nicht um so vielfältige Formeln zu mühen. Denn mit der *Einheit der vorwissenschaftlichen Erfahrungswelt* wird nicht nur eine fernarchaische Idylle ungebrochenen Weltbezugs beschrieben, in der Natur und Geist *immerfort untrennbar aufeinander bezogen* waren: die *Ursprungskonkretion der Welt.* Thema ist *das Urfeld,* von dem her alle Erfahrung, Benennung, Prädikation und Theorie immer nur partielle Modifikationen, Austausche von Sein und Schein sein können. Zugleich bestimmt der *Begriff der natürlichen Welterfahrung* den Standard, auf den tendenziell jeder Bruch von Gewißheit als Durchgang zurückführen muß. Jene vorwissenschaftliche Einheit der Erfahrungswelt determiniert den Sinn aller theoretischen Operationen als gerichtet auf *die Idee einer endgültigen Welt der Erfahrung.*[4] Hier gibt sich nun der Zusammenhang preis, der zwischen dem Konzept der genuinen Welteinheit wie -einstimmigkeit und der seit dem Wintersemester 1919/20 vorgetragenen »Genetischen Logik« besteht, die das vorprädikative Instrumentarium zum Thema hat, das von der initialen Einheit wie Einstimmigkeit zur finalen den ›Durchgang‹, die Selbsterhaltung, verschafft.

Der Schimmer von Platonismus, der auf dem Bedeutungs- und Wesensbegriff der frühen Phänomenologie lag und erst mit der Ausbildung der Horizontthematik zu verblassen schien, frischt mit dem Rückgang auf die vorwissenschaftliche Erfahrungswelt wieder auf – und zwar nicht infolge der ›Idealisierung‹ einer unend-

---

[4] Phänomenologische Psychologie. Vorlesung Sommersemester 1925 (Gesammelte Werke IX 55–64).

lichen Erfahrung, sondern durch eine Erneuerung der platonischen *Anamnesis*. Die genuin ungebrochene Welteinheit der Erfahrung bleibt in aller theoretischen Anstrengung zur Wahrung von ›Einstimmigkeit‹ als regulative ›Idee‹ gegenwärtig. Diese Art von *Anamnesis* jener nur erschließbaren anfänglichen Erfahrungseinheit wird zur *Prolepsis* aller Intentionalität des Bewußtseins, aller auf dieser beruhenden und diese ›realisierenden‹ unendlichen Arbeit in theoretischer Einstellung. Die Koppelung von Rückgriff und Vorgriff schließt nun den Horizontbegriff ein; es ist *die beständige Horizont-Präsumtion*, die nun nicht mehr aus der bloß erweiterten Gegenwart des inneren Zeitbewußtseins hervorgeholt zu werden braucht, sondern so etwas wie Erinnerung an einen Verlust und darin Vorzeichnung einer Möglichkeit ist, *daß alle Horizonte zu öffnen sind und daß alles schließlich zur Einstimmigkeit zusammengehen wird und zur Enthüllung der einen und selben einstimmigen Welt führen muß.* Wenn im Spätwerk der »Krisis«-Abhandlung die Geschichte zur diagnostischen *und* therapeutischen Dimension wird, so beruhen beide Aspekte und Funktionen auf der unvermerkten Annahme einer Erinnerungsfähigkeit, deren Ausschöpfung erst ihrem als ›Urstiftung‹ latenten Inhalt die andere Potenz zuschreiben läßt: die der Orientierung in der Erwartung.

Zunächst ist das, was in den Jahren nach der beiläufigen und wohl vergessenen Niederschrift des Wortes ›Lebenswelt‹ an Präzisierung und Funktionsbestimmung der Aufgabe jenes ›Rückgangs‹ auf die vorwissenschaftliche Erfahrungswelt geleistet wird, weniger die bestimmtere Fassung des Themas selbst und der Mittel seiner Bewältigung als vielmehr seine Lokalisierung – heute gern ›Verortung‹ genannt – im neu zu vermessenden Arbeitsfeld der Phänomenologie. Noch Mitte 1926 steht wieder der ›natürliche Weltbegriff‹ in einer kurzen Aufzeichnung, die die Dichotomie der phänomenologischen Möglichkeiten unter der programmatischen Überschrift »Gegen Descartes« auf vier Blättern festgelegt: Ichgewißheit und Weltgewißheit.[5] Soll diese nicht eine von jener abgeleitete sein, muß es ein wesensmäßig kontingenzfreies Weltbewußtsein geben – also genau das, was Konzeption und Verständlichkeit der phänomenologischen Reduktion des Existenzglaubens, der *Urdoxa*, ausschließt.

5 K. Schuhmann, Husserl-Chronik. Den Haag 1977, 306.

Was sich seit etwa 1920 in den Untersuchungen zur ›genetischen Logik‹ herausgestellt hatte, war die Partialität aller vorprädikativen und prädikativen Brüche und Unstimmigkeiten, wie sie in Negation und Modalisierung ›aufgefangen‹ werden mußten und konnten – dagegen die Unberührtheit der Weltgewißheit durch alle Operationsformen des Bewußtseins. Daß die Welt sich als ›intakt‹ erwies gerade im Maße der zu leistenden ›Korrekturen‹ von vermeintlichen Gewißheiten in ihr, war die Voraussetzung für deren Möglichkeit und damit eine durch keine *epoché* aufhebbare oder auch nur anhebbare Evidenz. Nur diese Einsicht erlaubte, sich mindestens versuchs- und zeitweise ›gegen Descartes‹ zu stellen: die ›Welt‹ von ihrer traditionellen Garantie unabhängig zu denken, die Option der autonomen Weltthematik zu eröffnen und für sie nach dem Ansatz zu jener *Anamnesis* zu suchen, von der ich sprach. Eine Welt aber, die schlechthin für keinen Gedanken und keine Handlung zur Disposition steht, ist die ›Lebenswelt‹. Die in ihr begründete Voraussetzung ist unzerstörbar durch den Prozeß der Erfahrung. Husserl hat dafür die Metaphern von ›Strom‹ und ›Boden‹ oft verwendet: *Es ist immerfort im Fortströmen der universalen Erfahrung der feste allgemeine Seinsboden, auf dem alle Sonderfragen Entscheidung finden.*[6]

Kontingenz der Welt war der aus der scholastischen Trennbarkeit von Essenz und Existenz übernommene Ausdruck für den methodisch einzuübenden Verzicht auf die Annahme der Weltexistenz gewesen, für die ›Reduktion‹ auf das ›Wesensmäßige‹ also. Nun war die ›Existenz‹ als die ›Essenz‹ der Welt selbst erwiesen – in vorgreifender Analogie zu dem Verfahren, das in der Existentialanalytik Heideggers für das menschliche ›Dasein‹ angewandt werden sollte. ›Kontingenz‹ wird für Husserl in der Option ›gegen Descartes‹ zum Resultat der ›wissenschaftlichen‹ Einstellung; für sie kann die Welt auf jedem Schritt der Erkenntnis anders sein als sie ist, und die Gesamtheit aller schon gewonnenen Erkenntnis steht tatsächlich beim nächsten Schritt zur Disposition. Dies aber wird sich als ein Verfahren des Vergessens der primären Gewißheit herausstellen, eine zu Unrecht aus dem ›Strom‹ auf den ›Boden‹ projizierte Fraglichkeit. Es muß also neuerlich gefragt werden, wie wir zum Verständnis des Existenz-

6 Phänomenologische Psychologie (Gesammelte Werke IX 63).

prädikats überhaupt kommen, und das geschieht im Rahmen der Intersubjektivitätsthematik.

Den Zusammenhang der Aufzeichnungen des Sommers 1926 gibt eine fünfseitige Notiz über den *Wesensstil der natürlichen Erfahrung und die Methode, ihn zu finden.* Noch ist nicht deutlich, wohin man zu blicken hat, um dem Postulat des ›Rückgangs‹ auf die vorwissenschaftliche Weltbeziehung zu genügen; die ›Methode‹ ist erst zu finden, und die Überraschung des Spätwerks wird sein, daß es keine neue ›Reduktion‹ ist, nicht die bloße Abhebung der ›Sinnesschicht‹ Wissenschaft von einem jederzeit und jedem für sich zugänglichen Substrat – sondern eine Theorie der Geschichte und der in ihr sich vollziehenden originären Sinnbestimmung als einer nicht jederzeit verfügbaren und zugänglichen Handlung, Setzung von Verbindlichkeit, ›Urstiftung‹.

Die Auffindung und Benennung der ›Lebenswelt‹ führt noch nicht zur phänomenologischen Geschichtsreflexion; vielmehr ist es die noch tastende Bestimmung der normativen Funktion jenes ›Rückgangs‹ für eine Krisensituation des Orientierungsverlustes, der Sinnverlustklage. Der ›Rückgang‹ wird zur *Anamnesis* und insofern zu einer neuen ›Zeitlosigkeit‹ – denn der diachronische Prozeß der Sinnerfüllung wird, als geschichtlich, gerade indifferent gegen den Zeitverbrauch sein. In jedem Platonismus steckt Gleichgültigkeit gegen die Zeit, und das bestimmt auch Husserls Altersweisheit von der Großzügigkeit der europäischen Geschichte und von der proportionalen Kleinräumigkeit ihrer ›Krisis‹. Der nicht mehr als ›Reduktion‹ zu begreifende Rückgang auf die Vorwissenschaftlichkeit nimmt das konkludente Geschichtsverhalten des ›europäischen Menschentums‹ zum Leitfaden auf das Initiationsereignis hin: auf den Gründungsakt der Philosophie. Dieser uranfängliche Sinnstiftungsakt bleibt zwar als Obligation über die Zeit hinweg allgegenwärtig, ist aber nicht durch Reflexion auf ein der Subjektivität inhärentes ›Erlebnis‹ aufzufinden. Die unerwartete Gewichtigkeit der Geschichte neutralisiert die Zeit, deren Indifferenz sowohl ›Erfüllung‹ des urgestifteten Sinnes als auch dessen ›Verfehlung‹ ermöglicht. Der Anfang in der Zeit entscheidet über die Orientierung, nicht darüber, daß sie eingehalten wird.

Die natürliche Erfahrung hat einen ›Wesensstil‹. Das ist eine Minderung des Anspruchs, der in der phänomenologischen ›Wesensschau‹ gelegen hatte: Stil ist weniger als das, was in jedem Falle sein muß. Es ist fraglich, ob ein ›Wesensstil‹ der Vorwissenschaftlichkeit schon die Prädisposition für die Entscheidung zur ›theoretischen Einstellung‹, mit ihr zur Wissenschaftlichkeit enthält. Darauf die Antwort zu finden, wird Husserl eher deduktive als reduktive Gänge einlegen, zumindest ein transzendentales ›Angebot‹ konstruieren, das in der Geschichte angenommen werden konnte und faktisch früheuropäisch angenommen worden ist. Im Sommer 1926 kennt also Husserl die ›Methode‹ noch nicht, die zur ›Ursprungskonkretion der Welt‹ führen könnte; aber er hat den Begriff für das erwartete Resultat gebildet – ein neuerliches Doppelwort, nicht ohne Verdächtigkeit gewaltsam-vorsichtiger Verschweißung: ›Wesensstil‹. In einem anderen Nachlaßdeponat ist es ein ›Geltungsstil‹, dessen erläuternde Bestimmung aber gerade das ist, was nur ›Wesen‹, nicht ›Stil‹ sein kann, wenn es um die Option der Weltgewißheit – oder ›auch‹ der Gewißheitswelt – gehen sollte: *Geltungsstil der natürlichen Welterfahrung, ihre Art Undurchstreichbarkeit während ihres lebendigen Verlaufs.*

In diesem Sommer 1926, der ihn der ›Lebenswelt‹ wieder so nahe bringt, ohne ans schon gefundene Doppelwort zu rühren, hatte es einen ganzen Schub von Erwägungen zum Postulat des ›Rückgangs‹ hinter die Wissenschaftlichkeit gegeben. Das verleitet zu einem Blick auf die Zeit unmittelbar danach. Husserl ist im August in Silvaplana; für eine Woche kommt Heidegger dazu. Man würde gern wissen, wie Husserls Zuwendung zur Option ›Weltgewißheit‹ sich mit Heideggers Lösung von der phänomenologischen ›Reduktion‹ und ihrem erkenntnistheoretischen Dualismus im Vorfeld von »Sein und Zeit« begegnet sein mag; denn es ist schwer vorstellbar, daß zumindest Husserl nicht seiner Gepflogenheit folgte, auf der Spur des gerade gepackten Themas ohne Rücksicht auf Situation und Gegeninteresse zu bleiben.[7] Sollte in Silvaplana eine Konvergenz der Weltgewißheitspositionen erkennbar geworden sein, wür-

---

[7] Husserl war nicht dialogisch; er suchte mehr die Erprobung der Verständlichkeit seiner Darstellung. Darauf mag Heideggers Äußerung über die Unergiebigkeit der Feriengespräche beruhen, die sich in dem noch zu seinen Lebzeiten mit seiner Zustimmung veröffentlichten Brief an den *väterlichen Freund* vom 22. Oktober 1927 (nach einem Besuch in Freiburg) findet: *Erst in der wirklichen Arbeit werden die Probleme offenbar. Daher bringt die Behaglichkeit bloßer Feriengespräche nichts hervor.* (Husserl, Gesammelte Werke IX 600–602).

de noch deutlicher begreiflich, daß Husserls nach dem Erscheinen von »Sein und Zeit« im Februar 1927 in seinem »Jahrbuch für Philosophie und phänomenologische Forschung« einsetzende Abwendung von Heidegger nicht in der ›Auflösung‹ des erkenntnistheoretischen Dualismus durch das ›In-der-Welt-sein‹ begründet war, sondern im Eindruck des ›Anthropologismus‹ der Daseinsanalytik. Nur wenig Zweifel kann es daran geben, daß die Wiederkehr der ›Lebenswelt‹ in Husserls Sprache, spätestens 1928, aus der Nötigung zu einer benennbaren Position gegenüber dem Werk seines Amtsnachfolgers hervorging. Der schon vergessene Zufallsgriff wurde zur Notwendigkeit der Selbstbehauptung.[8]
Der Katalysatoreffekt der Lebenswelt-Namhaftmachung beruht auf dem Mangel an immanenter Bestimmtheit aus dem Gang der Gründerphänomenologie heraus; die hinzutretenden ›Abdeckungs‹bedürfnisse erfordern Disponibilität durch Unbestimmtheit: das Eindeutigkeitsgebot einer »Philosophie als strenge Wissenschaft« von 1911 scheint für diese Begriffsbildung vergessen zu sein. Das ›Lebensweltmißverständnis‹ ist nicht nur eine Sache der anderen und der Späteren, die sich erst wieder ›einüben‹ mußten und müssen in Phänomenologie; es ist konstitutiv für die Entstehungsbedingungen von Begriff und Thematik, für Husserls eigene Schwierigkeiten im Umgang mit dieser Doppeldeutigkeit oder gar Undeutigkeit zwischen ›Reduktion‹ und ›Rückgang‹ – dem ›Rückgang‹ in den Dimensionen seiner Richtungnahmen. Die Begriffsgeschichte wird hier die Aufgabe haben, nicht nur das faktische Ausmaß an Vieldeutigkeit zu registrieren und seinen Funktionen zuzuordnen, sondern auch den immanent-systematischen Sollwert von ›Lebenswelt‹ nachzuvollziehen. Es muß nicht gleich ›Hermeneutik‹ sein, wenn der Autor gegen ihn selbst verstanden werden muß – wie gegen seine Hermeneuten.
Die Nötigung, die von Heideggers frühem Hauptwerk ausging,

8 In seinem Verhältnis zu Heidegger fand Husserl die Ausgangssituation seines Denkweges wieder. Nicht von ungefähr war der Tenor seiner Erwiderung auf die Festrede seines Nachfolgers zum 70. Geburtstag (8. April 1929) nach Roman Ingardens Erinnerung, daß *sein Philosophieren, inmitten einer völligen Ratlosigkeit, der geistigen Selbsterhaltung seiner Existenz entsprungen* sei. (K. Schuhmann, Chronik, 344) – Zu diesem Zeitpunkt besaß Husserl noch keine genaue Kenntnis von »Sein und Zeit«. ›Durcharbeitung‹ ist erst für den Sommerurlaub 1929 bezeugt: *um zu einer nüchtern-endgültigen Stellung zur Heideggerschen Philosophie zu kommen*... (Chronik, 349).

lag in der nochmaligen Anhebung des Anspruchsniveaus der Philosophie aus und nach dem phänomenologischen Ansatz: als letzte und einzige Opposition gegen die verächtlich so genannten ›positiven‹ Wissenschaften; als Exodus aus dem Sklavenland des Seienden und seiner maßgebenden Projektionen in die *terra incognita* des Seins; als Überwindung der Zerrissenheit der Philosophie in ›Disziplinen‹ und Regionalontologien von der absoluten Sonderstellung her, die das zur ›Fundamentalontologie‹ entschlüsselte Seinsverständnis des ›Daseins‹ gewährte; schließlich als Konzeption einer Geschichtlichkeit, die alle Fakten in der einen Faktizität ihrer selbst aufgehen lassen würde. Dieses Programm überbot die Phänomenologie ihres Begründers für die im dritten Jahrzehnt dieses Jahrhunderts jedem intellektuellen Imponiergehabe leicht erliegende Mentalität angestrengter Jugendlichkeit durch den großen Gestus der Sinnbeschaffung. Sie lag beschlossen in dem kryptischen Versprechen, endlich die Frage nach dem ›Sinn von Sein‹ zu stellen und den Weg zu ihrer Beantwortung zu kennen – während mit dem Methodischen Husserl seine bleibende Not hatte. Nicht nur und erst die Thematisierung der ›Lebenswelt‹ definierte die sachliche Rivalität mit dem Nachfolger, sondern die Hereinziehung dieses Themas in das *therapeutische* Verhältnis zur großen ›Krisis‹ des europäischen Menschentums und seiner Wissenschaften, dem eher zurückhaltenden Ausdruck für die aufkommende Barbarei.

Terminologische Neuerungen *sind* Bedingungen für anderes – etwa für den Erfolg der Attraktion von Aufmerksamkeit auf ihren Urheber und seine Absichten – und sie *haben* Bedingungen, ohne deren Erfüllung sie zur Erfolglosigkeit verurteilt sind. In müßiger Stunde kann man sich auszudenken versuchen, welche optimale Kondition eine Findung haben muß, um durchzudringen, mehr noch: um sich auf Dauer zu behaupten. Es vergißt sich leicht, daß der Begriffsbestand einer zweieinhalb Jahrtausende währenden philosophischen Geschichte schon auf rüden Selektionen beruht; oft bewundert der Rückblickende etwas, was über den einen Augenblick seiner Formierung oder über die Reichweite einer Schule nicht hinausgekommen ist. Man erlaube mir, an die *haecceitas* zu erinnern und den Scherz nicht zu unterdrücken, es sei nicht die ›Diesigkeit‹, in der sie doch überlebe. Seltsamerweise gehört zum Überleben ein gehöriges Maß an offener Bestimmbarkeit. Es müssen einige, viele, alle das

Erster Teil: Das Lebensweltmißverständnis   19

Ihre dazutun können und überzeugt bleiben, es sei gerade das Verlangte, das Fällige. Hätte man also zu versuchen gehabt, jene optimale Kondition herzustellen, drängt sich fast auf, daß in einer gelungenen Neuprägung die Elemente ›Welt‹ und ›Leben‹ hätten vorkommen müssen, so oder so verbunden, um Plausibilität für fast jedes neuerungsfreudige Unternehmen zu sichern und fast jeden Hinterhalt theoretischer Zuverlässigkeit zu tarnen. Man darf das nicht einmal bedauern; es gibt Gelegenheit, den Mechanismus der Begriffsbildung und ihrer Valenzen nicht in historischer Ferne, sondern aus der Nähe der Aktualitätsumstände zu beobachten.
Dem Begriffskentauren ›Lebenswelt‹ kann man sich unter beiden Aspekten seiner Komponenten nähern. Unter dem der ›Welt‹ als der Integration von Totalität und Evidenz für die theoretische Einstellung ist das schon umrissen worden; unter dem Aspekt des ›Lebens‹ ist es nicht damit getan, der Verweisung der Vokabel auf die eben erlöschende ›Lebensphilosophie‹ zu folgen. Die Verheißung ist intensiver. Sie ist äquivalent der nach dem Zweiten Weltkrieg zunächst alles übertrumpfenden ›Existenz‹. Heidegger hatte sich umsonst gewehrt, seine Existentialanalytik habe nicht die Absicht einer anderen Existenzphilosophie, sondern sei nur die Vorhalle zum Tempel der Seinssinnbefragung. ›Existenz‹ hatte ›Leben‹ abgelöst – auch, wie immer, die Enttäuschungen mit dem Programmstichwort vergessen lassen. Beide Titel aber gaben Anwartschaften auf ›Realismus‹: dicht am Leben, an der Daseinssorge, an der alltäglichsten Wirklichkeit zu bleiben, und dazu noch der von jedermann – das hieß: Verzicht auf Abstraktionen, auf Systematik, auf Dienstbarkeit im Wissenschaftsbetrieb. Die Polemik gegen die ›positiven‹ Wissenschaften und ihre Seinsvergessenheit hörte sich unter diesem Aspekt eben nicht als ›höherer‹ Anspruch an, als Rückruf zu einem ungekannten ›Sinn von Sein‹ in der Ferne seiner Erschließungsbedürftigkeit; vielmehr beherrschte die Suggestion von Nähe des übergangenen Lebens, der vergessenen Existenz, diesen Erfolg. Das galt nicht nur für die Thematisierung des ›Daseins‹ und seiner konstitutiven ›Sorge‹ in ihren Alltäglichkeitstransformationen; es galt demzuvor für die Kritik des Phänomenologen an der Phänomenologie. Heideggers Seinsthema liegt die Ablehnung der methodischen Generalrezeptur der Phänomenologie zugrunde, der Reduktion.

Die frühe Fassung von »Sein und Zeit«, die in der Marburger Vorlesung des Sommersemesters 1925 unter dem unverdächtigen Titel der Ankündigung »Geschichte des Zeitbegriffs« hieß, läßt als Wurzel der Frage nach dem ›Sein‹ die Distanzierung von der ›Reduktion‹ erkennen, insofern diese im Ernstfall ihrer Einführung die schlichte Ausschließung von ›Existenz‹ gewesen war. Allerdings gerade nicht der ›Existenz‹, die der mit ihr vordringlich befaßten Philosophie den Namen geben sollte, sondern der Weltexistenz als des Inbegriffs aller Zweifelhaftigkeiten, zu denen der cartesische *genius malignus* den neuzeitlichen Besorgnisanlaß gegeben hatte. Die Vorenthaltung des Existenzprädikats für die Welt, dann jeder Art von Existenzglauben für die Gegenstände der mit ihr als ›Natur‹ befaßten Wissenschaften, sollte das rein Anschaubare, das ›Wesen‹, zur Sache der Beschreibung machen.

War allein dieses Verfahren der Philosophie im Endzustand würdig, dann war jene reduzierte ›Existenz‹ das Belanglose, ihr Unthema, gerade gut genug, um von eben den ›positiven‹ Wissenschaften leichtgläubig und unbedacht ›gesetzt‹, zur Urdoxa gemacht zu werden. Diese Bindung des Existenzbegriffs an die gewordene Wissenschaftlichkeit gab der Phänomenologie von Anfang an eine Tendenz affektiver Gegnerschaft – ungebrochen in der Ironie des Programmtitels »Philosophie als strenge Wissenschaft« von 1911. Aber der Affekt war, wie so oft, kein guter Lehrmeister zur Grenzbestimmung gegen einen Wissenschaftsdienst der Philosophie, wie er den Neukantianismus geprägt hatte. Die ›Reduktion‹ vereinfachte das Problem, weil sie die Frage ausklammerte, wie es ungeachtet aller Wissenschaftlichkeit dazu kommen konnte zu verstehen, was ›Existenz‹ bedeutete. Eben diese Frage stellte sich Heidegger – und darin ist er ganz legitim phänomenologisch –, um die Antwort in der strikten Exklusion des Anteils der Wissenschaft an diesem ›Sinn von Sein‹ zu suchen. Damit bekam das dem ›Dasein‹ inhärente ›Seinsverständnis‹ die Funktion der Quelle – und das hieß in einer von Vorschriften befreiten Sprache: Die Existenz ermöglicht zu verstehen, was ›Existenz‹ bedeutet. Damit allerdings war die ›Reduktion‹ auch in ihrer transzendentalen Umgestaltung diskriminiert.

Der Vorwurf in der Sommervorlesung 1925 lautete kompakt: Die Reduktion setzt die Seinsfrage nicht nur aus, sondern schließt sie als widersinnig aus. Diese Verschärfung der Kritik liegt nicht mehr in der Konsequenz der Phänomenologie. Deren großräumige Beachtung des Kapitels Fremderfahrung bis Intersubjektivität tendiert auf eine Reaktivierung der Frage, wie es zur Existenzsetzung der Welt, zur Grundannahme ihrer möglichen Objektivität für theoretisches Verhalten, überhaupt kommen kann. Das Übergewicht der letzten der »Cartesianischen Meditationen« demonstriert diese systematische Rückwendung auf den Ausgangspunkt. Die Seinsfrage, wie sie allein in Husserls Verständnis gestellt werden konnte, erwies sich als ›zurückgestellt‹, nicht *geradezu als widersinnig abgelehnt*, weil die *Ausgangsstellung der Reduktion* eine Vorbestimmung enthält, die als *theoretisch-dogmatisch* disqualifiziert ist: *Sein im Sinne der Realität von Natur.*[9] Dazu benennt der Titel ›Existenz‹ den Gegensinn, die Realität, wie sie zunächst und zumeist ist, die Hoffnung aus aller Abkehr von Systemen und Szientismen. Dies war es, was mit ›Lebenswelt‹ aufzuholen war, sollte eine Reintegration der ungestellten, der vermeintlich als widersinnig verworfenen Wirklichkeitsproblematik auch nur reklamiert werden, um nicht *einer* Phänomenologie Raum gegen *die* Phänomenologie zu lassen. Dicht genug am ›Leben‹ konnte man sich dort wie hier nicht geben. In etwas verschobener Weise war auch Heideggers ›Dasein‹ das *urquellende Leben*, dem Husserl sich sprachlich zuwandte: als ›Urquelle‹, im philologisch-metaphorischen Verstande; für die Befragung nach dem Sinn von Sein.

Aber ist die Lebenswelt eine ›lebensnahe‹ Welt? Auf die gute Absicht, der Wirklichkeit nicht abwendig zu werden, kommt es so wenig an wie bei dem anfänglichen Ordnungsruf: »Zu den Sachen!« In der Phänomenologie konnte nicht aufkommen, was nach ihrer autonomen Konsistenz in ihr nicht unterkommen konnte. Diese schlichte Konsequenz machte das ›phänomenologische Kind‹ zum Apostaten – darin liegt keine Schuldzuweisung, im Gegenteil. Aber für ›die Phänomenologie‹ warf es die Frage auf, ob nicht ›die

---

9 Heidegger, Prolegomena zur Geschichte des Zeitbegriffs § 12 (Gesamtausgabe XX 157). – Was herankam, kündigte sich in dieser Vorlesung mit der Zuordnung des phänomenologischen Generalthemas ›Bewußtseinserlebnis‹ zur ›Wissenschaft‹ an, obwohl einer solchen gerade mit höchstem Anspruch. Über Husserl: *Das Primäre, was ihn leitet, ist die Idee einer absoluten Wissenschaft.* (Gesamtausgabe XX 147) Das hieß nun: auf den Seinscharakter des Bewußtseins sei es ihm nicht angekommen.

Kehre‹ die Konsequenz gewesen sein könnte. Und wenn nicht die Konsequenz, dann deren Bruch unter dem Druck einer so unabweislichen Evidenz von Anspruch, daß es die Bleibenden nicht losließ. Auf eines kommt es hier zunächst an: Die Suggestion, als ginge es um jene ›Lebensnähe‹, um den Grad von ›Realismus‹, um den Verzicht auf Abstraktionen – diese im Wettbewerb der Schulen aufgekommene Suggestion war und ist falsch. Heideggers Analytik der ›Alltäglichkeit‹ war weder darauf gerichtet noch dazu angetan, den Alltäglichen im Alltag zu dienen, das Ihre zu begreifen; alles war Durchgang, Interim, Passage zur Aufdeckung des im Dasein gelegenen, sein Verhalten strukturierenden Seinsverständnisses – und dieses brachte, umgekehrt, dem Alltag gerade nicht die Weihe seiner Seinsabkünftigkeit ein.

Man hätte einiges gewonnen, wenn man der ›Lebenswelt‹ *in dieser Hinsicht* zubilligte, was man der ›Alltäglichkeit‹ nicht absprechen kann: daß sie nur im Dienst der genuinen phänomenologischen Intention stehen konnte, auch wenn Husserl selbst sich dies zugunsten der aktuellen Situation seines Lebenswerkes verhehlt und umgedeutet haben sollte. Die Lebenswelttheorie dient, so ruppig sich dies ausnehmen mag, nicht dem Verständnis der Lebenswelt. Ihre Definition schließt das aus: Sie ist es, die sich von selbst versteht. Sie bedarf keiner Nachhilfen und gibt keine. Sie ist nichts für eine Avantgarde der Bewußtseinsbildung.

Andererseits: Nichts, was uns *die* Welt zu verstehen hilft, kann vergeblich sein, *unsere* Welt zu verstehen. Aber der Weg ist eben ein Umweg, und Umwege haben das Risiko der mangelnden Zielerreichungsgarantie. Wir brauchen eine Theorie der ›Lebenswelt‹, weil wir nicht mehr in einer solchen leben, aber auch niemals ihr zur Verstandesverfügbarkeit unserer Welt gänzlich entkommen können. Das Bedürfnis nach einer solchen Theorie muß erklärt werden, aber es erklärt nicht die Theorie – äußerstens ihre Resonanz, ihr Mißverständnis im diagnostisch-therapeutischen Kontext schon bei Husserl selbst, ihren Scheinerfolg. Wie die Phänomenologie zu ihren Themen gefunden hatte, ist in jedem Fall von Signifikanz; doch mit der Abrundung ihres Grundbestandes an Themen verschärft sich die Aufschlußfunktion jedes weiteren Zuwachses.

›Zuwachs‹ heißt nicht einfach Komplettierung, Näherung zum Abschluß, Systemvollzug. Die immanente Logik kann auch zum Antipodischen treiben: Die ›Lebenswelt‹ steht am Ende gegen den hochgemuten Anfang der ›freien Variation‹, die den Vorgedanken einschließt, es sei Forderungen der Vernunft an die Imagination zu jeder Zeit jedes Genügen zu verschaffen, weil jeder seine Erlebnisse beschreiben und die Elemente dieser Beschreibung verändern könne. Es wird sich zeigen, daß mit dem Titel ›Lebenswelt‹ gerade ein Erlebnisintegral gemeint ist, das ›von innen‹ nicht beschrieben werden kann. Die beschreibende ›Einstellung‹ hätte immer schon zerstören müssen, was sie vor sich bringen wollte. Es gibt keine ›Geschichten aus der Lebenswelt‹. Mit ihr muß gebrochen sein, um über sie auszusagen, kaum erinnernd, eher Erinnerung erschließend – nicht zuletzt darin rückverweisend auf die platonische *Anamnesis*.

Erst im Erstaunen, daß es nicht mehr so ist, zeigt sich an, wie es gewesen war, ohne ›Befund‹ gewesen zu sein. Über das Auftauchen aus dem Ersten Weltkrieg schrieb ein Erinnernder, man habe danach so leben müssen, *als ob nichts mehr selbstverständlich wäre*, und wer Selbstverständlichkeit verloren habe, sei *dazu verurteilt, sein Leben zu improvisieren*.[10] Das ist es, woran man die Gegenpoligkeit von ›freier Variation‹ und ›Lebenswelt‹ ablesen kann: Freie Variation ist so etwas wie das philosophisch moderierte Endprodukt des im Grundtypus der ›Improvisation‹ geführten Lebens, wenn es sich zu wissen nicht mehr sicher ist, was es angeht und worauf es ankommt – der Zenit der theoretischen Bahn.

Dabei ist die freie Variation nicht ein Zweck an sich selbst, sondern nur das Mittel zur Erlangung zuverlässiger Invarianten: Kerne von Unverfügbarkeit, ›Wesenheiten‹ als letztlegitimer Besitzstände. Doch ist deren Evidenz – als Sache eines auf den Lebenspunkt bezogenen Bedarfs – nur vom theoretischen Endstand der Husserlschen Denkbewegung her verständlich. Sie wird ausgleichende, symmetrisch entsprechende, doch nicht wiederbringende ›Substitution‹ für die durch den so abschließenden Prozeß selbst destruierte Umhüllung mit Selbstverständlichkeit: für den Lebensweltschwund. Hier begründet sich die phänomenologische Nostalgie zum Platonismus hin, zu einem anderen als dem von Paul Natorp 1903 für das ›Faktum Wissenschaft‹ renovierten, szientistisch ›getauften‹ Plato.

10 Manès Sperber, Die vergebliche Warnung. Wien 1975, 224.

Platonismus ist, als Lebenswirkung gedacht, Überraschungsfreiheit im Weltumgang. Das war auch Intention der freien Variation. Vorwegnehmen der Zufälligkeiten, um der Festigkeit des Restbestandes trauen zu können, es mit der Welt sich leben zu lassen. Es sollte aufhören können damit, Geschichte zu haben, wie jeder Platonismus in jeder Verstecktheit ungeschichtlich sein muß. Die Lebensweltthematisierung enthielt das in seiner Resignation sich vor sich selbst verbergende Zugeständnis, daß nicht jederzeit alles möglich, sogar Phänomenologie an nicht in ihr selbst liegende Bedingungen gebunden und durch sie auf Zeitstellenmöglichkeiten beschränkt sei.

Dem Phänomenologen mußte an *seiner* Geschichte ernüchternd bewußt werden, was es mit *der* Geschichte auf sich hatte – die ihm sehr früh schon und vergeblich Dilthey entgegengehalten hatte. Fast zwei Jahrzehnte nach dessen Tod war es die Begegnung mit dem französischen Ethnologen Lucien Lévy-Bruhl beim ersten der Sorbonne-Vorträge am 23. Februar 1929, auf deren Wichtigkeit für die Phänomenologie Aron Gurwitsch Husserl vorbereitet hatte. Die daraus folgende Beschäftigung mit der ›Mentalität der Primitiven‹ gab einen Anstoß, die Verlaufsform des wissenschaftlichen Prozesses ihrer paradigmatisch-normativen Geltung zu entheben. Was Ethnologie wie Psychopathologie belegten, war die Unzulänglichkeit der ›freien Variation‹ als des methodischen Hauptstücks der Phänomenologie: keine Imagination erreichte den Freiheitsgrad, den die raumzeitliche Mannigfaltigkeit menschlicher Effizienz wie Defizienz entfaltet hatte.

Zu Lévy-Bruhls ›Prälogizität‹ ließ Husserl sich nicht mitreißen. Ihm genügte die in der »Genetischen Logik« seit 1920 vorgetragene These von der ›vorprädikativen‹ Erfahrung als der anschaulichen Trägerschicht aller prädikativ gewordenen Logik. Leitfaden zur Vorprädikativität konnte aber nur sein, was die Prädikationsformen als ›Resultate‹ auswiesen. Zwar brauchte nicht von außen und oben über jene Sphäre noch unausdrücklicher Erfahrung gesprochen zu werden; es war keine ›fremde Welt‹, es war die eigene anschaulicher Erlebbarkeit, die beschrieben werden konnte. Was an ihr aber zu suchen und nachzuweisen war, bestimmte sich vom ›Fertigprodukt‹ her – also im Grunde immer noch vom Platonismus der ›Bedeutungen‹, der ›kategorialen Anschauung‹. An

Erster Teil: Das Lebensweltmißverständnis 25

diesem Punkt blieb Husserl sogar weit hinter dem zurück, was dem Neukantianismus in der letzten Phase seiner Selbstaufhebung gelang: in der »Philosophie der symbolischen Formen« Ernst Cassirers.
Deshalb wird die Theorie der ›Lebenswelt‹ in immanenter Konsistenz zur ›genetischen Logik‹ bleiben. Sie wird für ihren Theoretiker keine ›fremde Welt‹ sein, obwohl nur dieses Merkmal ihrer theoretischen Funktion hätte genügen können, eine andere Art von *Anamnesis* zu beschreiben als die der Nachfolge platonischer ›Ideen‹. Oder sie würde als einzige und darin letzte aller ›Ideen‹ die eines nicht nur gedachten, vielmehr nur denkbaren *Kosmos*.
Die Lebenswelt durfte, obwohl ›vorprädikativ‹, nicht nur und wesentlich dies sein. Es war eher der Nebeneffekt ihrer Fremdheit. Solche Fremdheit war zwar prägnant an exotischen Kulturen und Vorkulturen zu demonstrieren, aber keineswegs nur an diesen – nicht einmal vorzugsweise an ihnen. ›Fremde Welten‹ sind in einem ungenauen Verstande ›vorprädikativ‹; sie sind ›prädikativ verschlossen‹. Sie sind dies als wesentlich solche, in denen von ihnen nichts ›erlebt‹, nichts erfahren und nichts verstanden, nicht gesprochen werden kann. Dazu müssen sie weder räumlich noch zeitlich in der Ferne liegen – sie sind mitten unter uns (das ›unter‹ im doppelten Sinne), sofern sie die Unauffälligkeit haben, die man als ihren ›Phänomendefekt‹ bezeichnen könnte. Sie ›zeigen sich‹ nicht. Beschreibung als Reden *über* sie verfällt daher jener Dürftigkeit, die Alltag und Armut verwechselbar macht. Davon aber hängt die theoretische Leistung nicht ab, wenn man das Erzmißverständnis vermeidet – das seit Schelers Polemik gegen den ›Formalismus‹ Kants zugunsten einer ›materialen‹ Wertbestimmung mit dem Titel Phänomenologie verbunden ist –, das Formale als das ›nur‹ solche verstoße gegen den Urschrei der phänomenologischen Empörung: Zu den Sachen!
Will man diesem Lebensweltmißverständnis entgehen, muß man zu vergegenwärtigen suchen, wie jene ›Verschlossenheit‹, die Welten uns fremd macht und erhält, aufbricht oder aufgebrochen wird. Dazu reicht der Leitfaden der ›genetischen Logik‹ nicht aus. Ein Fingerzeig liegt darin, daß die Phänomenologie zu ihrem grundlegenden und ertragreichsten Thema das innere Zeitbewußtsein in der Selbstkonstitution seines intentionalen Vollzugs gemacht hat

und genau darin sich am weitesten von ihrer mehr heimlichen als historisch akzeptierten Affinität zum Platonismus distanzieren mußte.

Kein Platonismus hat je mit dem Zeitbegriff etwas anfangen können, was den Vorgaben seiner Begriffsgenealogie entsprach. Es blieb immer nur eine Behauptung, die ›Ideen‹ seien ewig, die ›Phänomene‹ zeitlich. In der Konsequenz der Phänomenologie liegt, daß es ein Bewußtsein für ›Ewiges‹ oder von ›Ewigem‹ wesensmäßig – also: selbst für einen Gott – nicht geben kann. Dennoch vermag kein Bewußtsein von seinem Anfang oder Ende einen anderen Begriff als den des mitgeteilten Wissens, der physisch vermittelten Folgerung zu haben. Im Zeitbegriff liegt das Kriterium für die Überschreitung der Grenzen des initialen und endogenen ›Platonismus‹ der Phänomenologie. Insofern zwischen der Lebensweltthematik und dem Zeitbegriff eine unaufhebbare Verbindung besteht – und zwar am alles entscheidenden Punkt des Aufbrechens jener genuinen ›Verschlossenheit‹ des lebensweltlich Aphänomenalen –, kommt das angezeigte Kriterium zum Zuge.

Nicht daß etwas entsteht, was zuvor nicht da war; es wird etwas erlebt, was unerlebt geblieben war, unauffällig dem Leben integriert und im Maße seines Auffälligwerdens durchaus als das erkannt, was es immer schon ›gegeben‹ hatte. Nichts Neues auf der Welt als dies eine, daß es nicht mehr übersehen, übergangen werden kann, gleichgültig ob freudvoll oder leidvoll. Die Zeit ist nicht das Unbekannte, das hinter dem Horizont der vertrauten Welt geblieben und ihn eines Tages überschritten hatte: die Überraschung, das Monstrum, die verblüffende Gestalt, das innerahnte Erlebnis, das Außeralltägliche als ›Charisma‹. Zeit zeigt sich nicht, sie macht sich bemerkbar; es ist die subtile Vorstufe dazu, daß sie meßbar wird, weil Messen auch auf die Reintegration des Zu-Messenden in die Unmerklichkeit tendiert – ohne dabei faktische Gegenteiligkeit vermeiden zu können: das Maß, mit dem der Mensch gemessen wird, ist nicht das Maß, mit dem er mißt. Er *ist* nicht das Maß aller Dinge, selbst wenn er es *hat*.

Weit vor jeder Vermessenheit der Zeit bleibt die Unstimmigkeit des Lebens mit ihr als ›Phänomen‹ anzusetzen: als Unbehagen am ›Zeitlauf‹. Leben kommt in der Welt als Episode vor, selbst wenn es eine vielfach wiederholte sein sollte. Der Bedingungsraum seiner

Erster Teil: Das Lebensweltmißverständnis 27

Evolution ist schmal unter den Toleranzbreiten physischer Zustände, und in dieser Enge verbraucht das Leben selbst, was es ermöglicht. Und doch ist nur dies der Augenblick unter allen kosmischen, worin die Welt etwas werden kann, was sie anders zu werden keine Chance hätte – nicht einmal für den Gott, wenn einer sie erschaffen haben sollte, denn für ihn wäre sie nur, was er gewollt und vorbedacht hätte, und damit das Unerlebbare. Es ist die bedeutendste Trivialität: Erlebnis wird Welt nur durch Leben.
Und da tritt eine Inkongruenz zutage, die in diesen kosmischen Voraussetzungen vorgeprägt ist, ohne deswegen dem Leben ›natürlich‹ werden zu können. Vielmehr wird sie zur reinen Anstößigkeit seiner Existenz, sobald sie ins Bewußtsein tritt. Die zum Erlebnis werdende Welt fordert dem Leben den Preis seiner Zeit ab – seiner ganzen Zeit, eines Mehr an Zeit als es hat. Und im Maße des Schon-erlebt-habens der Welt mehr und mehr an Zeit. Die Welt prahlt vor dem Leben mit der Zeit, die sie sich nimmt von Welten zu Welten – und die sie hat. Der absolute Zeitbegriff der klassischen Mechanik wirkt wie eine absolute Metapher auf dieses Übermaß der Natur an Zeit, gemessen an der des Lebens.
Die unschlichtbare Rivalität zwischen Lebenszeit und Weltzeit ist nur als anschwellendes Zerwürfnis übergegangen aus der Phase des unbestimmten Unbehagens in die der feststellbaren Befunde einer Pathologie des Zeitbezugs. Symptome genug: die Überhast der Zeitgewinne, die das Leben mit seinen Kunstgriffen und Listen herauszuschinden sucht, bis hin zu den Übergeschwindigkeiten der technoiden Welt, zumal ihren momentanen Transfers an Informationen und Simulationen, Genußwerten und Fernstemotionen, Aktualisierungen des Untergegangenen wie des Heraufziehenden. Diese Symptome beschäftigen uns hier nur unter dem Aspekt ihrer *rückwärtigen* Konvergenz, der Verlängerung ihrer Fluchtrichtungen in umgekehrter Richtung auf die elementaren Erlebbarkeiten des Zeitenzerfalls hin. Der Phänomenbegriff ist dabei der in Husserls ›genetischer Logik‹ fast zaghaft – auf der Gegebenheitsbreite von vorprädikativer und prädikativer Erfahrung – erweiterte.
Was in der Phänomenologie ›Phänomen‹ heißt, muß beim Wort genommen werden. Es bleibt die Erstaunlichkeit ihrer Anfänge, daß eine mit der Auffassung von ›Bedeutung‹ und ›Wesen‹ dem Platonismus verfallen erscheinende Philosophie sich gerade das zum

Titel ihrer ausschließlichen Gegenstände wählt, was für Plato als ›Erscheinung‹ das der Theorie Unwürdige gewesen war. Nun lag der Hiatus nicht mehr zwischen Ideen und Phänomenen in jenem platonischen Sinn: die Trennung von allen Erklärungssystemen zu Phänomenen war der Wendungsantrieb in der Wahl der Benennung des Begriffs der ›Sachen selbst‹. Da sie das wirklich Wirkliche sein sollen, entfällt aus ihrem Begriffsumfang ganz von selbst alles, was diesem Standard nicht genügt – die ›Erscheinungen‹ in ihrer Selektion erfüllen, was die ›Ideen‹ hätten sein sollen. Das wird noch für die ›genetische‹ Phänomenologie gelten, deren Paradigma die Konstitution des Zeitbewußtseins ist: der Erzeugungsprozeß der absoluten Wirklichkeit des Bewußtseins als Identität seiner Gegenstände ist die Idee aller Ideen – ›das Gute‹ des platonischen Überhimmels als der Untergrund schlechthin. Es gibt den Dualismus nicht mehr. Wenn noch nicht alles ›Phänomen‹ ist, so ist das nur der unaufholbare Rückstand der ›unendlichen Arbeit‹ des Phänomenologen.

Das ›Phänomen‹ der Phänomenologie hat das Zeug zu einem realistischen Begriff. Es gibt anderes als dieses und damit irgend eine Differenz zu einem allein Realen nicht. Die Bewußtseinsinhalte des Titels ›Phänomen‹ müssen selbst sein und müssen alles zustande bringen können, was ›Realität‹ heißen soll. Daß, was erscheint, auch schon ist, worauf es ankommt, nichts außerdem und nichts dahinter, steht der lebensweltlichen ›Selbstverständlichkeit‹ näher als irgendein Deutungsverlangen. Zeitlich so weit voneinander entfernt, sind ›Phänomen‹ und ›Lebenswelt‹ begriffliche Komplemente.

Man kann sich also auf die Begriffsgeschichte nicht berufen, wenn man es mit einem Monismus des Phänomens zu tun hat. Da kann auch der Grund nicht liegen, wenn es Zweifel daran gibt, ob die Phänomenologie den Weg zu den Sachen (zurück) gefunden habe. Was aber konnte den Begründer einer Methodik, die nur beschreiben wollte, was ist und was es ist, in den Verdacht bringen, kein Realist zu sein?

Verschiedeneres als das, was jeweils ›Realismus‹ heißt, wird es kaum geben. In der Phänomenologie heißt es, den Sachen nicht durch überlagernde Deutung abzusprechen, daß sie das sind, als was sie erscheinen, und ihnen nicht durch Begriffe aufzuerlegen, anderes

Erster Teil: Das Lebensweltmißverständnis

und mehr zu sein, als was sie sich geben. Aus dem Wort ›Phänomen‹ die Herkunft vom griechischen Medium herauszuhören und dem, was da erscheint, beizulegen, *es zeige sich* darin als das, was es ist, war noch nicht in Husserls Umgang mit dem Begriff, den er sich eher in einem Akt der Abwehr angeeignet hatte.

›Phänomen‹ sollte der Gegenschlag gegen alle Arten theoretischer Erklärung sein, deren formale Verwandtschaft und deren Attraktionskraft Wittgenstein in den Abstraktionsgrad eines einzigen Satzes fassen sollte: *Dies ist in Wirklichkeit nur jenes.*[11] Unzweifelhaft hat die Philosophie den Großteil ihrer Geschichte mit Leistungen dieses Typs bestritten. Gerade deshalb beschreibt der Satz mit unübertrefflicher Präzision, wozu die Phänomenologie das gerade Gegenteil sein wollte. Die Vorschrift der Beschreibung implizierte, daß mit dem auszukommen und durchzukommen sei, was offen vorliegt. Wenn die Natur nach antikem Spruch die Verborgenheit liebt, war sie der Gegenspieler der Phänomenologie und verdiente, was ihr widerfuhr: die Reduktion ihrer Existenz. Die Reduktion war eine Geltungsoperation gegen den Naturalismus. Als ›Natur‹ war die Welt der Inbegriff der Objekte eines selbst als Naturstück sich auffassenden Subjekts, dem der damit vorgezeichnete Weg in den Primat der exakten Wissenschaftlichkeit mit der Fülle und Folge ihrer Ergebnisse sich mehr und mehr verengte, die Ahnung einer Überfülle des Ausgelassenen eben *der* Phänomene evozierte.

Phänomen ist aber nicht nur die Sache, die gegeben ist, sondern auch dieses Gegebensein der Sache selbst. Wenn sie ›sich zeigte‹ als das, was sie ist, wäre sie jedenfalls nicht, was zu dem gemacht und gezwungen worden wäre, das sich dem theoretischen Zugriff bis hin zur Tortur des Experiments schließlich ›ergibt‹. Doch war das nicht das ursprüngliche Problem einer Phänomenologie, die sich den theoretischen Mechanismen der Synthese durch Assoziation zu widersetzen anschickte. Dafür genügte als Sinngehalt von ›Realität‹, daß die Sachen *unabhängig* von ihrer jeweiligen Vorstellung bestehen, umgekehrt aber die jeweilige Vorstellung in Graden von Zuverlässigkeit oder Regelmäßigkeit von den Sachen abhängig ist. Der fällige Schritt war einfachhin der, jene Unabhängigkeit wie diese

---

11 Wittgenstein, Lectures and Conversations on Aesthetics, Psychology and Religious Belief. Ed. C. Barrett, Oxford 1966; dt. Göttingen 1968, 50.

Abhängigkeit *als Phänomen an den Phänomenen* gelten zu lassen und beschreibungsfähig zu machen. Hätte die Phänomenologie sie als solche nicht ernst genommen, so hätte sie den Namen nicht verdient, den sie sich gegeben hatte. Das ist es, was von Haus aus die Phänomenologie als ›einen Realismus‹ auszeichnet – was auch immer in Verfolg dieser Aufgabe geschehen mochte.

Vor der homogenen Durchgängigkeit dieser Sachlage und Sachfrage durch die Geschichte der phänomenologischen Schule verblaßt der durch die »Ideen I« des Jahres 1913 als vollzogen öffentlich angezeigte Umschwung Husserls zum transzendentalen Idealismus.[12] Von ihren Voraussetzungen her kann es so etwas in einer Phänomenologie nicht geben; folglich heißt das als ›Umschwung‹ einzuschätzen, die Phänomenologie auf die alten erkenntnistheoretischen Erklärungsmuster zurückzudrängen, die sie durch die Exklusivität ihres deskriptiven Prinzips gerade hatte ausschalten wollen. Sicher ist die Frage wichtig, wie es zu einer Änderung bei Husserl dennoch gekommen ist, die das Befremden seiner Göttinger Altschüler auslöste; aber diese Wichtigkeit muß relativiert werden im Hinblick auf den Standard, der mit der Begründung der Phänomenologie gesetzt worden war. Es konnte an dogmatischen Alternativen immer nur Verdeutlichung suchen, nicht aber Erklärung erlangen. Unverändert durch Umwendung oder Unfall blieb die Vorgabe des phänomenologischen ›Realismus‹, zu beschreiben und zu verstehen, wie die Sache so gegeben sein konnte, daß sie mit keiner jeweiligen Vorstellung identisch wäre.

Eben diese Warnung davor, den Umschwung von 1913 zu überdeuten, wenn über ihn hinweg die Phänomenologie am Phänomen der Realität selbst und ihres Inbegriffs als Welt blieb, wird bestärkt durch den erst um ein Jahrzehnt später angefallenen und noch um Jahrzehnte später aufgefallenen Begriff und Programmpunkt ›Lebenswelt‹. Ich lasse zunächst beiseite, daß dies im Jahre 1924 auch ein verspäteter Reflex der Lebensphilosophie an der Phänomenologie war. Das ist äußerlich. Wichtiger ist, daß gerade damals eine andere Wendung und Intensivierung der Phänomenologie schon ein gutes Stück vorangekommen war: die Ausbildung

---

12 Zur Bewertung dieses Umschwungs als autochthoner Selbstverdeutlichung der Phänomenologie: M. Sommer, Husserl und der frühe Positivismus. Frankfurt 1985, 91–163.

Erster Teil: Das Lebensweltmißverständnis 31

ihrer genetischen Frageweise. Nur in Verbindung mit der Genetisierung der Phänomenologie läßt sich die Einführung der ›Lebenswelt‹ – weniger ihrem Thema als ihrer Funktion nach – begreifen. Genetisch konnte die Phänomenologie werden, indem sie beschrieb, wie es zu den Phänomenen kam, die sie zu beschreiben hatte. Die der Neuzeit eigentümliche Annahme, daß wir nur verstehen, was wir – wenn schon nicht herstellen – doch im Entstehen vor sich gehen sehen, sollte für die Phänomenologie revitalisiert werden. So in der Logik: Urteilsformen waren formalisierte Resultate von Anschauungen, Erlebnissen, Vorgängen auf der vorprädikativen Ebene. Es sollte nicht mehr fraglos hingenommen werden, daß wir über diese Mittel verfügen und verstehen können, was sie bedeuten, wenn andere über sie verfügen. Das war, unter dem Aspekt der Geschichte des philosophischen Denkens, das Ende der angeborenen Ideen und anderer Arten von ›Mitgiftbegriffen‹. Im Zuge dieser genetischen Tendenz lag, daß einer, der nichts anderes als schlichtweg beschreiben will, was ist, schließlich dazu gedrängt wird, sich darum zu kümmern, wie es das wird, als was es sich gibt, und zwar gerade in der einen Besonderheit seiner Selbstgebung: auch zu sein, ohne jeweils gegeben zu sein.

Die Beziehung der Daten von 1913 und 1924 aufeinander ist für das Verständnis der Phänomenologie in ihrer geschichtlichen Gestalt ausschlaggebend. Denn erst die genetische Fragestellung mit ›Lebenswelt‹ als ihrem initialen Grenzwert zeigt, was an deskriptiven Möglichkeiten durch die transzendentale Wendung freigesetzt worden war. Dieser Gewinn wäre auch dann von irreversibler Erheblichkeit, wenn der ›Idealismus‹ jenes Datums eine Episode geblieben und auf irgend etwas, was ›Realismus‹ zu heißen besser verdient hätte, zurückgenommen worden wäre. Zwar konnte das der Fall nicht sein; aber die neuen Aufgaben stellten sich konkret auch ohne ständige Rücksicht auf jene erkenntnistheoretische Konversion.

Wie jede Prozeßgeschichte bedarf die genetische Phänomenologie eines homogenen und unhintergehbaren *terminus a quo*, der als Ausgangspunkt der Prozedur aus sich selbst verständlich werden kann, sowohl seiner Zuständlichkeit als auch der Unhaltbarkeit seines Bestandes nach. Auf der Suche nach dieser Art von ›Urzustand‹, bei der er die eingeborenen Begriffe wie die deduzierten

Kategorien strikt zu vermeiden hatte, stieß Husserl fast zwangsläufig auf dieses Unbestimmte, das seine Diffusivität aus der Herkunft vom Positivismus nahm und seine Definitionsmängel aus dem Nachholbedarf immanenter Anforderungen der Phänomenologie bezog: die Lebenswelt. Sie ist keine Fiktion, aber so etwas wie ein ›erschlossenes‹ Phänomen – als wie verboten in einer deskriptiven Disziplin das auch erscheinen mag. Es eben in seiner Verbotswidrigkeit zu studieren, gibt Aufschlüsse allgemeinerer Art auf die Unbefolgbarkeit des deskriptiven Imperativs.

Es könnte sein, daß die kurze Geschichte der Phänomenologie selbst eine genetische Demonstration ist, deren Resultat nur als Paradox zu formulieren wäre: Die Deskription als Absage an alle deduktivsystematischen Leistungsarten des Denkens ist unter Bedingungen ihrer methodischen Vollendung die Vorbereitung einer neuen Deduktion.

Das ist, wie sich versteht, nicht im Blick auf den Husserl des Einführungsjahres der ›Lebenswelt‹ gesagt. Aber die Lebenswelt ist, für den späteren Betrachter, ein wesentliches Stück der Spekulationen der dreißiger Jahre über die Abkunft von Welt, Mensch und Leiblichkeit aus der absoluten Subjektivität: als deren Selbstvollstreckung durch Intersubjektivität. Darauf kommt es hier nicht an; ausgenommen die Unentbehrlichkeit des Lebensweltheorems für eine solche Deduktion. Die nämlich muß den Menschen in seiner Welt am Punkt des Eintritts seiner theoretischen Bedürftigkeit als der Kompensation des unvermeidlichen Lebensweltverlustes vorführen.

Dies wäre die Grenze, deren Überschreitung den Bedarf an Realismus erzeugt. Nimmt man die theoretische Einstellung, ohne auf Husserls Voluntarismus zu hören, nur als verschärfte oder gesteigerte Form jenes primären Bedarfs, so wäre wiederum die Phänomenologie – ihrem Selbstverständnis als Vollstreckung der theoretischen Einstellung nach – nur die *letzte* Ausformung jenes *ersten* Bedürfnisses. Wie man sagen konnte, die Lebenswelt sei der Bewußtseinszustand bei schlechthin ausgeschlossener Philosophie, kann man umgekehrt sagen, die Phänomenologie sei der Bewußtseinszustand bei schlechthin ausgeschlossener Lebensweltlichkeit unter ihrem Selbstverbot, irgend etwas in Vorformen der Verständlichkeit zu belassen.

Indem sie damit aber auch zulassen muß, was die Brechung überlebender Selbstverständlichkeiten ermöglicht, bleibt ihr die Zwangslage der Umformung ihres Realismus in die reine Disposition zur Beschreibung nicht erspart. Gerade deshalb muß die Transgression der Lebenswelt als Grundmuster von Krisen des Bewußtseins erfaßt werden. Dann besteht der Realismus, der sich dabei jeweils nötig macht, keineswegs in empirischen Anpassungen und Aneignungen, sondern in der Selbstausrüstung des Bewußtseins für die Bedrängnisse, die ihm beim Austritt aus der Lebenswelt und beim Abbau ihrer Residuen begegnen. An jenem Übergang und an diesen Destruktionen wird der Vorzug deutlich, der sich der Phänomenologie in der Ausschließlichkeit der Thematisierung des Bewußtseins als einer Leistungsstruktur bietet. Ihr vermeintlicher oder wirklicher ›Idealismus‹ könnte ein präparativer Kunstgriff der Sichtbarmachung von sonst schlechthin Unzugänglichem sein. Auch wenn er dies historisch-faktisch nicht gewesen ist und als Feststellung über Husserl nicht eingeführt werden kann.

Wie jede andere Hauptgestalt aus der Geschichte der Philosophie ist auch Husserl nicht die Reindarstellung der immanenten Möglichkeiten des von ihm begründeten und geformten Denkens. Die faktische Schulgeschichte der Phänomenologie ist nicht die geschichtlich sich darstellende Konsistenz dessen, was sie hätte sein können und sein müssen. Und keine Beschwörung ihrer Idee wird dies nachholen oder ins Reine bringen können.

Das Resultat eines Versuchs, der Phänomenologie trotz der Auffälligkeit ihrer geschichtlichen Brüche einen hohen Grad an Durchgängigkeit der Intention zuzusprechen, kann nur lauten: Wer beschreiben will, was ist, wird gerade in dem Maße, wie ihm das gelingt, dem ›Realismus‹ entfremdet. Die Beschreibung findet das statische Endprodukt jeweils allzu faktisch vor, um es isolieren und standardisieren zu dürfen; sie braucht die Dimension der Zeit und beschreibt, was in ihr geschieht, zur Essentialisierung dessen, was aus ihr im Ansehen der ›Zeitlosigkeit‹ – im Verdacht jener anfänglichen Idealität der Bedeutungen und kategorialen Formen – hervorgeht. Kurz gesagt: Prozesse sind auch ›Sachen‹ und unterliegen dem Ordnungsruf der Rückkehr zu den Sachen damit gleichermaßen.

Als Husserl 1897 eine Sammelrezension über Schriften zur Logik des Jahres 1894 veröffentlichte, stieß er in einem von Ernst Mach auf der Versammlung der Gesellschaft Deutscher Naturforscher und Ärzte in Wien gehaltenen Vortrag »Über das Prinzip der Vergleichung in der Physik« auf die Zukunftsvision einer beschreibenden Universalphysik unter dem Titel ›physikalische Phänomenologie‹.[13] Was dem Rezensenten auffiel, war Machs Eifer für die Vertretbarkeit des Gegenstandes durch seine Beschreibung: *Unser Gedankengebilde ist uns ein fast vollständiger Ersatz der Tatsache*... Bei Erreichung des von Mach entworfenen Konzepts leistet die Beschreibung für ein Tatsachengebiet alles, was der Forscher verlangen kann. Es geht auf in der von Husserl dafür gegebenen Formel: *Die Beschreibung ist ein Aufbau der Tatsachen in Gedanken.* Der künftige Begründer einer eigenen Phänomenologie konnte noch nicht wissen, daß sich im Verfolg seiner Absichten dieser Satz auf mehr als bloße Tatsachen, nämlich auf Wesenheiten, würde anwenden lassen. Im Augenblick der Rezension verbindet ihn mit Mach vor allem die Teilreduktion, die dieser im Postulat der Beschreibung mitgibt: die der Begriffe Ursache und Wirkung. Sie haben *für ihn einen starken Zug von Fetischismus* und sollen von einer künftigen Naturwissenschaft ausgeschlossen sein.

Der philosophische Theoretiker der Zahl sah offenbar nicht den Zugang zu Machs Definition der Beschreibung von den Sachverhalten her, die er selbst nur als Prozesse und nicht als Idealitäten beschreiben konnte. Spätestens mit der Phänomenologie des inneren Zeitbewußtseins wird Husserl zu dieser Position und zur Erfassung ihrer fundamentalen Gültigkeit zurückkehren, nachdem sich für Zeit und Raum die Annahme anschaulicher Idealitäten würde zerschlagen haben.

Die Lebenswelt ist beschreibbar als eine Sphäre ständiger Anwesenheiten. Die Philosophie muß auch hierin als antipodisch zur Lebenswelt charakterisiert werden. Denn sie ist – über ihre Leistung in Steigerung und Verfeinerung der Aufmerksamkeit für Sachverhalte hinaus – eine Disziplin zur Erfassung des Abwesenden und zur Kultivierung der Mittel für diese: der Begriffe und Symbole,

---

13 Husserl, Bericht über deutsche Schriften zur Logik aus dem Jahre 1894. Zuerst in: Archiv für systematische Philosophie III 1897, 216–244 (Gesammelte Werke XXII 150).

der Urteile und Schlüsse. Auch wenn man einräumen muß, daß es für den Menschen allezeit Abwesendes gegeben hat – solches, das jenseits seines Horizonts lag – und das Interesse seiner Selbsterhaltung durchaus darin bestand, auch das noch oder gerade Abwesende hinsichtlich seiner Bedeutung für ihn selbst zu kennen und abzuschätzen, läßt sich doch eine Urphase vorstellen, in der ihm Abwesendes nicht nur gleichgültig, nicht nur überwiegend unbekannt, sondern nicht vorstellbar war. Dann war das Vorstellbare identisch mit dem Wahrnehmbaren seiner räumlichen und zeitlichen Nahumgebung. Dies muß nicht eine Idylle gewesen sein. Zwar wird sich das biblische Paradies als Gleichnis einer Lebenswelt beschreiben lassen, aber ohne die geringste Wahrscheinlichkeit dafür, daß die postulierte Lebenswelt der genetischen Phänomenologie ein Paradies gewesen sein muß. Sie kann der Lebensqualität nach das rüdeste Gegenteil gewesen sein. Es sind eher methodische Erfordernisse der Sichtbarmachung, die jener genetischen Urphase eine gewisse Helligkeit zu geben veranlassen.

In einer Welt dieser Art gab es nicht den geringsten Anlaß, auf Mittel zu sinnen, um Abwesendes anwesend zu machen: Magie, Bilder, Symbole, Namen, Begriffe. Was da ›Welt‹ genannt wird, kann der flüchtigste Augenblick der Menschheitsgeschichte gewesen sein: die mit ihrem Eintritt ins Dasein schon gefährdete Unschuld einer Genügsamkeit am Gegebenen, vielleicht sich verbindend mit der ersten Angst vor dem Ungegebenen. Es kann ebenso auch Normalität dieser Menschheit über lange Zeiträume hinweg gewesen sein, in denen sich an ihren Lebensformen nichts änderte. Schließlich würde sogar genügen, den Begriff einer solchen Welt optimaler Einpassung des Bewußtseins in die durch reale Faktoren bestimmten Gegebenheiten und Erfordernisse nur hypothetisch einzuführen, um an diesem Modell die darin liegenden Möglichkeiten ebenso wie ihre Unerhaltbarkeit zu studieren.

Man braucht keine Scheu zu haben, die Konstruktion eines Urzustandes mit dem biblischen Paradies zu vergleichen und dessen Glücksbedingung gerade in der Enge und Übersichtlichkeit, in der Spaziergangsgröße des Ganzen, zu sehen, in dem es das Unerwartete – nicht einmal das nicht jederzeit Anwesende – nicht gab. Die Wache, die nach der Vertreibung des Menschen am Tor des Paradieses aufgestellt wurde, um ihm die Rückkehr zu verwehren,

muß man sich schon vor seiner Vertreibung als Wache gegen das Eindringen des Unbekannten der Welt draußen vorstellen dürfen.
Der paradiesische Mensch kannte den Tod nicht; die erste Erfahrung, die er mit ihm machen wird, ist die des erschlagenen Sohnes Abel. Aber es gab die Strafandrohung für den Genuß vom Baum der Erkenntnis des Guten und Bösen, danach sterben zu müssen. Man sollte das philosophische Problem nicht primär bei diesem Verbot und der Qualität seiner Gründe suchen, sondern bei der Frage, ob und wie der paradiesische Mensch überhaupt *verstehen* konnte, was ihm da als Strafmaß angedroht wurde. Dies war die erste Gestalt eines ganz und gar Unbekannten und Unbestimmbaren, vor dem es nichts anderes gab als nackte Angst.
Friedrich Hebbel hat in einer Eintragung seiner Tagebücher von 1846 in einem einzigen Satz die Schärfe dieser Situation bestimmt: *Der erste Mensch hätte aus Furcht vor dem Tode auch einen Selbstmord begehen können.* Das ist ein Paradox: aus dem Nichtwissen, was die drohende Sterblichkeit bedeutete, ihr durch eine Handlung mit ebenso unbekannten Folgen auszuweichen. Daß der Mensch das einzige Wesen in der Natur wurde, das sich selbst töten kann, bedarf wahrhaftig eines Mythos, um seinem Verständnis näher zu kommen.
Das Paradies wäre die Urform des Lebens gewesen, in der es nicht darauf ankam, was es außerhalb und was es danach gab. Es wäre gleichgültig, daß es objektiv eine Kleinwelt in der großen Welt war, wenn die Erfahrung ihrer Grenze ohne die Negation, ohne den Begriff für das Abwesende nicht hätte gemacht werden können. Subjektiv war alles darauf angelegt, Adam und Eva glauben zu lassen, die Welt ihrer Wahrnehmung sei alles, was es gäbe, und sei ihnen jederzeit und für immer verfügbar. Der Mensch fiel, wenn man dem biblischen Text folgt, auf die Versuchung herein, er würde ein Gott sein, wenn er vom Baum der Erkenntnis äße; er merkte dabei nicht, daß er schon ein Gott war. Die Erkenntnis des Bösen, die er erwerben sollte, entsprang aus dem Verlust dieses Weltbesitzes; es war nicht zweierlei, die Erkenntnis von Gut und Böse zu gewinnen und aus dem Paradies vertrieben zu werden – um an den Baum des Lebens nicht mehr heranzukommen –, es war ein und dasselbe. Denn die Erkenntnis entsprang aus der neuen Erfahrung, die der Betrachter des Mythos auf die Kurzformel brin-

Erster Teil: Das Lebensweltmißverständnis 37

gen kann: Nicht mehr alles und nicht mehr für immer. Knappheit und Tod sind die Urerfahrungen, die zu einer anderen Welteinstellung – zu der der Ausschöpfung der Welt in der eng gewordenen Zeit – zwingen würden.

Jener erste Mensch soll den Tieren ihre Namen gegeben haben. Das hat die Exegeten, aber auch die Philosophen lange Zeit entzückt. Aber es rückte den Menschen der Befähigung zum Philosophen um keinen Schritt näher, solange die Namen nur dem Gebrauch im ständigen Umgang dienten, nicht zur Überwindung von Abwesenheit, zur Vorstellung der Sache ohne ihre Gegebenheit. Was Adam noch mehr fehlte, um Philosoph zu werden, war ein Fundus logischer Operationsmittel für ein Bewußtsein, das dessen bedürftig werden konnte. Man denke daran, daß die Urerfahrungen der Knappheit und des Todes nur durch das Operationsmittel der Negation verarbeitet werden konnten.

Die Vertreter verschiedener philosophischer Schulen der Vergangenheit würden auf ihre Weise dem Problem zu Leibe gehen, das der Anblick des paradiesischen Menschen wie seiner Vertreibung stellt. Der Platoniker müßte sagen, Adam habe alles, was er jemals an logischen Operationsmitteln brauchen würde oder auch nicht brauchen müßte, kraft seiner Erinnerung an einen präexistenten Zustand bei den ewigen Ideen von allem Anfang an besessen. Es sei dabei ganz gleichgültig, ob Anlässe für den Gebrauch von diesem oder jenem Instrument aus jenem Arsenal sich gar nicht boten, wie im Paradiesgärtlein, oder sich aufgedrängt hätten, wie nach der Vertreibung daraus. Diese Vertreibung läßt sich platonisch geradezu dadurch bestimmen, daß es jetzt solche Anlässe in Überfülle gab.

Die Auskunft des Cartesianers sähe nicht viel anders aus. Seine eingeborenen Begriffe sind ein Stück Natur des Verstandes, auf Abruf bereit, sogar ohne Abruf sich ins Leben drängend als spontane Entfaltung begrifflicher Urteilssysteme für eine Welt, die nicht einmal diese wirkliche sein muß. Die Vorherrschaft der Idee der Unendlichkeit in diesem Arsenal ist greifbar, weil sie eben auch den Begriff der wirklichen Welt als einer aus der Unendlichkeit möglicher bestimmt. Man kann den Gedankengang zu Kant weiterführen und den Erfolg noch steigern. Der Bestand an eingeborenen Begriffen ist nun nicht mehr der einer der menschlichen Natur faktisch mitgegebenen Stammbegrifflichkeit; er besitzt nun durch Ableitbarkeit aus dem einzigen Grundprinzip des Denkens und durch die Auszeichnung nachweisbarer Vollständigkeit eine vom Naturbegriff abgelöste Autonomie.

Von diesem Gipfel der Entfaltung des Problems konnte es nur abwärts gehen, wenn er sich als Besitz nicht behaupten ließ. Der Phänomenologe hält vom argumentativen Mittel der Deduktion einer Kategorientafel nichts. Dennoch benötigt auch er eine rätselhafte Fähigkeit, um den Besitzstand der Vernunft an logischen Operationsmitteln zu begreifen: die ›kategoriale Anschauung‹. Eine solche Fähigkeit, das ist ihre Schwäche, genügt der strengen Anforderung der Phänomenologie nach Beschreibbarkeit aller Phänomene nicht; denn diese kategoriale Anschauung wird nicht beschrieben, sie wird erschlossen. Darin gleicht sie ihrer Vorgängerin, der ›reinen Anschauung‹, die Kant für die mathematischen Evidenzen in Anspruch genommen und den Formen des inneren wie des äußeren Sinnes zugeordnet hatte.

Die genetische Wendung oder Verschärfung der Phänomenologie ist in deren Geschichte in ähnlicher Weise eine ›Selbstreparatur‹, wie es die logischen Operationsmittel gewesen sein mögen, als mit der Vertreibung aus einer Lebenswelt der Selbstverständlichkeit und der Genauigkeit aller Wirklichkeitsverhältnisse fertig zu werden war. Die genetische Phänomenologie ist als Verfahren zur Herstellung der Beschreibbarkeit auch dort zu verstehen, wo schon zum Aushilfsmittel der bloßen Erschließbarkeit gegriffen worden war – nicht zum letzten Mal freilich in dieser umwegigen Geschichte. Um nun für das, was zunächst die ›kategoriale Anschauung‹ hatte zugänglich machen sollen und vermeintlich können, eine genetische Substitution vorzuzeigen, war es unerläßlich, einen Ausgangszustand einzuführen, der noch nichts von dem enthielt, was im Entstehen demonstriert werden sollte und sich als Folge der Unhaltbarkeit jenes Primärstatus verstehbar machen ließ.

Es mußte sich die ›Umgebung‹ eines Subjekts zeigen lassen, in der durch beschreibbare Erlebnisse etwas entstehen konnte, was dann aus seiner ursprünglichen Funktion heraus zu einem verfügbaren Fundus prädikativer Mittel wurde, um – im weitesten Sinne – ›Situationen‹ zu klären. Die Phänomenologie genügte auf diese Weise ihrer niemals preisgegebenen Norm, die Sphäre der Bedeu-

Erster Teil: Das Lebensweltmißverständnis 39

tungen — also die Gesamtheit der prädikativen Verfahren — auf Anschauungen zu begründen und jederzeit auf diese Anschauungen zurückführbar zu machen. Nicht Urteilsformen konnten ein Letztes sein, um sie als Leitfaden zum Nachweis von Grundbegriffen, also von ›Kategorien‹, zu verwenden, sondern ›Erlebnisse‹ hatten dies zu leisten, in denen das hernach zur prädikativen Form ›institutionalisierte‹ Material seine Tauglichkeit noch ohne diese bewiesen hätte oder hätte beweisen können. Hier wie sonst oblag es dem Phänomenologen, nahezu Selbstverständliches allererst zu thematisieren, um es in Verständliches zu überführen.

Es geht, wie man gern sagt, um eine neue Dimension; hier der Beschreibung. Erst durch sie kann es zum Abbau von Unverstandenheiten kommen, die zuvor nicht auffällig geworden waren und deren Unbemerktheit man — in einem anderen Jargon — als Verdrängung von Urerlebnissen der Gattung bezeichnen würde. Die Aufmerksamkeit wird aber kaum durch so etwas wie einen ›Widerstand‹ in der Sache von dem abgelenkt, was sich der Wahrnehmung entzieht. Die Schwierigkeiten der Beschreibung selbst zu beschreiben, ist äußerst schwierig. Man kann sich die Aufgabe, eine homogene Kugel, etwa eine Billardkugel, zu beschreiben, als Schulaufsatz vorstellen — aber nur einen Augenblick, um sogleich zu sehen, vor welche extreme Unergiebigkeit man damit stellen würde. Den Ausweg der pfiffigeren Schüler kann man sich leicht denken; sie würden die *Herstellung* einer solchen Kugel zu beschreiben suchen und, noch einen Schritt weiter, die möglichen Verfahren zur *Prüfung* ihrer homogenen Eigenschaften unter den Bedingungen ihrer Funktion.

Bei all dem wäre es ziemlich gleichgültig, ob ein Exemplar einer solchen Kugel bei Ausführung der Aufgabe vorläge oder nicht. Strenggenommen müßte es genügen, das Spiel und seine Regeln zu beschreiben, um durch Schlüsse auf sein Zubehör die Eigenschaften der Kugel darzustellen, die seine reguläre Durchführung ermöglichen könnte (einiges bleibt dabei offen). Doch lenkt die Feststellung dieser Gleichgültigkeit die Aufmerksamkeit auf den fälligen nächsten Schritt: zu fragen, woher denn die Aussage überhaupt ihre Bedeutung beziehe, diese Kugel wäre zunächst einmal *einfach da,* ob einer der Beschreiber nun davon Kenntnis nehme oder nicht.

Beschreibung ist eine Sache des genauen Hinsehens, der Aufmerksamkeit, der Konzentration; ihre Schwierigkeiten liegen nicht in einer Art von ›Widerstand‹ der Sache. Eben das ist bei der Reduktion anders. Es ist nur eine Metapher, aber sie trifft etwas, wenn man sagt, die Sache wehre sich gegen die Reduktion.

Der Möglichkeit nach ist die Reduktion Spätfolge einer umstrittenen scholastischen Distinktion, der realen Unterscheidung von Wesen und Dasein. Ihrem nächsten Anstoß nach ist die Reduktion Auswirkung einer Eigentümlichkeit der Logik Franz Brentanos, des Lehrers Husserls. Er hatte darauf bestanden, daß sich alle Urteile, welchen materiellen Gehalts auch immer, in Existentialurteile umformen lassen. Wenn das so war, bot sich geradezu an, ein solches implikatives Einheitsprädikat aller Urteile herauszukürzen und durch diese Reduktion zu gewinnen, was übrig blieb: den reinen Sachgehalt der Sachen, das Wesen. Wenn mit der ausnahmslosen Allgemeinheit des Existenzprädikats letztlich die Welt gemeint war, dann war der bei dieser Operation gewonnene Bestand das *Residuum der Weltvernichtung.* Dieses Formular der Reduktion wird auch durch deren ›transzendentale‹ Umbildung nicht verändert, sondern nur verschärft. Denn die Herkunft der Reduktion zeigt, daß es auf den Rest der Weltausschaltung ankam; dabei war gleichgültig, ob dieser Rest das Wesen oder das *Cogito* war. Dieses letztere nämlich ließ sich als Produkt einer nochmaligen Umbildungsregel von Sätzen demonstrieren, indem jedes Urteil als Objekt zu dem Satz ›Ich denke‹ gedacht werden kann. So gibt es zwei generelle Implikationen aller Urteile, und die Geschichte der Phänomenologie wird bestimmt durch die Wahlmöglichkeit zwischen ihnen. Sie ist das Gemeinsame der wechselnden Formeln für die Reduktion.

Brentano hatte die Umformungsregel bei Aristoteles gefunden, der sie zur Grundlage seiner Kategorienlehre gemacht hatte. Dort besagte sie, daß alle Urteile in solche mit der Kopula ›ist‹ (etwa unter Verwendung des Partizips für Verbalprädikate) umgeformt werden können. Aus der Verschiedenartigkeit der so gebildeten Prädikate wollte Aristoteles die Verschiedenheit der Bedeutungen der Kopula selbst folgern. Der Katalog dieser Bedeutungsdifferenzen war der seiner Kategorien.

Maßstäbliche Kategorie war bei Aristoteles die der Kopula in

Erster Teil: Das Lebensweltmißverständnis 41

definitorischen Sätzen, in Wesensaussagen, gewesen; die diesen zugeordnete Kategorie war die der ›Substanz‹. Ihre Maßgeblichkeit wird bei Brentano zum Verschwinden gebracht. Die Existenzprädikate haben nur eine einzige Bedeutung, die des nackten Daseins. Brentanos Buch »Von der mannigfachen Bedeutung des Seienden nach Aristoteles« war 1862 erschienen. Erst ein halbes Jahrhundert später wird der junge Heidegger auf dieses Buch hingewiesen, und unverkennbar kommt von dort her die etwas verschleierte Formel seiner Frage nach dem ›Sinn von Sein‹. Auch die Annahme einer letzten und faktischen Einheitlichkeit und Eindeutigkeit dieses Sinnes auf dem Grunde des im Dasein latenten Seinsverständnisses, das sich in der Sorge manifestiert und in der Komplexion von Zeit und Sein deren letzten Horizont bildet.
Diese Linie von der scholastischen Spättradition zur Fundamentalontologie auf dem Boden der Existentialanalytik führt nicht durch die Phänomenologie Husserls hindurch, sondern um sie herum. Denn Husserl fand den entgegengesetzten Anschluß an Brentanos Logik: den der Reduktion. Sie unterliegt allerdings selbst der phänomenologischen Fragestellung nach der anschaulichen Fundierung des einen Prädikats, auf das sich ihr Zugriff bezieht. Diese Entdeckung kann man, wie immer sie chronologisch zu fixieren ist, als den *systematischen* Endpunkt der inneren Geschichte der Phänomenologie ansehen. Zwar ließen sich nach Brentano alle Urteile in Existentialsätze umformen, aber dies nur deshalb, wie sich nun zeigte, weil auch die Bedeutung des Existenzprädikats der allgemeinen Bedingung der Phänomenologie genügt, auf Anschauung zu gründen und auf sie zurückgeführt werden zu können. So tendiert die Phänomenologie auf die Behauptung, alle Existentialsätze implizierten ihrerseits ein Essentialurteil.
Die Frage wurde möglich und nötig: Was ist das Wesen der Existenz? An der Überraschung durch diese Frage mag man sich verdeutlichen, was in der Annahme liegt, mit der phänomenologischen Philosophie selbst erreiche man den Punkt weitester Entfernung von jenem ›Urzustand‹, der zunächst nur durch das Stichwort ›Selbstverständlichkeit‹ charakterisiert werden kann. Phänomenologie ist geradezu definierbar als Gegenpol zu aller ›Selbstverständlichkeit‹ nach deren Überführung in ›Verständlichkeit‹.
›Selbstverständlichkeit‹ könnte jeder ›Verständlichkeit‹ nachfolgen,

als Grenzwert ihrer Akzeptanz; und das ist in der Tat so etwas wie die Dauerwirkung von Aufklärung – wenn auch nicht deren programmatischer Zustand des ›Selbstdenkens‹ –, denn derart wird das Gedachte zum *wieder* Ungedachten. Deshalb ist ›Lebenswelt‹ nicht nur Initialstatus, wie im frühneuzeitlichen Begriff des *status naturalis*, aus dessen Widerspruch die Lösung der zivilen Vernunft hatte hervorgehen müssen. Die Lebenswelt ist auch Finalstatus, obwohl nicht *status gloriae*; eine durch und durch erhellte Welt wäre die, in der Feststellungen nicht mehr getroffen zu werden brauchten. Für die Definition der ›Lebenswelt‹ ist diese Bipolarität gleichgültig. Feststellungsunbedürftigkeit dort wie hier: Was es gibt, versteht sich von selbst, und was es nicht gibt, braucht erst recht nicht gedacht zu werden – kann noch nicht oder nicht mehr gedacht werden, wenn man es aufs äußerste verschärft.

An Husserls ambivalente Beziehung zur Prälogizität des primitiven Denkens bei Lévy-Bruhl ist schon erinnert worden. Als Husserl auf sie stieß, war er mit der Druckvorbereitung der Vorlesungen zur »Genetischen Logik« beschäftigt, die freilich erst ein Jahrzehnt später unter dem Titel »Erfahrung und Urteil« von Ludwig Landgrebe in Prag herausgegeben werden sollten und nur in wenigen Exemplaren dem Zugriff der deutschen Invasoren entgingen. Daran zu erinnern ist wichtig, weil es allein dieses Werk war, das den Einfluß der Phänomenologie in ihren konstanten Fragestellungen mit der ebenfalls eher obskuren Publikation der »Krisis«-Abhandlung durch Arthur Liebert in Belgrad 1936 und damit der ›Lebenswelt‹-Thematik verbunden gehalten hatte. Den Zusammenhang von genetischer Behandlung der Logik und Lebensweltreduktion zu sehen, bedurfte es also bei angespannter Aufmerksamkeit nicht des Wartens auf den Nachlaß, mit dessen verspäteter Veröffentlichung die Seitenblicke auf »Sein und Zeit« sich ihre *bona fides* erwarben. Landgrebes Anteil an diesem Vorteil für eine authentische Rezeption gibt seiner Mitteilung ihr Gewicht, Husserl habe für seine Arbeiten zur ›Lebenswelt‹ breite ethnologische Studien getrieben und hierüber mit Lévy-Bruhl korrespondiert.[14]

Allerdings ist nur der Brief – vielleicht nur Briefentwurf – vom 11. März 1935 bekannt geworden, und man muß die Floskel vom

---

14 L. Landgrebe, Lebenswelt und Geschichtlichkeit des menschlichen Daseins. In: Phänomenologie und Marxismus. Ed. B. Waldenfels, Frankfurt 1977, II 48.

›Einfluß‹ zu den akademischen Förmlichkeiten rechnen, zumal auf der Seite des Adressaten das Verständnis für den ›beeinflußten‹ Denker nicht gewachsen zu sein scheint. Nach der Erinnerung wiederum von Aron Gurwitsch war Lévy-Bruhl sich nicht darüber im klaren, was er bewirkt haben konnte, denn er verlangte von Gurwitsch: *Expliquez-moi, je n'en comprends rien.*[15] Dennoch bleibt die Wichtigkeit jener Information über Husserls ethnologisches Interesse bestehen, weil es zeigt, daß für die Lebensweltanalyse vor- und außergeschichtliche Fakten als orientierunggebend, wenn nicht gar belegfähig eingeschätzt wurden. Der Alleinvertretungsanspruch der ›Alltäglichkeit‹ für die Unmißverständlichkeit der ›Lebenswelt‹ hat die ›Breitenarbeit‹ an Fremdwelten – sollte sie auch so breit nicht gewesen sein – zur Gegeninstanz. Es blieb bei Annäherungen an deskriptive Befunde; aber die Funktion dessen, was noch wenig Kontur besaß, war klar und bewährte sich am geschichtsphilosophischen Schema für das ›europäische Menschentum‹ und seine Krisis. Es mußte, allem zuvor, ein Stück – und zwar das abschließende – der *genetischen* Phänomenologie sein.

Als Grenzwert der genetischen Problembildung ist die ›Lebenswelt‹ von der Phänomenologie ohne rechte eigene Überraschung erreicht worden. Es gehört zu den Paradoxien ihrer Selbstkonstitution, daß erst eingeübt werden muß, sich überraschen zu lassen. Die Theorie der Lebenswelt gehört zu den schwierigsten Übungsstücken dieser Meditation, und sie rivalisiert darin wohl nur noch mit dem der Fremdwahrnehmung. Mit dieser konvergiert sie auch hinsichtlich des finalen Aspekts, verständlich zu machen, was das Wesen der Existenz (der Welt) ist, und damit endlich zu begreifen, was anfänglich in der Reduktion geschehen und als Frage liegengelassen worden war. Es braucht nicht eigens versichert zu werden, daß dies alles andere als eine existenzphilosophische Frage ist. Die zahlreichen Verwechslungen höchst attraktiver Art, die sich mit ihr verbinden, sollten nicht von der Wahrnehmung der bloßen Platzordnung ablenken, daß sie am Ende des Kursus der Phänomenologie steht, wie Husserl ihn in den »Cartesianischen Meditationen« vorgestellt hat.

Die Redeweise vom ›Wesen der Existenz‹ hat nur die einzige Ab-

---

15 K. Schuhmann, Husserl-Chronik, 459 (nach H. Spiegelberg, Scrap-Book, wo vorausgesetzt wird, daß Lévy-Bruhl sich auf den empfangenen Brief bezieht).

zweckung, dem Prinzip, Begriffe auf Anschauung zurückzuführen, auch diesen letzten Fall des in der Reduktion ausgeschiedenen Prädikats zu unterwerfen. Der letzte Fall wäre dies allerdings nur, wenn das in den »Logischen Untersuchungen« aufgeschobene Problem der okkasionellen Bedeutungen inzwischen bereinigt worden sein sollte, nämlich durch Anschluß aller okkasionellen Bedeutungen an die Ich-Evidenz, also wiederum durch die ominöse transzendentale Wendung. Mit der Thematisierung des welthaften Daseins der Dinge mußte gezeigt werden, daß in der Bedeutung des Existenzprädikats eine Grundleistung des Bewußtseins steckte, die als solche der Beschreibung zugeführt werden konnte.

Die Antwort auf die Frage, wie es zum Produkt der ›Existenz‹ je hatte kommen können und noch ständig kam, wie es Bezeichnung des vom jeweiligen Bewußtsein unabhängigen Daseins einer objektiven Welt hatte werden können, sollte sich am Phänomen der Fremderfahrung und der auf ihr beruhenden Intersubjektivität abschließend klären lassen. Man kann nicht oft genug den vorletzten Satz des Schlußwortes lesen, mit dem Husserl die »Cartesianischen Meditationen« nach der *intentionalen Auslegung der Fremderfahrung* beschließt: *Man muß erst die Welt durch epochê verlieren, um sie in universaler Selbstbesinnung wiederzugewinnen.*[16] Darauf folgt nur noch das Augustin-Zitat, die Wahrheit sei nicht außen, nur innen zu suchen.

Der dem Zitat vorhergehende Satz bringt die Meditationen zur geschlossenen Selbstabbildung der Geschichte der Phänomenologie. Es ist daher mit ungläubigem Erstaunen zur Kenntnis zu nehmen, Husserl habe im Zusammenhang mit dem von ihm 1932 an Eugen Fink erteilten Auftrag zur Umarbeitung des bis dahin nur französisch publizierten Textes auch die Abfassung einer VI. Meditation mit dem Titel »Die Idee einer transzendentalen Methodenlehre« gebilligt. Damit wäre die Eigensystematik der Phänomenologie der Pointe einer Nachahmung des Aufbaus der »Kritik der reinen Vernunft« preisgegeben und Husserls Schlußsatz deplaciert gewesen.[17]

16 Husserl, Cartesianische Meditationen V § 64 (Gesammelte Werke I 183 mit Transskription von *epochê*).
17 S. Strasser, Einleitung des Herausgebers zu »Cartesianische Meditationen« (Werke I, p. XXVIII). – Unerfüllt blieb der Wunsch des Herausgebers dieses ersten Bandes der »Husserliana« – so werden die »Gesammelten Werke« hier

Erster Teil: Das Lebensweltmißverständnis 45

Mit dem Wiedergewinn der durch die Reduktion ausgeschlossenen Welt – als dem Inbegriff dessen, was der Fall ist – wäre freilich nichts Harmloses geschehen. Denn mit der Zulassung der Frage nach dem Wesen dessen, was der Reduktion verfallen war, verstößt die Phänomenologie gegen eine der grundlegenden Feststellungen der Vernunftkritik, die Kant in bezug auf den ontologischen Gottesbeweis getroffen hat: Existenz ist kein reales Prädikat. Sie bezeichne nicht etwas an der Sache, sondern an der Beziehung des Subjekts zur Sache als seiner Affektion von ihr. Konsequenz wäre, daß die Existenz vom phänomenologischen Appell »Zu den Sachen!« nicht berührt, also auch nicht zum Thema werden könnte. Das läßt sich in den Zusammenhang der Realismus-Problematik bringen: Hielte sich die Phänomenologie nicht an Kants Verdikt, das Prädikat der Existenz bringe einem Begriff nichts hinzu, so überschritte sie an eben dieser Stelle die Grenze, die ihren Verlust des ›Realismus‹ endgültig kenntlich machte.
Doch gerade dazu wird sie angestiftet durch Brentanos Logik, nach der alle kategorischen Urteile in Existentialsätze umgebildet werden können. Diese Umbildungsregel nämlich läßt die Kant entgegengesetzte Behauptung sinnvoll erscheinen, Existenz sei das einzige reale Prädikat.[18] Eben dann aber kann es sich die Phänomenologie als von Husserl selbst so benannte ›Bedeutungslehre‹ nicht leisten, diese einzigartige Bedeutung des Existenzprädikats nicht aufzuklären, seine überwältigende Selbstverständlichkeit von der Überführung in Verständlichkeit auszunehmen. Nur auf dem Anspruchs-

nicht zitiert – von 1950, Eugen Fink möge *die von ihm umgearbeiteten und ergänzten neuen »Cartesianischen Meditationen«* – womöglich mit den oft so aufschlußreichen Randbemerkungen Husserls – herausgeben... Das Ausbleiben dieser Edition trifft mit der hier gegebenen systematischen Ortsbestimmung des Schlusses der V. Meditation und dieser insgesamt zusammen, ohne sie indes zureichend zu bestätigen. Der »Elementarlehre« eine »Methodenlehre« folgen zu lassen, war eine Lockung der Assimilation, die schon früh in der Bezeichnung der Phänomenologie als einer *Kritik der Vernunft* angelegt gewesen war – zuerst 16. Juni 1904 (Chronik, 82) – und verstärkt sein mochte durch Heideggers 1929 beanspruchten Rückbezug der ›Fundamentalontologie‹ auf Kants »Kritik der reinen Vernunft« (Kant und das Problem der Metaphysik. Bonn 1929).
18 Dazu: Heinrich Gomperz, Zur Psychologie der logischen Thatsachen. Leipzig 1897, 70 f. Die Urteilstätigkeit des Anerkennens und Verwerfens beziehe sich derart auf komplexe Gesamtvorstellungen, daß diese jeweils durch das Existenzprädikat akzeptiert oder reprobiert würden. Daraus allerdings lasse sich noch nicht ableiten, daß *diese Transformationen gerade in Existenzialsätze erfolgen müßten.*

niveau der Gleichrangigkeit der ›Bedeutungen‹ ließen sich die verbliebenen und sogar noch angewachsenen Unklarheiten der Reduktion erneut bearbeiten. Einzig die genetische Fragestellung konnte zeigen, wie Transzendenz aus Immanenz und aus welchen Leistungen des Bewußtseins sie hervorgeht, wie sie im Existenzprädikat als dem Vorläufer zum ›Sinn von Sein‹ steckte.

Für Heidegger, wie schon für Brentano, war die von Aristoteles in den Kategorien gefundene Vieldeutigkeit der Kopula und damit des Seienden nicht das letzte Wort. Zu dieser sprachlichen Einheit mußte es ein tieferes sachliches Recht geben. Damit entsprach die Frage nach dem ›Sinn von Sein‹ der in der Phänomenologie fälligen Frage nach dem ›Wesen der Existenz‹. Deren Beantwortbarkeit ist auch für Heidegger an das Verlassen der Lebenswelt gebunden, die sich bei ihm unter dem Titel der ›Alltäglichkeit‹ darbietet. Diese ist Unterbindung der Frage nach dem ›Sein des Seienden‹, denn alltäglich wird alles so behandelt, als müsse es sein, wie es ist.

Kontingenzmangel charakterisiert die Alltäglichkeit wie die Lebenswelt, deren existentialisierter Abkömmling sie ist. Für beide gilt, es brauche und könne nicht eigens festgestellt werden, daß etwas ist, aber anders sein könnte, als es ist.

Die Phänomenologie kann sich noch weniger als andere philosophische und positive Disziplinen aussuchen, wo sie schließlich anlangen wird. Die Ergebnisse denen anzulasten, die auf diesem Wege die Arbeit tun, ist allzu billig. Was als erkenntnistheoretische Position herauskommt, muß nicht aus der Vorliebe des Phänomenologen hervorgehen. Auch dann nicht, wenn er das Beste aus dem zu machen sucht, was ihm unter den Händen entstanden ist. Husserls *Rhetorik* ist idealistisch; und darin geht sie weiter, als es ›die Sachen‹ erfordern.

Es konnte Selbstmißverständnis, es konnte gewollte Unbestimmtheit sein, wenn Husserl lebenslang die Schwierigkeit der Phänomenologie in der Reduktion konzentriert sah. Was aber bedeutet das? Es scheint, daß die Anstrengungen, die sich um diese Schwierigkeit lagern und auf sie richten, nicht so sehr dem Vollzug der Reduktion als vielmehr dem Verständnis dessen gelten, was durch die Reduktion zur Ausschaltung der Welt und der Existenz jeweils geschehen sollte. Was dabei als Residuum anfiel, sollte den Vorrang ›der Sache‹ schlechthin haben, behielt ihn aber nicht, verlor ihn an das Reduktum. Dessen Bedeutung zu klären, war am Ende wichtiger als die weltlos belassene Sphäre der Wesenheiten – also selbst das Wesentliche. Damit hieß die Fragestellung: Was war es gewesen, was der leichtesten Hinfälligkeit anheimgegeben werden sollte, und wie kam es aus dem, was es doch nur übrig ließ, einsichtigerweise wieder hervor? Die methodische Annahme ist ganz plausibel, das würde sich am ehesten darstellen lassen, wenn man eine Geschichte erzählte und für diese einen plausiblen Anfang fand. Der Anfang hieß ›Lebenswelt‹.

Die mit der Reduktion verbundene Annahme war, was mit dem Titel der ›Kontingenz‹ der Welt bezeichnet wird: daß wir mühelos denken können, die Welt existiere nicht. Diese Mühelosigkeit mußte das Nachdenken der christlichen Ära gegen die antike Philosophie behaupten, weil es damit die Schöpfung und Erhaltung der Welt besser begreifen zu können glaubte.

Von der Negation, ohne die der Begriff der Kontingenz nicht gedacht werden kann, hatte Husserl in der »Genetischen Logik« die vorprädikative und anschauliche Basis beschrieben: die Durchstreichung. Es fiel nicht auf, daß die Beschreibung der vorprädikativen Erfahrung der Negation offenbar viel einfacher war als die der vorprädikativen Bedingungen der Position, der Existenz. Dieser merkwürdige Sachverhalt hängt damit zusammen, daß die Negation so etwas wie der Grenzwert der Leistung des Begriffs selbst ist. Der Begriff begreift ohne Rücksicht auf Anwesenheit oder Abwesenheit dessen, was er begreift. Da das Anwesende gezeigt werden kann, besteht die Leistung des Begriffs vorzüglich in seinem Verhältnis zum Abwesenden. Die Negation überbietet ihn darin, indem sie der Prädikation dessen dient, was mehr als abwesend ist, indem es überhaupt nicht existiert.

Dieser Leistung fehlt es an jeder Selbstverständlichkeit, die sie der ›Lebenswelt‹ zuzuweisen freistellte. Doch muß daran festgehalten werden, daß im ganzen der Phänomenologie die Qualität des positiven Urteils dem deskriptiven Verfahren die weitaus größere Schwierigkeit gemacht und zur massiveren Verfestigung idealistischer Folgetheoreme geführt hat. Aus welchem Erlebnis und welcher Anschauung wir die Möglichkeit gewinnen zu verstehen, was es heißt, die Welt als Totalität dessen, was der Fall ist, existieren zu lassen, ist schwerer zu beschreiben, als von irgend etwas, was in dieser Welt vorkommen könnte, sagen zu müssen, es existiere nicht, habe nicht existiert und werde nicht existieren.

Im Hinblick auf die Umstrittenheit der Negation in der Geschichte der Logik hätte erwartet werden dürfen, daß in der Phänomenologie die Erlebnisse exemplarischen Vorzug haben, die zur Ausbildung des prädikativen Instruments der Negation führen und es tragen. Wenn dies erst in der genetischen Logik realisiert wurde, hing der Grund dafür aufs engste mit der Thematisierung der Lebenswelt zusammen.

Sie setzt uns instand, ohne Widersprüche und ohne allzu große Schwierigkeiten jene ›Ausgangswelt‹ zu denken, von der her und unter deren Alteration und Abbau die zur Negation führenden Erlebnisse zustande kommen konnten. Zunächst klingt es befremdlich, daß wir uns eine Welt sollen denken können, in der es die der negativen Prädikativität zugrunde liegenden Erlebnisse und dann die Negation nicht gibt, nicht gegeben hat und nicht zu geben braucht. Es ist genauso widerspruchsfrei zu denken, die Geschichte der Menschheit wäre ohne Entstehung der Negation verlaufen. Wir wüßten dann nicht einmal, was es zu sagen bedeutet, sie könnte noch – etwa: in Apokalypsen – nötig werden.

Wir haben keine ernsthaften Einwände dagegen, die Lebensform anderer Organismen als des Menschen an dem Merkmal des Nichtbesitzes der Negation zu charakterisieren. Denn nichts anderes folgt aus der Anpassung an eine Umwelt als der Präzision des Wechselverhältnisses von Information und Verhalten. Eine Umwelt, in der es die Negation für das in ihr existierende Subjekt nicht gibt, wäre sogar, wie ich behaupten möchte, der Prototyp dessen, was phänomenologisch ›Lebenswelt‹ zu heißen verdient. Sie nämlich macht verständlich, daß das logische Instrumentarium nicht die idealistische Auszeichnung des Vernunftwesens Mensch ist. Vielmehr ergibt es sich aus der Gesamtheit der Mittel, Pannen des Bewußtseins zu beheben, Konsistenzbrüche zu reparieren oder zu vermeiden, drohenden Schwierigkeiten durch Veränderung der Intensitätsebene von Behauptungen auszuweichen. Die Negation vertritt hier nur überragend die anderen Mittel der Zurücknahme oder Abschwächung oder Dennoch-Verstärkung von Erwartungen.

Ich bitte, an so etwas wie einen Erlebnispark zu denken, in dem alles auf findige Weise für menschliches Vergnügen und subjektive

Erster Teil: Das Lebensweltmißverständnis

Befriedigung eingerichtet ist. Denkt man bei Glück weniger an die großen Genüsse als an das schlichte Ausbleiben von Enttäuschungen, so genügt in diesem Park eine genaue Entsprechung zwischen der Weckung von Erwartungen und der Herbeiführung von deren Erfüllungen. Das einfachste Modell dafür ist ein Wegweiser, der für die Einhaltung einer bestimmten Richtung oder eines bestimmten Weges nach einer bestimmten Zeit ein spezifisch umrissenes Erlebnis in Aussicht stellt. Ein brauchbarer Wanderführer für Alpenwege liefert ein Beispiel, wenn er etwas taugt. Er kann zwar die Aussicht nicht ersetzen, die man nach vier Wegstunden normalen Bergwanderertrotts haben wird, wohl aber sie klassifizieren, also mit anderen etwa schon bekannten vergleichen und dadurch die Intensität des auf bestimmte Erlebnisse eingestellten Subjekts bei Erreichen seines Ziels schon seiner Erwartung und der durch sie aufgewendeten Energie – kurz gesagt: der Intentionalität – imprägnieren.

Ein Erlebnispark ist eine Welt, die hält, was sie verspricht, was auch immer es sein mag; was sie nicht halten kann, verspricht sie nicht. Ob der als theoretischer Grenzwert eingeführte Erlebnispark oder das in ihm seinen Erlebnissen nachgehende oder ausgesetzte Subjekt sich verändern muß, damit Durchstreichung erzwingende Erfahrung zustande kommt, und wie solche Veränderungen auf der einen oder auf der anderen Seite beschaffen sein müssen, das ist Thema einer genetischen Phänomenologie. Wenn in ihr eine idealisierte Einpassungsform des Subjekts in seine Welt vorkommt, ist dies nicht im geringsten nostalgisch oder gar normativ gemeint; aber es ist auch nicht ausgeschlossen, daß der Erinnerungsposten jenes Ausgangszustandes in all dem noch investiert bleibt, was funktional mit und aus den Folgen seines Verlustes entsteht.

Es liegt im Wesen des Bewußtseins, seinen Intentionen Erfüllung zu verschaffen. Nur ist diese Formel zur relativen Harmlosigkeit kurzfristiger, kleinräumiger Phrasierungen zwischen dem Ansatz und seiner Erfüllung nivelliert; denn es gibt ein berechtigtes Mißtrauen, aus Sätzen über das Bewußtsein und seine gegenständlichen Anspannungen so etwas wie Geschichtsphilosophien oder gar Heilstheoreme herauszuziehen und auszuspannen. Das darf nicht übersehen lassen, daß Enttäuschungen Irregularitäten des Lebens sind, die dieses nicht verzeiht – außer unter dem Aufwand der Überlebenskünste des Bewußtseins.

Stellt man sich vor, der imaginäre Erlebnispark habe die Struktur vertrauter Wiederholung von Gestalten und deren Konstellationen bei Einhaltung fester Richtungen und Wege, so wäre die Veränderung des Parkinhalts äquivalent der zufälligen oder erzwungenen oder gewollten Wegverfehlung oder einer Überschreitung der Grenzen des Parks: Das Auftreten des Unvertrauten hat seine einschneidendste Wirkung auf das Bewußtsein in der Verwirrung, in der es kein Mittel findet, zwischen der Veränderung des Gegebenen und der Änderung der eigenen Bewegung und Einstellung zu unterscheiden. Dies bleibt die Grundform mißlingender menschlicher Erlebnisse, das Dilemma: Ist die Welt nicht so, wie sie sein soll, oder stehe ich schief zu ihr? Habe ich mich so verändert, daß ich an der Welt leiden muß, oder hat sich die Welt von mir so entfernt, daß meine Hoffnungen keine Beziehung mehr zu ihr haben können?

Befinden zu können, das Begegnende sei nicht das, was es sein sollte und müßte, wenn es in der eingeschlagenen Richtung lag, ist insgesamt die Erlebnisbasis der Negation, die nicht oder zu allerletzt zum *Urteil* führen muß, viel eher etwa in die Entscheidung zur *Umkehr* auf dem Wege der verfehlten Erfüllung ausschlagen mag. Stellt man sich nun aber vor, die mit Hilfe der Negation vorgenommene Korrektur der Intention und ihrer Zwischenstufen führe sekundär dennoch zum Erfolg und zur Erfüllung, so ist erst damit die Basis der Position gewonnen. Jetzt erst ist der Erfolg nicht der selbstverständlichen Erlebnisstruktur inhärent, sondern einer in der Negation gefundenen Variante zuzuschreiben. Es bedarf daraufhin erst der Bestätigung und Anerkennung, *dies jetzt hier* sei es, was eigentlich *jenes dort und dann* hätte sein sollen.

Nur nebenbei und vorwegnehmend erwähne ich, daß in diesen Lokalisationen von Negation und Position in bezug auf eine Lebenswelt der reinen Stimmigkeit auch die okkasionellen Bedeutungen mit ihrem Ichzentrum ihre vorprädikative Anschaulichkeit gewinnen. Das Ich erfährt sich als Erlebnispol in seiner Resistenz gegen die Enttäuschung seiner Erwartung: durch den Kunstgriff der Korrektur seines Erlebnisweges anstelle der ›entmutigten‹ Identitätspreisgabe seiner selbst. Indem es sich festhält und die Welt

Erster Teil: Das Lebensweltmißverständnis 51

modifiziert, begreift es, was es heißt, ›Ich‹ zu sein. Eines der großen Probleme jeder Theorie der Bedeutungen, das Husserl in den »Logischen Untersuchungen« hatte beiseite lassen müssen, weil sich die Forderung der Reduktion von Begrifflichkeit auf Anschaulichkeit gerade bei ihnen nicht erfüllen ließ, wird durch die ›Genetisierung‹ der Phänomenologie wieder vorangebracht. Okkasionelle Bedeutungen sind begründet in der Relativierung seiner Wege auf das Ich und seine Position, in der Entscheidung ›gegen‹ die Welt und ›für‹ das Ich. Sie *sind* ›idealistisch‹. Man wird an dieser ›Ableitung‹ der Lebensweltthematik aus den Erfordernissen einer genetischen Phänomenologie die ›klassische‹ Bestimmung vermissen, ›Lebenswelt‹ sei die Erfahrung vor aller Theorie und Wissenschaft in ihrer Totalität: *Im Unberührten gibt es keine Probleme.*[19] In dieser Richtung hatte der Positivismus von Mach und Avenarius die ›natürliche Weltansicht‹ als Erfahrung vor der wissenschaftlichen, ja als Ursituation der Ungeschiedenheit von Subjekt und Objekt in der Einheit einer Empfindungsatomistik, herauszuarbeiten gesucht. Daß sich jene ›natürliche Weltansicht‹ dann als die des ›Lebens‹ in seiner unverengten Fülle und Reinheit erweisen könnte, war nur die emphatische Verstärkung eines Ansatzes, der in den philosophischen Konfrontationen ihres zweiten Jahrzehnts der schärferen Abgrenzung der Phänomenologie gegen den Marburger Neukantianismus dienstbar gemacht werden konnte. Dieser hatte seit Hermann Cohen in der geschichtlichen Existenz einer nahezu vollendeten Naturwissenschaft das Urfaktum sehen wollen, unter dessen Voraussetzung allein der Philosophie noch eine bleibende

---

19 Hugo Dingler, Die Ergreifung der Wirklichkeit. ¹München 1955; ²Frankfurt 1969, 87. – Dingler hatte ›das Unberührte‹ 1942 in die philosophische Sprache eingeführt; solche Partizipialneutra haben wenig Chancen auf Dauer. Gegenüber ›Lebenswelt‹ hat dieser Terminus darüber hinaus den Mangel, die Vorstellung auf ein dem ›Unberührten‹ externes, vielleicht willkürlich und gewaltsam ›Berührendes‹ hinzulenken. Auch Dingler hat die Verbindung zu ›Welt‹ gesucht und von der *im Unberührten gehabten Welt* gesagt, sie sei *selbst die wirkliche Welt*, nicht mehr Empfindung oder Bewußtseinstatsache, sondern *reine Tatsache*. Der neukantianischen Absorption des ›Ding an sich‹ in den theoretischen Prozeß ist dessen Identifikation mit dem vortheoretischen oder außertheoretischen Urstatus entgegengestellt: *die Welt des Unberührten ist selbst das ›Ding an sich‹*. Nicht zuletzt dieser Beleg zeigt etwas von der Reichweite des Prinzips der ›Umbesetzung‹ für eine Phänomenologie der Geschichte: Durch Kant ist alles hindurchgegangen, und wer bei ihm eine ›Leerstelle‹ aufreißt, muß sie wieder ausfüllen.

Aufgabe zuwuchs: nach den Bedingungen der Möglichkeit dieses Faktums zu forschen.
Alles Reden von ›Vorwissenschaftlichkeit‹ erwehrt sich der übermächtigen Faszination eben der vollendeten ›Wissenschaftlichkeit‹, an der die Philosophie in ihrer Gestalt als Neukantianismus Teilhabe gewonnen zu haben schien. Auch Husserl ist auf dem Weg zur Thematisierung der Lebenswelt von dieser Faszination nie losgekommen. Die vorprädikative Erfahrung, die lebensweltliche Anschauung waren als Präliminarien einer genetischen Logik fast schicksalhaft der Funktion integriert, über diese Neubegründung der Logik wiederum nur das wichtigste Instrument für die Konstitution der theoretischen Einstellung und damit der empirischen Wissenschaft zu präparieren. Ohne die Nötigungen der Rivalität mit Heidegger und dessen im Zeitgeist Widerhall weckender Animosität gegen die ›positiven‹ Wissenschaften wäre die Phänomenologie das Stigma ihrer Entstehung um die Jahrhundertwende vielleicht nie losgeworden.
Die Idee einer genetischen Phänomenologie anstelle der auf statische Bestände gerichteten ›Wesensschau‹ ist nicht erst mit dem Zusatz zur Logik-Vorlesung von 1920 als ›Genetische Logik‹ entstanden oder gar mit dieser identisch. Das fortwirkende Modell für die Leistung der Phänomenologie im Hinblick auf genetische Sachverhalte war schon mit der – zunächst eher ergänzend als fundamental gedachten – Hinzunahme des Themas der Zeit zum kanonischen Bestand der neuen Disziplin (1908) entstanden. Denn Zeit war gerade das, was nicht mehr als ›eingeborener Begriff‹ oder als ›Form des inneren Sinnes‹ verstanden werden sollte; sie hatte sich schon in dem von Brentano vorgegebenen Schema als immanent erzeugte gezeigt. Auch in diesem gab es einen *terminus a quo* der Lebendigkeit, der ursprünglichen Fülle: die reine Gegenwärtigkeit der Affektion, die später ›Urimpression‹ heißen wird. Sie ist zugleich der exemplarische Fall für den Evidenzbegriff der Phänomenologie, nachdem diese die Reglementierung durch die reine Wesensschau, wenn auch nicht aufgegeben, so doch relativiert hatte.
Evidenz war fortan der Titel von Unüberbietbarkeit eines als es selbst gegebenen Datums. Ein Sinneseindruck war unüberbietbar im Augenblick seiner ersten Präsenz im Bewußtsein, und die Geradenoch-Erhaltung dieser Evidenz war nach der Theorie des inneren

Zeitbewußtseins nur Modifikation solcher Ursprünglichkeit kraft des ungebrochenen Kontinuums der Retention. Zeit erwies sich als eine Dimension, in der es vom Ursprünglichen und seiner Evidenz nur den Abstand ständig neuer ursprünglicher Evidenzen gab, und dabei nicht nur die eine Form der Verschlechterung als Erinnerung. Aber immer, ob in Retention oder Erinnerung, blieb etwas vom ursprünglichen Energiebesatz übrig und lebte von diesem.

Die Rede von der Konstitution des Zeitbewußtseins ist Ausdruck für die Herstellung von Beschreibbarkeit, denn im Vergleich war die Zeit als Ordnungsform des Identischen bei Leibniz und dann als Form des inneren Sinnes bei Kant nur feststellbar, nicht beschreibbar gewesen. Auch Husserls Übergang von der kategorialen Anschauung zur genetischen Logik ist, zunächst ganz äußerlich und auf die Verfahrensweise hin betrachtet, ein Zuwachs an Beschreibbarkeit. Die kategoriale Anschauung impliziert die Behauptung der ›Wesensschau‹ für ein Gebiet, auf dem niemand von sich sagen konnte, er habe sie jemals vollzogen, obwohl jeder zugeben muß, anders wisse er sich seine Kenntnis bestimmter Bedeutungen, und sei es bloß die des Wörtchens ›und‹, nicht zu erklären. Beim Wörtchen ›und‹ hatte übrigens Husserl schon in der »Philosophie der Arithmetik« (1887/1891) mit der Fragestellung eingesetzt, woher wir wissen, was wir zu tun haben, wenn wir in der Bildungsformel für die natürlichen Zahlen die Vorschrift des Vollzuges von ›und‹ erhalten: $n + 1$. Nirgendwo in der Welt gibt es dieses Und; es ist nichts von dem, was der Fall ist, und doch versteht fast jedermann, was damit gemeint und was daraufhin zu tun ist.

Wie ein Bewußtsein überhaupt derartiges je verstehen kann, muß als transzendentales Problem von der empirischen Frage, wie und wann die Mitglieder der Spezies Mensch so etwas faktisch erlernen, wohl unterschieden werden. Es ist dieselbe Unterscheidung, die auch für das Thema Lebenswelt gilt. Denn selbstverständlich gibt es *empirische* Lebenswelten, deren Merkmale nicht von denen der phänomenologisch ›erschlossenen‹ abweichen, ohne etwas mit ihrer Funktion zu tun zu haben. Jeder lebt in einer solchen oder in den Resten von mehreren.

Die Unterscheidung zwischen der hier thematischen Lebenswelt als dem Ausgangszustand für die immanente Geschichte dessen, was im weitesten Sinne Logik als ›Bedeutungslehre‹ genannt werden kann, und den empirisch vermuteten, gesuchten oder gar auffindbaren Lebenswelten, deren Totalität, deren Rudimenten oder Fragmenten, wird gerade durch den Ansatz bei einer dem Begriff zuzuordnenden imaginären Anschauung an Deutlichkeit und methodischer Brauchbarkeit gewinnen. Die für die genetische Phänomenologie anzunehmende Lebenswelt ist ein immer schon verlassener Zustand, der nicht nur in Analogie zum Mythos vom verlorenen Paradies zu deuten ist – und von Husserl schon gar nicht gedeutet worden wäre (was anzunehmen oder abzulehnen ihm aber nie in den Sinn gekommen ist). Es ist immer auch der Ausbruch oder die Austreibung aus der einen, wahrscheinlich unhaltbaren Weltvertrautheit, um in die andere und der Erwartung nach dauerhafter haltbare Vertrautheit der Welt zu gelangen.

Hier müssen Beschreibung und Wertung strikt getrennt werden. Ich erläutere das an einem Aphorismus aus dem Nachlaß Ludwig Feuerbachs: *In der Unwissenheit ist der Mensch bei sich zu Hause, in seiner Heimat; in der Wissenschaft in der Fremde.*[20] Der Ausspruch überrascht, wenn man von der geläufigen Interpretation aller Theorie und Wissenschaft herkommt, sie habe allererst zu ermöglichen, daß der Mensch sich in der Welt mit Sicherheit bewegen könne, wie Descartes es programmatisch ausgesprochen hatte. Was in einer metaphorischen Sprache nichts anderes heißt als sich die Welt aus ihrer ursprünglichen Fremdheit in eine durchgängige Bekanntheit und Vertrautheit zu verwandeln, aus der Fremde Heimat, aus dem Unbehagen den behaglichen Aufenthalt zu machen. Es gibt immer mehr Leute, die an der Erreichbarkeit des Ziels oder gar am Vorankommen auf dem Wege zu ihm zweifeln; aber es ist unbezweifelbar, daß die Theorie der Welt, sogar mit ihren Irrtümern und Fehlleistungen, die Fremdheit der Welt abgebaut hat und sich selbst in dieser Funktion fast überrascht vorfand. Die erste vorausgesagte Sonnenfinsternis war zu einem in der Bedeutung für den Menschen völlig veränderten Ereignis geworden. Sie mußte es geworden sein, weil vorgängige Vertrautheitsinstrumente, die Feuerbach wohl unter dem Titel der ›Unwissenheit‹ zusammenfassen wollte, nicht mehr funktionierten. Es war alles voll von Göttern gewesen, wie Thales von Milet gesagt hatte, und es war eine prägnante Erfindung der frühen Geschichtsschrei-

20 Feuerbach, Sämtliche Werke, edd. W. Bolin, F. Jodl, X 310.

Erster Teil: Das Lebensweltmißverständnis 55

bung der Philosophie, demselben Thales jene erste Prognose einer Sonnenfinsternis für die Bürger von Milet zuzuschreiben.
Manche scheinen gerade sagen zu wollen, wir ständen an derselben Schwelle, es sei nun alles voll von Wissenschaft. Der Nachteil solcher Fülle oder Überfüllung ist durchaus vergleichbar: Der einzelne beherrscht das Ganze der Bekanntheitsmittel nicht mehr, er muß sich auf die Autorität der Kenner und Eingeweihten verlassen, wie damals die, die an der großen Pilgerstraße von Milet nach Didyma noch die Namen der aufgestellten Götterbilder, die diesen zuzuordnenden Zuständigkeiten und ihnen zu erweisenden Kulte sowie die aus der Vernachlässigung zu befürchtenden Folgen aufzusagen vermochten – Spezialisten der Mythologie, deren Gesamtbesitz durchaus eine Welt der Vertrautheit war, aber wegen seines Umfangs nur mittelbar dem Individuum zugute gebracht werden konnte, sofern es seinen Anspruch fremder professioneller Kompetenz anzuvertrauen vermochte.
Wenn Feuerbach sagt, in der Wissenschaft sei der Mensch in der Fremde, so formuliert er bereits einen Zustand, der der ursprünglichen Erwartung und Motivation der Theorie nur ungenügend nachgekommen ist und die Berechtigung jener Motivation selbst problematisch gemacht hat. Dabei geht es nicht um die Nebenfolgen des wissenschaftlichen Fortschritts, an denen sich Unbehagen entfacht, sondern um die immanente Verfehlung der beabsichtigten Hauptfolge: ein Bewußtsein von Sicherheit und Weltbehagen zu erzeugen. Feuerbach starb 1872. Seine aphoristische Feststellung ist weniger bestimmt durch akute Erfahrungen mit der fortgeschrittenen und fortschreitenden Wissenschaft als vielmehr durch die romantische Wiederentdeckung von Enklaven der Unwissenheit nach den Triumphen der Aufklärung.
Das verdient deshalb gesehen zu werden, weil auch mit der Renaissance der phänomenologischen ›Lebenswelt‹ neoromantische Konnotationen mitliefen oder sogar bestimmend wurden. ›Lebenswelt‹ konnte zu einem Programmwort des Überdrusses an einem Zustand werden, den man in Umbildung und Erweiterung des frühesten gesicherten Wortes der Philosophie beschreiben könnte: Es sei alles voll von Theorien und daher Zeit fürs neue Einfache, wie jener Milesier alles aus und auf dem Wasser sein ließ. Höchste Zeit also für Dekomplexion auf ein Weltverhältnis hin, das jeder wieder in

Totalität wahrnehmen, erleben und genießen kann, in Unmittelbarkeit.

Für das, was ich die romantische Wiederentdeckung von Enklaven der Unwissenheit und damit von archaischer Heimatlichkeit genannt habe, eignet sich ein Beleg, in dem ein Aufklärer vom vollendeten Typus des Autodidakten, des Selbstgebildeten und Selbstdenkers, dann auch des professionellen Bildners anderer nach eigenem Vorbild, eine überraschende Entdeckung der Reize von Unbildung macht. Karl Friedrich von Klöden, Begründer und Theoretiker des deutschen Real- und Berufsschulwesens, ist durch seine zuerst 1874 in Berlin erschienenen »Jugenderinnerungen« vielen Lesern lieb und wert geworden. Was den Bericht reizvoll macht, ist die Darbietung von Erlebnisfähigkeit auf engem Raum, die Aufmerksamkeit für das Nächstliegende.

Ostern 1815 macht der Autor eine Wanderung in der Umgebung von Berlin, nach Markgrafpieske. Man erreicht den großen Friedersdorfer Forst und hat alsbald den Weg verloren. Schließlich trifft man mitten im Walde auf ein Försterhaus. Ein Mädchen von etwa sechzehn Jahren ist dort allein, und von ihr erfährt man, man sei auf dem Wege nach Niederlöhme. Wohin die andern Wege führen, die auch am Haus vorbeigehen, weiß sie nicht. Sie selber sei noch nie dahingekommen, wo diese hinführten. Der Meister der Selbstbelehrung und des Belehrens ist nicht enttäuscht über so viel Unaufgeklärtheit, im Gegenteil: *Glückliche Unwissenheit! Für dies junge Mädchen hörte alle geographische Kenntnis jenseits einer Viertelmeile auf, und die Welt verlief sich ins Unbestimmte. Die Sphäre ihrer Tätigkeit war fast nicht kleiner als ihre Welt und die Hirsche und Rehe kannten von dieser mehr als sie.* Wieviel Zustimmung oder wieviel Zweifel an solcher Begrenztheit mit der Beschreibung verbunden waren, läßt sich nicht einmal der angeschlossenen Philosophenfrage entnehmen: *Wie weit mag in einem solchen Kopfe wohl die Sphäre des Denkens reichen?*[21]

Als Klöden seine Erinnerungen schreibt, ist er ein schon gealterter Mann, der das Abitur nachholt und gerade ein Universitätsstudium begonnen hat. Es ist die Erfüllung seiner Wünsche und Erwartungen, seiner Ansprüche an sich selbst; und doch ist er sich dessen nicht sicher, ob es das Glück des Lebens ist. Denn die vollkommene Über-

---

21 Karl Friedrich von Klöden, Jugenderinnerungen. Leipzig 1911, 378.

schaubarkeit der Welt, die sich der Aufklärer vom Wissenserwerb erwartet hatte, gewährt ihm dieser um so weniger, je mehr sich die Welt des Wissens von der des Lebens dadurch unterscheidet, daß diese nicht mehr – wie nach dem Muster der Bewohnerin des Forsthauses im Walde – an den Rändern der Unbestimmtheit unscharf verschwimmt. Ihre Begrenztheit wird gerade durch Markierung der zwar hinausgeschobenen, dennoch übermächtigen Unwissenheit erst empfindlich. Was der Autor mit der paradoxen Sentimentalität eines Berliner Rousseauisten beschreibt, ist eine Insel der Sicherheit, die unverhoffte Enklave, die ihn seine durch Aufklärung verlorene Kindheitswelt für einen Augenblick wiederfinden läßt – jene Welt, die er um jeden Preis hatte verlassen *wollen* und die andere verlassen zu *machen* zur Aufgabe seines Lebens geworden war. Die Hilflosigkeit der im Wald verirrten Wanderer hebt die ungeschichtliche Exotik dessen noch heraus, worauf sie da in Fußmarschweite von der großen Stadt gestoßen waren, die ihnen zu bleiben nicht gestattet hätte. Es war romantische Verwunderung, keine romantische Rückkehr.

Die Welt der Försterhäuser inmitten von Wäldern, in denen man sich noch verirren konnte, in der Reichweite werdender Großstädte, ist schon Anachronismus geworden. Aber noch gibt es die dramatischeren Berichte aus fernen Kontinenten und Ländern, die der Ethnographie über immer enger beschränkte Gruppen von Primitiven mit vollendeten Einpassungen in ihre Lebenswelten. Vor ihnen steht der Feldforscher in der Verlegenheit, gerade den Kern des Selbstverständlichen und Nächstliegenden zu erfassen, während sich ihm die Buntheit und Absonderlichkeit der Feste, Tänze, Rituale, Magien wie isolierte Fundstücke darbieten, die sich durch ›Museumsreife‹ auszeichnen.

Die dem ethnologischen Interesse inhärente ›Sehnsucht‹ nach der unberührten Lebensform, der prälogischen und prämoralischen Stabilität aus Urzeiten, der Existenz in einer durch ›Vorurteile‹ unverstellten Welt der Unmittelbarkeit – diese Erwartung hat sich längst als ein Vorurteil der Disziplin selbst erwiesen: als Überdeutung ihres Objekts als einer reinen Ungedeutetheit. Dafür gilt, was zur Lebenswelt als der Wesensform solcher ›Welten‹ zu sagen war: Wenn es das gäbe, wenn es so wäre, könnte die Erfüllung der Erwartung nichts anderes sein als die absolute Sperre des Zugangs für irgendeine Theorie und damit das Versagen der Wahrnehmung des hinzukommenden Beobachters.

Niemand hat die Resignationsformen der Suche nach der natürlichen Natur des Menschen, nach den Vorformen der Formen, nach dem ethnologischen Ideal der ›Reinheit‹, so präzise im Verhältnis von Objektivierung und Subjektivität beschrieben wie Claude Lévi-Strauss in den »Tristes Tropiques« von 1955. Es gebe, das ist der Ausgangspunkt aller Erwartungen, für den Ethnographen keine Aussicht, die ihn mehr begeistern könnte als die, *der erste Weiße zu sein, der zu einer Gemeinschaft von Eingeborenen vordringt.* Es ist allemal nicht nur ein erster, sondern naturgemäß auch ein letzter Blick.[22]

An diesem Jüngsten Tage alles Unbekannten auf der Erde erreicht die Reflektiertheit des Ethnographen auf die Ambivalenz von Gelingen und Mißlingen seiner Ambition einen quälenden Grad: Was er nach formidablen Anstrengungen da inmitten des Urwalds an Ungesehenem erreicht, erfüllt präzise seinen höchsten Anspruch und enttäuscht ihn zugleich aufs tiefste. Es erscheint ihm als Lohn und Strafe zugleich; nicht für eine einzelne Handlung, sondern für den Beruf, in dessen Dienst er voraussetzen muß, daß Menschen nicht gleich Menschen sind. Er hat die Fremdheit in Person vor sich und kann doch nichts mit ihr anfangen, da er nicht einmal in der Lage ist zu erfassen, worin sie besteht. *Ich hatte bis zum äußersten Punkt der Wildheit gehen wollen... Am Ende einer aufregenden Reise hatte ich meine Wilden nun endlich gefunden. Leider waren sie allzu wild.* Aber die Unverständlichkeit ihrer Wildheit ist zugleich schon die Unfaßbarkeit von deren Aufhebung.

Als Lévi-Strauss im amazonischen Urwald auf der Suche nach den Tupi-Kawahib, einer noch unberührten Siedlung von Eingeborenen, vordringt, macht er die ihn wie den Leser erschütternde Erfahrung, daß diese gerade ihr Dorf geräumt haben und seiner Marschrichtung entgegen die Zivilisation suchen. Der Häuptling mit einem Gehilfen ist allen voran, und die beiden tragen einen jämmerlich verpackten großen Harpyien-Adler, den sie als Gastgeschenk in die andere Welt bringen wollen. Adler hielten die Eingeborenen, um sich ihres Federschmucks zu versichern. Obwohl er ihr kost-

---

22 C. Lévi-Strauss, Tristes Tropiques. Paris 1955; dt. Frankfurt 1978, 315-368 (Achter Teil: Tupi-Kawahib).

barstes Gut zu sein schien, mit dem sie sich den Eintritt in die Zivilisation verschaffen wollen, entledigen sie sich seiner mit der Gleichgültigkeit, die zu jedem Entschluß gehört, die Welten zu wechseln. Lévi-Strauss wird sich bewußt, daß er Zeuge eines jener Vorgänge geworden ist, in denen der Verzicht auf die überlieferten Werte und die *Auflösung einer Lebensweise* darin Ausdruck finden, daß *der Verlust gewisser Elemente die sofortige Verachtung für alle anderen zur Folge hat*... Nur in dieser Radikalität kann die Operation gelingen; durch sie kann es aber auch, und mit der größeren Wahrscheinlichkeit, letal ausgehen. Der plötzlich achtlose Wegwurf des Adlers ist der paradigmatische Ansatz zu dem Identitätsbruch, den man sich angewöhnt hat, ›Kulturrevolution‹ zu nennen.

Der Ethnologe kann noch beobachten, wie das Mißlingen eines ähnlichen Exodus zum Verlust der Fähigkeit zu leben führt. Was er sieht, ist eine Erstarrung, die nichts als das Überleben durch Minimalisierung der Tätigkeit erzwingt, sogar mit Verweigerung der Sichtbarkeit und mit dem Schwund des Bewußtseins von einer Wirklichkeit, für die die Mittel des Begreifens nicht zur Verfügung stehen und die nur durch den Verzicht auf Vergleichbarkeit des eigenen Zustands mit dem der anderen ertragen werden kann.[23] Diese tödliche Dramatik des Selbstausstoßes aus der Lebenswelt ist freilich nur möglich, wo Wirklichkeiten von absoluter Unvereinbarkeit aufeinander stoßen und das Subjekt die Grenzüberschreitung nicht zu bewältigen vermag, ohne sich zum Mineral zu verhärten.

Ist dies nicht die absolute Metapher für den Phänomenologen, der – in der umgekehrten Richtung und mit ungleich vermindertem Risiko seiner Identität – zur Beschreibung seiner *terra incognita* ›aufgebrochen‹ ist? Ihrer Definition nach muß die ›Lebenswelt‹ jede Auskunft darüber verweigern, wie es sich in ihr lebt. Gerade dies nämlich macht die Unbemerktheit ihrer Selbstverständlichkeit als ihr ›substantielles‹ Bestimmungsstück aus. Was ihn – nach der Faszination des von ihm ausgeworfenen Titels für ein gespanntes, wenn auch verspätetes Publikum – dort erwarten sollte, wäre Fülle des Lebens; was er aus seinen Befunden herausschreibt, ist die blanke Leere der programmgemäßen Unverständigkeit und Stummheit. Die Lebenswelt ist ausdruckslos für ihren notwendig von außen

23 C. Lévi-Strauss, a.a.O. 369 (Neunter Teil: Die Rückkehr).

kommenden Betrachter – und enttäuschend daher wiederum für dessen Betrachter. Gehörte der Phänomenologe zu ihr, hätte er die Intention nicht fassen können, sie zum Thema zu machen. So spricht er hier von einem Subjekt, das er nicht ist und nicht sein kann, im Gegensatz zu jenem reinen Ego, als das er sich selbst am Zipfel seiner absoluten Selbstgewißheit zu fassen bekommt. Die Frage nach der Lebenswelt kann nicht in diese hinein gestellt werden; vorausgesetzt, sie würde verstanden, entweste sie den Zustand, nach dem sie sich erkundigen möchte. Mangel an Hermeneutik, Weigerung des Eingehens auf das Verhältnis von Frage und Antwort, ist geradezu das Kriterium der terminalen Passung auf eine Wirklichkeit, die eben durch diesen Einschliff zur ›Lebenswelt‹ wird.

Wenn die Lebenswelt keine erfahrbare Welt ist, so ist sie doch auch nicht im gängigen Sinn eine erschlossene. Sie bringt anschauliche Wesenszüge dessen, was eine Welt überhaupt ist – eine Struktur der Vertrautheit, die dazu nicht ›Gegenstand‹ zu sein braucht – auf eine isolierte und reine Ausprägung. Deshalb läßt sich von ihr sagen, daß sie nicht nur *eine* Welt ist – sei es eine Vorwelt, eine Mitwelt oder eine Nachwelt –, sondern in hier zulässigem Sinne die ›Idee‹ einer solchen. Dazu paßt ihre Quasi-Transzendenz: Wer in ihr lebte, wüßte von ihr nichts; wer von ihr weiß, kann in ihr nicht mehr und nicht einmal wieder leben. Man vergesse nicht, daß im Grundgedanken der Reduktion nicht nur und nicht einmal vorwiegend die Existenz von ›Dingen‹ für reduzierbar gehalten und erklärt worden war, sondern die Existenz der Welt im ganzen als eine sich in der faktischen Natur nur ›darstellende‹ und in der Gesamtheit der positiven Wissenschaften ›abgeleitete‹, zur Objektivität depotenzierte. Das ist freilich nicht das Niveau von Einsicht, auf dem Husserl die Reduktion primär angelegt und selbst verstanden hätte. Indem er vom kontingenten Verhältnis zwischen Wesen und Dasein ausging, brachte er das Verfahren für jeden möglichen Gegenstand der Phänomenologie und das für die Welt im ganzen auf ein und dasselbe Schema. Das würde sich erst als eine der Belastungen der Reduktion herausstellen, wenn ›Welt‹ überhaupt als heterogenes Thema der Phänomenologie aus dem Phänomen ›Horizont‹ gewonnen worden wäre.

Zunächst war die Universalität des Verfahrens der Reduktion zu erzwingen, indem die scholastische *distinctio realis* von jedem Ge-

Erster Teil: Das Lebensweltmißverständnis   61

genstand auf die Gesamtheit der Gegenstände, die klassische *series rerum,* übertragbar erschien. Die Weiterführung der Reduktion ergab sich eher zwanglos, indem das Subjekt sich als die letzte und hartnäckige Ausnahme von der ›Weltvernichtung‹ erwies. Im Rückblick auf diesen Ansatz läßt sich die Theorie der Lebenswelt der Konsistenz des phänomenologischen Prozesses so einfügen, daß man Husserl mit ihr die wesensmäßige ›Vorgeschichte‹ der Reduktion schreiben sieht: Er läßt eine Welt denken, in der die Reduktion nicht vollzogen werden *kann.* Der Grund dafür liegt im anschaulich evidenten Merkmal der Lebenswelt, daß in ihr ein Bewußtsein von Kontingenz absolut ausgeschlossen ist und durch sie, sofern ihre substantielle Mitgift lebendig präsent ist, ausgeschlossen bleibt.
Das Thema ›Lebenswelt‹ steht für die Einsicht, daß sich die Reduktion nicht von den Dingen auf die Welt übertragen läßt. Was an der Lebenswelt wesentlich *Welt* ist, zeigt den Grund dafür: Während alle Gegenstände, die als existierend wahrgenommen oder als nichtexistierend gedacht werden können, ihre Existenz in einer Welt haben oder hätten – in beiden Fällen eine solche voraussetzen –, ist die Voraussetzung selbst dieser Operation nicht unterziehbar. Gegenstände sind, was wir haben; Welt aber ist, worin sie so gut sind wie wir, wenn wir sie haben.
Während das, was ein anderes Ich zu heißen verdient, nur durch Einfühlung dessen, der zu bleiben fähig ist, was er ist, zugänglich wird, bedarf es für eine Welt des Einlebens, das sie im Grenzwert zur ›Lebenswelt‹ machen würde, was nur durch einen vollzogen werden könnte, der an ›Lebenswelt‹ im selben Maße verliert, ohne dies durch ›Enthaltung‹ reversibel bleiben zu lassen. Aus der Erfahrung wie aus der Einfühlung zieht man sich zurück; aus der Einlebung in eine Welt kann man es nicht.
Die von Hume erlernte ›Urdoxa‹ ließe sich auf die Lebenswelt nicht mehr beziehen, es sei denn, im Rücken des mundanen Subjekts würde deren Geltung für dieses und von diesem unbemerkbar besorgt. Dann wäre es seine Geschichte, dieser Fremdversorgung auf die Schliche zu kommen und am Ende dieses Weges identisch zu werden mit dem transzendentalen Subjekt, das in seinem Rücken agiert hatte. Auch in dieser Version der Geschichte war die Phänomenologie das andere Wegende zur Lebenswelt.
Genetische Fragestellungen setzen konstruierte Ausgangszustände

voraus, in der Kosmologie wie in der biologischen Evolutionstheorie. Nur ist für die ›Lebenswelt‹ jeder empirische Fund wie Befund ausgeschlossen, der den Ausgangszustand konservierte oder ihn darstellte. Dieses Konstrukt bliebe im Begrifflichen, da es wesensmäßig Observation wie Präparation abweist, gäbe es nicht als Korrelat der Einfühlung das Einleben, das etwas so ganz anderes ist als das Ausdenken. Der Phänomenologe kennt es von Erinnerung und Phantasie, bei dieser als Modus des Ernstes im Gegensatz zu dem des bloßen Spiels: *Von mir als aktuellem lebensvollen Ich geht ein Lebendiges in die Phantasie hinein, ich bin auch jetzt als Lebender mit all dem Phantasierten beschäftigt.*[24] Daß dies am Beispiel der Phantasie durchgeführt werden kann – und in einem Text aus dem Jahre 1912 mit so viel mal ›Leben‹ –, hindert dort freilich nicht daran, Phantasie als eine jener ›Stellungnahmen‹ zu sehen, die an- und abgeschaltet werden können. Daher die Formel: *Schalte ich auch die Phantasie-Stellungnahme aus* ... – Beginn eines Absatzes freilich, der von Husserl wieder gestrichen wurde.[25] Zunehmend erweist sich ›Leben‹ als Begriff für die Widerständigkeit, die der einmal gesetzte Akt seiner Aufhebung oder seiner Modifikation entgegenstellt. Mehr noch: für den Verlust der Akthaftigkeit selbst, die sich im Einleben verliert und im selben Maße von der Nähe zur Reduktion entfernt.

Der Phänomenologe sieht sich im Idealismus belohnt. Ungestraft die Fragen der genetischen Phänomenologie stellen zu dürfen, ist die Verheißung, die der Realismus verweigert hätte, der Idealismus zu bestätigen scheint. Daher kann ›Lebenswelt‹ kein Programmwort irgend einer unter dem Namen des Realismus vorzustellenden Untersuchung sein. Daran ändert auch nichts, daß die mit der Phänomenologie verbundene oder in Verbindung getretene neue theoretische Liebe zum Alltäglichen und seinem Arbeitsweltsubjekt die Lizenz zur Beschreibung in mehr oder weniger ergiebiger Weise genutzt hat. Dabei kann sich die Suggestion einstellen, es seien Vorarbeiten zu etwas geleistet worden, was theoretisch darin nicht enthalten ist. Vorarbeiten aber wozu?

---

24 Husserl, Modi der Reproduktion und Phantasie, Bildbewußtsein. März-April 1912. Texte aus dem Nachlaß (Gesammelte Werke XXIII 329–422; hier: 340).
25 Husserl, Gesammelte Werke XXIII 351.

Erster Teil: Das Lebensweltmißverständnis 63

Natürlich vermissen wir eine Theorie unseres Alltags, wie wir eine Theorie unseres Glücks vermissen; aber solche Entbehrung und daran hängende Wertungsbereitschaft genügt nicht, um einer Sache theoretischen Zugang wie Rang zu verschaffen. Aufschlußreich ist, wie Heideggers ›Alltäglichkeit‹ ihre theoretische Geltung erst gewinnt, indem sie als Verdeckung der Strukturen erkannt wird, die auf das Seinsverständnis des Daseins hinführen und von deren Verborgenheit es zugleich alltäglich überlebt. Für sich genommen sind die Deskriptionen der Alltäglichkeit nur interessant, anregend, aber theoretisch funktionslos. Vom Vergleich zwischen Lebenswelt und Alltäglichkeit gewinnen nur unter diesem Aspekt der Funktion für das, was verstanden werden soll, beide Seiten.

Lebenswelt ist ein Grenzbegriff. Kant hat diesen Ausdruck als Übersetzung von *conceptus terminator* gebildet. Ungeachtet des hier unerheblichen Vorbehalts, daß ich es als Kantinterpretation so falsch wie möglich finde, verwende ich den Ausdruck in der Weise, wie Hermann Cohen das kantische ›Ding an sich‹ als Grenzbegriff der quantifizierenden Naturwissenschaft interpretiert hat. Ihr Theoretiker, wie er vom Neukantianer gesehen wird, hat dieses ›Ding an sich‹ als Grenzwert seiner Erkenntnishandlungen in unaufholbarer Unerreichbarkeit vor sich. Der Phänomenologe nimmt diesen Sachverhalt nicht erst am Faktum Wissenschaft wahr. Er geht zurück auf das sich in seiner Einstimmigkeit vor aller Prädikation behauptende Bewußtsein, wie es die Lebenswelt als Grenzbegriff seiner Möglichkeiten, mit sich einig zu sein, immer schon hinter sich hat und im Ausgang von daher sich die Mittel verschafft, seine Einstimmigkeit auch im unsicheren Gelände erweiterter Erfahrung zu behaupten. Denn daß es sich in der Lebenswelt nicht hatte halten können, erklärt erst den Leistungsbedarf und die Leistungsfähigkeit des Bewußtseins. Sie sind Korrelate der ihm außerlebensweltlich auferlegten Selbsterhaltung: als Vernunft.

Was der Grenzbegriff begreifen läßt, ist nicht, worauf sich der Ausdruck bezieht. Denn es geht nicht um die Lebenswelt selbst, sondern um die Möglichkeit eines Lebens, das die genauen Passungen zu einer ihm adäquaten Welt *nicht mehr* hat und mit dieser – unter allen sonst bekannten Bedingungen für Lebewesen tödlichen – Desolation fertig geworden ist und ständig fertig zu werden hat. Daran ändert auch nichts der Sachverhalt, daß die Destruktion der

Lebenswelt niemals vollendet ist, ihre Restruktion gegenläufig ständig im Gang befindlich und tendenziell auf das endgültig stabile Äquivalent des Ausgangszustands gerichtet ist. Auch daß es lebensweltähnliche Sachverhalte der subhistorischen Konstanzen, der Arbeits- und Feiertagswelten, der Domestikation und Zivilität gibt, ist theoretisch kein ergiebiger Befund, sondern der perspektivische Anschein, den Destruktion und Restruktion erzeugen. Die Ständigkeit solcher Teil-Welten, in denen wir leben, hat gerade die Funktion, mit der Verlassenheit zwischen den Lebenswelten – der hypothetischen des Ausgangs und der utopischen des Endzustands – zurechtzukommen: als habitualisierte Technik der Konzentration auf das Lebensdringliche durch Einsparung von Aufmerksamkeit für funktional schon Erledigtes und daraufhin fortdauernd störungsarm Fungierendes.

›Alltäglichkeit‹ ist nur der Name für ein Syndrom von Regelungen des Lebens, das sich darin auszeichnet, weiterer Regelungen nicht zu bedürfen, keine Entscheidungen ausstehen zu haben. Regelungsbedürftigkeit muß als Kennzeichen der prototypischen Lebenswelt, als Stigma ihres systematischen Ranges, angesehen werden; daher ist es keinesfalls abwegig, ›Alltäglichkeit‹ als fortgeführte, mitgeführte, unterlaufende Lebensweltlichkeit zu beschreiben. Das bewahrt auch vor dem gefälligen Gegenspiel von Lebenswelt und technischer Welt. Davon steckt in Husserls Ansätzen nichts.

Schon die »Philosophie der Arithmetik« hatte das formale Modell der Technisierung, das Husserl ein halbes Jahrhundert später in der »Krisis«-Abhandlung wieder aufnehmen sollte, am Paradigma der unverstandenen Geläufigkeit überlagernder oder substituierter Vereinfachungen und Verkürzungen entwickelt. Und genau darin besteht das entscheidende Bindeglied zwischen Alltäglichkeit und Technisierung: in der Dienstbarmachung des Unverstandenen als der jeder Besinnung und jedes Zögerns unbedürftigen Auslösung von Funktionen. Die Technisierung mag nach ihren theoretischen und ökonomischen Grundlagen genuin zur Destruktion von Lebensweltlichkeit gehören; im Verlauf ihrer Allvergegenwärtigung nimmt sie teil an der Tendenz auf finale Lebensweltlichkeit und betreibt wie beschleunigt sie. Mit der wirklichen oder vermeintlichen ›Unnatur‹ technischer ›Gestelle‹ hat diese alltagsweltliche Funktion der Technisierung nichts zu tun. Aber es ist ein Unter-

schied zwischen dem gern herangezogenen Sachverhalt, daß wir weiter und ferner die Sonne aufgehen sehen – und nicht nur so sprechen, als täten wir es –, und unserem nahtlosen Übergang zu und Umgang mit Geräten, deren Funktionsweise uns nur vage oder gar nicht mehr einsichtig ist. Es ist also fast gleichgültig, welche ›Dinge‹ in einer Lebenswelt vorkommen, da es vielmehr allein darauf ankommt, in welcher Modalität sie es tun.
Was die technische Sphäre zur Lebensweltlichkeit disponiert, ist ihre Abnabelung von ihrer theoretischen Herkunft, also vom Ursprung der Fraglichkeit ihres bloßen Möglichwerdens. Kataloge von ausgezeichnetem Inventar der ›Lebenswelt‹ kann es also nicht geben. Wenn Husserl sagt, die Lebenswelt sei *die Welt der schlichten intersubjektiven Erfahrungen*[26], so nivelliert das von ihm geschätzte Wort ›schlicht‹ die systematische Funktion von Intersubjektivität. Diese ist Herstellung von Objektivität, während sie hier den bloßen gesicherten Ausschluß von Problematisierung meint: Intersubjektiv sichert sich auch das Auf-sich-beruhen-lassen. Der in Fremdwahrnehmung konstituierte Andere stört gerade darin nicht, diese Welt für selbstverständlich zu halten, wie es auch die Natur sein kann – wozu es aber nicht die Natur zu sein braucht. Im Gegenteil: Natur wird eher zum Störfaktor durch Ungewöhnlichkeit als die auf Schaffung von Vertrautheitsmomenten angelegten Technizitäten. Die Natur wird nie die Zuverlässigkeit eines Telephons annehmen, mag man sich auch über dessen Tücken ärgern – Natur ist gerade nicht von dieser Art, daß man sich, wenn sie aufbegehrt, über sie nur zu ärgern hätte.
Vielleicht ist es, um alle Bezüge auf spezifische Dinglichkeiten und kulturelle Ausstattungen abzuschalten, am zweckmäßigsten, von prähistorischer, subhistorischer und posthistorischer Lebenswelt zu sprechen, so unschön solche Bildungen sein mögen. Dabei darf nicht aus dem Blick gelassen werden, daß wir die final-posthistorische wie die alltäglich-subhistorische Lebenswelt als sekundäre Phänomene überhaupt nur verstehen, weil wir den Grenzbegriff jener primär-prähistorischen Lebenswelt gewonnen haben, deren Authentizität auf der Deckung von Erwartung und Erfahrung, Lebenszeit und Weltzeit, Generation und Individuation beruht. Vorge-

---

26 Husserl, Die Krisis der europäischen Wissenschaften und die transzendentale Phänomenologie § 34 f. (Gesammelte Werke VI 136).

schichtlich heißt dabei, daß die Veränderungsrate aller Bedingungen und Umstände des Daseins unterhalb der Schwelle der Wahrnehmungsfähigkeit eines individuellen Lebens und einer intersubjektiven Generation liegt. Man darf sich das, mit Ironie gegen einen Buchtitel, daran vergegenwärtigen, daß es keine ›Weltgeschichte der Steinzeit‹ gegeben hat.

Man darf die inhaltliche Unbestimmbarkeit der Lebenswelten, der initialen wie der finalen, nicht verwechseln mit der utopistischen Untersagung, die reine Zukünftigkeit dürfe nicht getrübt und verfälscht werden durch die Projektion gegenwärtiger Verblendungen einer falschen Daseinstypik. Freilich ist die hochgemute Ablehnung inhaltlicher Bestimmungen über das, was alle glücklich machen würde, zumeist die Überspielung der Ratlosigkeit, wie dies überhaupt auszumachen sei, ohne ins Repertoire der Wünsche aufs *happy end* zu greifen. Die Furcht vor dem: Mehr war es also nicht gewesen? gleicht der anderer Vertreter des Faches davor, überhaupt verstanden zu werden (nach Heine).

Der Wunsch nach Glück wird nicht schon dadurch diskreditiert, daß er sich, bei aller subjektiven Differenzierung, darin zur objektiven Konvergenz findet, daß für den Fall seiner Erreichung Beständigkeit des Zustandes, in dem es erreicht ist, die entscheidende formale Bestimmtheit sein würde. Wenn die Rücksichtslosigkeit der Welt gegen das Wunschsubjekt als Wurzel des diesem aufgezwungenen Realismus erscheint, so bleibt eben außer Betracht, daß jenseits der Lebenswelt die Erwartungen sich von den Erfahrungen gerade deshalb ablösen, weil die Grunderfahrung der Veränderung durch ›Ereignisse‹ und ›Taten‹, also durch Geschichte, mehr und anderes erwarten zu können suggeriert, als je im Bereich der Erfahrung gelegen hatte. Geschichte *ist* die Trennung von Erwartung und Erfahrung.

Nicht die Lebenswelt also, weder als transzendentale noch als alltägliche, ist Ansatz zum Realismus in der Phänomenologie, sondern ihre Destruktion, das Heraustreten aus ihr, ihr Absinken ins Subhistorische; aber auch das Gespenstische der unablässigen Lockung zu ihrer Wiederherstellung als Versinkenlassen alles dessen, was nur deshalb Realität hatte heißen können, weil es dann vorläufig gewesen wäre. Nicht für einen ›Realismus‹ hat man sich zu entscheiden gegen einen ›Idealismus‹, sondern nur zu begreifen, was

die mit Namen beschworene Realität überhaupt bedeutet: welche Erlebnisse ihr Grund geben, dies zu bedeuten.
Realität selbst ist das Thema, das keinem Realismus zugänglich ist. Er soll nach Maß und Art seines Anspruchs im Kontext einer Theorie der Lebenswelt beschreibbar werden. Denn auf ihrer Störung oder Zerstörung beruht, daß die Welt so etwas wie einen ›Eigensinn‹ annimmt, mit dem sie sich über Erwartungen des Subjekts als dessen Erfahrung hinwegsetzt, um eben dadurch die Anerkennung als ›Wirklichkeit‹ zu erzwingen. Ihr Absolutismus beginnt nicht erst, indem er Unterwerfung erzwingt; doch seine *Geschichte* beginnt, wenn er zum Bewußtsein kommt: ins ›Leben‹ tritt am Rande der ›Lebenswelt‹. Einmal war diese ›Rücksichtslosigkeit‹ der Welt gegenüber jedermann, nicht nur gegen ihre Mißgünstlinge, entdeckt und ausgehalten worden – ein erster Tag des Realismus.
Fragt man nach dem vordringlichen, schlechthin unübergehbaren Kennzeichen jenes ›Eigensinns‹ der Welt gegenüber jedermann, so bietet sich nur eines unzweifelhaft an: daß sie sich über die *zeitliche* Reichweite des Menschen hinwegsetzt, ihm seine lebensweltlich unmerklichen Grenzen mit zunehmender Härte setzt, fühlbar macht, ihn gegen sie anrennen läßt. Und dies auch dann – sogar um so mehr –, wenn er darin Erfolg hat, sie als seine Endlichkeit ein wenig hinauszuschieben: durch Verlängerung, durch Beschleunigung seiner ausschöpfenden Bewegung in ihrer Toleranz. Vom ersten Augenblick an war das Programm der neuzeitlichen Wissenschaft verbunden mit der Idee, sie würde das Leben durch vollendete Erkenntnis seiner Bedingungen verlängern und die in ihm zu durchlaufenden Erlebnisse mit der Geschwindigkeit ihres Ablaufs zusammendrängen können.
Man muß sich davon freimachen zu unterstellen, die Lebenswelt sei eine Sphäre der Primitivität. Sie kann es sein, muß es aber nicht. Wir werden nicht einmal erfahren, wie weit sie es war, ist oder sein wird. Was uns derart unwissend macht und bleiben läßt, ist ihr konstitutiver Mangel an Ausdrücklichkeit, an Prädikativität. Das bedeutet nicht ihre Sprachlosigkeit. Sie hat ihre Geschichten, die Nachdenklichkeit stiften mögen, aber Denken als ein Bedingungsverhältnis von Frage und Antwort überflüssig machen. Vielleicht ist, eine ›Moral‹ aus einer Geschichte zu ziehen, an eine Fabel zu hängen, die uns noch zugängliche Spur der Überschreitung eines

Zustandes, in dem von selbst zu verstehen war, was eine Geschichte zu bedeuten hatte. Daher hat uns längst zu belustigen begonnen, in welchem Mißverhältnis die tradierten Moralschlüsse zur Bedeutungsfülle uralter Fabeln stehen, denen sie wie hilflose Annotationen nachgeschoben zu sein scheinen. Irgendwann brauchte man transportable Sätze, die die Geschichte überflüssig erscheinen ließen, und dann brauchte man zu diesen Sätzen die Fragen, auf die sie als Antworten gegeben sein konnten. Dieses Verfahren mochte kürzer sein und im Dienst der Zeitausschöpfung stehen, da Geschichten immer einen Grad von Umständlichkeit haben; aber man konnte nicht wissen, daß der Kurzschluß zwischen Frage und Antwort eine neue und gewaltigere Umständlichkeit auslöste, nämlich die, alle gegebenen Antworten auf dieselbe Frage miteinander in Konkurrenz zu setzen, gegeneinander auszuspielen, um dem fernen Ziel der Ausschließlichkeit einer einzigen gültigen Antwort näher zu kommen. Epikur hat das Unheil kommen oder schon gekommen gesehen und das Muster derjenigen Konkurrenz von Antworten auf Fragen geschaffen, das als Resultat herauskommen läßt, keine der je gegebenen Antworten habe einen Vorrang in bezug auf den Menschen, so daß alle gleichermaßen ihn nichts angingen: *Nihil ad nos.* Aber wieviel Zeit kostete es schon nach so wenig Theorie, zu dieser Art von Lebensweltberuhigung zu kommen oder, wenn nicht zu kommen, sie wenigstens als tröstliche Idylle des Gartens in Aussicht zu stellen.

Zweiter Teil
Öffnung der Zeitschere

> Die Zeit, die ist ein sonderbares Ding.
> Wenn man so hinlebt,
> ist sie rein gar nichts. Aber dann auf einmal,
> da spürt man nichts als sie.
>
> Feldmarschallin im »Rosenkavalier«

I

Apokalypse und Paradies

Der Teufel weiß, daß er wenig Zeit hat. Was so lakonisch in der Apokalypse des Johannes geschrieben steht[1], mag man für obsolet halten, weil die Existenz des Teufels seither umstritten ist. Aber auch im Zweifel steht, ob es noch als Trost empfunden würde, die Zeit sei knapp bemessen, die für Umtriebe des Bösen bleibt. Werden probate Mittel angeboten, den Weltübeln insgesamt abzuhelfen, darf Trost für sie nicht mehr angenommen werden. Dennoch enthält der Satz ein Grundmuster für die Erfassung der menschlichen Großlage, dessen Brauchbarkeit unerschöpflich zu sein scheint: Der jeweils definierte Feind treibt es ärger denn je, weil er spürt, daß es spät geworden ist und die Zeit ihm knapp wird; jede seiner Anstrengungen, jeder seiner Erfolge können daher nur in der Gewißheit bestärken, daß es die vorletzten gewesen sein werden. Was als bloßer Erfahrungswert beunruhigen müßte, gewährt unter einer dogmatischen Prämisse Evidenz, daß man den Gang der Dinge richtig erfaßt habe. Wer ihn noch genauer kennt, wagt den diabolischen Part mitzumachen: Satanismen gibt es in allen Spielarten als Einwirkungen auf Beschleunigung zum Endzustand hin.

Der Ein-Satz-Mythos aus der Apokalypse enthält eine Wahrheit, auf die es dem Apokalyptiker kaum angekommen sein mag: Enge der Zeit ist die Wurzel des Bösen. Verzichtet man darauf, menschliche Bosheit zu dämonisieren, sieht man sie aus dem schlichten Mißverhältnis entstehen, daß ein Wesen mit endlicher Lebenszeit

---

1 Apokalypse des Johannes 12, 12: *Weh denen, die auf Erden wohnen und auf dem Meer! denn der Teufel (diabolos) kommt zu euch hinab und hat einen großen Zorn (thymon megan), und er weiß (eidôs), daß er wenig Zeit hat (hoti oligon kairon echei).* – Zur literarischen Wirkungsgeschichte Jean Pauls »Hesperus«: *O ihr armen Menschen! fangt doch nach den Flügel- und Schwanzfedern der Freude unter den Gewalt-Märschen euerer Tage! O ihr Armen! Will denn kein guter Freund einen Imperialfolianten zusammenschmieren und euch dartun, daß ihr wenig Zeit habt, gleich dem Teufel in der Apokalypse.* (Werke, ed. N. Miller, II 1174) Die ästhetische Verführung zur Lebensintensität bedarf des Versuchers nicht; sie setzt das von der Kürze seines Spielraums betroffene, eben darum auch zur Daseinsfreude stimulierte Subjekt ohne Erschrecken dem Gegenspieler des Menschen in der Apokalypse gleich. Es bedarf der Untergänge nicht, wenn sich das Leben selbst dessen bewußt wird, was ihm bleibt.

unendliche Wünsche hat. Es lebt in einer Welt, die keine Grenzen des ihm Möglichen vorzuzeichnen scheint, ausgenommen die eine, daß es sterben muß. Wem an Bibelsätzen nicht liegt, kann einen Blick in seinen »Faust« tun, dessen gedichteter Teufel gleich nach dem mit Blut besiegelten Pakt den wahnhaften Wünschen seines neuen Gebieters den Dämpfer aufsetzen muß: *Doch nur vor Einem ist mir bang: Die Zeit ist kurz, die Kunst ist lang.* Das ist zwar älteste Spruchweisheit, von Seneca schon den Aphorismen des Hippokrates entnommen, doch im Kontext einer Bänglichkeit sogar des Teufels die ironische Kurzformel dafür, daß Faust sich im Maße des zunehmenden Mißverhältnisses von Wunschgröße und Lebensfrist auch dem Übermaß der Übeltat nähern muß. Darin liegt, hier noch nicht vorgesehen, der Sinn seines mörderischen Zugriffs auf die beiden Alten, Philemon und Baucis, die seinem größten und letzten Projekt im Wege stehen und auf deren naturbedingtes alsbaldiges Weichen er doch nicht warten kann – obwohl er dadurch die eigene Annäherung an den Endpunkt seines Weges nur beschleunigt.

Mag nach dem Römerbrief des Paulus der Tod durch die Sünde in die Welt *gekommen* sein, in ihr *geblieben* ist die Sünde jedenfalls wiederum durch den Tod. Das Paradies hatte Paradies sein können, so paradiesisch, wie man es ihm zutrauen möchte, weil dort kein Mangel an Zeit war. Man braucht nicht einmal hinzuzudenken, wie Irenäus von Lyon die Geschichte erweiterte, daß Gottes Wort im Umgang mit den Menschen diese vor allem über die Zukunft belehrte, so daß Unbekanntes ihnen da in der Zeit genauso fremd blieb wie im überschaubaren Raum ihres Gartens.[2] Solche raumzeitliche Übersicht bestimmte den Genuß alles Genießbaren durch Gelassenheit. Zeitgewinne hätten nichts bedeutet. Vor allem aber konnte es den Urkonflikt nicht geben, der in dem Bewußtsein liegt, von der Welt bleibe etwas vorenthalten, was denen zufallen würde, die eine Zeit jenseits der eigenen nutzen könnten.

Mit weniger bildhaften Anlehnungen ausgedrückt: Lebenszeit und Weltzeit wären einmal, in welchem Gehege von Vergünstigungen auch immer, identisch gewesen. Das ist nicht nur der imaginäre

---

2 Irenäus von Lyon, Erweis der apostolischen Verkündigung I 1, 12 (nach der Übersetzung der einzig erhaltenen armenischen Version in »Bibliothek der Kirchenväter«: Irenäus II, München 1912, 592).

Wert für eine Gartenwelt der Wünsche, lokalisiert im Verlorenen; es ist auch der Grenzwert einer rückwärtigen Konvergenz, ohne den der Standard einer ›Lebenswelt‹ – als Sphäre und Phase des gedachten Einverständnisses zwischen Bewußtsein und Welt – nicht dargestellt werden kann.

Das Bewußtsein, als Episode zwischen Natalität und Mortalität in den Weltlauf eingelassen zu sein – zuerst als der Moment des Individuums, dann auch als der der Gattung –, wäre gewiß nicht jederzeit so formulierbar gewesen; es beginnt mit der schlichten und unselbstverständlichen Wahrnehmung, daß die Welt so wenig mit dem eigenen Leben endet, wie sie mit ihm begonnen hat, und ist jederzeit wieder darin auffindbar, daß keine Generation sich mit dieser Fatalität abzufinden vermag. Ebenso erkennbar ist, daß der elementare Konflikt nach vorne offener Verschärfungen fähig ist, die sich auf die Formel bringen lassen: Immer weniger Zeit für immer mehr Möglichkeiten und Wünsche.

Mit dieser Formel stößt man wieder auf den Teufel, der weiß, daß er wenig Zeit hat, und auf die Essenz der mythischen Verführung zu einem Teufelspakt, der im Kern darin bestehen muß, mit Mitteln der Magie, der Gewalt oder der Illusion die Weltzeit auf die Maße der Lebenszeit zu zwingen, die Lebensgrenze auf den Augenblick eingestandener Weltsättigung zu fixieren. Nimmt man den Teufel als Figur für den Ursprung aller Bosheit, so weiß er nicht nur, daß er wenig Zeit hat; er ist auch die Inkarnation dieses Wissens und der nacktesten daraus gezogenen Daseinsform. Zugleich springt heraus, daß das Diabolische ein Konzentrat der das Leben durchziehenden Techniken und Kunstgriffe ist, Zeit zu gewinnen, um mehr von der Welt zu haben. Die abstrakte Fassung lautet: Die Welt kostet Zeit.

Jede Einlassung auf Mittelbarkeit zur Welt ist ein Kompromiß, der den Verzicht auf die volle Intensität der Erfahrung verbindet mit dem Gewinn an Zeit, um andere Erfahrung – vielleicht wiederum unter dem Zugeständnis der Mittelbarkeit – zu machen. Was man ›das Leben‹ nennt, besteht aus dieser Art von Konzessionen und Arrangements.

Der erste, an die archaische Bildlichkeit der Apokalypse gelehnte Begriff des Auseinanderklaffens von Weltzeit und Lebenszeit – als einer das Bewußtsein auf Zerreißproben stellenden, weil unabsehbar steigerungsfähigen und verschärfbaren Unleidlichkeit – gibt den Blick dafür frei, daß Formen der Vermeidung und Entschärfung dieses Sachverhalts überall wiederkehren und auffindbar sein müssen: Zeitgewinn als das Radikal aller Wünsche auf Erweiterung und Zugewinn an Lebensrealität. Insofern haben alle anderen Wünsche in jenem den Grund ihrer Möglichkeit, aber auch Empfindlichkeit wie Enttäuschbarkeit in dem Maße, wie das Bewußtsein mit dem Makel seiner Endlichkeit imprägniert wird. Zeit ist das am meisten Unsrige und doch am wenigsten Verfügbare. Einerseits die Differenz zu allem, was niemals derart unser Eigentum sein kann wie die Zeit; in Senecas beschwörender Phrase: *Reliqua nobis aliena sunt, tempus tamen nostrum est.* Andererseits in Montaignes resignierender Formel für das Alter, es sei nicht Schwund an Kraft, sondern an Zeit: *Le temps me laisse; sans luy rien ne se possede.*[3]

Der Mythos erzählt keine inneren Vorgänge. Das macht ihn vieldeutig genug, um den Deutungstiefsinn der Jahrhunderte an ihn zu fesseln. Die Vertreibung aus dem Paradies hat noch nicht das Letzte an Auslegbarkeit hergegeben und wird es wohl auch nicht. Aber eine der vorletzten Fragen an den Mythos könnte sein: Vertreibung – war das überhaupt nötig, zerstören sich Paradiese nicht selbst? Vollkommener Einklang zwischen dem eben der Schöpferhand entsprungenen Menschenwesen und seiner Gartenwelt ist denkbar, doch kaum mehr als für einen Augenblick. Ein Garten, das ist wunderbar erdacht, ist ein Areal begrenzter Erfahrung; aber an Grenzen zu stoßen weckt und erregt den Zweifel, ob Größeres nicht jenseits der Grenze warten könnte. Im Grunde ist das Verbot, von dem einen Baum im Garten zu essen, nichts anderes als die Aufrichtung einer Grenze zum Vorenthalten im Garten selbst. Und dann erst die Zeit: Vier Jahre nach dem Tage 0 taucht am Himmel des Paradieses der erste Fixstern auf – *Alpha Centauri* mag Adam ihn genannt haben –, und vielleicht gab er das erste Gefühl davon, die Welt könne Vorbehalt auch in der Zeit sein. Da war ein Stück Wirklichkeit, das sich nicht um den Menschen zu kümmern schien, nicht war wie die Tiere, die er bei ihren Namen genannt hatte und die sich rufen ließen. War das ein Symptom für Weiteres?

3 Montaigne, Essais III 10 (ed. Didot 528 A).

Ich brauche die Geschichte nicht auszuspinnen. Was der Mensch erfahren muß, sogar in einem Paradies, ist die Gleichgültigkeit der Welt gegen ihn. Sie besteht auch, wenn nicht vor allem, in der Unabdingbarkeit der Zeitbedingung, die sie seinem Leben stellt; und sei es in der unmöglichen Gleichzeitigkeit selbst der Genüsse eines Gartens. Die Welt war da gewesen, als der Mensch zum ersten Mal erwachte; sie bestand fort, als er zum ersten Mal einschlief. Sie scheint nicht nur Garten zu sein: Unbekümmertheit um den Menschen ist ihr wie eine ›Qualität‹ eigen. Es war leichtfertig gewesen, die Sache mit dem Rufen der Tiere bei ihren Namen für das Ausschließliche oder auch nur Exemplarische zu halten: Wünsche, die doch nichts anderes sind als Rufen von Realitäten bei ihren Namen, werden nicht wahr, und Wahres erweist sich als Ungewünschtes. Nicht nur, daß wir zu glauben schlechthin außerstande sind, der paradiesische Mensch könne der organischen Notwendigkeit gespottet haben; wir brauchen es nicht einmal, denn der Mythos läßt inmitten jenes Gartens den Baum des Lebens stehen, von dem zu essen geboten und dann wohl mit dem Wissen verbunden war, was andernfalls geschehen würde. Sonst hätte Adam nicht einmal den Sinn der Drohung begreifen können, er würde bei Übertretung des Verbots, von dem anderen Baum – dem der Erkenntnis von Gut und Böse – zu essen, selbigentags ›sterben‹ – ein Wort, das der Herr des Gartens gleich zweimal spricht. Nur die stärkste aller Verlockungen, wie Götter zu sein, konnte das Wissen überbieten, was Sterben bedeutete; dazu mußte sie die Erwartung enthalten, die Zeit der Welt zur eigenen Zeit zu machen. Nur diese Rivalität von Verbot und Versuchung ist denkbar: das Wissen von der Differenz zwischen Weltzeit und Lebenszeit einerseits, das Angebot ihrer endgültigen Identität andererseits.
Kein Bewußtsein belehrt über Geburt und Tod unmittelbar. Wir erinnern uns keines Anfanges, den wir im Bewußtsein genommen hätten, und können kein Ende erwarten, das wir im Bewußtsein zu erleben vermöchten. Belehrt werden müssen wir auf dem ›Umweg‹ über äußere Erfahrung, daß geboren und gestorben wird, in jedem Fall die Welt die der anderen war und bleibt. Am Ende der durch diese elementare Belehrung ausgelösten Gedankenfolge steht – niemals werden wir wissen, wer es zuerst gedacht hat –, daß die Welt dieselbe wäre, wenn es uns selbst nie gegeben

hätte, und alsbald dieselbe sein wird, als ob es uns niemals gegeben hätte.

Diese bitterste aller Entdeckungen, die empörendste Zumutung der Welt an das Leben, muß noch und gerade der entschiedene metaphysische Pessimismus sowohl überdeutlich als auch erträglich machen: durch Umkehrung. Schopenhauers Kurzfassung des Remediums gegen Untröstlichkeit lautet: *Die Schrecken des Todes beruhen zum Theil auf der falschen Vorstellung, daß jetzt das Ich verschwinde, aber die Welt bleibe. Die umgekehrte Vorstellung ist die wahre: die Welt verschwindet, aber der innerste Kern des Ich, in dessen Vorstellung sie existiert, bleibt: der Wille.*[4]

Aus der ›Lebenswelt‹ selbst – ob vorgestellt im Bild des Paradieses oder unter Anleitung der Phänomenologie – steigt der Gedanke auf, der sie zerstört. Es bedarf keiner ›Vertreibungen‹. Sie mögen, woher auch immer, hinzukommen zu dem, was das Bewußtsein leistet, was es zu verarbeiten und womit es sich abzufinden hat. Wahrscheinlicher ist, daß, was ›Vertreibung‹ heißen kann, gerade mit allem zusammenhängt, worin das Bewußtsein sich nicht mit dem Gedanken an das Lebensverhängnis abfindet, womit es sich dagegen wehrt, konstitutiv im Zerwürfnis mit der Welt zu stehen und eines letzten Einverständnisses mit ihr nicht fähig zu sein.

In der Betrachtung durch den phänomenologischen Zuschauer freilich ist der Austritt aus der Lebenswelt kein Verhängnis, mit welcher Gewalt auch immer alles dorthin zurück drängen mag; er ist vielmehr der Preis für das Bewußtsein selbst, sobald es nicht mehr die geheimnisvolle ›Substanz‹ ist, die weder gewonnen noch verloren werden kann. Austritt oder Vertreibung – im Kern und an der Wurzel ist das nichts anderes als die aufbrechende Divergenz von Lebenszeit und Weltzeit durch Auflösung der Passung zwischen dem Horizont der Bedürfnisse und dem der Bedingungen ihrer Befriedigung. Wir können uns in der rückwärtigen Blickrichtung diesen Punkt nur in Extrapolation oder in der Unergründlichkeit einer alten Geschichte vergegenwärtigen lassen, deren Auslegung doch voraussetzt, daß wir wissen, was da passiert sein kann. Alle Geschichtserfahrung vollzieht sich in der schon weit geöffneten und sich immer noch weiter öffnenden Schere von Lebenszeit und Weltzeit. Das Gelenk der Scherenflügel, der Punkt ihrer

---

4 Schopenhauer, Handschriftlicher Nachlaß (1828), ed. A. Hübscher, III 516.

Apokalypse und Paradies

Konvergenz, liegt jenseits dessen, was noch als Geschichte zugänglich sein kann: im unbestimmten Vorfeld nur noch rekonstruierbarer Bewußtseinslagen. Solange der Zustand der Welt als unbeweglich oder nur langfristig sich wandelnd gesehen wird, festgelegt durch strikte Verbindlichkeiten und Institutionen auf das Immer-Gleiche, kann sich die Empfindung des Überlebtwerdens nicht als Gefühl der Versagung von Wesentlichem aufdrängen. Das tritt erst ein, wenn empfunden wird, daß es ›Geschichte‹, in ihrem Minimalsinn, gibt – nämlich in der Zeit etwas ›geschieht‹, was nicht bloße Folge meiner und ›der anderen‹ Handlungen ist. Extreme Erbitterung eines Versagungsgefühls entsteht aus der Zusatzannahme, die als Bedingnisse des eigenen Lebens gegebenen Realitäten könnten jemals so anders gewesen sein oder jemals so anders werden, daß der faktisch von ihnen Betroffene gerade in eine Phase der größeren oder größten Verzichte auf Erfüllung und Minderungen von Möglichkeiten zu leben gekommen wäre. Solche Abwertungsempfindungen verbinden sich mit Geschichtsbildern, die von einem längst vergangenen Goldenen Zeitalter ausgehen und die Distanz dazu als degressiv darstellen. Aber auch und weniger deutlich bemerkbar von solchen, die den fortgeschrittenen Zustand oder gar den sich im Sprung endgültig zur Lebens- und Glücksqualität vollziehenden Wandel erst noch bevorstehen lassen und womöglich gegenwärtige Leiden zum erlegungswürdigen Preis künftiger Freuden – eben: anderer – erklären. Es müssen nicht einmal Leiden sein; jeder Rückstand gegen als möglich Gedachtes kann Weltmißbefinden erzeugen. Das Bewußtsein von solchem ›Rückstand‹ versäumter Lebensmöglichkeit ist nicht an eine bestimmte Lebensphase gebunden. Es kann Jugend wie Alter wie *Midlife* infizieren.

Deshalb gehört ein Gefühl der Jüngeren, die Älteren beanspruchten für sich, in den guten oder wenigstens besseren alten Zeiten gelebt zu haben, ebenso zum Konfliktpotential der Generationen wie der umgekehrte Verdacht der Alten, die Jungen könnten es sich alsbald leichter und lustiger machen mit einem Ertrag, den sie den Selbstversagungen anderer zu verdanken hätten. In beiden Fällen ist zur fraglosen Grundannahme geworden, daß die Geschichte, in der jedes Leben seinen ungewählten ›Platz‹ hat, die Zustände wesentlich verändert, in welcher Bewertbarkeit auch immer.

Erst unter diesem Aspekt beginnt man zu begreifen, was Apokalypsen und eschatologische Verheißungen im Bewußtsein der Menschen anzurichten vermochten und, woran kaum noch ein Zweifel erlaubt ist, anzurichten vermögen. Zwar geht es dabei auch und vielleicht vorwiegend darum, einen herrlichen Zustand der Verklärung aller Dinge denen in Aussicht zu stellen, die die gesetzten Bedingungen erfüllt hätten, deren Inbegriff zumeist ist, auf die Nutzung des gegebenen Weltzustandes ganz und gar Verzicht zu leisten. Aber es geht doch auch und womöglich in hintergründigerer Weise um die Aufhebung des Ärgernisses, welches der einzelne daran nimmt, daß die Welt über die Grenzen seiner Lebenszeit hinweg unberührt fortbesteht und sich noch anderer Freuden zu erfreuen anschickt, als ihm selbst vergönnt sein mögen.

Jede Divergenz von Lebenszeit und Weltzeit enthält potentiell dieses Ärgernis; nur so ist zu verstehen, welch geringen Aufwandes an Rhetorik und Einfallskraft es bedarf, dies als Emotion und Motion zu mobilisieren. Ganze Völkerschaften sind durch die Worte eines einzigen Predigers in Bewegung gesetzt worden, wenn er nur zu beschwören vermochte, die gerade Lebenden würden noch erleben, was überhaupt zu erleben sei. Doch sind alle Arten und Abarten von Apokalypsen nicht nur Mitteilungen, daß ihre Hörer und Leser Zeugen des Endes bestehender Dinge und Nutznießer einer daraus emporsteigenden neuen Welt sein würden, sondern darin zugleich Versprechungen, sie brauchten sich nicht von einer gleichgültigen Welt überleben zu lassen. Sie, die Günstlinge des Heilbringers und seine apokalyptischen Mitvollstrecker, würden um sich herum noch alles versinken sehen. Überlebt zu werden, überlebt zu sein, gehört als metaphorische Beschreibung einer Ängstlichkeit derer, die sich auf jugendlichen Gleichgang mit dem Zeitgeist und Selbstbestätigung durch diesen festgelegt haben, zu den akuten Erfahrungen beschleunigter Geschichtsabläufe. Während es zu Zeiten träger Prozessualität der Geschichte gehört, daß es, auch ohne Metaphorik, immer die anderen sind, die überleben.

Nicht überlebt werden zu können, ist der Trost, der an der Mitteilung hängt, man würde zwar – wie ohnehin durch den Tod – verlieren müssen, was man an der Welt und in der Welt hat – aber in und mit dem Verlust aller. Nun wäre dies immer noch kein Inbegriff von Hoffnung, hätten nicht Apokalypsen ihren Zusam-

Apokalypse und Paradies

menhang mit negativen Bewertungen, ja mit Dämonisierungen der bestehenden Welt, die nur die eine Lösung zuzulassen scheinen: den Untergang. Er würde, was auch immer auf ihn folgt, jedenfalls keinen Zuwachs an Unerträglichkeit bringen.

Die in unserer Tradition überwiegend wohlwollende Beschreibung der urchristlichen Naherwartung des Weltendes hat über dem Moment des jeden Untergang kompensierenden Heils, also über der zentral theologischen Verheißung, die schlicht menschliche Attraktivität übersehen, die in der Befriedigung des kaum genuin biblischen Wunsches besteht, bei eigener Hinfälligkeit und Endlichkeit solle gefälligst auch alles andere hinfällig und endlich sein – abstrakter ausgedrückt: Lebenszeit und Weltzeit sollten koinzidieren. In einer Epoche, die durch exzessive Methoden psychischer Einfühlung ganz andere Abwegigkeiten hinzunehmen und zu sozialisieren gelernt hat, sollte es des Wohlwollens nicht ganz entraten, wie das für apokalyptische Rhetorik empfängliche Individuum in Versprechungen einwilligt, die ihm die sonst unvermeidliche Kränkung ersparen, alles übrige ohne Rücksicht auf das Faktum des eigenen Ausscheidens aus der Welt unbetroffen und ungerührt fortbestehen zu wissen. Wohlgemerkt, hier geht es nicht um die Kaltblütigkeit des stoischen *vir impavidus*, der im Welttrümmerhagel ausharrt, noch um den seine Unbetroffenheit genießenden Schiffbruchzuschauer des Epikureers Lukrez; weder um heroischen Selbstgenuß noch um ästhetische Distanz. Es geht um das Nichtertragenmüssen der Gleichgültigkeit der Welt in ihrem Vorbestand und Fortbestand als *der* Sinnverweigerung.

Daß dies noch nicht die Monstrosität einer Umkehrung von Rücksichtslosigkeit ist, zeigt sich erst in den Verzerrungen, die das Ärgernis an der Divergenz von Lebenszeit und Weltzeit gefunden hat, nämlich dort, wo die psychische Disposition nicht nur im Einwilligen und Warten, im Erflehen von Beschleunigung und im Sich-Freihalten von der Welt besteht, sondern im *Betreiben* des Untergangs.

II

Die Kongruenz von Lebenszeit und Weltzeit als Wahn

Die gewaltsame Reduktion der Weltzeit auf die Lebenszeit ist der geschichtlichen Erfahrung nicht fremd, wie wenig Vollendung auch immer dem Beschluß zuteil geworden sein mag, den ein Übermächtiger im Glauben daran gefaßt hatte, die Gesamtheit der Dinge sei für einen Augenblick ihm in die Hand und dem eigenen Entscheid anheim gegeben worden. Im Grenzfall der Paranoia wird das eine und einzige Leben, das einer hat, zur Bedingung für die Verwirklichung geschichtlicher und politischer Sinngebung, so daß er die Verfehlung seines Lebenszieles zu der des Weltsinnes machen kann: Wenn er zugrunde zu gehen verurteilt ist, aus welchen faktischen Störungen seiner Lebenskonzeption auch immer, sei alles dazu verurteilt, am Ende zu sein. Ein einziges Leben definiert sich seinen Sinn gerade dadurch, daß es zu sein beansprucht, wonach nichts mehr kommen darf. In einer Erweiterung der Sprache Freuds würde man das ›absoluten Narzißmus‹ nennen dürfen.
Gibt es so etwas? Hat es das je gegeben? Man würde nicht bereit sein, gerade Hitlers Ende unter diesem sich eher privat ausnehmenden Aspekt sehen zu lassen, wenn nicht zuverlässig überlieferte Aussprüche des in Rauch und Trümmern versinkenden Diktators eben dies ans Licht der Nachwelt brächten: Erzwingung der Konvergenz von Lebenszeit und Weltzeit war die letzte seiner Ungeheuerlichkeiten. Dahinter blieb noch der vulgäre Biologismus des »Nero«-Befehls zurück, durch den die geschichtliche Entscheidung vollstreckt und endgültig gemacht werden sollte, daß, wer sich in diesem Weltkampf der Rassen als der Stärkere erwiesen hätte, jedes Recht besäße, den anderen zu stoßen, der schon stürzte.
Der langjährige militärische Adjutant der Luftwaffe bei Hitler, Nicolaus von Below, hat erst 1980 preisgegeben, was dieser ihm in einem persönlichen Gespräch nach dem Scheitern der Ardennen-Offensive gesagt hatte: *Wir kapitulieren nicht, niemals. Wir können untergehen. Aber wir werden eine Welt mitnehmen.* Below fügt hinzu: *Hitlers Worte habe ich nie vergessen. Über diese Un-*

terredung habe ich bis heute mit niemandem gesprochen.⁵ Der penetrante Darwinismus, der aus anderen spätesten Äußerungen überliefert ist, fehlt hier; das läßt besonders deutlich werden, wie alles auf Koinzidenz des eigenen Untergangs mit dem Untergang des wahnhaft Selbstgeschaffenen ankommt. Der unbestimmte Artikel bei ›Welt‹ läßt die Ausdehnung dessen im Unbestimmten, was in seinen Sturz ringsum mit hineingezogen werden sollte. Man mag dies im postumen Gesamtbild Hitlers und seiner Ära heute harmlos finden; aber der ins Vertrauen gezogene junge Offizier muß die exorbitante Dimension der Äußerung viel unmittelbarer und unvorbereiteter empfunden haben. Sonst hätte er nicht so lange unter Verschluß gehalten, wovon er offensichtlich erwartete, es würde in seiner Barbarei anderen Zeitgenossen unerträglich oder gar unglaublich erscheinen.

Noch bevor dieser Beleg zugänglich wurde, hatte Sebastian Haffner in seiner Analyse der politischen Entwicklung Hitlers als sechste von sieben erkennbaren Stufen den *Entschluß zur Unterordnung seines politischen Zeitplans unter seine persönliche Lebenserwartung* herauspräpariert.⁶ Nur noch der Entschluß zum Selbstmord vollendet und überbietet diese Vorstufe, sich die Differenz von Lebenszeit und Weltzeit gefügig zu machen. Haffner erläutert die Unterordnung des objektiven Zeitbedarfs unter den subjektiven Zeitbesitz, indem er die einzige Voraussetzung angibt, unter der diese Erzwingung möglich war: jener Entschluß sei *zugleich der Entschluß zum Krieg* gewesen.

Krieg wird allemal unter der Illusion geführt, dies sei die einzige Form des politischen Handelns, bei der das Abwarten von Zeitdistanzen keine oder nur eine geringe Rolle spiele. Insofern ist nicht erst der Zweite Weltkrieg Hitlers persönliches Mittel, seine Lebenszeit mit der politischen Weltzeit zur Deckung zu bringen; schon sein freiwilliger Eintritt in den Ersten Weltkrieg war es gewesen, mochte auch der Einsatz für die Illusion mit unvergleichlich geringeren Mitteln ausgestattet gewesen sein. Haffner kann das in einem einzigen Satz ausdrücken: *Im Kriege war Hitler politisch glücklich.*

Auch sein Unglück hat er schließlich noch unter dem Verhängnis

---

5 Nicolaus von Below, Als Hitlers Adjutant 1937–45. Mainz 1980, 398.
6 Sebastian Haffner, Anmerkungen zu Hitler. München 1978, 14.

der Ungefügigkeit der Zeit für das Leben gesehen. Zweifellos hat Haffner die erst drei Jahre nach Erscheinen seines Buches im deutschen Original publizierten »Bormann-Diktate« in ihren bereits zwei Jahrzehnte vorliegenden englischen und französischen Übersetzungen benutzt. Diese letzten als authentisch zu akzeptierenden Äußerungen Hitlers aus den letzten Kriegstagen, dem Februar und April 1945, lassen das Grundmuster einer nahezu metaphysischen Selbstentschuldung deutlicher als alles Frühere hervortreten. Die Paradoxien der unverkennbar an die Nachwelt denkenden Diktate sind nicht die einer geistigen Verwirrung, vielmehr die eines Weltverhältnisses.

Es konnte für nichts, was er tat, so etwas wie den ›rechten Zeitpunkt‹ geben. Einerseits hatte er, so steht zu lesen, den Zweiten Weltkrieg zu spät begonnen, indem er sich durch die Lückenlosigkeit der Zugeständnisse seiner Gegner im Münchner Abkommen zur Verzögerung eines Jahres hatte verleiten lassen; andererseits war es für die Ausrüstung der Deutschen mit der ihnen zugedachten neuen Moral und für die dieser ganz hingegebene Auslese um zwei Jahrzehnte zu früh gewesen: *Und selbst wenn die Vorsehung mir ein langes Leben geschenkt hätte* – ein durch den einmütigen neuen Glauben unbesiegbar gewordenes Deutschland wäre ihm versagt geblieben. Den russischen Feldzug hatte er am 15. Mai 1941 beginnen wollen, war aber durch die Folgen des griechischen Abenteuers seines engsten Verbündeten um die Frist eines ganzen Monats geprellt worden; der hätte ihm dann bei Winterausbruch gerade eben gefehlt, um die Siege mit dem Sieg zu beenden.

Diese Abrechnung mit einem vertrackten Schicksal straft das an allen Ecken verwendete Wort von der ›Vorsehung‹ Lügen. Die Zeit selbst erscheint als diabolisches Medium des Betrugs an einem großen Willen und an dem Geschichtssubjekt, in dessen Dienst er sich gestellt sah: *Es ist die Tragik der Deutschen, daß wir nie genügend Zeit haben. Immer werden wir durch die Verhältnisse gedrängt. Und wenn wir derart unter Zeitdruck stehen, so darum, weil uns der Raum fehlt.*[7] Zeit hatten immer alle anderen, wegen des Raumes oder wegen ihrer ideologischen Geduld mit der Geschichte und

---

7 Hitlers politisches Testament. Die Bormann-Diktate vom Februar und April 1945. Hamburg 1981, 73 (14. Februar).

dem Leben, deren Ziele sich entweder im Jenseits oder in einer unbestimmten Zukunft erfüllen sollten. Solche Ausflüchte ins Unendliche der Geschichtsphilosophie oder der Religion waren ihm verwehrt: *Ich hingegen stehe unter dem Schicksalsgebot, alles innerhalb eines einzigen kurzen Menschenlebens zu vollenden. Mir steht nur eine nüchterne Weltanschauung zur Seite, auf Realitäten begründet, deren Versprechen greifbare Form annehmen müssen, und die mir verbietet, den Mond zu versprechen. Wofür die anderen die Ewigkeit haben, dafür bleiben mir nur ein paar armselige Jahre.*[8] Nur für die anderen gilt: *Die Zeit kostet nichts.* Für ihn selbst, dem die Schematik seiner Wiederholung des Arguments schließlich aufgefallen sein muß, bleibt nur die larmoyante Klage: *Die Zeit – immer wieder die Zeit!*[9]

Erst vom Ende her hebt sich die Beispiellosigkeit des Entschlusses, Lebenszeit und Weltzeit zu synchronisieren, mit voller Deutlichkeit heraus. Dieser Entschluß hatte zur Voraussetzung, was man als Zerstörung der wesentlichen Institutionalität der Geschichtszeit bezeichnen müßte. Institutionen beruhen gerade darauf, daß die Lebenszeit nicht das Maß aller Dinge ist, vielmehr Verfügungen über deren Grenzen hinaus getroffen, Traditionen über sie hinweg gesetzt und angenommen werden müssen. Weil Hitler die geschichtliche Existenz einer Welt auf das Leben eines einzigen Mannes gestellt wissen wollte, war ihm jede Regelung für das, was ihn etwa überleben könnte, ebenso zuwider wie die Respektierung dessen, was vor ihm überlebt hatte.

In seinem Begriff von der Unbedingtheit des Sieges lag es, eine solche Fülle von Möglichkeiten des Raumes und der Zeit zu eröffnen, daß sich aus ihnen heraus alles wie von selbst – wie die Ernte aus der Saat, war seine Lieblingsmetapher – regeln würde. Der Entschluß, Lebenszeit und Weltzeit zu koordinieren, impliziert die Idee der politischen Endgültigkeit – wie zuerst des Sieges, so zuletzt der Niederlage. Über die Geschichte kann ein für allemal entschieden werden. Erst in der Sicherheit der Niederlage bedient sich Hitler selbst des Arguments einer unbestimmten Zeit nach ihm, für die doch er die Voraussetzungen geschaffen hätte und die erreichbar erscheinen zu lassen ihm nichts Besseres einfällt als die

---

8 Bormann-Diktate, 110 (25. Februar).
9 Bormann-Diktate, 115 (26. Februar), 79 (15. Februar).

Metapher vom ›politischen Winterschlaf‹ der Nation.[10] Welchen Streich spielte ihm da noch sein Biologismus, die billigste Trostformel für die Unauflösbarkeit des Zeitdilemmas zu liefern.

Für Hitler war nicht, wie es Napoleon in dem Apophthegma gegenüber Goethe ausgesprochen hatte, die Politik das Schicksal. Eher war sie Schicksalsersatz, Lebenssurrogat, und als solche auf unbedingte Totalität bei Strafe des Sinnverlustes angewiesen. Leben gab es nur als ein einziges. Sobald das zur beherrschenden Idee geworden ist, wird unerträglich, daß die Welt gleichgültig gegen dieses eine Leben zuvor bestanden hatte und danach fortbestehen könnte. Dies dennoch zu ertragen, beruht allemal auf der Fähigkeit zur Relativierung des eigenen Lebens. Anders ausgedrückt: auf dem Besitz des Welthorizonts. Hitler hatte keine Welt. Deshalb gebraucht er den Ausdruck mit dem unbestimmten Artikel. Darauf beruht auch, daß er den Begriff des Ruhms nicht kennt, unter dem für Napoleon die Idee des Politischen ganz und gar gestanden hatte. An Ruhm zu denken, von Ruhm zu sprechen, ist auf den Fortbestand der Welt angewiesen, setzt einen Weltbegriff ohne eschatologische Implikationen oder auch nur Risiken voraus. Für Napoleon war es selbstverständlich, daß die ›großen Taten‹ nur noch von einem, und zwar von ihm allein, getan werden könnten und müßten. Die anderen, für die der Inbegriff dieser Taten unter dem Titel ›die Politik‹ das Schicksal sein sollte, waren unentbehrlich, um eine sonst verlorene Unsterblichkeit fortzutragen oder doch wenigstens zu dulden. Keine geschichtliche Größe ohne die Invaliden, die den Sinn ihres Lebens im Nachruhm ihres Kaisers fanden.

Eine äußerste Gewalttat, mehr noch: Gewalttätigkeit gegen die Grundbedingung menschlichen Daseins in ihrem Grenzwert vorzustellen, heißt, die Zurückzwingung der Weltzeit auf die Dimension der Lebenszeit zu vergegenwärtigen. Aber noch in der Verzerrung zur Grimasse muß an der Gewaltsamkeit, die sich die Maße der Geschichte in das Prokrustesbett einer faktischen Lebenszeit zwängen will, der vage Widerschein jener Berechtigung wahrgenommen werden, die aus der Sinnwidrigkeit von Raum und Zeit herzunehmen ist. Deren Indifferenz ist es, die den unablässigen Konflikt hervorruft, in dem das Lebenszeitbewußtsein gegen seine

10 Bormann-Diktate, 121 (2. April).

Die Kongruenz von Lebenszeit und Weltzeit als Wahn

raumzeitlichen Weltbedingungen steht. Dieser Widerstreit bricht faktisch aus jeder uns bekannten Konstitution von Bewußtsein hervor. Dennoch ist er nicht schlechthin notwendig und seine Negation denkbar. Zwar gehört die Bedingung der endlichen Zeit zu den Bestimmungen der Lebenswelt, aber dies nur und gerade dadurch, daß sie in ihr nicht aktuell, nicht akut, nicht ausdrücklich und durchdringend werden muß. Wir wissen nicht, was ›Sinn‹ ist. In der Lebenswelt wird nach ihm nicht gefragt. Nach ihm zu fragen, ist schon Phänomen einer Defizienz, deren Therapien nie den ursprünglichen Zustand wiederherstellen, vielmehr dessen Substitution: Man vergißt die Frage über den vermeintlichen Antworten.

III

Entschärfungen: Abkopplung der Lebenszeit – Zurückholung der Weltzeit

Wir wissen nicht, was Sinn ist, aber wir können angeben, weshalb die Frage nach dem Sinn in der Lebenswelt nicht gestellt wird: Sinn erscheint als die unauffällige Konstante in jeder Beschreibung der Lebenswelt, solange Lebenszeit und Weltzeit nicht empfindlich auseinanderklaffen, so daß die eine die andere zum Zweifel und schließlich zur Verzweiflung an dem führt, was als das Vermißte und Entbehrte den Titel ›Sinn‹ erhält, der es doch nur in der Unmerklichkeit des sich von selbst Verstehenden gewesen war.

Wenn nur das Ganze den Sinn umschließen und gewähren kann, welches ist dann noch ein Ganzes der Weltzeit? Von dieser so oder anders formulierten Frage rührt die Mächtigkeit der Geschichtsphilosophie her. Sie enthält die Überzeugung oder gibt vor, noch von einem Ganzen der Geschichte sprechen zu können oder, nach dem Zweifelhaftwerden auch dieses Anspruchs, wenigstens von einer Vielheit von Ganzen in der Geschichte. Das geschieht, wenn ›Epochen‹ als gegeneinander exklusive Einheiten von Sinnbildung genommen werden oder wenn ›Kulturen‹ als projektiv Lebenszeit wiederholende Organismen verstanden sind. Der Preis dafür, daß solche gegeneinander verschlossenen Sinnräume in der Geschichte erhalten werden können, ist der anthropologische Relativismus dieser Gebilde, der Mangel ihrer Integrierbarkeit zu einem Ganzen – aber doch nur von der Position des ihre übergreifenden Konstellationen in der Zeit und im Raum objektivierenden Betrachters. Diese Einschränkung muß man machen, ehe man den Ausdruck ›Historismus‹ pejorativ gebraucht.

Dabei ist zu sehen, daß auch Epochen und Kulturen – immanent und nicht unter dem theoretischen Aspekt des Historikers betrachtet – Lebenswelten zweiter Stufe darstellen: Ihre Sinnstrukturen konstituieren gerade das, was durch sie und in ihrem Horizont, also von den Zeitgenossen und Partizipanten ihrer Sinngebung, als das Selbstverständliche genommen wird. Das geschieht schon oder noch, wenn Zeit nicht als Dimension *wesentlicher* Veränderungen erscheint. Dann kann sich jeder der Zeitgenossen und Parti-

Entschärfungen: Abkopplung der Lebenszeit 87

zipanten auf *das* Leben für *ein* Leben einrichten. Der Wert von Erfahrungen, die im Leben gewonnen oder aus vorherigen Generationen zugelassen und normierend übernommen sind, bleiben als das jeweils Erlernbare stabil, bezugsfähig, traditionsgültig.
Es sind dies genau die Merkmale und Bestimmungen, die auch und in extremer Verdichtung die Lebenswelt erster Stufe – also in ihrer eidetischen Konstruktion durch die Phänomenologie – bestimmen. Von dieser, für eine genetische Phänomenologie unentbehrlichen, Konstruktion des Ausgangszustandes her muß die Öffnung der Schere von Weltzeit und Lebenszeit als eine der Formen des Auftretens von Kontingenz gesehen werden, die ihre Entsprechung in der genetischen Logik mit dem Auftreten der Modalisierung haben. Dieser Zusammenhang ist strukturell sehr eng, weil auch in der Öffnung der Schere von Weltzeit und Lebenszeit die Differenz von Wirklichkeit und Möglichkeit impliziert ist.
Das Auftreten von Kontingenz in der Öffnung der Schere von Weltzeit und Lebenszeit wirft unweigerlich die Frage der Einwilligung in diese Inkongruenz auf; damit implizite die nach der Möglichkeit der Verweigerung, des Willens zur Zurückzwingung beider in die Kongruenz. Philosophisch ist das Angebot zur Einwilligung in die Inkongruenz nicht der einzige, nicht einmal der gefahrlos gangbare Weg. Den gangbaren möchte ich beschreiben als Abkoppelung der Lebenszeit von der Weltzeit. Vermeidung des Ärgernisses ihrer Unverhältnismäßigkeit eröffnet sich durch deskriptive Behauptung ihrer Unvergleichlichkeit.
Man kann den Weg, den die Philosophie mit der Idealisierung der Zeit wie des Raumes eingeschlagen hat, als Gegenbewegung gegen die Verschärfung der Divergenz von Lebenszeit und Weltzeit sehen. Leibniz hat in der Kontroverse mit Samuel Clarke – als dem Verfechter der Position Newtons – zu erkennen gegeben, daß Weltzeit, im strikten Sinne: als absolute, zur Zerstörung der Rationalität der Welt als Verlust der Begründbarkeit ihres Gründungsaktes führen muß. Die Zeit könne daher nur als Ordnungsform des Geistes für die Dinge, die sich im Raume ausschließen, aber als Vorstellungen aneinander anschließen, zugelassen werden. Auch bei Kant führt die Vermeidung rationaler Schwierigkeiten und Widersprüche, die sich in einer Dialektik der reinen Vernunft darstellen, zur transzendentalen Ästhetik: Zeit, als Form des inneren

Sinnes, ist der *reinen* Vernunft, als der einer Welt überhaupt, entzogen. Sie nimmt die Zeit aus dem System der Bedingungen *jeder* möglichen Erfahrung heraus und macht sie zur faktischen Ausstattung der menschlichen Sinnesfähigkeit, als die sie Anwendung der Ordnungsformen eines Verstandes überhaupt erst ermöglicht.

Diese Begründung ihrer Unentbehrlichkeit nimmt der absoluten Zeit ihren lebensweltwidrigen Schrecken; sie erscheint als Ordnungsmittel, das selbst keinen absoluten Rang hat, wohl aber den Anschluß an das Absolute herstellt. Idealisierung ist allerdings erst Bewegung hin auf den Punkt, an dem der innere Sinn nicht mehr als statische Grundform fungiert, die für jederlei äußere Welterfahrung und innere Selbsterfahrung wie eine Matrize wirkt. An diesem Punkt wird die Beziehbarkeit von äußerer auf innere Erfahrung allererst das große Problem der Erforschung des Bewußtseins.

Auf ihn tendiert die Phänomenologie. Im Unterschied zur transzendental-ästhetischen Theorie der Zeit nimmt sie deren Ordnungsform nicht als etwas fertig *Vorgegebenes*, so daß nur zu fragen wäre, was Zeit ist, sondern als etwas im Bewußtsein *Entstehendes*, mehr noch: von ihm fundamental zu Leistendes. Daraufhin erst kann und muß gefragt werden: Wie kommen wir dazu zu verstehen, was mit dem Titel ›Zeit‹ belegt ist? Und in welchem Verhältnis steht diese Leistung zu anderen Leistungen des Bewußtseins? Dies zur Sache der Phänomenologie erklärt zu sehen, bedeutet wie bei allen anderen ihren Fragestellungen, daß auf Anschauung, auf unmittelbare Erlebnisse zurückzugehen ist. Das Grunderlebnis, auf das es hier ankommt, ist das einer Diskrepanz im Bewußtsein zwischen dem, was es *soll*, und dem, was es *kann*. Es soll die Welt, und es kann nur sich selbst. Zeit und Raum sind Arrangements des Bewußtseins mit seiner Enge, mit seinem Mißverhältnis zur Welt.

Was auch immer man damit anfangen mag, wenn man verstanden hat, wie wir zu dem kommen, was wir Zeit nennen – hergekommen ist dessen Verstehen aus der Intimität des Bewußtseins mit sich selbst und für sich selbst. Daraufhin mag man dann finden, daß Meßbarkeit die wichtigste oder schönste oder nützlichste Eigenschaft des derart Verstandenen ist; nur umgekehrt wird man unverständig bleiben, auch wenn man Zeit zu messen und Uhren

jeder Art zu gebrauchen trainiert worden ist. Keine Uhr belehrt darüber, was Zeit ist, auch wenn sie allein solche Fragen zu beantworten erlaubt, wie spät es sei oder wie lange es gedauert habe.
Spät erst taucht in der Phänomenologie der Ausdruck ›Lebenswelt‹ und mit ihm ein ausgebreiteter emphatischer Gebrauch von ›Leben‹ auf. Er war eine Anlehnung Husserls an die Lebensphilosophie in deren schon auslaufender Phase; doch nicht ohne eine Gemeinsamkeit in der Distanzierung von den auf das Urfaktum Wissenschaft bezogenen kategorialen Formbeständen des Neukantianismus. Zeitbewußtsein sollte sein, was aus der Lebendigkeit des Bewußtseinsstroms unmittelbar und zuerst hervorgeht; aus dessen Eigentümlichkeit, in jedem Gegenwartspunkt seine Ursprünglichkeit und Unmittelbarkeit zu haben, um diese zugunsten einer neuen zu verlieren, ohne doch selbst verloren zu gehen mit seiner punktuellen Augenblicklichkeit. Eben dies *ist* noch nicht die Zeit, aber das Urerlebnis, an dem sie sich konstituiert: aus dem Bedarf des Bewußtseins, es selbst zu sein und zu bleiben, obwohl es immer anderes – als seine Möglichkeit zu Gegenständen – sich unmittelbar geben lassen muß.
Als aus dem Leben des Bewußtseins unmittelbar hervorgehend, ist Lebenszeit zuerst und vor allem lebendige Zeit: Identität von Weltbezug und Zeitkonstitution. Insofern Lebendigkeit seit je als Selbstbewegung verstanden war, ist das Zeitbewußtsein die einzige unüberbietbare und nur sich selbst überbietende Unmittelbarkeit. Selbstbewegung könnte es freilich nicht sein ohne Selbstbesitz. Daß dieser auf den schmalen Lichthof von Retention und Protention um den Quellpunkt der Urimpression beschränkt ist, ist die erste und unmittelbare Gegebenheit von etwas, was dem Bewußtsein *faktisch* Grenzen setzt, auch wenn es jenseits dieser Grenzen durch Erinnerung und Erwartung gewisse wiederum beschränkte und unsichere Ausgriffe machen kann.
Retention und Protention lassen sich als unbeschränkt denken; ein vollkommenes Bewußtsein müßte gerade dadurch beschreibbar werden, daß es nur aus seinen Urimpressionen und deren retentionaler Ordnung sowie aus Protention besteht. Erinnerung und Erwartung wären dann überflüssig. Sie erweisen sich durch diese Überlegung als bloße Aushilfen für den Schwund der Retention wie für die Hilflosigkeit der Protention. Zum *Wesen* des Bewußt-

seins würden nur diese gehören, Erinnerung und Erwartung zu dem eines engen Bewußtseins. Wichtig dabei ist, daß dieses beschränkte und mit den Aushilfen von Erinnerung und Erwartung arbeitende Bewußtsein insofern am Wesen des vollkommenen teilhat, als es seine *Beschränktheit* nicht als *Endlichkeit* im strengen Sinne erfährt: Aus sich selbst weiß es nichts von Geburt und Tod. Insofern jede aktuelle Leistung des Bewußtseins Retention und Protention voraussetzt, läßt sich weder eine erste noch eine letzte denken. Das Bewußtsein, seiner Immanenz überlassen gedacht, besitzt die Idee seiner Endlichkeit nicht. Es ist sich im Gegenteil als ein Und-so-weiter seiner Struktur evident bewußt, da es sich *bestimmte* Grenzen nicht einmal für Retention und Protention denken kann. Nimmt man gewesene Eindrücke, die mit Sicherheit nicht mehr im Griff der Retention liegen – etwa die vor einer Stunde, vor einem Tag, vor einer Woche, vor einem Jahr –, so hat man schon die Erinnerung zu Hilfe genommen, um sich des Abbruchs der Retention zu versichern; man betrachtet diese gleichsam von außen und hat doch keine Bestimmung dafür gefunden, wo sie jeweils abgerissen ist. Ihr Versickern ist selbst schlechthin nicht Phänomen, nur erschließbar. Eine Phänomenologie, die Erlebnisse zu beschreiben hat, stößt nicht auf die Grenze von Retention und möglicher Erinnerung.

Hierin liegt ein entschiedener Widerspruch der Phänomenologie gegen ihren bedeutendsten Ahnherrn, gegen Descartes. Bei diesem findet sich das Bewußtsein als *ens finitum* für sich selbst vor, noch bevor es irgendeine Möglichkeit zum Begreifen des Ausdrucks ›endlich‹ an der Erfahrung gewonnen hat. Aber phänomenologisch wäre die Aufstellung des Descartes völlig wertlos, weil er die Idee der Endlichkeit nicht als unmittelbaren und ursprünglichen Besitz des Bewußtseins nachweist; er behauptet als solchen nur die Idee der Unendlichkeit, an der das menschliche Bewußtsein sich erst messen muß, um sich als endliches zu begreifen. Gegen die Vertauschung von sprachlicher und logischer Positivität und Negativität ist nichts einzuwenden; nur scheidet die Feststellung der Endlichkeit der *res cogitans* als Phänomen einer von Descartes her zu denkenden Phänomenologie aus, weil der Befund erschlossen und nicht erlebt wird. Doch muß für Descartes, wenn sein grundlegender Beweisgang überhaupt funktionieren soll, die Negation der

Unendlichkeit immer noch eine *immanente* Operation sein; sie muß also in ihrer Berechtigung auf Selbsterfahrung beruhen.

Für das von der Phänomenologie beschriebene und noch zu beschreibende Bewußtsein ist mit den Begriffen von Unendlichkeit und Endlichkeit nichts anzufangen. Natürlich weiß jeder, der Phänomenologie betreibt, genauso gut wie der, der sie nicht kennt, daß sein Bewußtsein einen Anfang in der Zeit genommen hat und ein Ende in ihr nehmen wird. Aber dieses Wissen ist nur ein mittelbares, stammt *nicht* aus der Immanenz des Bewußtseins und kann daher nicht zu seiner Konstitution geschlagen werden. Der Satz, alle Menschen seien geboren und müßten sterben, ist das Resultat intersubjektiver Erfahrung. Jedem Menschen wird erst ›zugetragen‹, daß er geboren ist, denn er war erlebend nicht dabei, und es muß ihm schonend beigebracht werden, daß er sterben wird, denn er kann sich ein Aufhören seines Bewußtseins nicht denken. Wer einschläft, gibt seinen Geist unter Vorbehalt auf; etwa mit der Disposition, auf bestimmte sensorische Signale sofort zu erwachen.

Die Allgemeinheit des Satzes, alle Menschen seien sterblich, beruht ausschließlich auf der Leiblichkeit der erfahrbaren Subjekte und ihrer Identifizierbarkeit durch ihre leibliche Individualität. Immer wird ein anderer geboren, immer stirbt ein anderer, und man kann sich dessen nur vergewissern, indem man seine Verfolgbarkeit durch Raum und Zeit als gesicherte Voraussetzung menschlicher Verhältnisse akzeptiert. Ließe sich nicht sicherstellen, wer jeweils wo und wann geboren oder gestorben ist, so hätten sich seit der menschlichen Frühzeit Vermutungen, Behauptungen und vor allem Hoffnungen über Ausnahmen vom allgemeinen menschlichen Schicksal unwiderlegbar ausgebreitet. Sie hätten den Bereich, in welchem der Mensch leichtgläubig ist, noch mehr ausgeweitet, als dies ohnehin schon der Fall ist. Es gibt einen zwingenden Zusammenhang zwischen Fremderfahrung und Lebenszeitbewußtsein.

Für die innere Geschichte der phänomenologischen Schule bedeutet es eine Ironie, daß ihr bedeutendster Häretiker – zumal als Gegner des Cartesianismus Husserls – diesem zentral dadurch widersprochen hat, daß er ›Endlichkeit‹ zum unmittelbaren und durchdringendsten Inhalt des Bewußtseins machte. Doch geschah auch und gerade dies unter Vermeidung des Hiatus von Lebenszeit und Weltzeit, indem ›Welt‹ und ›Zeit‹ gleichermaßen zu konstitutiven

Momenten des Selbst- und Seinsverständnisses erhoben wurden.[11] In-der-Welt-sein und Sein-zum-Tode sind die quasi-räumliche und quasi-zeitliche Überdimension des Daseins als Sorge. Die Erfahrung des Überlebtwerdens braucht bei Heidegger nicht erst durch jene geheimnisvolle ›Appräsentation‹ der Fremdwahrnehmung gemacht zu werden; im Gegenteil wird sie im Dasein als dessen fundamentales Apriori vorweggenommen. Dazu versteht sich gut, daß die *Realität der Welt* nicht oder nur mit äußerster Künstlichkeit zum Problem werden kann.

Wer die Verbindung der Philosophie zur Erfahrung – zumal von der Größenordnung der geschichtlichen – nicht als gänzlich abgerissen beurteilt und beklagt, dem wird es kaum zufällig vorkommen, daß die Spaltung der phänomenologischen Schule gerade um die Begriffe von Endlichkeit, Zeitbewußtsein und Tod in das Jahrzehnt nach dem Ersten Weltkrieg fällt. Dieses geschichtliche Ereignis hat die Grunderfahrung von der Unzuverlässigkeit lebensweltlicher Konstanten verschärft wie nichts zuvor, was auch sonst sich durch den Bruch mit dem 19. Jahrhundert verändert haben mochte. Darf man in dieser Frage Selbstaussagen überhaupt trauen, so wäre die Zeit vor dem Ersten Weltkrieg die letzte gewesen, für die die Annahme fester und Generationen überdauernder Bewußtseinsbestände noch zutreffend gewesen war.

Karl Jaspers – durch seine Bestandsaufnahme der »Geistigen Situation der Zeit« von 1931 dafür ausgewiesen – hat diesen Befund in seiner »Philosophischen Autobiographie« so dargestellt: *Meine Reflexionen als Student darüber, daß es so, wie es jetzt ist, für unsere Lebenszeit bleiben werde, bedeuteten, sich nicht um das Zeitalter zu kümmern. Es hatte nur ein beiläufiges Interesse. Das Leben hatte seinen Sinn nicht für diese Zeit. Der Sinn war zeitlos.* Die Sinnfrage stand zumindest nicht im Zusammenhang mit der Zeitlage und Zeitlänge des eigenen Lebens; es schien sicher, daß dessen faktische Terminierung seinen Sinn und seinen Anteil am Weltsinn nicht in Frage stellte. Der Kriegsausbruch 1914 habe dieser statischen Zuständlichkeit ein Ende gemacht und die Situation für Fragen vom Typus der Sinnfrage verändert. Alles geriet in den Strudel des Verdachts, für eine Lebenszeit nicht so, wie es

---

11 Heidegger, Sein und Zeit § 66: *Das Rechnen mit der Zeit ist konstitutiv für das In-der-Welt-sein.*

gerade war, zu bleiben, und schon gar nicht, bleiben zu dürfen, sollte es Bedingungen, die nicht mehr die eines und des eigenen Lebens waren, genügen. Veränderung, einmal als Schicksal oder Verhängnis für die Lebenszeit erfahren, wurde eo ipso für die Weltzeit normativ. Man hatte sich außer um das eigene Leben – und im Zweifel an dessen Sinn – um das Zeitalter zu kümmern. Diese Bekümmerung, die ›Erlebnis‹ zu nennen man nicht mehr wagte, nahm den Titel ›Geschichtlichkeit‹ an.

In der Entdeckung des Zusammenhangs unter den Begriffen Sinn, Sein, Zeit und Geschichte ist Heideggers Philosophie Ausdruck der ersten Nachkriegswelt. Daß die Frage nach dem Sinn von Sein nicht mehr die nach einer zuverlässigen Konstante sein konnte, ergab sich aus diesen Voraussetzungen von selbst. Dennoch fand diese Konsequenz ihren präzisen und wiederum metaphysischen Ausdruck erst in der Konzeption einer ›Seinsgeschichte‹, die schon dem Umfeld des Zweiten Weltkriegs angehört. In gewisser Hinsicht ist das, was da eine ›Geschichte‹ bekommen hat, die Verbindung der Merkmale von ›Lebenswelt‹ und ›Geschichtlichkeit‹: Wenn der Begriff der Zeit in der Antwort auf die Frage nach dem Sinn von Sein überhaupt vorkommen darf – und dazu noch in letzter Radikalität ihrer Durchführung vorkommen soll –, dann muß der Seinssinn selbst zeitempfindlich sein. Dann kann er nicht indifferent gegen die Geschichte in ihrer umfassendsten nur möglichen Gestalt, der der Welt, sein.

Man kann Heideggers Seinsgeschichte als eine obskure Spekulation betrachten, die sich daraus ergab, daß die Fragestellung von »Sein und Zeit« nach dem Sinn von Sein nicht zu einer allgemeingültigen Antwort hatte führen können. Es gab nicht *das* Seinsverständnis des Daseins jederzeit. Aber dies konnte nicht am Dasein als Sorge, als In-der-Welt-sein und Vorlaufen-zum-Tode, liegen. Diese immanenten Strukturen des Daseins, in denen sich ihm das verstandene Sein erschließen sollte, schienen festzustehen. Also mußte es das Sein selbst sein, welches sich – analog den Phänomenen der Phänomenologie, wie Heidegger sie verstanden hatte – dem Dasein in verschiedener Weise *zeigte*. Wovon aber hing das ab, da es doch weitere Bedingungen dafür: ein Sein über dem Sein, schlechthin nicht geben konnte?

Heidegger als Kenner der Spätscholastik weiß, was ein *obiec-*

tum voluntarium ist: ein Objekt, welches in seiner Erkennbarkeit schlechthin nur von seinem eigenen Willen, sich nicht verborgen zu halten, abhängig ist. Sein wäre derart im strengsten Sinne etwas, was *sich zeigt* und durch keinen Kunstgriff gezwungen werden kann, mehr von sich preiszugeben, als es will.

Die Seinsgeschichte hat selbst keine Zeit, also keine Chronologie. Deshalb hat Heidegger jeden Versuch aufgegeben, die für seine Auffassung von der europäischen Metaphysik grundlegende Verborgenheit als Selbstverbergung des Seins an irgendeinen bestimmten philosophischen Autor oder ein Datum zu binden. Zwar ist an den frühesten Vorsokratikern, etwa Heraklit oder Anaximander, noch eine andere Seinsverfassung als die zur Metaphysik führende feststellbar oder zumindest erahnbar; aber dieser Anfang der europäischen Geschichte ist zugleich der Nachhall eines Endes von etwas anderem, was wir nicht verstehen würden, wenn wir seine Zeugnisse vor uns hätten. Weshalb es denn wohl zum Seinsgeschick selbst gehört, daß es solche Zeugnisse nicht gibt. Die Undatierbarkeit der entscheidenden Wendung in der Seinsgeschichte läßt Schlüsse zu auf die Erwartung, aus der Verborgenheit als Selbstverbergung des Seins würde eines künftigen Tages wieder dessen Selbstentbergung. Ein solches Ereignis würde schwerlich in der Kontinuität unserer Geschichte stehen und kaum mit den Mitteln erfaßt werden können, mit denen wir Geschichte verstehen und beschreiben. Es hätte einen Weltuntergang neuen Typs zur Voraussetzung. Alles, was danach kommt, wäre in die Lage versetzt, in der wir uns hinsichtlich dessen befinden, was vor den Vorsokratikern liegt.

Der Geschichtsbegriff der Seinsgeschichte ist damit von einem ungleich radikaleren Typus als der der ›Geschichtlichkeit‹, die doch gerade nicht ausschließt, daß noch verstanden werden kann, was jeweils Geschichte war. Wenn die Vorsokratiker Spuren zeigen von einer Welt, die nicht mehr die unsere ist, und diese Vorgeschichte zugleich so etwas wie das Versprechen einer künftigen Geschichte nach der unseren wäre, dann lebten wir wieder in einer zeitbegrenzten Welt. Alles, was in ihr gesagt wird von dem, was sie überschreitet, gilt nur unter den Bedingungen ihrer Metaphysik des verborgenen Seins, ihrer ausschließlichen Metrik des Seienden. Es gibt keine Chronologie, die von der einen Welt in die andere Welt hinein-

Entschärfungen: Abkopplung der Lebenszeit

führt, so wie es für einen gedachten Astronauten schier unmöglich wäre, die in einem anderen Planetensystem von dessen Bewohnern geschaffene Chronologie ohne empirischen Nachvollzug von deren Voraussetzungen umzurechnen auf die ihm mitgegebenen Zeitprogramme. Heideggers Seinsgeschichte projiziert ins Übergroße die einfache Feststellung, daß es primär nur immanente Zeiterfahrung gibt und alle Weltzeitbegriffe nur von jener her verstanden und angewendet werden können. Die Seinsgeschichte hat keine Schöpfung und keine Apokalypse; dennoch schafft sie durch das, was sie unbestimmt läßt, eine begrenzte europäide Lebenswelt. Sein ›definiert‹, was selbstverständlich werden kann, weil es selbst im ›Seinsverständnis‹ das hartnäckigste Selbstverständliche ist.

Man kann sie beschreiben als den entschiedenen Widerspruch gegen Husserls Postulat der ›unendlichen Arbeit‹. Zwar hat auch Husserl niemals bestritten, daß die Idee der Theorie einen Anfang mit den Griechen und ihrer Philosophie genommen hat. Doch kann man aus seinen transzendentalen Spekulationen über die absolute Subjektivität erschließen, daß auch dieser Anfang nur so etwas wie die Entdeckung eines vorgegebenen Weltauftrags als des bis dahin verborgenen Programms der Geschichte ist, die in dem Maße ihrer Selbstentfaltung auch die Zeitdimension der unendlichen Arbeit freilegt. Husserls notorisches Wissen um den Wärmetod der Welt – das, was er den ›Eiszeittod‹ nennt – war ihm als der absolute Einwand gegen die unendliche Aufgabe und deren Professionalisierung als Phänomenologie gegenwärtig. Die Wissenschaft würde ihr Wahrheitsversprechen nicht erfüllen können, weil es eine unendliche Weltzeit beanspruchen müßte. Es gibt keine Nutznießer dieser Wahrheit, denn sie ist am Ende, wenn es niemand mehr gibt, der sich für das interessiert, was Erkenntnis leistet. Es sei denn, die absolute Subjektivität wäre von den Zeitbedingungen der Vollstreckung ihrer intersubjektiven Organisation unabhängig: die Vollständigkeit einer *erinnerten* Geschichte wäre dann so etwas wie die reine Intersubjektivität. In der Erinnerung bliebe Intersubjektivität verwahrt, auch wenn sie aus kontingenten Bedingungen – etwa wegen des Eiszeittodes der Welt – aktuell nicht mehr realisiert werden könnte. Jedes der Subjekte der intersubjektiven absoluten Subjektivität träte aus seiner Verweltlichung zurück mit dem Schatz seiner Erinnerung an alle anderen, zu denen es weiteren Zugang mangels Fremderfahrung *nicht mehr* hätte. Die Welt wäre nicht überflüssig geworden dadurch, daß sie nicht mehr besteht, wenn sie in der *memoria* der absoluten Subjektivität erhalten bliebe. Ihr Sinn ist, an sich erinnert werden zu lassen, wie es dazu gekommen ist und wie es damit endet.

Es ist fraglich, ob diese Konsequenz in Heideggers Seinsgeschichte gleichfalls gezogen werden kann. Hatten die Vorsokratiker noch eine *Erinnerung* an die Unverborgenheit des Seins, die ihrer eigenen Epoche vorausgegangen war? Oder tradierten sie nur Formeln, deren Sinn sie selbst nicht mehr verstanden? So wie in religiösen Ritualen verschiedener Religionen alte und untergegangene Sprachen weiter gesprochen werden, die selbst die Priester der Tempel und Kulte kaum noch verstehen, alte Zeremonien weiter vollzogen werden, deren Bedeutung allenfalls immer neu gedeutet werden muß? Von der Weltzeit her gesehen, haben wir einen Begriff von Welt, der uns zu sagen zwingt, daß die Rede von einer Welt, die gewesen ist und nicht mehr besteht, keinerlei Unterschied ausmacht zu der anderen Aussage, es habe so etwas wie eine Welt vor dieser niemals gegeben.

Denkt man Husserls späte Spekulation weiter, so hätte sich der Zustand der absoluten Subjektivität als Intersubjektivität durch die Welt absolut verändert. Es kann niemals wieder so werden, wie es gewesen war: Nachwelt ist asymmetrisch zu Vorwelt. Die Konturen der Idee von ›Urstiftung‹ zeichnet sich ab: In letzter Verschärfung geht die Weltbestimmung über die Welt hinaus. Gegengift gegen Kontingenz: Was ist, kann nicht gleichgültig sein, weil es gewesen sein wird. Erinnerung zu hinterlassen, Erinnerung zu werden, wäre geradezu der Sinn einer Welt, die nur dazu entstanden ist, die Intersubjektivität in Funktion zu setzen; Fremderfahrung ist nicht nur die, die ich im Augenblick habe, sondern erst recht die, die ich in mir als Erinnerung verwahre. Daß wir sagen können: Ich erinnere mich nicht nur an mich, auch an diese und jene andere, macht eine entscheidende Bestimmtheit unseres Bewußtseins aus. Sie würde dieses in seiner Fähigkeit zum objektiven Weltbesitz auch dann konservieren, wenn es durch beliebige Umstände in eine solipsistische Existenz versetzt würde.

Robinson ist nicht auf der einsamen Insel geboren, an die er als Schiffbrüchiger angetrieben worden ist; das verändert seine Situation radikal, verglichen mit der anderer fiktiver Figuren vom Typ des Andrenio bei Gracián, der niemals zuvor irgendeine Berührung mit Menschen gehabt hatte. Robinson hat Erinnerungen; er baut sich im Grunde keine Welt seiner Phantasie auf, sondern er baut die ihm bekannte und erinnerte Welt mit den Mitteln seiner Insel nach. Er ist kein kreativer Kopf, obwohl findig in der Verwendung von Ersatzmitteln für ihm bekannte Zwecke; er ist ein Nacherfinder. Er sieht alles, was er tut, interimistisch bezogen auf das Ereignis und den Zeitpunkt seiner Abholung von der Insel durch andere, deren Schiff jeden Augenblick über dem Horizont auftauchen könnte. Er lebt von der Erwartung, was er niemals tun würde, wenn er in seiner solipsistischen Lage aufgewachsen wäre. Natürlich hat auch ein solipsistisches Subjekt Erwartungen, aber eben nicht solche, die sich auf andere Subjekte beziehen können.

So umfassend muß man sich den Begriff der Erinnerung konstruieren, daß dessen Inhalt die Totalität einer Welt ausmacht, die vergangen ist, nicht mehr besteht, die Welt vor dem Eiszeittod oder die Welt vor der Selbstverbergung des Seins; dann zeigt sich nämlich, daß dieses Gesamtereignis unabhängig geworden ist von jeder Chronologie, so wie auch Erinnerungen zwar im Prinzip datierbar sein müssen, faktisch aber völlig unbestimmt sind hinsichtlich ihrer Lage in der Vergangenheit des Subjekts: ich erinnere mich an etwas, weiß aber nicht mehr, wann ich es erlebt, wahrgenommen oder auch nur gedacht habe. Ich habe es schon einmal gedacht, gesehen, am unbestimmtesten also dieses *déjà-vu*-Erlebnis, das viele Leute dazu veranlaßt, an Wiedergeburt zu glauben, weil sie nicht fähig sind, die Datierung des Erinnerten zu bestimmen oder auch nur in dem ihnen bekannten Rahmen ihrer Lebenserinnerung für möglich zu halten. Man wird, in dieser Erweiterung der transzendentalen Konstruktion des späten Husserl, einen Platz für die Erneuerung von Platos *Anamnesis* finden. Nur ist sie kein Begriff mehr für die Präexistenz und deren Einwirken auf die Begriffsbildung; sie ist ein Titel für die Postexistenz der transzendentalen Subjektivität im Hinblick auf die Prämisse, daß die Welt endlich in der Zeit ist und der Mensch mit ihr oder ihr noch zuvor. Soll aber das Gewesensein der Welt und des Menschen nicht sinnlos werden – also den Sinn durchhalten, den Husserl dem Menschen auf dem Umweg über die transzendentale Intersubjektivität geben wollte –, muß das Faktum noch als vergangenes eine Art Fortbestand haben. Dafür kennen wir keine andere Vorstellung als die der Erinnerung, aber nun der an eine Welt. Denn nur darin hätte sich doch die ganze ›transzendentale Deduktion‹ Husserls entfaltet.

IV

Die Weltzeitsprünge der Himmelstheorie

Aus der Lebenswelt herauszutreten bedeutet, daß Lebenszeit und Weltzeit in Divergenz geraten. Elementare Erfahrungen dazu sind, daß die natürliche Umwelt, Familie, Stamm, Horde, welcher fiktive *status naturalis* immer, vorher da waren und nachher da bleiben, Erinnerungen hinterlassen und Erwartungen erzeugen. Diese Erfahrungen beginnen irgendwann, für den einzelnen etwas zu bedeuten, ihm etwas vorzuenthalten, worum es ihm ginge: mehr als ein bloßes Mehr an Lebenstagen, mehr als das Überleben anderer, mehr als den Wunsch nach einem Und-so-weiter. Die Weltorientierung hat den räumlichen Horizont überschritten durch die Leistung des Begriffs. Er gibt vor, was gerade nicht wahrgenommen wird, aber vergegenwärtigt werden kann, was im Vorgriff der Furcht vor Unbekanntem, der Neugierde, der vagen Erwartung zuerst die Peripherie konsolidierter Umweltbeziehungen hinausschiebt.

Die Überschreitung des Zeithorizonts der Lebenswelt ist gleichfalls mehr als die bloße Wiederholung und Addition von Lebenszeiten, die sich überschneiden. Auch hier gibt es den Vorgriff, etwa den des Rituals, das Fruchtbarkeiten und Jagderfolge antizipiert und schließlich fähig wird, eine größere Ereignisfolge als die des überschaubaren Lebens zu reproduzieren, unbestimmte Genealogien und Chronologien darstellbar zu machen (wie die Heilsgeschichte im Kirchenjahr) und dadurch die Weltzeit von der Lebenszeit abzuheben. Hinter der Lebenswelt realisiert sich ›die Welt‹ als eine Größe eigener Typik und Bestimmtheit, an deren Beeinflußbarkeiten heranzukommen Lebensinteresse wird. Die Welt gewinnt so für sich, jenseits der menschlichen Größen, ihr eigenes Zeitmaß: ihre größere Periodizität über Tage, Mondphasenwechsel, Jahreszeiten, Jahre hinaus, also über die menschlich integrierte, in anschaulichen Einheiten verlaufende Zeit hinweg. Solche Phrasierung der Zeit beansprucht eine das Individuum überfordernde, sein unmittelbares Interesse nicht mehr affizierende Aufmerksamkeit. Sie wird geleistet durch Institutionen – etwa die von Tempelpriesterschaften, die Annalen und Chroniken, Geschlechtsregister und Stiftungsordnungen verwalten und den jeweils Lebenden verwehren, sich als die Mitte der Welt zu betrachten und von der Welt entsprechenden Tribut einzufordern.

Von dieser Art ist die auf den Sternenhimmel gerichtete Aufmerksamkeit, wo und wann und unter welchem Interesse immer sie sich zuerst herausgebildet haben mag. Sie verändert das Bewußtsein von der Zeit, vom Verhältnis der lebensweltlichen Zeit zur in der Welt vorgegebenen Zeit, von der Differenz zwischen den großzügigen Maßen der am Sternenhimmel auftretenden Periodizitäten und denen der Umweltnatur. Für diese Aufgabe bedeutet die menschliche Lebenszeit nur noch etwas, wenn es über die Generationen hinweg einen Leistungszusammenhang, ein tradierbares Verfahren und tradierbare Verpflichtungen zur Überlieferung gibt. Das Interesse an der Verläßlichkeit der Himmelsdaten stellt den Menschen vor die neuartige Gegebenheit, daß die Zeit nicht nur die Dimension ist, *in der* Wirklichkeit sich erstreckt – so wie Schicksale in der Zeit verlaufen –, sondern *unter deren Bedingung* sich Möglichkeiten bilden: Orientierung in einem größeren und vielleicht größten Ganzen erfordert das pure Verfließen von Zeit als Basis gesicherter und vergleichbarer Erfahrung. Dieser Sachverhalt läßt, früher oder später, den ungeheuerlichen Mangel des einzelnen, die Welt zu begreifen, schmerzhaft spürbar werden und verweist auf das fiktive Subjekt der ›Geschichte‹ aller, welches das dennoch zu leisten verheißt. Erst sehr viel später, wenn es dies zu leisten begonnen hat, kommt die neue Vergeblichkeit des einzelnen gegenüber der Quantität des schon vergegenwärtigten, institutionellen Wissens zutage: das Unbehagen am Wissen aller, das keiner ›besitzen‹ kann. Die ursprüngliche Disproportion tritt im ›Fortschritt‹ – und durch diesen von der Natürlichkeit zur Institution transformiert – wieder hervor und entgegen.

An der Rationalität der Zuordnung von Leistungsqualität und Zeiterfordernis für den Gegenstand ›Welt‹ unter Bedingungen seiner astronomischen Disziplinierung ändert dies nichts. An ihm entdeckt sich eine geschichtliche, jeder individuellen Verfügung und Beliebigkeit entzogene Strukturgegebenheit, der die Notwendigkeit zu ›überliefern‹ und Überlieferung zu ›hüten‹ unmittelbar entnommen werden kann. Diese Grunderfahrung mag zunächst nur vage und unscharf gewesen sein; ihre Verschärfung drängt sich im Prozeß der Ausbildung und Verfeinerung von Verfahren und ihrer eingeweihten Handhabung als Explikat der zeitlichen Verknüpfung ›von selbst‹ auf. Astronomie hat authentisch und nicht nur durch akzidentelle Zuwachsraten des Findens hier und dort die Form des Fortschreitens durch die Zeit, mittels der Zeit. Hier ist noch nicht die Rede davon, daß ›der Fortschritt‹ als Idee des Verlaufs der Geschichte ergriffen, begriffen, proklamiert wird. Das mag mit einer faktischen Verspätung, unter geschichtlichen Bedingungen anderer Herkunft geschehen. Entscheidend ist, daß eine bestimmte, durch den Grenzwert ihres Anspruchs exemplarische Disziplin der theoretischen Weltorientierung ohne die Verwirklichung ihrer Anlage auf die Zeitbedingung hin nicht konstituiert werden konnte. Das schließt die Herstellung einer gewissen geschichtlichen Identität ein, weil jede faktische Verlaufsform in der Zeit ausgeschlossen sein mußte, die mit jedem Individuum den Prozeß der Erfahrung und des Denkens von neuem hätte beginnen und mit jeder Generation einen Bruch mit der vorhergehenden hätte eintreten lassen. Daher gehört der Vergleich zwischen dem Lebensverlauf des Individuums und dem Gang der Geschichte zwar zu den frühen Mitteln der Darstellung des Fortschritts, aber zugleich zu den unzureichenden, weil dabei die Rationalität der Struktur überlagert wird von dem biologischen Schema einer nach erreichter Reife wieder abfallenden Linie. Es ist deshalb bezeichnend, daß bei der frühen Objektivierung dieser Struktur die Vollständigkeit der Analogie schnell preisgegeben und, wie bei Fontenelle ablesbar, die Lebensphase jenseits des Reifezustandes, also Alter und Tod, als zur Veranschaulichung ›unbrauchbar‹ unterdrückt werden mußte.

Die astronomische Erkenntnis, in ihrer nachnewtonischen Gestalt als Himmelsmechanik, ist erst am Ende des 18. Jahrhunderts zum Erkenntnismodell geworden. In dem einen ihrer Erfordernisse, der Abhängigkeit theoretischer Qualität von der Quantität überbrückbarer Zeitdistanzen, ist sie jedoch die früheste Reindarstellung der inneren Logik der Fortschrittsidee gewesen. Die Zugehörigkeit dieser Idee zur Geschichtsformation der Neuzeit hat nicht nur mit deren Selbstverständnis zu tun, sondern auch mit dem Faktum ihrer Verfügung über die Zeitbasis in der Distanz zu den antiken Anfängen der astronomischen Überlieferung.
In dieser Disziplin sind Erkenntnisse nicht zu jeder Zeit durch die

bloße Intensität der empirischen und rechnerischen Anstrengung möglich, weil sie und sofern sie in einem Verhältnis zur Zeitbasis des Datenvergleichs und der daran gebundenen Kontrolle der Beobachtungsgenauigkeit stehen. Die Dauer des durch Tradition gesicherten theoretischen Vollzugs wird zur Bedingung seiner Resultate. Die Fortschrittsstruktur konstituiert einen irreversiblen Bestimmungszusammenhang von Zeitstellen. Was im Kontext des Fortschritts auftritt, ist gerade dadurch qualifiziert als das nicht jederzeit und nicht durch Steigerung der Intensität Mögliche.

Im ausgehenden Mittelalter hatte die zunehmende Entfernung von den astronomischen Standardleistungen der späten Antike Resultate von öffentlicher Anstößigkeit gezeigt: die zu immer neuen Eingriffen nötigende Verwirrung des Kalenders mit ihren Folgen für die Bestimmung der Festtagstermine, aber auch die Unsicherheit in den Berechnungsgrundlagen der Astrologie und die dadurch ausgelöste Sorge um die Zuverlässigkeit dieser bis zum römischen Pontifex hin unentbehrlichen Institution. Ein astronomisches Genauigkeitsproblem wie das der Präzession der Tag- und Nachtgleichen taucht literarisch als lebenswichtige Unsicherheit in Chaucers »Canterbury Tales« auf, wenn der gleichzeitig als Magier tätige Astrologe, der die Uferfelsen der Bretagne zum Verschwinden bringen soll, dafür den richtigen Konstellationszeitpunkt braucht.[12] Kopernikus kann, wenn er in der Widmungsvorrede seines Werkes von den astronomischen Verwirrungen spricht, die ihn auf den Gedanken seiner Reform geführt hätten, auf das Verständnis des päpstlichen Adressaten der Widmung rechnen, dessen Kalenderinteressen als astrologische Gläubigkeit bekannt waren. Das Ausmaß der Abweichungen war eine Funktion der Zeit. Die Erfahrung des Zusammenhanges von Zeit und Erkenntnis ist zunächst negativ. Die Kehrseite einer möglichen Positivität lag darin, daß die langfristige Akkumulation von Ungenauigkeit deren genauere Bestimmung erlaubte.

Astronomie und Philosophie der Antike hatten für den Sternenhimmel die Eigenschaften der Unveränderlichkeit des Bestandes und der Gleichförmigkeit der Bewegungen festgelegt. Neben dem ›platonischen‹ Postulat der ausschließlichen Kreisförmigkeit aller

---

12 Chaucer, Canterbury Tales. Die Erzählung des Gutsherrn. Dt. D. Droese (Manesse), 436.

Bewegungen galt die Festsetzung des Aristoteles, daß ein homogener Körper nur *eine* natürliche Bewegung haben könne. Dies betraf in metaphysisch verschärfter Stringenz den Fixsternhimmel als Fundament des Zeitbegriffs. Man wird sagen müssen, daß diese Festlegungen die empirische Aufmerksamkeit vermindert und die Genauigkeit der Beobachtungen abgewertet hatten. Rückblickend ist jene Unveränderlichkeit des Sternenhimmels nichts anderes als der voreilige und einer zu kurzen Erfahrungsspanne vertrauende Ausdruck dafür, daß am Himmel nur Veränderungen sehr langfristiger und unterhalb der Wahrnehmungsschwelle liegender Größe vor sich gehen. Bezogen auf die natürliche Optik und die Genauigkeit der über Jahrtausende hinweg verfügbaren Hilfsmittel, geschieht am Prospekt des Himmels nichts ›Auffälliges‹, zumal solange die Kometen als atmosphärische Phänomene gedeutet wurden. Nur sehr lange Zeiträume lassen Veränderungen ausreichend große Werte annehmen, um die Schwelle der empirischen Parameter zu überschreiten. Diese Zeiträume stehen in keinem Verhältnis zur Lebensspanne des Menschen. Ihnen ist nur die Herstellung einer ›professionellen‹ Tradition gewachsen, die die Resultate jeder Generation nicht nur für die folgende, sondern für die um Jahrhunderte späteren zu übermitteln vermag.

Man wird sagen müssen, daß schon ein gehöriges Maß an Unbefangenheit gegenüber den erhabenen Vermutungen der philosophischen Kosmologie dazu gehörte, den theoretischen Verdacht aufkommen zu lassen, die Astronomie werde einen langfristigen Vergleich ihrer Beobachtungsdaten nötig haben, um auf verborgene Abweichungen von den manifesten Periodizitäten zu stoßen oder um Veränderungen im Bestand ihrer Gegenstände festzustellen. Das älteste Zeugnis einer solchen Annahme ist der Sternkatalog des Hipparch, ein Unternehmen, zu dem unter den antiken Voraussetzungen keine naheliegende Veranlassung bestand.

Verwunderung über die Motivation des Hipparch hat schon in der Antike zur Erklärung durch ein spektakuläres Himmelsereignis geführt. Es mag eine Legende sein, wenn uns Plinius in seiner »Naturgeschichte« erzählt, der Katalog des Hipparch sei durch das Erscheinen eines neuen Sterns im Bilde des Skorpions im Jahre 134 v. Chr. veranlaßt worden. In jedem Falle wäre dies gut erfunden. Nur eine auffällige Veränderung am Himmel konnte den antiken Astronomen zu der Frage führen, ob solches nicht häufiger und entgegen der metaphysischen Versicherung der Unveränderlichkeit geschehe, sich bisher jedoch der Aufmerksamkeit der Beobachter mangels Inventarisierung des Bestandes entzogen hätte. Der Katalog, der 1022 Sterne nach Positionen und Helligkeiten umfaßt haben soll, wäre dann als ein Instrument für zukünftige Vergleichsbestimmungen vorgesehen gewesen. Die Genauigkeit, die Hipparch sich dabei auferlegte (vielleicht eben, um Verwechslungen alter Sterne mit etwaigen neuen zu vermeiden), mochte ihn zu seiner bedeutendsten Entdeckung geführt haben: der Verschiebung in der jährlichen Periode der Fixsternpositionen. Nach der Unveränderlichkeit des Sternbestandes mußte auch die Strenge des siderischen Jahres preisgegeben werden.

Wenn ich vorhin sagte, die metaphysischen Zusicherungen hätten die empirische Aufmerksamkeit vermindert, so muß ich nun auch sagen, daß die Enttäuschung an der metaphysischen Zuverlässigkeit die theoretische Beunruhigung intensivierte, die das Interesse an der langen Zeitdistanz und ihrer vorsorglichen Ausnutzung über die Arbeit einer Lebensdistanz zu tragen vermochte. Es mußte der Tradition zu treuen Händen überlassen werden können, wenn seine Absicht sich realisieren sollte.[13]

Der Bithynier Hipparch, der um die Mitte des zweiten vorchristlichen Jahrhunderts auf Rhodos seine Beobachtungen anstellte, bedurfte für das Empfinden der Nachwelt – vielleicht schon seiner Umwelt und für sein eigenes – der stärksten Sanktion, um das Vorhaben einer Katalogisierung der Fixsterne zu rechtfertigen. Zur Legitimation gehört, daß Plinius die erste Entdeckung einer Veränderung am Fixsternhimmel als einen Beweis für das stoische Dogma der Verwandtschaft zwischen Sternen und Menschen ansieht, nach welchem die Seelen Teilchen der Himmelsmaterie sind – diese Wendung integriert den Forschungsplan des Hipparch dem

---

[13] Was den neuen Stern des Hipparch im Bericht des Plinius (Historia Naturalis II 95) suspekt gemacht hat, ist die Behauptung über seine Bewegung (*eiusque motu qua fulsit*). Es ist aber deutlich, daß gerade in dieser Ausdrucksweise eine Wirkung der These von der Unveränderlichkeit des Himmels steckt: die Helligkeitsänderung der Nova durfte nicht als Änderung des Sterns selbst erklärt werden, sondern wurde als Bewegung in der Blickrichtung, als Annäherung bzw. Entfernung zum Beobachter, verstanden. Das Phänomen blieb phoronomisch, damit astronomisch integrierbar, der Physik entzogen.

philosophischen Interesse an der Natur des Menschen. Es ist so etwas wie die Erfüllung einer frühen ›Relevanzforderung‹.

Schon am Tage seines Erscheinens habe, so berichtet Plinius, der neue Stern Veränderungen gezeigt und Hipparch zu der Frage veranlaßt, ob derartiges nicht öfter geschehe (*anne hoc saepius fieret*). Daraufhin habe er etwas gewagt, was selbst für einen Gott verwegen wäre, nämlich die Sterne für die Nachwelt zu zählen (*ideoque ausus rem etiam deo inprobam, adnumerare posteris stellas*), sie mit Namen zu verzeichnen und mit selbst erfundenen Instrumenten den Standort und die Größe jedes einzelnen zu bestimmen. Die geplante und ausdrückliche Herstellung eines Zusammenhanges der Forschung über die Zeit hinweg veranlaßt Plinius zu der Formel, Hipparch habe allen den Himmel gleichsam als Erbschaft vermacht, sofern nur einer sich fände, der davon Besitz ergreifen würde.[14]

Hipparch war der bedeutendste antike Astronom vor Ptolemäus. Um so mehr erscheint sein ohnehin verfließendes Bild manchen Wissenschaftshistorikern dadurch getrübt, daß er das von Aristarch von Samos vorgeschlagene heliozentrische Weltsystem abgelehnt hat. Seine Begründung für die Ablehnung der Heliozentrik scheint aber gerade darin bestanden zu haben, daß er die Zeit für eine befriedigende Theorie des Planetensystems noch nicht für gekommen hielt. Quantität und Qualität der von ihm zusammengetragenen Beobachtungen lassen darauf schließen, daß er die Konstruktionsprobleme des Planetensystems als lösbar ansah, sofern von einer präzisen Basis aus Beobachtungsdaten über genügend lange Zeiträume gesammelt und verglichen werden könnten.[15] Die konstruktive Zurückhaltung würde so in einem einsichtigen Zusam-

---

14 Plinius, Historia Naturalis II 95: *... caelo in hereditate cunctis relicto, si quisquam, qui cretionem eam caperet, inventus esset.* – Zur Metapher für ›Tradition‹ als Rechtsgang gehört *cretionem capere*: ›die Erbschaft annehmen‹.

15 A. Rehm, Art. Hipparchos von Nikaia, in: Pauly-Wissowa, Realencyclopädie der klassischen Altertumswissenschaft I 8/2, 1666–1681: *Nur aus geprüftem Beobachtungsmaterial will H. Schlüsse ziehen lassen, vielleicht nicht zum Segen der Wissenschaft; denn sein Mißtrauen gegen die Förderung der Wissenschaft durch vorerst nicht sicher beweisbare Hypothesen verführte ihn in allen Fällen, wo ihm nicht eigene Beobachtungen weiter halfen, zu einem ungesunden Konservatismus, d. h. zum Festhalten an älteren Theorien, mochten diese auch genauso schlecht oder schlechter fundiert sein als neuere Hypothesen. So hat H. den Fortschritten mißtraut, welche die Geographie durch die Alexanderzüge gemacht hatte, und so trifft ihn die Hauptschuld daran, daß sich das geozentrische System behauptet hat.* (a. a. O. 1672 f.)

menhang stehen mit den Erwartungen, die er auf die Begründung einer methodischen Tradition über große Zeiträume hinweg setzte. Sein Konservatismus ähnelt dem viel späteren des Tycho Brahe, der den Widerspruch gegen Kopernikus in Gestalt des systematischen Kompromisses seines eigenen Systems verband mit der einzigartigen Steigerung und Präzisierung seiner Beobachtungstätigkeit, deren Resultate dann Kepler für den entscheidenden Fortschritt in der Planetentheorie auswerten sollte. Nicht jeder Fortschritt sichert als solcher ›den Fortschritt‹.

Hipparchs Verhalten als Geograph verstärkt die Vermutung über den konservativen Zug des Astronomen. Der Vorwurf, er habe die Ausbeute der Eroberungszüge Alexanders an geographischen Daten nicht zum Entwurf eines neuen Gesamtbildes der Erdoberfläche ausgenutzt, scheint die Begründung dieser Zurückhaltung zu verfehlen, die auf der Annahme beruht haben mag, die unerwartete Ausweitung der Kenntnisse durch den Eroberer lasse für die Zukunft noch weiteren überraschenden, aber auch methodisch gewonnenen Zuwachs erwarten. Die Analogie zu seiner Weigerung, eine neue kühne Planetentheorie zu akzeptieren, liegt nahe: *Er mußte diese Aufgabe aufgrund seiner theoretischen Überzeugung einer fernen Zukunft zuweisen.*[16] Allerdings, ein Vergleich von Hipparchs Geographie mit der des Ptolemäus drei Jahrhunderte später ergibt ein so gut wie unverändertes Bild. Die Geographie erforderte, um ›fortschreiten‹ zu können, nicht nur eine Tradition der Daten über die Zeit hinweg, sondern vorzüglich eine Organisation zu ihrer Erfassung im Raume. Dazu fehlte es unter der Herrschaft der Römer an der Voraussetzung des Interesses der politischen Macht, die darin hinter Alexander zurückblieb.

Ein Gesichtspunkt für die spezifische Zeitform der Astronomie ist bisher unbeachtet geblieben: für die Antike ist die Astronomie nicht primär Wissenschaft, sondern Kunstfertigkeit, technisches Verfahren. Das mußte es erleichtern, auf sie die unvermeidbare Einsicht zu übertragen, daß die menschlichen Fertigkeiten ständige Verbesserungen erfahren, daß für sie die Zeit nach einem Wort des Aristoteles zum ›Erfinder und Mithelfer‹ wird.[17] Die Verbin-

---

16 A. Rehm, a. a. O. 1677f., unter Hinweis auf: Berger, Geschichte der wissenschaftlichen Erdkunde, 469 ff.
17 J. Ritter, Art. Fortschritt, in: Histor. Wörterbuch der Philosophie II 1033 f.

dung zwischen den ›Künsten‹, zumal den mechanischen, und der reinen Theorie herzustellen, ist der Antike nur selten gelungen und noch der beginnenden Neuzeit schwer geworden, wie die Überraschungen zeigen, die Descartes nach dem Hinweis auf die Kenntnisse der Befestigungsbauer und Wasserkünstler zuteil wurden. Es war das theoretische Ideal, der menschlichen Erkenntnis eine abschließende Darstellung zu geben oder diese gar in der großen Leistung eines einzelnen schon vorzufinden – dessen bleibende Autorität damit nur noch der Kommentierung bedurfte –, was dem Kontakt mit einer technisch-praktischen Sphäre entgegenstand. Denn nur in dieser blieben Leistungskontrolle und feststellbarer Fortschritt ständig zumindest möglich.

Der Gegensatz zwischen jenem Ideal und dieser Lebenssphäre reflektiert sich literarisch erst spät, etwa in den Dialogen des Nikolaus von Cues, in denen dem theoretischen Philosophen der löffelschnitzende Idiota mit seinem Wirklichkeitsbezug ironisch entgegengestellt wird. Die ›freien Künste‹, im Unterschied zu den mechanischen Fertigkeiten, waren durch ihre Eingliederung in den Bildungskanon längst an das theoretische Ideal der definitiven Darstellbarkeit herangerückt. Das bedeutete für die Astronomie, die diesem Ensemble der *artes liberales* angehörte, während des Mittelalters die faktische Stagnation. Bei Hipparch hingegen sieht es noch so aus, als sei der Gedanke des geplanten Fortschreitens durch den Ausschluß der Astronomie aus der ›reinen‹ Theorie, also aus dem Wissenschaftsbegriff der zumindest möglichen Evidenz, erleichtert worden. Scheinevidenzen werden eben leichter vermieden, wenn an die Möglichkeit der wirklichen Evidenz nicht geglaubt wird. Trotzdem ist dann nach Ptolemäus auch für die Astronomie weitgehend das eingetreten, was das schlechte Beispiel der Verwalter der reinen Theorie in den philosophischen Schulen vorgegeben hatte: die Bildung von Autorität, die Auffassung der fortbestehenden Aufgabe als der bloßer Kommentierung.

Von diesem Sachverhalt her war Hipparchs Weigerung, der Astronomie ein endgültiges System und eine abschließende Darstellung zu geben – das also, was ihn auch zur Ablehnung des Aristarch von Samos motivierte und ihm die Mißbilligung einer auf Antizipationen erpichten Wissenschaftsgeschichte zuzog –, gerade die der Disziplin angemessene Einstellung. Sie konnte ihr eine langfristige

Zukunft durch Vorenthaltung finaler Autorität sichern. Das Vertrauen in die Zuverlässigkeit seiner Beobachtungsdaten freilich mußte von dem Index der Vorläufigkeit ausgenommen sein, wenn die ›Spekulation‹ auf die Zukunft realistisch sein sollte. Wie schwierig und problematisch es noch werden konnte, diese Differenzierung zu beachten und durchzuhalten, zeigt sich bereits bei Ptolemäus. Er kanonisierte den Wert der Präzession, den Hipparch mit zwei Grad für etwa hundertfünfzig Jahre angegeben hatte, in der Abrundung auf ein Grad je Jahrhundert mit der Bemerkung, er sei inzwischen ›besser gesichert‹. Es gibt eine Wirkungsgeschichte falscher Daten, die darauf beruht, daß sie aus einem ursprünglichen Prägnanzvertrauen heraus akzeptiert werden. Die von Ptolemäus vollzogene Abrundung des Jahrhundertwertes der Präzession hat ihre eigentümliche ›kosmische‹ Evidenz nachhaltig ausgewirkt: in den Tafeln des »Almagest« sind alle Längen der Sonnenstände um etwa ein Grad zu klein; die an diese Werte angeschlossenen Daten für den Mond sowie die auf diese bezogenen Fixsternörter leiten die Differenz systematisch weiter auf das Bezugssystem. Die methodisch mögliche Korrektur des von Hipparch angenommenen Wertes der Präzession war durch diese doppelte Transplantation praktisch verhindert.

In seinem Bericht über die Entdeckung der Präzession durch Hipparch sagt Ptolemäus, die Fixsterne seien auch weiterhin ihres Namens würdig, weil ihre Stellung gegeneinander unveränderlich bleibe. Die Sphäre jedoch, mit der sie umschwingen, als seien sie an ihr festgewachsen, dürfe nicht mehr als regelmäßig bewegt behauptet werden. Da es sich bei dieser Unregelmäßigkeit um einen summativen Wert der Verrückung der Äquinoktien handle, hänge die Genauigkeit seiner Feststellung von der Zeitdistanz zu den zuerst gewonnenen Daten ab. Schon im Vorwort zu seinem Werk hatte Ptolemäus seinen astronomischen Beitrag davon abhängig und dadurch eingeschränkt gesehen, wie weit *die verhältnismäßig kurze Zeit, die seit jenen Männern bis auf unsere Tage verstrichen ist, zu einem solchen Beitrag beträchtliches Material zu bieten vermag.* Die frühesten Daten, auf die Hipparch sich hätte stützen können und für deren Hinterlassung die Namen Aristyll und Timocharis genannt werden, unterschieden sich von denen, die er selbst hinterließ, eben gerade dadurch, daß sie nicht für zukünftige

Vergleiche ›hinterlegt‹ worden waren. Hipparch hätte sich daher für längere Zeiträume mit bloßen Vermutungen begnügen müssen. Inzwischen aber ließe sich das Ergebnis auf die größere Zeitdistanz gründen und jene bessere Sicherung erzielen, weil die Daten Hipparchs in voller Ausarbeitung (*meta pases exergasias*) überliefert worden seien.[18] Ptolemäus nennt an dieser Stelle beide Bedingungen für den ›Fortschritt‹ seiner Disziplin: eine Zeitdistanz, die zur Summation von Daten ausreicht, wenn sie unter der Schwelle der Beobachtungsgenauigkeit liegen, und die bewußte ›Organisation‹ für die Weitergabe der Ausgangsbasis an die zukünftige Forschung.

Wenn Hipparchs Größe darin lag, sich dem Anspruch auf Abschluß des astronomischen Systems zu verweigern und dadurch die Zeitdimension für die astronomische Forschung zu eröffnen, dann ist noch einmal zu überlegen, ob die Legende von dem neuen Stern als Veranlassung zum ersten Fixsternkatalog nicht einer Entmythisierung bedarf. Es kommt nicht vorrangig darauf an, ein historisches Faktum als solches zu sichern oder zu bezweifeln. Wichtiger ist es zu eruieren, welche Art von Unverständnis gegenüber dem Möglichkeitshorizont des Hipparch in der mythischen Erklärung ihren Ausdruck findet.

Eine nüchterne Betrachtung wird zu dem Ergebnis kommen, daß Hipparch zum Begründer einer auf die Nutznießung der Nachwelt angelegten astronomischen Tradition wurde, weil er als erster die Erfahrung machen konnte, selbst bereits Nutznießer einer – obzwar nicht darauf ›angelegten‹ – Tradition zu sein. Gerade das aber zeigt nicht das vordergründige Phänomen des neuen Sterns und des ihm zugeschriebenen Beweises gegen das Dogma der Unveränderlichkeit; wohl hingegen die weniger spektakuläre Entdeckung der Präzession. Hipparch hätte, auch bei größtem Eifer der Genauigkeit, die Verschiebung der Jahreszeitenpunkte

---

18 Ptolemäus, Syntaxis mathematica I 1 und VII 1. Dazu VII 2: *Daß aber auch ihre (sc. der Fixsterne) Sphäre eine ganz eigenartige Bewegung in der dem Umschwung des Weltalls entgegengesetzten Richtung vollziehe..., das wird uns hauptsächlich daraus ersichtlich, daß die nämlichen Sterne in vergangener Zeit nicht dieselben Entfernungen wie heutzutage von den Wende- und Tagnachtgleichenpunkten einhalten, sondern je nach der Länge der verflossenen Zwischenzeit gegen früher in immer größerer Entfernung östlich der betreffenden Punkte gefunden werden.* (Dt. K. Manitius, O. Neugebauer, Leipzig 1963, II 12).

entlang der Ekliptik entgegen dem Umlaufssinn nicht entdecken können, wenn ihm nicht Positionsdaten aus dem Anfang des dritten Jahrhunderts verfügbar gewesen wären. Eben die Zufälligkeit, mit der ihm dieses Material zur Hand gekommen war, mochte ihn bestimmt haben, planvoll vorzugehen und ausdrücklich dasselbe für die Nachwelt zu tun, was für ihn beiläufig getan worden war.

Wie auch immer es mit dem neuen Stern des Hipparch und seiner Bedeutung für die astronomische Tradition bestellt sein mag, so viel ist sicher, daß dieses Phänomen jedenfalls kein Komet gewesen sein konnte. Von der Last, sich mit den Kometen beschäftigen zu sollen, hatte Aristoteles die Astronomen befreit, indem er Haarsterne zu atmosphärischen Erscheinungen deklarierte und ihnen dadurch jede empirisch erschließbare Gesetzlichkeit des Auftretens und der Bahnen absprach. Das war so etwas wie die Konsequenz jener von Xenophon berichteten Ablehnung jeder Forschung über Planeten und Kometen durch Sokrates, jetzt als Herausnahme eines verunsichernden Gegenstandes aus der Zuständigkeit der Astronomie. Um so erstaunlicher ist der Kometen-Traktat, den Seneca im ersten nachchristlichen Jahrhundert als siebtes Buch seiner »Naturales Quaestiones« liefert. Die Anfälligkeit für das Interesse am Kometen gehört aus stoischer Sicht in die Pathologie des theoretischen Menschen. Sie besteht darin, Erscheinungen erst zur Kenntnis zu nehmen, wenn die Weltordnung durch sie gestört wird: *haec tamen non adnotamus, quamdiu ordo servatur.* Die Umkehrung dieser Einstellung ist richtig: Der Ordnungsgehalt einer Erscheinung muß zum Vorschein gebracht werden. Dabei allerdings waren die Stoiker auf einem Abweg, der nicht Eigentümlichkeit ihrer Schule war, sondern die des griechischen Wirklichkeitsbegriffes hervortreten läßt. Sie hatten Kometen-Kataloge, in denen nur deren Gestalten beschrieben und im Hinblick auf ihre Zeichenfunktion klassifiziert wurden; alle Daten über den Bewegungsvorgang fehlten.

Gerade daran wird deutlich, was Seneca für die Klärung dieser Naturerscheinung leistet, indem er langfristige Aufzeichnung von Beobachtungen verlangt. Wenn es sich um Körper von der Art der Gestirne handelte, also um unvergängliche Gebilde, würden sie in einer endlichen und durch Kreisläufigkeit geregelten Welt periodisch wieder zum Vorschein kommen und so ihre Natur preisgeben.

Die Weltzeitsprünge der Himmelstheorie 111

Eine genaue Inventarisierung ihrer Erscheinungen über große Zeiträume hinweg wäre notwendig, um das Dogma von ihrer atmosphärischen Natur zu widerlegen: *Necessarium est autem veteres ortus cometarum habere collectos.* Zur Zeit Senecas ist die Voraussetzung nicht erfüllt, der Beobachtungsgegenstand zu neu: *nova haec caelestium observatio est et nuper in Graeciam invecta.* Nicht einmal die Ägypter, von denen sonst alle astronomische Weisheit hergeleitet wird, hätten Grundlagen für die Inventur der Kometen gelegt. Offenbar, so werden wir dies verstehen müssen, fehlte ihnen der theoretische Vorgriff, ohne den die Vorbereitung einer langen Beobachtungstradition keine Erwartungen erwecken kann. Erst die gesteigerte Distanz der Weltzeit von der Lebenszeit ermöglicht den theoretischen Vorgriff, durch den einmalig erscheinende Phänomene der Vermutung zugeordnet werden, sie könnten ihre feste Stelle in der Weltzeit haben, an eine gesetzliche Bahn ihrer Wiederkehr gebunden sein. Man überträgt auf die Kometen die Regelmäßigkeitsannahme, wie sie für den Mond und die Planeten seit langem bewährt ist: *quia non est illis perturbatus et impotens cursus. Ad cometas idem transferamus.* Der nächste gedankliche Schritt ist dann für den antiken Philosophen nur noch klein: Wenn die Kometen von der Art der Gestirne sind und feste Bahnen haben, müssen diese endlich und kreisförmig geschlossen sein, so daß sie die periodische Wiederkehr identischer Körper bestimmen. Die der Antike bekannten Planeten hatten verhältnismäßig kurze, gerade noch ›lebensweltliche‹ Umlaufzeiten; für das System der regelmäßig bewegten Himmelskörper mußte es eine ungeheure Ausweitung bedeuten, mit den sehr viel längerfristigen Periodizitäten der Kometen zu rechnen. Die vermeintliche Willkür der Erscheinungen wird durch die Länge der Zeit auf ihre Ordnung reduzierbar.

Warum wundern wir uns, so schreibt Seneca, daß dieses so seltene Weltschauspiel sich noch nicht in feste Gesetze fassen läßt und daß Aufgang und Untergang der Kometen uns unbekannt sind, wenn ihre Wiederkehr doch nur in gewaltigen Zeitabständen sich ereignet? Es werde aber der Augenblick kommen, wo gerade die Zeit und die Bemühung über lange Zeiträume hinweg das jetzt Verborgene ans Licht bringen. Es sei das keine Sache, deren Erforschung in die Spanne eines Menschenalters hineingehe. Einst werde jemand die Lage der Kometenbahnen und den Grund ihrer Abweichung von der Ebene des Tierkreises sowie ihre Größe und Natur erweisen. Seneca fordert Zufriedenheit mit dem bisher Erreichten, um auch der Nachwelt noch ihren Anteil an der Wahrheit zu lassen.[19]

Die Formel des Verzichtes darauf, für jede Gegenwart alles an Erkenntnis zu beanspruchen, bringt die resignierte Einsicht zur Geltung, daß Lebenszeit und Weltzeit, die Zeitform des Handelns und die Zeitform der Theorie, endgültig auseinandergefallen sind, sobald es um das Ganze der Wirklichkeit, um die Bewährung des kosmischen Vertrauens geht. Senecas Text ist der einzige uns erhaltene Traktat über das Kometenproblem aus der Antike, einsam auch in seiner Qualität der Erörterung eines dogmatisch so verstellten Gegenstandes. Seine Hellsichtigkeit zeitigte jedoch keine Folgen, weder für die Methodisierung der Kometenforschung (mangels des astronomischen Interesses an ihr) noch für den Abbau der Kometenfurcht (mangels der Bereitschaft, auf vermeintliche Zeichen am Himmel zu verzichten). Senecas eigener Zögling Nero war der Kometomantik notorisch verfallen.

Das Rätsel des ausbleibenden Fortschritts auch dort, wo seine Fluchtlinie so deutlich ausgezeichnet worden war, gehört nicht erst und nicht zuletzt zum Komplex des ›finsteren‹ Mittelalters. Dieses ›Finstere‹ des mittelalterlichen Interim sollte die Aufklärung gegen ihre Prämisse von der ständigen Allgegenwart der Vernunft doch gerade deshalb benötigen, weil sie keine Antwort auf die Frage finden konnte, weshalb die Vernunft erst so spät und weshalb gerade da zu ihrer Selbsterhebung gekommen wäre. Sie konnte den Zusammenhang von Zeit und Wahrheit, auf dem sie selbst beruhte, nicht zugeben, weil sie ihn erst begründet zu haben beanspruchte: der gerade begonnene Fortschritt durfte nicht aus der Einsicht in den längst im Gang befindlichen Fortschritt hervorgegangen sein. Montesquieu hat in seiner programmatischen Antrittsrede vor der

---

19 Seneca, Naturales Quaestiones VII 25, 3–7: *quid ergo miramur cometas, tam rarum mundi spectaculum, nondum teneri legibus certis nec initia illorum finesque notescere, quorum ex ingentibus intervallis recursus est? ... veniet tempus, quo ista, quae nunc latent, in lucem dies extrahat et longioris aevi diligentia; ad inquisitionem tantorum aetas una non sufficit ... erit qui demonstret aliquando, in quibus cometae partibus currant, cur tam seducti a ceteris errent, quanti qualesque sint.*

Akademie von Bordeaux im Jahre 1717 gesagt, für die Wissenschaft gleiche die Natur jenen Jungfrauen, die ihre Unschuld lange bewahren, um sich in einem einzigen Augenblick denselben Schatz rauben zu lassen, den sie mit so viel Sorgfalt und Standhaftigkeit verteidigt hatten. Der rhetorische Glanz dieser Metapher hat Montesquieu daran gehindert, für die Natur den Bedingungszusammenhang zwischen der Dauer ihrer Selbstverweigerung und dem Reichtum wie der Plötzlichkeit ihrer Selbstpreisgabe zu erkennen.

Die Zeit konnte jedoch von sich her nicht effektiv werden, wenn sie nicht die Zeit eines Interim gewesen wäre. Jener von der Aufklärung verrufene Zeitgraben zwischen Antike und Mittelalter war die Latenzphase einer auf Rezeption angelegten Überlieferung. Die Reflexion, daß der Mensch gegenüber den erhabensten Gegenständen seiner Theorie kein momentanes Gelingen der Evidenz haben konnte, daß Warten über Jahrhunderte hinweg die Bedingung des theoretischen Gewinns sein würde, ist wenigstens in der Astronomie Voraussetzung jener unvergeßlichen Latenz. Der nächste Schritt dieser Reflexion lag nahe, sobald der erste sich bewährt hatte. Wenn die Lebensdauer des Menschen den Anforderungen nicht genügte, die seine Gegenstände an ihn stellten, dann war vielleicht auch in anderer Hinsicht seine physische Organisation nicht so genau seiner theoretischen Bestimmung eingepaßt, etwa hinsichtlich seiner Optik. Auf diesem wie auf anderen Gebieten sollte die entscheidende Entdeckung sein, daß solche Defekte der Konstitution kompensiert werden konnten, wie in der Astronomie der Mangel an Genauigkeit durch Herstellung eines Erfahrungszusammenhanges über die Zeit hinweg, noch bevor das ›Instrument‹ in diese Funktion eingetreten war.

Mit dem antiken Wirklichkeitsbegriff und der ihm entsprechenden Einschätzung der Möglichkeiten des Menschen war nicht vereinbar, daß der Kosmos nicht in reiner Gegenwärtigkeit und theoretische Evidenz nicht momentan zu haben wären, sondern Sache der Geduld und Arbeit werden könnte. Auf dem Boden einer ›Kunst‹ wie der astronomischen konnte eine abweichende Erfahrung am ehesten hingenommen, schließlich als exemplarisch akzeptiert und in Zukunftsbezug umgesetzt werden. Die Entkräftung des Wirklichkeitsbegriffs, der die Konzeption des Fortschritts unver-

träglich sein ließ, muß nicht selbst als ›ein Fortschritt‹ qualifiziert werden. Der antike Wirklichkeitsbegriff war nicht nur das hintergründige Hemmnis jeder Beschleunigung der Geschichte, nicht nur der Grund für die Unfähigkeit der Antike zum Vollzug der Fortschrittsidee – er implizierte auch die Positivität der Weigerung, etwas für den Menschen Wesentliches als nicht gegenwärtig und nicht jederzeit möglich zuzugestehen. Diese Weigerung enthält den unschätzbaren Vorbehalt dagegen, die Gegenwart zugunsten der Zukunft zum Mittel zu machen. Heinrich Heine hat einmal gegen den Fortschrittsbegriff die humane Insistenz ausgesprochen, *daß die Gegenwart ihren Wert behalte, und daß sie nicht bloß als Mittel gelte, und die Zukunft ihr Zweck sei.*[20]
Wenn das antike Ideal der Theorie auf dem Wirklichkeitsbegriff der momentanen Evidenz beruhte und die Zeitdimension nicht vordringlich werden ließ, so gleicht das dem noch nicht irritierten Fortbestand der lebensweltlichen Kongruenz von Weltzeit und Lebenszeit. Man wird vermuten dürfen, daß keine Art von Theorie dieser Voraussetzung ihren Bestand gewährleisten konnte. Aber es kommt hinzu, daß ein Verhängnis für diese Kongruenz auch in der ›Wahl‹ des exemplarischen Gegenstandes der antiken Theorie bestand. Diese Wahl, so wenig voluntaristisch man diesen Ausdruck verstehen sollte, hängt aufs engste mit der Erwartung der Vertrauenswürdigkeit der Welt zusammen. Als Kosmos hatte die Wirklichkeit am gestirnten Himmel ihre vertrauenerweckende Schauseite. Hatte aber dieser Gegenstand erst einmal exemplarischen Rang, so zog er den Betrachter in seine immanente Gesetzlichkeit hinein, die nur vordergründig schnell erfaßbar war. Der Widerspruch zwischen der Auszeichnung dieses Gegenstandes und der Zeitbedingung für die ›Kunst‹ seiner strengen Darstellung konnte erst nachträglich, nämlich auf einer hohen Stufe dieser Kunstfertigkeit, erkannt werden. Die Rückwirkung auf das dem theoretischen Ideal inhärente Realitätsprinzip setzte den Stand der schon erreichten Leistung und die vermeintliche Geringfügigkeit der noch zu integrierenden Ungenauigkeiten voraus.
Dieser Sachverhalt reicht sicher nicht aus zur ›Erklärung‹ für das Ungültigwerden des antiken Wirklichkeitsbegriffs; aber er bringt

20 Heine, Verschiedenartige Geschichtsauffassung (1833) (Sämtl. Schriften, ed. K. Briegleb, III 22).

etwas von der Logik zutage, mit der ein neues Realitätsprinzip sich an der Insuffizienz des ihm vorhergehenden formiert. Was die Astronomie der ausgehenden Antike dazu nötigte, das Fundament jenes implikativen Begriffs von Wirklichkeit zu verlassen, auf dem die Dignität ihres Gegenstandes beruhte, enthielt schon den Entwurf, den Vorgriff auf einen Wirklichkeitsbegriff der immanenten Konsistenz als Implikat der zutage getretenen Dissoziation von Lebenszeit und Weltzeit in der Folge des begriffenen Zusammenhanges von Weltzeit und Welterkenntnis.

Man muß versuchen, sich das Erstaunen zu vergegenwärtigen, das der Zeitgenosse der astronomischen Reform in der Mitte des 16. Jahrhunderts gegenüber der langfristigen Zukunftserwartung der antiken Astronomen und ihren nun einsetzenden Bestätigungen empfunden hat oder hätte empfinden müssen. Denn gerade daran, an der Großzügigkeit im Umgang mit der Zukunft, an der Weite des Zeithorizonts, fehlte es dem mittelalterlichen Bewußtsein auch noch dann, wenn es nicht durch apokalyptische Erwartungen oder Befürchtungen auf die Unmittelbarkeit der Heilssorge eingeengt war. Das Mittelalter hat ja die Dissoziation von Lebenszeit und Weltzeit gleichsam unter Verschluß gehalten; über der Epoche stand der Vorbehalt ihrer eigenen Unzulässigkeit, ihrer Erfüllung durch Aufhebung der Zeitdimension, wie unwillig auch diese einstige ›Verheißung‹ noch ertragen wurde. Prinzipiell konnte die letzte Frist der Welt mit der des eigenen Lebens zusammenfallen, es gab einen eschatologischen Grenzwert der Konvergenz von Lebenszeit und Weltzeit und damit eine zumindest implizit häretische Qualität von ›Langzeitprogrammen‹.

Es ist immer wieder gesagt worden – aber damit nicht wahrer geworden –, daß die neuzeitliche Idee des Fortschritts die biblisch-christliche Eschatologie als die Grundform einer zukunftsgerichteten Heilserwartung ›säkularisiert‹ habe. Ich will hier nicht darauf eingehen, wie zweifelhaft diese These ist und welche Beweislasten sie mit sich bringt. Wichtig könnte aber sein, daß der Fortschrittsgedanke etwas mit der Verdrängung jener eschatologischen Erwartungen oder Befürchtungen zu tun hat, insofern er das Bewußtsein des ›großen Zeitverbrauchs‹ einschließt und dementsprechend das Bedürfnis nach einem weiten temporalen Spielraum innerviert. In dieser Erweiterung des Zeithorizonts ist keine Gegenwart mehr potentiell unmittelbar zum Ende der Geschichte, sondern – sofern deren Unendlichkeit noch nicht erahnt wird – nur mittelbar zu diesem. In solcher Mittelbarkeit kommt es auf eine Generation mehr oder weniger nicht an. Die Faktizität einer jeden zum Stand des Gesamtprozesses beginnt es zu rechtfertigen, daß sie immer ›noch nicht‹ den endgültigen oder auch nur einen ausgezeichneten Punkt erreicht haben kann. Es ist absehbar, daß gegen solche ständige Vorläufigkeit die Rebellionen des geschichtlichen Selbstbewußtseins nicht ausbleiben konnten. Dieses will sich wenigstens in eine bestimmbare, wenn nicht verfügbare Distanz zu endgültigen oder ausgezeichneten Punkten setzen oder versetzen. Die rationale Befriedigung des Fortschritts liegt in seiner Idee, in seinem ›Außenaspekt‹, in der Sicherung der Unvergeblichkeit jedes seiner Schritte gegenüber dem nächsten; zugleich jedoch reduziert er, im ›Innenaspekt‹, jede seiner Phasen zur bloßen Vorstufe der ihr folgenden, zur Unfertigkeit des Übergangs, zur Abtretung jeder erfüllenden Erfahrung. Die Entzweiung von Lebenszeit und Weltzeit hat ihre unbehebbare Zweideutigkeit, indem sie dem Ganzen der Geschichte einen Sinn zuweist, den sie zuvor jedem ihrer Teile genommen hat.

Unter diesem Gesichtspunkt muß der Anfang der Neuzeit als der *terminus ad quem* der Traditionsleistung in der Astronomie betrachtet werden. Das Mittelalter war nicht beunruhigt worden durch den geringsten Verdacht, die ganze Weltzeit – also die aus der Bibel errechnete Vergangenheit seit der Schöpfung – könnte als Erfahrungsbasis des Menschen nicht ausgereicht haben, um seine Erkenntnis von dieser Welt abzuschließen, so daß dazu noch mehr Zeit und vor allem der gesicherte Fortbestand der Welt nötig sein würden.

Selbst bei Kopernikus ist das Bewußtsein des ›Zeitbedarfs‹ für den neuen Wahrheitsanspruch der Astronomie noch nicht wieder oder vielleicht auch – in einer immanent astronomiegeschichtlichen Betrachtungsweise – nicht mehr da, soweit er seine Reform als die Zukunft der antiken Astronomie versteht, ohne mit ihr einen neuen Zukunftsbezug zu begründen. Der große Einschub zwischen der untergehenden Antike und der eigenen Gegenwart schien genügt zu haben, um die Zeitbedingung für die Wahrheitsleistung der Astronomie zu erfüllen. Die Theorie eines endlichen Universums konnte auch bei größtem Zeitbedarf nur als eine endliche Aufgabe erscheinen. Mit der Korrektur des Planetensystems und der Feststellung der Bewegungen des Erdkörpers wäre innerhalb des endlichen Universums nichts mehr dem Menschen vorenthalten. So ist der Fortschrittsbegriff der Astronomie zwar vorhanden, ist aber der Begriff eines bereits abgeschlossenen oder alsbald abzuschließenden Fortschritts.

Kopernikus hat in einem unvergleichlichen Sinne ›Epoche gemacht‹. Aber er hat das Mittelalter nicht dadurch beendet, daß er – wie im folgenden Jahrhundert Bacon und Descartes – eine neue Epoche programmierte, sondern im Gegenteil dadurch, daß er die vergangene als lang genug erachtete, um die Resultate der gewonnenen Zeitdistanz einzubringen. Unter dem gemeinsamen Gedanken der Vollendbarkeit von Wissenschaft erscheint die Differenz zu Descartes vergleichsweise gering, wenn Kopernikus sein Hauptwerk ein Jahrzehnt vor seinem Tode abschließt und nur mit der Veröffentlichung zögert, ohne es weiterer Arbeitsgänge für bedürftig zu halten, während Descartes beim Entwurf seiner Methode die eigene Lebensspanne noch für ausreichend hält, um sie anzuwenden und die Naturwissenschaft als Voraussetzung der definitiven Moral und der vollendeten Medizin zum Abschluß zu bringen. Die Ermutigungen zur Begründung der ›neuen Wissenschaft‹ gingen von der Einschätzung der Möglichkeit aus, ihre Zeiterfordernisse mit dem eigenen Leben entweder als schon gegeben oder als noch zu erbringen anzusehen. Erst die Enttäuschung dieser Annahme macht die Zeitform des bisherigen Fortschritts zu der des künftigen, die Idee der Methode zum ›Langzeitprogramm‹ der Geschichte.

Im Proömium zum ersten Buch der »Revolutiones« erörtert Kopernikus die Schwierigkeiten, die sich für die Astronomie aus ihrer Zeitabhängigkeit (*nisi cum tempore*) ergeben. Die Bewegungen der Sterne und die Umläufe der Planeten könnten durch sichere Werte bestimmt und zu abgeschlossener Erkenntnis gebracht werden (*ad perfectam notitiam*), wenn genügend Zeit vergangen wäre, damit viele Beobachtungen angestellt und sozusagen von Hand zu Hand der Nachwelt überliefert würden (*per manus traderetur posteriati*). Diesen Grad der Vollendung hätte Ptolemäus noch nicht erreichen können, da ihm trotz seiner bewundernswerten Fertigkeit und Sorgfalt die Voraussetzung einer ausreichend langen Tradition gefehlt habe; nur vier Jahrhunderte und etwas mehr hätten ihm als Zeitbasis zur Verfügung gestanden. Dennoch hätte er die ganze Astronomie fast zur Vollendung gebracht (*totam hanc artem pene consummauerit*). Das Wörtchen ›fast‹ erweist sich allerdings sogleich als respektvolle Untertreibung gegenüber der großen Autorität. Denn: das meiste stimmt nicht mit dem überein, was er aus der ihm vorliegenden Datentradition hätte folgern müssen.[21] Auch seien seither Bewegungen entdeckt worden, die Ptolemäus noch nicht bekannt gewesen waren. Die Differenzen in der Bestimmung der Jahreslänge hätten viele daran zweifeln lassen, ob überhaupt eine zuverlässige Berechnung möglich sei, aber der Fortgang der Zeit habe dies geklärt. Kopernikus beruft sich auf seinen nahezu optimalen Zeitabstand von den antiken Autoren, die in dieser Disziplin nicht so sehr bleibende Autoritäten als vielmehr Begründer von Möglichkeiten zu sein hätten. Wer von den antiken Autoren abweiche wie er selbst, tue auch dies noch mittels der von ihnen geschaffenen Vorgaben (*ipsorum licet munere*).

Wenn wir vom Standpunkt der wiederum ein halbes Jahrtausend Späteren auf Kopernikus zurückblicken, erscheint er uns als derjenige, der die lange Stagnation der Astronomie durchbrochen und ihren sich beschleunigenden Fortschritt eingeleitet hat. Eben diese Wirkung entspricht nicht seinen Voraussetzungen: die Idee des Fortschritts als eines noch ausstehenden, erst zu beginnenden Prozesses hatte er nicht. Er formuliert die Einsicht in die Zeitabhängigkeit der Astronomie, ohne daraus Folgerungen für seine eigene Nachwelt zu ziehen. Er erkennt die Steigerung der Genauigkeit der Beobachtungen nicht als Aufgabe, wie es Tycho Brahe in der zweiten Hälfte des Jahrhunderts beginnen sollte. Kopernikus schreibt: *Wir besitzen um so mehr Hilfsmittel, die unserer Wissenschaft zugute kommen, je größer der Zeitabstand ist (quanto maiori temporis intervallo), der uns von den Begründern dieser Wissenschaft trennt, mit deren Beobachtungen wir unsere eigenen vergleichen können.* Diese Feststellung hatte sich für Kopernikus schon früh aus der Problematik der Präzession ergeben. Sie war der letzte oder vermeintlich letzte noch ungeklärte Wert einer astrono-

---

21 Kopernikus, De revolutionibus I prooem.: *videmus tamen pleraque non convenire iis, quae traditionem eius sequi debeant.*

mischen Größe. Dabei war die Anerkennung der Tradition, der Zuverlässigkeit der antiken Beobachtungen, die einzige Chance, die Zeitdistanz zu einer definitiven Lösung zu benutzen. Wenn sich Kopernikus in seinem Gutachten von 1524 zu dem Traktat des Astronomen Johann Werner »Über die Bewegung der achten Sphäre« entschlossen zeigt, die von Ptolemäus überlieferten Beobachtungsdaten zu akzeptieren und zu verteidigen, so ist dies keine humanistische Attitüde, sondern ein Akt der Selbstbehauptung der Astronomie in ihrer geschichtlichen Identität und vor allem in ihrer Funktionsfähigkeit über die Zeit. Konnten die antiken Daten auch nur angetastet werden, wäre die Astronomie erneut auf den Status der Vorläufigkeit zurückgeworfen worden. Kopernikus hätte nur ihr Hipparch werden können.

Der für den Beginn der Neuzeit als signifikant angesehene Gedanke, alles Bisherige als Inbegriff möglicher Vorurteile in Frage zu stellen und mit dem Prozeß der Erkenntnis einen völlig neuen Anfang zu machen, mußte dem Astronomen schon deshalb fern liegen, weil er ihn sich nicht leisten konnte, ohne die Bedingungen seines eigenen Erkenntnisstandes preiszugeben. Insofern fielen hier Traditionalität und Rationalität zusammen. In dem »Brief gegen Werner« hatte Kopernikus zur Abhängigkeit jeder Theorie des Fixsternhimmels von den Leistungen der antiken Mathematiker geschrieben: *Wenn wir diese Theorie zu haben wünschen, müssen wir der von ihnen eingeschlagenen Richtung folgen und strikt an ihren Beobachtungen festhalten, die sie uns wie eine Erbschaft vermacht haben. Denkt aber jemand gegenteilig, daß die Alten in dieser Hinsicht nicht vertrauenswürdig seien, so verschließen sich mit Sicherheit die Pforten der astronomischen Kunst für ihn.*[22]
Die Erbschaftsmetapher, die Kopernikus hier verwendet, könnte er dem Bericht des Plinius über Hipparch entnommen haben, denn er besaß schon in Padua kurz nach 1500 ein Exemplar der »Historia Naturalis«, aus dessen Marginalien wir wissen, daß er auf das Nicetas-Referat bei Cicero gestoßen war.[23] Mit der Metapher der Erbschaft kann Kopernikus differenzieren zwischen der Unantastbarkeit eines ›Vermögens‹, das allein die Überbrückung der Zeit sowie die Identität der Disziplin und ihrer Methode gestattet, und

22 E. Rosen, Three Copernican Treatises. ²New York 1959, 93–106.
23 W.-E. Peuckert, Nikolaus Kopernikus. Leipzig 1943, 112.

der Verfügbarkeit seiner ›Erträge‹, die als konstruktive Folgerungen keiner Autorität unterliegen dürfen.

Das wirft Licht auf die Bemerkung über Ptolemäus im Proömium zum ersten Buch der »Revolutiones«. Trotz oder gerade wegen jener Fast-Vollendung der Astronomie wird Ptolemäus die Vorsicht des Hipparch abgesprochen, der alle systematischen Folgerungen vermieden und mit ihnen auch die Zustimmung zur Heliozentrik verweigert hatte. Im Lichte der Folgen von Entscheidungen, die Ptolemäus treffen sollte, wird diese Zurückhaltung gerechtfertigt. Denn es stellt sich heraus, daß jenes scheinbar geringe Zurückbleiben des Ptolemäus hinter dem Endzustand der Astronomie (*ut iam nihil deesse videretur*) das spätere Auseinanderklaffen von Konstruktion und Beobachtung herbeiführen sollte: *videmus tamen pleraque non convenire iis, quae traditionem eius sequi debebant* ...

In der Polemik des Briefes gegen Werner, die immerhin mindestens ein Jahrzehnt nach Abschluß des »Commentariolus« geschrieben ist, ging es noch um einen anderen Aspekt der antiken Tradition. Wenn an der Zuverlässigkeit der Datenbasis festgehalten werden sollte, konnten deren Positionsangaben ihren Wert nur behaupten, wenn die ihnen zugeordneten Beobachtungszeitpunkte sich genau bestimmen ließen. Darauf kommt es Kopernikus gegen Werner an.

Das Problem der Abweichungen hinsichtlich der Präzession ist leicht erkennbar als ein solches der Definition des Zeitbegriffs. Dabei ist es identisch mit der Differenz zwischen dem tropischen und dem siderischen Jahr, also der Bestimmung der Jahreslänge nach der Wiederkehr der Stellung der Sonne im Tierkreis *oder* nach der Einnahme identischer Positionen durch Fixsterne. Ist das Jahr siderisch definiert, dann tritt die Abweichung tropisch auf, und umgekehrt. Das ist angesichts der schwierigen chronologischen Identifizierung antiker Zeitangaben für Positionsbestimmungen von Bedeutung. Werner habe, so Kopernikus, die gegenseitige Nachprüfbarkeit von chronologischen Daten und Positionsbestimmungen außer acht gelassen. Da Ptolemäus zu den von ihm übernommenen Beobachtungen hinzu eigene gemacht habe, ließen sich mit deren Hilfe die Datierungen exakt bestimmen.

Die interessante Frage ist nun, weshalb Werner dieser Vorhaltung bedurfte. Werner war Aristoteliker. Sein Traktat über die Bewegung der achten Sphäre läßt das Bestreben erkennen, den aristotelischen Zeitbegriff zu ›retten‹. Aristoteles hatte gezeigt, daß nur die absolute Regelmäßigkeit der Bewegung der letzten Sphäre der Weltzeit eine Fundierung sichern kann, wie sie aus ihrem Begriff folgt; eine unregelmäßige oder endliche Zeit könnte nicht universale Zeit sein, sie wäre an einer anderen meßbar, was ihrem Begriff widerspricht. Die Entdeckung der Präzession hätte die Kosmologie in eine Krise ihrer aristotelischen Voraussetzungen führen müssen, wenn es nicht spekulative Mittel gegeben hätte, dies abzufangen. Für die Bewegung der letzten Sphäre galt in eminenter Weise die Vorschrift, daß ein homogener Körper nur *eine* natürliche Bewegung haben könne: *unum corpus unicus motus*. Wenn es aber die Präzession gab – und daß es sie gab, war am Ende des 15. Jahrhunderts durch das Zurückbleiben des Frühlingspunktes vom 21. auf den 11. März zum öffentlichen Skandal geworden, mit dem Kopernikus 1516 durch die Berufung in die Kalenderreformkommission des Laterankonzils konfrontiert war, zu dessen Behebung er jedoch die theoretischen Voraussetzungen noch nicht für gegeben hielt –, wenn es also die Präzession gab, dann mußte die achte Sphäre der Fixsterne eine mehrfache Bewegung haben und konnte konsequenterweise nicht mehr die letzte sein. Nicht nur um diese komplex gewordene Bewegung zu erklären, sondern auch um die metaphysische Zuordnung von unbewegtem Beweger und absolut regelmäßiger Bewegung des *primum mobile* aufrechtzuerhalten, mußte eine neunte, empirisch nicht mehr gegebene, als unsichtbar erschlossene Sphäre eingeführt werden, die den ›reinen‹ Bedingungen der Metaphysik genügen konnte. Zur Rettung des einen Prinzips wurden mehrere andere verletzt, wie das astronomische Sichtbarkeitspostulat und das Ökonomieprinzip.

Stellt man sich diese Sackgasse lebhaft genug vor, so hatte Nikolaus von Oresme recht gehabt zu fragen, ob man nicht dem Himmel seine homogene und einzige Bewegung dadurch zurückgeben sollte, daß man die Erde die Tagesbewegung ausführen ließ, während der Himmel nur noch die langsam-würdige Bewegung vollzog, die der Größe der Präzession entsprach und mit der traditionellen Annahme von einem Grad je Jahrhundert die Prägnanz des letzten kosmischen Prozesses zu haben schien. Hier gab es also einen akuten und Aristoteles noch unbekannten Mißstand, der keineswegs zur Umkehrung des Rollenverhältnisses von Himmelsbewegung und Erdenstillstand zwang, wohl aber die Entflechtung des Komplexes der Himmelsbewegungen zu bedenken Anlaß gab, um den spekulativen Hintergrund unsichtbarer Himmel jenseits des sichtbaren nicht anwachsen zu lassen. Man sieht, wie wenig ›vorkopernikanisch‹ das gedacht war, wenn der Fixsternhimmel die Jahrzehntausendumdrehung der Präzession behielt und dadurch das *primum mobile* blieb.

Kopernikus vergleicht das in der Fixsterntheorie mögliche Verfahren mit dem der antiken Astronomen in der Planetentheorie. Der Unterschied läge dann nicht im Gegenstand oder in der Methode, sondern nur in der Größenordnung des Zeitverbrauchs. Für die Planeten mußten die antiken Theoretiker zunächst die Positionen und die zugehörigen Zeitdistanzen bestimmen, um dann aufgrund dieser Daten eine Theorie des Systems auszuarbeiten. Diese konnten sie bestätigt glauben, sobald alle beobachteten und überlieferten Positionen mit den aus dem System folgenden Daten übereinstimmten. Die verfügbare Lebenszeit schien auszureichen, um die doppelte Arbeit von Positionsbestimmungen und Systemtheorie zu leisten und die Übereinstimmung festzustellen.

Für den Fixsternhimmel war diese Voraussetzung, eine vollendete Theorie zu hinterlassen, nicht gegeben. Aber jeder Versuch, die Hinterlassenschaft der Antike in ihrer Solidität in Zweifel zu ziehen, müßte die Konvergenz der beiden methodischen Verfahren für die Fixsterntheorie aufheben. Wer an dieser Vertrauenswürdigkeit rüttle, schließe sich selbst von der Identität der astronomischen Disziplin aus; er werde sich vor ihren verschlossenen Toren finden, versunken in wahnhafte Träume über die Bewegung der letzten Sphäre.

Nirgendwo sonst hat Kopernikus nach einem solchen Pathos gegriffen wie hier, wo er die geschichtliche Einheit der Astronomie als die Möglichkeit ihrer Rationalität verteidigt. Im Grunde rechtfertigt er den gewaltigen Zeitaufwand des Mittelalters als einen einmaligen und unwiederholbaren. Es sei doch bekannt, daß die antiken Astronomen *diese Erscheinungen mit großer Sorgfalt und kundiger Geschicklichkeit beobachteten und uns viele rühmliche und rühmenswerte Entdeckungen hinterließen.* Er könne sich folglich nicht damit abfinden, daß sie sich bei der Bestimmung von Sternpositionen um ein Viertel oder ein Fünftel oder auch nur ein Sechstel eines Grads geirrt haben könnten, wie Johann Werner es glaube.

Um die Tragfähigkeit der astronomischen Traditionsbasis und die Unvergeblichkeit des schon gewonnenen Traditionsraumes zu wahren, greift Kopernikus sogar nach einem Argument, das seine eigene Position am vermeintlichen Ende der erfüllten Zeitbedingung relativieren konnte. Beim Auftreten einer Unregelmäßigkeit an der Bewegung eines Himmelskörpers komme es nicht nur auf den innerhalb einer bestimmten Frist ermittelten absoluten Wert an; es bestehe immer die Möglichkeit, daß diese Unregelmäßigkeit nicht summativ anfällt, sondern periodisch schwankt. Dann müsse Gewißheit darüber gewonnen werden, daß mit den gegebenen Daten wenigstens eine ganze Periode dieser Irregularität zu erfassen ist. Zu einer abschließenden Feststellung seien wir nicht befugt, wenn es sich um eine Bewegung handelt, die über viele Generationen der Menschheit hinweg verläuft, welche Extrapolationen auch immer möglich sind. Beim Fixsternhimmel ist nun die Unregelmäßigkeit an der Präzession so gering, daß *in Tausenden von Jahren die ungleichmäßige Bewegung ganz offenkundig nicht eine Periode durchlaufen hat.* Wenn Werner in einer seiner Thesen behaupte, in den vier Jahrhunderten vor Ptolemäus sei die Abweichung an der Jahresbewegung des Fixsternhimmels vollkommen regulär gewesen, so könne dies unter Voraussetzung einer periodischen Unregelmäßigkeit nur heißen, daß sie in dieser Zeit ihren mittleren Wert eingehalten habe.

Wenn es Kopernikus nicht darum geht, die Autorität des Ptolemäus zu verteidigen, sondern den geschichtlichen Zeitgewinn für die Astronomie zu erhalten – noch mehr: ihr Zeiterfordernis wenn schon nicht lebensweltlich, so doch in den Grenzen eines Kulturzusammenhanges als menschenmöglich erscheinen zu lassen –, muß er die Differenz hinsichtlich des Wertes der Präzession zwischen der Angabe des Ptolemäus, dieser betrage ein Grad je Jahrhundert, und der seither getroffenen Feststellung, er reiche eher an zwei Grad je Jahrhundert heran, zu erklären suchen. Beide, Kopernikus und sein Gegner, gehen davon aus, daß der Wert der Präzession seit Ptolemäus objektiv angewachsen ist. Ihr grundlegender Dissens besteht darin, daß Ptolemäus für Werner von dem niedrigsten Wert ausgegangen ist und diesen fälschlich zum Normalwert erhoben hat, während für Kopernikus die Daten des Ptolemäus in die mittlere Phase der langperiodischen Schwankung des Präzessionswertes fallen und damit dessen mittlere Größe angemessen treffen. Die vermeintliche Unzuverlässigkeit des Ptolemäus wäre dann eine Sache der zeitlichen Perspektive; auf längere Sicht würde er dennoch recht behalten. Diese ›längere Sicht‹ freilich würde unter Annahme jenes mittleren Wertes erst mit der Gesamtdrehung der Präzession in der Ebene der Ekliptik erreicht, folglich insgesamt 36 000 Jahre Distanz erfordern.

Nach der These des Kopernikus stand der faktische Zeitpunkt der Errechnung des Präzessionswertes durch Ptolemäus unter einer Begünstigung insofern, als er von den Phasen sowohl der schnellsten als auch der langsamsten Drehung der Jahreszeitenpunkte entfernt genug war, um bei größter Änderung der angenommenen Teilwerte das mittlere Ergebnis zu ermöglichen. Nicht die Autorität des Ptolemäus ist die Prämisse für die Qualität seiner Daten, sondern umgekehrt die Gunst der weltzeitlichen Stellung die Voraussetzung für seine Geltung in der astronomischen Tradition. Freilich nicht ohne Zubilligung der bewußten Gründlichkeit im Hinblick auf die Bedeutung dessen, was er tat: *Nirgendwo sonst hat Ptolemäus eine größere Sorgfalt walten lassen, um uns eine fehlerfreie Behandlung des Gegenstandes zu hinterlassen, als bei der der Fixsternbewegung.* Man mag diese Konjunktion von Weltzeit und protagonistischem Bewußtsein als Ausdruck einer teleologischen Geschichtsbetrachtung verstehen, die der Weltformel in der Vorrede der »Revolutiones« einen wichtigen Aspekt hinzufügt – jedenfalls ist sie Ausdruck der Anstrengung, dem ›scholastischen‹ Verfahren der Unterwerfung unter eine nur noch zu kommentierende Autorität die rationale Selbsterhaltung der Bedingungen astronomischer Theorie *als menschenmöglicher* entgegenzusetzen. Wenn Kepler später Kopernikus vorwerfen sollte, er habe viel mehr Ptolemäus auszulegen gesucht als die Natur, so zeigt das, wie nahe an der ›mittelalterlichen‹ Einstellung Kopernikus schon für das nächste Jahrhundert zu stehen schien und wie unbemerkbar die entscheidende Differenz blieb.

Obwohl Kopernikus am Ende des »Briefes gegen Werner« ankündigt, daß er seine eigene Ansicht zum Gegenstand noch anderweitig vorlegen werde, enthält der Brief sonst keine Andeutung, er könnte bereits eine Änderung der ptolemäischen Systematik des Universums entwickelt haben, innerhalb deren alle Bewegungen des Fixsternhimmels aus Bewegungen des Erdkörpers abgeleitet würden. Da dies jedoch unter Fachgenossen seit etwa einem Jahrzehnt aus Abschriften des »Commentariolus« bekannt war, konnte nicht verborgen bleiben, daß der Angriffspunkt nicht nur in der Zuordnung der neunten, schon dem Mittelalter vertrauten Sphäre zur Präzession, sondern in der Einführung einer weiteren zehnten Sphäre zur Erklärung der Schwankung der Präzession, der Trepidation, lag – immer noch nach dem ›Gesetz‹ des Aristoteles, daß ein einfacher Körper nur *eine* Bewegung haben und folglich auch nur verursachen könne. Bei dem, was er selbst konstruktiv im Auge hatte, konnte Kopernikus gerade noch die achte Sphäre als stillstehende und womöglich nur innen kugelförmig ausgehöhlte akzeptieren. Es hätte ihn interessieren müssen, daß sie als solche überflüssig geworden war, was alsbald Thomas Digges aufdecken sollte. Mit einer neunten und zehnten Sphäre aber konnte er schlechthin nichts anfangen, da deren Funktionen bereits bei der Erde untergebracht waren.

Das Schweigen des Kopernikus über den systematischen Hintergrund seiner Opposition gegen die neuen Sphären im »Brief gegen Werner« läßt erkennen, wie er aktuelle Fragen auf dem klassischen Boden auszutragen sucht, um sich zumindest den Weg für seine Reform freizuhalten. Vom »Commentariolus« her wird das noch deutlicher als im Hauptwerk. Dort war bei der Behandlung der vermeintlichen dritten Erdbewegung festgestellt worden, daß die Deklination – also die Fixierung der Rotationsachse der Tagesbewegung in ihrer identischen Raumstellung – nicht genau mit der Jahresbewegung synchronisiert ist. Diese Differenz zwischen dem tropischen und dem siderischen Jahr sei über einen langen Zeitraum hinweg (*longo temporis tractu*) bemerkt, aber in ihrer Gesetzlichkeit noch nicht ausreichend erkannt worden (*lege nondum satis deprehensa*). Unmittelbar hieran schließt sich die Feststellung, daß sich die Elemente dieser Bewegung rationaler darstellen lassen, wenn man sie als Veränderlichkeit an der Erdbewegung auffaßt: *Posse autem haec omnia fieri mutabilitate telluris minus mirum est.*

Kopernikus sieht hier noch nicht, daß ihn seine Annahme über die periodische Schwankung der Präzession nötigen wird, dafür eine sehr komplexe Konstruktion aus kreisförmigen Schwankungen der Erdpolpunkte herzustellen. Diese Nötigung liegt in der Konsequenz der Grundthese vom Gestirncharakter auch des Weltkörpers Erde. War dieser einmal astronomischer Gegenstand geworden, mußte für ihn auch das ›platonische‹ Postulat gelten, für alle Bewegungen von Sternen nur den Kreis als Konstruktionselement zu verwenden. Allerdings bot die aristotelische Tradition eine ausgleichende Hilfe insofern an, als für die Erde in ihrer elementaren Zusammensetzung das Prinzip ›Ein Körper, eine Bewegung‹ nicht strikt angewendet zu werden brauchte. Jene geringere Verwunderlichkeit (*minus mirum*), an der Erde Unregelmäßigkeiten anzutreffen, entlastete die Astronomie durch Integration der Physik. Kopernikus mag sich in diesem frühen Stadium angesichts des greifbaren argumentativen Vorteils nicht die Schwierigkeit vergegenwärtigt haben, die sich bei jeder Beeinträchtigung der ›Genauigkeit‹ der Erdbewegung für das Zeitproblem ergeben mußte.

Da das erste Buch der »Revolutiones« zwischen 1516 und 1525 entstanden ist, wird das elfte Kapitel des ersten Buches in zeitliche Nähe zum »Brief gegen Werner« gestellt werden dürfen. Kopernikus formuliert auch hier sein Prinzip des zeitabhängigen Fortschritts, also des Erkenntnisgewinns nicht so sehr *in* der Zeit als *durch* die Zeit selbst. Da der Wert der Verschiebung der Jahreszeitenpunkte auf der Ekliptik sehr gering sei, trete er nur mit der Zeit zutage: *differentia, non nisi cum tempore grandescens patefacta*. Seit Ptolemäus seien die Jahreszeitenpunkte um nahezu 21 Grad zurückgerückt. Dem Fortschritt in der Ermittlung dieses Wertes entspreche ein anderer, fragwürdiger, der in der Vermehrung der Sphären bestehe; was zunächst dem Fixsternhimmel zur Last gelegt worden sei, wurde dann durch Einführung einer neunten Sphäre, neuerdings sogar durch eine zehnte (*nunc recentiores decimam superaddunt*) zu erklären versucht, ohne damit schon ans Ziel – und ans Ende solcher ›Fortschritte‹ – zu kommen (*nedum tamen finem assecuti*).

Mit dieser doppeldeutigen Bemerkung behielt Kopernikus recht; als er nach 1525 das dritte Buch der »Revolutiones« verfaßte, mußte er darauf hinweisen, daß gerade die Einführung einer elften

Sphäre aktuell sei, um die beobachteten Irregularitäten aus homogenen Kreisbewegungen ableiten zu können. Die Einführung der Erdbewegung mache diese überflüssig.[24] Die Vermehrung der äußersten Sphären angehalten und rückgängig gemacht zu haben, erscheint Kopernikus als ein ›konservativer‹ Erfolg, der ihn auch in den Augen der Aristoteliker und für das metaphysische Interesse, ja selbst bei den Theologen hätte begünstigen müssen: das Anwachsen der Mittelbarkeit zur Transzendenz war mit einem Griff behoben. Ganz zu schweigen von der Entscheidung für die Kalenderprobleme, die im konsequenten Vorzug des siderischen Jahres vor dem tropischen lag.

Die abschließende seiner Formeln für das Bedingungsverhältnis von Zeit und Theorie hat Kopernikus im Zusammenhang der Behandlung der Jahreslänge gegeben. Die antiken Mathematiker hätten das ›natürliche Jahr‹ (*annus naturalis*), das am Sonnenlauf abgelesen wird und auf die Punkte der Tag- und Nachtgleichen und der Sonnenwenden (*aequinoctia et conuersiones*) abgestellt sei, nicht vom siderischen Jahr unterschieden. Hipparch, den Kopernikus als *vir mirae sagacitatis* bezeichnet, habe als erster diese Differenz festgestellt und die Länge des Sternenjahres größer gefunden als die des Sonnenjahres, eben wegen der Rückläufigkeit jener ausgezeichneten Punkte. Inzwischen sei diese Differenz durch den Zeitverlauf zur völligen Gewißheit geworden: *tractu temporis factus est evidentissimus*. Daß es eine Evidenz geben könnte, die nicht momentan und in jedem Augenblick zu greifen ist – wie die Anschauung der Idee oder die Form des Begriffs –, die vielmehr konstituiert wird durch den Zeitverlauf, das ist eine in den wechselnden Sprachgebungen des Kopernikus noch immer überraschend wirkende Einsicht. Erträglich war sie zunächst wohl nur für den, der den Verlust der klassischen Evidenz durch die eigene Position im Zeitverlauf schon kompensiert glauben konnte.

Kopernikus schließt das erste Kapitel mit einem Ausblick auf das zweite, mit der futurischen Ankündigung größerer Sicherheit (*efficiemus certiora*) über die Präzession, und zwar durch die Entgegennahme der Tradition: *per ea, quae ex historia observationum*

---

24 Kopernikus, De revolutionibus III 1: *Iam quoque undecima sphaera in lucem prodire coeperat, quem circulorum numerum uti superfluum facile refutabimus in motu terrae.*

ad nostram usque memoriam de his accepimus. Er hätte nicht schreiben können, was ein Jahrhundert vor ihm der große Regiomontan mit dem Pathos des Empirikers eben zur Frage der Präzession geschrieben hatte, daß nämlich die Genauigkeit der neueren Beobachtungen nichts nütze, wenn die aus der Antike tradierten Beobachtungen ungenau wären – dann könnte es nötig sein, *die Nachwelt von der Überlieferung zu befreien.*[25] Nochmals: ein bei Kopernikus nicht aus Traditionsfrömmigkeit, sondern aus rationaler Selbstbehauptung, aus der Wahrnehmung der letzten lebenszeitlichen Chance gegen die Übermächtigkeit und Übergröße der Weltzeit heraus unerträgliches Wort.

Die Kenntnis des Wertes der Präzession und ihrer erwarteten Periodik sicherer zu machen, kündigt Kopernikus in seiner letzten Äußerung zu diesem Thema an. Der Komparativ verspricht nicht die äußerste Sicherheit, und das Futur mag sich daher nicht nur auf die Untersuchung der folgenden Kapitel des dritten Buches beziehen. Auch von dem eigenen Fortschritt in der Vereinfachung des Planetensystems ein wenig enttäuscht, mochte Kopernikus in der Frage der Präzession nicht mehr alles auf die teleologische Annahme setzen, Ptolemäus werde schon zur günstigsten Weltstunde ihren mittleren Wert gefunden haben. Daß die Geschichte der Astronomie doch noch weitergehen und größere Genauigkeiten in Aussicht stellen könnte, mußte freilich die Aufgabe der Gegenwart vor dieser Zukunft verändern: es käme dann sowohl auf die Sicherung der bisherigen Tradition als auch auf die Begründung der künftigen durch Formierung der Methode an. In diesem Zusammenhang darf wohl gesehen werden, daß Kopernikus nicht einfach den Fixsternkatalog des Ptolemäus im »Almagest« übernommen hat, sondern eigene Messungen zugrunde legt, die auf Winkelentfernungen von einem bestimmten Orientierungsstern beruhen, wie Jerzy Dobrzycki neuerdings nachgewiesen hat. Zu bezweifeln ist aber, Kopernikus habe damit das Programm des Hipparch, Veränderungen in der Winkeldistanz von Fixsternen festzustellen, wieder aufgenommen.

Viel wahrscheinlicher ist, daß er mit seiner Methode der ›immanen-

---

25 Regiomontan, Epitome in Almagestum Ptolemaei, zit. b. E. Zinner, Entstehung und Ausbreitung der coppernicanischen Lehre. Erlangen 1943 (Sitzungsberichte der Physikalisch-medizinischen Sozietät 74) 131 f.

ten‹ Positionsbestimmungen, die also nicht von einem abstrakten erdorientierten Gradnetz abhängig waren, dem Nachweis der parallaktischen Abbildung der Jahresbahn der Erde um die Sonne nachhing. Er hatte sich zwar diese Beweislast durch die Hilfsthese von der Unermeßlichkeit der Entfernung des Fixsternhimmels vom Halse geschafft. Es ist aber schwerlich anzunehmen, daß er selbst mit diesem Argument der Ausflucht zufrieden gewesen sein sollte und nicht durch Steigerung der Genauigkeit der Positionsbestimmungen den Nachweis von Parallaxen versucht hätte. Im Autograph des Hauptwerkes sind Beobachtungsdaten oft mehrfach ausgestrichen und durch andere ersetzt. Bis Bessel 1838 zum ersten Mal der einwandfreie Nachweis einer Jahresparallaxe gelang, blieb diese Herstellung von Anschaulichkeit der Erdbewegung das heimliche Vermächtnis des Kopernikus, dessen Erschwerungen aus der unterschiedlichen Entfernung der Fixsterne und der endlichen Lichtgeschwindigkeit ihm noch unbekannt waren. Auf dem Wege zum Nachweis der Parallaxe – und ermöglicht durch die in dieser Absicht vorangetriebene Steigerung der Genauigkeiten – fand Bradley 1728 einen anderen kopernikanischen Beweis: die Aberration des Fixsternlichtes infolge seiner endlichen – und im Verhältnis zum Durchmesser der Jahresbahn der Erde kleinen – Geschwindigkeit.

V

Der ägyptische Obelisk und das große kosmische Jahr

Der Tod des Kopernikus ist noch einmal von jener mythischen Prägnanz, durch die die Einheit von Lebenszeit und Weltzeit wenigstens im Grenzfall als gelingend suggeriert wird. Tiedemann Giese schrieb im Juli 1543 an den inzwischen nach Leipzig berufenen Joachim Rhetikus, Kopernikus habe das vollendete Werk mit dem letzten Atemzug zum ersten Mal erblickt und sei an demselben Tage gestorben: ... *nec opus suum integrum, nisi in extremo spiritu vidit, eo quo decessit die.*[26] Mit dem Tod des Meisters ist auf einmal alles wieder anders, wieder offen. Zwar wird die Wirkung seiner Lehre, zumeist in der Einschränkung auf die kalkulatorische Grundlegung im traditionellen Sinne, als die einer erdrückenden Evidenz beschrieben; alle anderen Tafeln müsse die Theorie des Kopernikus den um diese Disziplin Bemühten aus den Händen schlagen. Aber zugleich ist dies doch wieder ein Anfang. Es wird dem Erneuerer unterstellbar, er habe der Astronomie eher die gültige Methode für ihre Beobachtungen als bereits die schlechthin genaue rechnerische Theorie geben wollen. Denn diese konnte nicht Sache eines einzelnen Mannes sein, schon gar nicht dieses, der durch seine herrlichen und genußreichen Beobachtungen der Himmelskörper völlig ausgefüllt war.[27] Da ist das ganze Konzept der Methode mit einem Male ausgesprochen: die Unmöglichkeit des abschließenden Erkenntniserwerbs und momentanen Wahrheitsbesitzes durch einen einzelnen, sein Wille zur Begründung theoretischer Tradition und ihrer Identität durch ein Verfahren der Überwindung rein rezeptiver Nutzung der Zeit. Kopernikus steht nicht mehr auf der anderen Seite der großen Zeitstrecke, dem Ptolemäus

26 K. H. Burmeister, Georg Joachim Rhetikus III. Briefwechsel. Wiesbaden 1968, 55.
27 Matthias Lauterwalt an Joachim Rhetikus, 17. Februar 1545 (Rhetikus, Briefwechsel, a. a. O. 59–67): *Et merito Copernici doctrina iam omnes tabulas reliquas debebat manibus studiosorum excutere ... Nam, si recte volumus iudicare, hic auctor, sicut et Ptolemaeus, methodum potius suarum observationum voluit nobis tradere, quam exactam quandam et praecisam calculationem; ea enim non est unius hominis, aut eius hominis, qui tam pulcherrimis et suavissimis observationibus coelestium corporum est valde occupatus.*

geradenwegs gegenüber, sondern diesem an der Seite: als Begründer eines neuen Zeitzusammenhanges theoretischer Erkenntnisgewinnung.

Als Rhetikus 1557 seine in Krakau erscheinende Ausgabe der nachgelassenen Schriften jenes Johann Werner, mit dem sich Kopernikus über die Präzession auseinandergesetzt hatte, König Ferdinand I. widmete, nannte er – nicht unbezeichnend für seinen Blickwechsel – Kopernikus den Hipparch seiner Zeit (*nostrae aetatis nunquam satis laudatus Hipparchus*). Der einzige Schüler des Frauenburgers steht nicht an, dem Habsburger, der sich zum Kampf gegen die Türken rüstet, aus den Sternen zu lesen. Er beruft sich auf die Anomalie der Präzession, die Hipparch zuerst erkannt habe, um den vollständigen und unvorhergesehenen Untergang des türkischen Reiches vorherzusagen. Man hat gern davon gesprochen, Kopernikus habe der Geltung der Astrologie den Boden entzogen; bei dem Mann, der von ihm selbst dieser ›Aufklärung‹ teilhaftig geworden war, ist davon nichts zu spüren.

Jedenfalls ohne erkennbare Scheu erinnert Rhetikus in diesem Zusammenhang an seinen dreijährigen Aufenthalt bei Kopernikus in Preußen und an das Vermächtnis des Lehrers, der ihm beim Abschied die Vollendung dessen aufgetragen habe, was er selbst angesichts von Alter und Tod nicht mehr vollenden könne.[28] Das ist eine überraschende, im Hinblick auf Anzeichen der Enttäuschung im Fortgang des reformerischen Werkes nicht ganz unglaubwürdige Mitteilung. Immerhin erhielt Rhetikus als Beglaubigung des legitimen Erben die Handschrift der »Revolutiones«. Aber selbst wenn der Inhalt des Auftrages bloße Erfindung des Rhetikus wäre, reflektierte er doch die astronomische Situation nach Kopernikus, vor allem den Überhang des einen Problems der langfristigen Unregelmäßigkeiten in den scheinbaren Bewegungen des Fixsternhimmels. Dieser Überhang betraf auch das Planetensystem, weil die methodische Koppelung der Planetenörter an Fixsternörter deren Ungenauigkeiten in die Positionsbestimmungen von

---

28 Rhetikus, Briefwechsel, ed. cit. 138: *Cum vero in Prussia plus minus triennio egissem, discedenti mihi optimus senex iniunxit, ut eniteror ea perficere, quae ipse senio et suo quodam impeditus fato minus potuisset absolvere ... In positu vero siderum orbis stellarum pleraque esse constat in Ptolemaica descriptione a veritate aliena ... Cum igitur tanti momenti haec sit exquisitio et hanc provinciam dominus Copernicus nobis iniunxerit ...*

Planeten überführen mußte. Gerade wenn die Wirkung der kopernikanischen Reform sich nach der anonymen Anweisung Osianders auf die Rechenwerke und Tafeln der Astronomen beschränken sollte, belasteten fortdauernde Ungenauigkeiten, zumal die kalendarischen aus der Änderung der Jahreslänge, die Geltung der Reform.

Unverkennbar ist es das Interesse an der Zuverlässigkeit der Astrologie, das Rhetikus gegenüber dem Genauigkeitsvorteil des kopernikanischen Systems zurückhaltender werden läßt. In der »Narratio prima« hatte er von der kopernikanischen Astronomie gesagt, daß sie *mit vollem Recht eine ewige genannt werden* könne; dann aber mußte sie Tafelwerke von großer Genauigkeit der kalendarischen Konsequenzen ermöglichen. Langfristig erwies sich die *Wiederherstellung der astronomischen Wahrheit* als eine Sache der im dritten Buch der »Revolutiones« behandelten Probleme des Fixsternhimmels. Als Rhetikus sich in Krakau, das auf demselben Meridian mit Frauenburg liegt, als Arzt niederläßt, stellt er sich auf einem freien Feld einen ägyptischen Obelisken auf, um sich die Geheimnisse der ältesten menschheitlichen Astronomie zunutze zu machen. Er erwähnt den Obelisken und seinen Zweck, den Fixsternhimmel völlig neu zu erforschen, zum ersten Mal 1554 in einem Brief an den Breslauer Arzt Hans Crato: *Per hunc, Deo dante, totum orbem stellarum fixarum denuo conscribam.*[29]

Rhetikus konnte durch den Rückgriff auf die ägyptische Astronomie die Zeitbasis für die Sicherung des Wertes der Präzession nicht vergrößern, weil es keine Überlieferung der Daten ägyptischer Astronomie gibt. Deshalb sieht es so aus, als sei dieses Instrument eher der modischen Vorliebe der Zeit für vorgriechische Weisheiten und Magien zuzuschreiben. Dennoch steckt ein rationaler Kern in der Aufstellung des Obelisken. Wenn wider das Erwarten des Kopernikus die Zeitbasis seit Hipparch und Ptolemäus für die Astronomie des Fixsternhimmels nicht ausreiche, dann war des Wartens zu lange und dann blieb als Ausweg nur, das Instrumentarium der Messung zu verfeinern. Die Richtung auf Tychos neue Genauigkeiten wird zumindest erkennbar. Rhetikus hat noch keinen Anteil an der Veränderung des Bewußtseins von den Größenordnungen der Geschichtszeit, die im folgenden Jahrhundert er-

29 Rhetikus, Briefwechsel, ed. cit. 123.

kennbar wird: die Menschheit beginnt sich damit abzufinden und anzufreunden, daß es mit ihr noch nicht allzubald zu Ende gehen kann. Rhetikus dagegen hat ganz die engen Vorstellungen seines Jahrhunderts von der der Welt gewährten Zeit. 1562 kündigt er eine neue, auf der Astronomie des Kopernikus beruhende Chronologie der Welt an, die sich auf den Umlauf der Präzession stützen und die Daten von Weltschöpfung und Weltende einschließen soll: ... *per anomaliae revolutiones ad mundi creationem et ad mundi finem.*[30] Angesichts einer solchen Zeitperspektive ist der Obelisk ein Monument der Ungeduld, der Bedrängnis durch den theoretischen Zeitbedarf in seinem Mißverhältnis zu dem beengten Zeitbewußtsein. Die Weltzeit steht der Lebenszeit noch näher als dem abstrakten Zeitbedarf der Theorie.

Aber auch die Umwelt drängte Rhetikus durch ihre Erwartungen, die sie auf den einzigen Schüler nach dem Tod des Meisters setzte. 1545 ließ Achilles Gasser in Nürnberg ein »Prognosticon Astrologicum« erscheinen, das er dem Rhetikus widmete mit der beschwörenden Bitte, *jene neue und ›paradoxe‹ Überlieferung der Wissenschaft von den Sternen (sideralis scientiae traditionem) fortzuführen*, als deren einziger überlebender Vertreter er Einführung und Beweisführung, vor allem aber der gemeinen Fassungskraft angepaßte Tafeln liefern könne. Gasser zählt die ungelösten Probleme auf, darunter vor allem die genaue Bestimmung der Jahreszeitenpunkte, die sichere Länge des Jahres sowie die Zahl der Sphären (*inobservabilia ac nondum plene tradita*).[31] Rhetikus denkt noch lange daran, das Werk des Kopernikus mit einem eigenen Kommentar zu erläutern. Kaspar Peucer beklagt in der Vorrede zu seinen »Hypotheses astronomicae« 1571, daß Rhetikus der Welt jenes ersehnte Werk der Erläuterung zur Theorie des Kopernikus, die niemand besser verstehe als er, nicht vorlegen konnte, weil er sein Brot als Arzt verdienen mußte.[32]

Die Begründung aus der sozialen Zwangslage ist so zwingend nicht, wenn man ins Auge faßt, welche ›Nebendinge‹ der angesehene Paracelsiker noch treiben konnte. Eher ist die Beobachtung wichtig, daß Rhetikus sich von Kopernikus entfernt und daß auch

---

30 Rhetikus an Paul Eber (Briefwechsel, ed. cit. 162).
31 Rhetikus, Briefwechsel, ed. cit. 68.
32 K. H. Burmeister, Georg Joachim Rhetikus I. Wiesbaden 1967, 158 f.

dafür der ägyptische Obelisk ein Zeichen setzt. Zwischen seiner Errichtung und der Klage des Kaspar Peucer und schließlich bis zum Tod des Rhetikus 1574 vergingen zwei Jahrzehnte ohne Spur von dem gewünschten und geplanten Kommentar. Sollte sich Rhetikus schließlich mit der Kommentierung des Werkes seines Lehrers nicht mehr begnügt haben können? Es gibt auch hier einen Zusammenhang zwischen dem ägyptischen Instrument und dem Wahrheitsproblem des heliozentrischen Systems. Rhetikus hielt inzwischen die Ägypter für die wahren Erfinder der von Kopernikus vertretenen Heliozentrik, und es lag nahe, durch Erneuerung ihres ebenso typischen wie geheimnisvollen Instrumentariums auch die empirische Gewißheit für dieses System wiederzufinden, wie sie Kopernikus zwar versprochen, aber doch schließlich nicht gegeben hatte. Was Rhetikus erwartet haben kann, als er den Obelisken aufstellte, war wohl die endliche Auffindung von Fixsternparallaxen, die das Ziel jeder Steigerung der Exaktheit sein mußte. Wenn er hinsichtlich des kopernikanischen Beweises nicht enttäuscht worden ist, muß er sich zu Illusionen überredet haben.[33] Der Obelisk konnte keinen empirischen Beweis für die kopernikanische Theorie liefern.

Wie obskur immer die Erwartungen des Rhetikus auf die ägyptische Himmelskunde gewesen sein mögen, der Obelisk ist auch ein erstes Eingeständnis des nach Kopernikus noch möglichen und nötigen Fortschritts der Astronomie – einer von Kopernikus her so wenig selbstverständlichen Idee. Sie hängt für Rhetikus ganz wesentlich mit der veränderten Beurteilung der Abhängigkeit seines Lehrers von Ptolemäus zusammen. Im Gegensatz zu allem, was Rhetikus selbst in der »Narratio prima« über Ptolemäus geschrieben hatte, erscheint ihm dieser jetzt als der Verderber der astronomischen Tradition. Er habe die Wahrnehmung und Ausschöpfung ihres ganzen Zeitvorschusses verhindert. Wie Rhetikus 1568 an Petrus Ramus in Paris schreibt, waren die Ägypter durch ihren Obelisken in den Besitz einer Art von göttlicher Uroffenbarung gelangt (*divina plane mente praediti*), die alle Möglichkeiten für

---

33 K. H. Burmeister, a. a. O. I 163: *Zu dieser Ansicht kam er zweifellos durch den praktischen Umgang mit seinem Krakauer Obelisken. Aus den Beobachtungen, die er mit Hilfe dieses Obelisken anstellte, ergab sich für ihn zwangsläufig, daß die Ägypter mit solchen Instrumenten zu gar keinen anderen Ergebnissen kommen konnten.*

eine äonische Astronomie enthielt.³⁴ An dem Verlust der Kontinuität zu dieser Urastronomie gibt Rhetikus erkennbar Ptolemäus die Schuld. Seine *magnae constructiones* seien in bezug auf jene Möglichkeiten eher als *maximae destructiones* zu bezeichnen. Ptolemäus habe die Astronomie auf eine viel zu kurzfristige Tradition reduziert, weil er der menschlichen Vernunft nicht zugetraut hatte, adäquate Einsichten in das System des Himmels zu gewinnen. So müsse die hochgradige Künstlichkeit seiner Darstellung als bloße Hilfskonstruktion angesichts des essentiellen Defektes der Theorie hingenommen werden.

Von dem großen Vorbild, das der junge Rhetikus unter dem Einfluß seines Lehrers gefeiert hatte, ist nichts mehr übrig. Im »Ersten Bericht« hatte er geschrieben, die Sorgfalt des Ptolemäus in der Berechnung sei unermüdlich, seine Zuverlässigkeit in der Beobachtung übersteige geradezu die menschliche Kraft, sein Scharfsinn, alle Bewegungen und Erscheinungen zu erforschen und zu ermitteln, sei wahrhaft göttlich und schließlich sein Lehr- und Beweisverfahren überall frei von Widerspruch – nur die Zeit, der wahre Gott und Gesetzgeber der Verfassung des Himmelsstaates, habe die Irrtümer der Astronomie enthüllt, weil ein bei der Einführung von Hypothesen, Vorschriften und Tafeln noch unmerklicher oder auch vernachlässigter Fehler *mit fortschreitender Zeit zutage tritt oder sogar ins Ungemessene anwächst.*

Der Briefwechsel mit dem Pariser Rhetoriker Petrus Ramus ist unser letztes Dokument für die Distanz, die Rhetikus zu Kopernikus erreicht. Ramus war von dem Versuch ausgegangen, alle ›freien Künste‹ mit den Mitteln der Logik darzustellen, wobei er sich in der Geometrie erfolgreich glaubte, an der Astronomie aber gescheitert war. Diesen Befund hatte er 1563 an Rhetikus übermittelt, dem zu diesem Zeitpunkt durch Jacques Caloni die Berufung als königlicher Mathematiker an die Pariser Universität in Aussicht gestellt worden war. Für die Astronomie, die ihm vorschwebe, schreibt Ramus, scheine es weder in der Logik noch in den Büchern noch bei den Menschen Unterstützung zu geben, so schwer begreiflich und durch Hypothesen verworren sei der Zustand dieser Wissenschaft.³⁵ Der Mann, der seinen Lehrstuhl als Preis für eine

---

34 Rhetikus, Briefwechsel, ed. cit. 187 f.
35 M. Delcourt, Une Lettre de Ramus à Joachim Rheticus. In: Bulletin de

›Astronomie ohne Hypothesen‹ ausgesetzt hatte, versteht unter diesem Postulat offenbar die logische Ableitbarkeit der ganzen Disziplin. Das wäre ihre Befreiung von der faktischen Zeitbedingung. Er bezieht sich dabei auf Platos »Timaios« und auf das letzte Buch seiner »Nomoi«. Plato ist für ihn der Erfinder des Postulats einer Astronomie ohne Hypothesen, nach der die Sterne keine Unsicherheit ihres Laufs (*moveri non ulla infirmitate*) zeigen dürfen und in ihrer wunderbaren Beständigkeit der Zurüstungen von Hypothesen ganz unbedürftig zu sein haben (*neque quicquam hypothesium machinis indigente*). Man kann sich des Verdachts nicht erwehren, daß Ramus unter einer ›Astronomie ohne Hypothesen‹ nichts anderes versteht als die einfachste Auslegung jenes ›platonischen‹ Postulats, die Sterne ausschließlich auf homozentrischen Kreisbahnen in gleichmäßigen Geschwindigkeiten kreisen zu lassen. Ohne Zweifel war das auch der früheste Traum des Kopernikus gewesen, von dem er sich schon im »Commentariolus« einiges hatte abhandeln lassen müssen. Von Rhetikus erwartet Ramus eine Astronomie von solcher Einfachheit, wie sie die Natur selbst in das Wesen der Sterne gelegt habe und wie sie nur unter Abwerfung aller Hypothesen durchgeführt werden könnte.[36] Hypothesen seien erst ein spätes Produkt der Astronomie, von den Pythagoreern nach dem Bericht des Proklos in Gestalt der Epizyklen und Exzenter den konzentrischen Kreisen hinzugefügt, und damit nichts, was mit dem hohen Alter der wahren Astronomie seit Babylon und Ägypten bis hin zu Plato konkurrieren könnte.

Sollte das auf die ägyptischen Mystizismen des späten Rhetikus abgestellt sein? Es besteht eine eigentümliche Affinität zwischen diesen beiden Zeitgenossen, die astronomische Wahrheit gleichsam im Handstreich zu gewinnen; der eine durch bloßes Denken, der andere durch die Erneuerung der Geheimkünste des alten Ägyptens. Es ist dies auch ein Stück Zeitgeist, ein Stück zum Orient hin erweiterter ›Renaissance‹: jener höchste Stand der Einsicht und Leistungsfähigkeit in den Urzeiten von Babylon und Ägypten

---

l'Association Guillaume Budé 44, 1934, 3–15. Dazu: E. Rosen, The Ramus-Rheticus Correspondance. In: Journal of the History of Ideas 1, 1940, 363–368.
36 Petrus Ramus, loc. cit. 9: *Id vero te assecuturum arbitrarer si, sublatis hypothesibus omnibus, tam simplicem astrologiam faceres, quam simplicem astrorum essentiam natura ipsa fecerit.*

müsse sich unter Beachtung der unverfälschten Prinzipien wieder herstellen lassen.[37] Der Platonismus hebt die Zeitbedingung der Astronomie auf; ihre ganze Wahrheit kann sie nur in momentaner Evidenz haben und muß sie daher am Anfang ihrer Geschichte, im ungetrübten Zustand ihrer Ursprünglichkeit, gehabt haben. Aus der rationalen Bedingung der Tradition wird die These des Verfalls in der Zeit, des Niedergangs und der Preisgabe der ›reinen‹ Forderungen, wie sie Plato nicht erfunden, sondern vorgefunden hatte. Dann bedürfte die Astronomie des langen Weges durch Zeit und Tradition nicht.

Alles spricht dagegen, daß Ramus unter dem Titel einer ›Astronomie ohne Hypothesen‹ an eine vom klassischen Typus abweichende, etwa physikalisch argumentierende Wissenschaft gedacht haben könnte. Aus der Widmungsvorrede bei Kopernikus (die er fälschlich dem Rhetikus zuschreibt) pickt er sich eine Einzelheit heraus, die deutlich genug verrät, worin die Anstößigkeit des ptolemäischen Systems für ihn besteht: in der Monstrosität des Venusepizykels. Von dieser Art sind die ›Hypothesen‹, von denen er die Astronomie befreit sehen möchte: technische Kunstgriffe, Erfindungen, die mit der Natur des Gegenstandes nichts zu tun haben und deren Verwendung nicht gerechtfertigt werden kann, wenn man die Prinzipien kennen zu können glaubt, nach denen die Welt gebaut ist. Dann aber muß die astronomische Evidenz von der Art der mathematischen sein können, unabhängig von der Zeit möglich und historisch ›vor der Zeit‹ zu suchen.

Der Platonismus, das wird bei der Einschätzung seiner geschichtlichen Wirkungen leicht übersehen, ist den Zeitstrukturen der Lebenswelt freundlich; er verspricht Gewißheiten in Augenblicken, aufgehende Erfüllungen, die nicht im Ungewissen liegen, das von keiner weiteren Erfahrung bedrohte Zwingende. Auch Rhetikus hatte eine Erfahrung von diesem Typus, als er zum ersten Mal Kopernikus und seiner Theorie gegenübertrat.

Petrus Ramus verspricht dem, der den Gordischen Knoten seiner Aufgabe löse, diesmal zwar nicht seinen Pariser Lehrstuhl, dafür aber das *astrologiae regnum*. Die Astronomie von den Ausspinnun-

---

37 Petrus Ramus, loc. cit. 13: ... *et judicato utrum astrologia aliquando sine hypothesibus fuerit et qua commoda ratione notatis et observatis stellarum motibus possit sine hypothesibus* ...

gen der Hypothesen zu befreien, würde bedeuten, das Licht der Sterne für den Verstand der Menschen mit gleichem Glanze strahlen zu lassen, wie die Natur sie ihren Augen zur Betrachtung darbietet.[38] In diesem Satz vollendet sich die Konvergenz, die in der Aufhebung der Weltzeitbedingungen für die astronomische Erkenntnis erkennbar wurde, indem anschauliche Lebenswelt und theoretische Wissenswelt aufs schönste, aufs zu Schöne, einander nahekommen.

Man darf gespannt sein, wie sich der Kopernikaner der Zumutung dieser Vision stellen wird. Rhetikus antwortet, wenn nichts dazwischen Liegendes verloren ist, ganze fünf Jahre später. Er spricht von seinen Arbeitsplänen. Vom Kommentar zu Kopernikus ist nicht mehr die Rede. Er werde an ein astronomisches Werk gehen, das der Intention nach dem Postulat des Ramus entspreche, die Astronomie von den Hypothesen zu befreien, jedoch mit dem für Ramus wohl unerwarteten Zusatz, dies solle durch Ausschließlichkeit der Beschränkung auf die Beobachtungen geschehen: ... *ut hypothesibus artem astronomicam liberarem, solis contentus observationibus.* Der Wunsch, noch über alle je gemachten astronomischen Beobachtungsdaten, vor allem die der Ägypter, zu verfügen, muß irreal bleiben: *Atque utinam haberemus omnium aetatum observationes* ... Es wird erkennbar, was Rhetikus unter dem Titel einer ›Astronomie ohne Hypothesen‹ vorschwebt. Er will nicht nur Beobachtungen auf einer hinreichenden Basis machen, die Extrapolationen für jeden Zeitpunkt erlaubt, sondern die Zeitbasis so erweitern, daß dadurch Hypothesen nicht mehr nötig wären. Was kann das heißen?

Offenbar geht Rhetikus von der antiken Idee eines großen kosmischen Jahres aus, eines Zeitraums also, der alle Möglichkeiten stellarer Konstellationen umspannt. Die Gewinnung dieser Zeitstrecke müßte für jede Periode völlige Sicherheit über den Ablauf der Himmelserscheinungen gewähren. Es ist schwer zu sehen, wie sich dieser auf Wiederholung der größten Zeiteinheit angelegte methodische Grundgedanke mit der chronologischen Absicht des Rhetikus

---

38 Petrus Ramus, loc. cit. 15: ... *suscipe curam praestanti industria tua dignissimam, ut astrologia figmentis hypothesium per te liberata astrorum suorum lumina pari splendore animis hominum ostendat atque natura oculis contemplanda proposuit.*

vertragen haben könnte, das Weltende zu errechnen. Diese Ankündigung des Plänemachers lag allerdings inzwischen sechs Jahre zurück. Der Gedanke des großen kosmischen Jahres ist eidetisch; er gehört dem Wirklichkeitsbegriff an, der momentane Evidenz zuläßt und dessen genuiner Ausdruck der Platonismus ist. Wenn alle Konstellationen nach einer festen Gesetzlichkeit in einem endlichen Ablauf enthalten sein sollen und empirisch zugänglich werden, so ist diese Prämisse am Ende des Mittelalters allerdings nur als Widerspruch gegen den Nominalismus zu erfassen. Nach der These von der Inkommensurabilität der Umläufe der Himmelskörper hatte die manifeste ›Unordnung‹ der Astronomie eine positive theologische Funktion angenommen: die Unmöglichkeit der Wiederholung in der Weltzeit durch die reine Linearität zwischen Schöpfung und Gericht zu verbürgen. Wenn dieser absolute Vorbehalt gegenüber der kosmischen Rationalität zutraf, konnte es identische Konstellationen am Sternenhimmel nicht mehr geben und jede ›Exaktheit‹ blieb allein in der göttlichen Intelligenz bestehen: *rerum mundi proportiones nosse praecisas humanum transcendit ingenium.*[39] Für Rhetikus wird man die Möglichkeit einer ›Astronomie ohne Hypothesen‹ durch den Ausschluß der Hypothese, daß es keine strenge Periodik der Weltvorgänge geben könnte, begründet sehen müssen.

Es ist unerläßlich, noch einen Schritt weiter zu gehen. Das einmalig zu erfassende Eidos der Weltperiodik muß mit den Grenzen der erreichbaren menschheitlichen Tradition eine gewisse Synchronizität haben. Das macht den Versuch nochmals plausibel, Anschluß an die Astronomie der Ägypter zu finden. Kann der Obelisk ihm als ein geheimnisvoller Speicher altägyptischer Beobachtungen erschienen sein, nicht nur als ein Instrument zur Erlangung größerer Genauigkeiten? Für eine solche, die Grenzen der Magie streifende Funktion des Obelisken spricht das, was Rhetikus schon 1557 in der Widmung seiner Ausgabe der Schriften von Johannes Werner an König Ferdinand I. über den Obelisken geschrieben hatte: er sei keine menschliche Erfindung, sondern auf Veranlassung Gottes errichtet (*Deo auctore institutus*), daher dem Irrtum

---

39 Nikolaus von Oresme, De commensurabilitate vel incommensurabilitate motuum caeli (zit. b. A. Maier, Metaphysische Hintergründe der spätscholastischen Naturphilosophie. Rom 1955, 28–30).

nicht ausgesetzt und vor allem mühelos zu verwenden: *Obeliscus Dei monitu aedificatus facile omnia haec praestat et exacte.* Schließlich kann sich Rhetikus auf eine Nachricht bei Plinius berufen, zwei Obelisken hätten die Inschrift getragen: *Die Werke der Philosophie der Ägypter enthalten die Auslegung der Natur.*[40]

Der Gedanke, daß mit der Distanz zwischen Ptolemäus und Kopernikus das Zeiterfordernis der Astronomie nicht erfüllt sein könnte, lag bei Rhetikus in der Behauptung eines Vermächtnisses seines Lehrers an ihn beschlossen. Er hatte ihn aber in der Einstellung eines ›Kommentators‹ wenigstens zeitweise aufgefangen und offenbar nirgendwo ausdrücklich prätendiert. Noch im Jahrhundert des Kopernikus war der erste, der ihn nicht als ein Ende, sondern als den Anfang neuer Möglichkeiten sah und seine eigene geschichtliche Funktion als nachkopernikanisch zu definieren suchte, Giordano Bruno. Er hatte sich die Konsequenz der unvermeidlichen Unermeßlichkeit angeeignet und ins Positive des unendlichen Universums überhöht; er beginnt auch, aus der Enge des Zeitbewußtseins seines Jahrhunderts herauszutreten und ›großzügig‹ mit dieser Dimension umzugehen.

---

40 Rhetikus, Briefwechsel, ed. cit. 139: *Rerum naturae interpretationem Aegyptiorum opera philosophiae continent.*

VI

Raumgewinn als Zeitbedarf

Er sehe die Dinge weder mit den Augen des Kopernikus noch mit denen des Ptolemäus, läßt Bruno in seinem Dialog »Das Aschermittwochsmahl« die für ihn sprechende Figur sagen, er sehe mit seinen eigenen Augen. Die Beobachtungen allerdings, die seinem Urteil und seinen Folgerungen zugrunde lägen, seien dem Ptolemäus und Kopernikus und anderen tüchtigen Astronomen zu verdanken, *die im Laufe der Zeit Licht an Licht reihend (successiuamente á tempi et tempi giongendo lume a lume) uns hinreichende Voraussetzungen für eine Theorie gegeben haben, die erst durch den Fleiß vieler Menschenalter entstehen konnte.*[41] Er vergleicht die beobachtenden und berechnenden Astronomen mit Dolmetschern, die nichts anderes tun, als Worte von einer Sprache in die andere zu übertragen. So verfahre der Astronom mit den Daten über die Generationen hinweg, während die Philosophen tiefer in den Sinn des übertragenen Textes eindringen. Für den Nachkopernikaner bedeutet das: Kopernikus hatte für den Text gesorgt, aber er hatte ihn nicht verstanden.

Für die Wirkungsgeschichte des Kopernikanismus behält Bruno recht. Was Kopernikus für die letzte große Korrektur am Textbestand hielt, erwies sich erst als Ausgangspunkt für dessen Erweiterung. Kopernikus hatte übersehen, daß er eine stillstehende letzte Sphäre nicht mehr benötigte. Man dürfe ihn nicht nach dem einschätzen, was er nicht zu vollbringen vermochte, läßt Bruno in der »Cena« sagen; aber er sei eben doch nur die Morgenröte gewesen, die der aufgehenden Sonne der wahren Philosophie vorhergehe, mit der er keine andere als die eigene meint. Mit der Zerstörung der Fixsternsphäre glaubt er die Beschränkung der menschlichen Erfahrung – oder zumindest der Imagination – durchbrochen zu haben.

In Brunos Dialog gibt es die Figur des Pedanten Prudenzio, einen Vorläufer von Galileis Simplicio, der sich vom Pathos der Spekulation nicht mitreißen läßt. Ihm muß demonstriert werden, daß der Prozeß der kosmischen Befreiung der Vernunft schon seit lan-

---

41 Giordano Bruno, La cena de le ceneri I (Opere italiane, ed. de Lagarde, 123).

gem im Gang war, aber nicht bemerkt werden konnte. Prudenzio zitiert aus dem Buche Hiob, beim Alter (und Altertum) liege die Weisheit (*Ne l'antiquità è la sapienza*), und muß sich aus der Quelle ergänzen lassen, mit den Jahren komme die Klugheit (... *in molti anni la prudenza*). Gemeint ist, wie sich sogleich herausstellt, daß die Geltung des Altertums kein statischer Vorsprung sein kann, sondern die Bedeutung der Ausgangslinie habe. *Hättet ihr das, was ihr da sagt, richtig verstanden, so würdet ihr einsehen, daß aus eurem Grundsatz genau das Gegenteil von dem folgt, was ihr dabei denkt, daß nämlich wir älter sind und mehr Zeit durchlaufen haben als unsere Vorgänger (que noi siamo piu uecchi et habbiamo piu lungha età che i'nostri predecessori).* Die Umkehrung der Rede von ›Altertum‹ und ›Neuzeit‹ in die von Jugend und Alter als der natürlichen Zuwachsfolge von Erfahrung und Wissen erscheint zunächst nur als eines der Paradoxe, wie sie die Zeit liebt und wie sie bei Bruno zum Denkstil gehören. Der Vergleich der Geschichtszeit mit den Lebensaltern, noch etwas von der Einheit von Lebenszeit und Weltzeit bewahrend, ist zwar keineswegs neu, aber in der Beziehung auf die Geschichte der Astronomie ungewöhnlich. Kopernikus sei nicht bedeutender als die antiken Astronomen, aber er habe mehr sehen können als sie, weil zwischen Eudoxos und ihm 1849 Jahre vergangen gewesen seien. Die jeweils Gegenwärtigen haben den Vorteil der längsten Vergangenheit, der größten Zeitbasis für ihre Erfahrung. Mit Giordano Bruno bekommt der Fortschritt Schritte. Kopernikus hatte im Grunde nur den einen großen Schritt von Ptolemäus zu ihm selbst begriffen; die Iteration dieses Begreifens vollzieht Bruno. Aus dem Singular des Fortschritts werden die Fortschritte, ehe sie im kollektiven Singular wieder eine jener verführerischen Einheiten finden, von denen die Geschichtsphilosophie leben wird.

Zum Fortschritt genügt nicht, daß Zeit vergeht. Sonst hätte fast ein halbes Jahrhundert nach dem Reformer die kopernikanische Lektion begriffen sein müssen. Bruno ringt mit der Formulierung für den Sachverhalt eines doppelten Mangels der Erfahrung, der sich in dieser Wirkungsschwäche des Kopernikus bemerkbar gemacht habe, des Mangels an Identität in der vergangenen Zeit und an Ursprünglichkeit in der Gegenwart: *Daß aber einige von denen, die nach ihm kamen, doch nicht schlauer gewesen sind als die, die vor ihm waren, und daß die Menge unserer Zeitgenossen nicht dazugelernt hat, das liegt daran, daß jene die Jahre der anderen nicht gelebt haben und diese sie nicht leben und sogar, diese wie jene, die Jahre ihres eigenen Lebens wie Leblose erleben.* Die nostalgische Metaphorik der Geschichtszeit als Lebensgang läßt sich nicht beim Wort nehmen: die Identität des Subjekts der Gesamterfahrung ist nicht naturgegeben, sondern hochgradig künstlich. Sie ist methodisch hergestellt; wenn sie gelingt, muß sie der Gefährdung des Verlustes an Frische genuiner Wahrnehmung entgehen. Das Geschichtssubjekt soll paradoxerweise alt werden können und dennoch alterslos bleiben. Die Schwierigkeiten mit dem Fortschritt kündigen sich an. Er beruht auf der Gunst der Möglichkeit, nicht ständig von vorn beginnen zu müssen, und hat seine Motorik doch wieder aus der Fähigkeit, den aufgelaufenen Bestand ständig argwöhnisch umzuwälzen.

Brunos literarischer Stil hat die Gewaltsamkeit des Erweckers, der am Tagesbeginn mit ›Paradoxen‹ aufrüttelt, als Stimulans jenes *Gemisch von Dialog, Komödie, Tragödie, Poesie, Rhetorik, Lob, Tadel, Beweis und Lehre* darbietet, als das er selbst seine »Cena« qualifiziert. Giordano Bruno macht die kopernikanische Sache zu der seinigen durch die Einschätzung als Paradox, als Reizmittel gegen Geschichtsträgheit. Die Typik des Wechselspiels zwischen Verblüffung der an ihren Sicherheiten Ermüdeten, seien es Scholastiker, seien es Bürger, und der Nötigung, gegen eine sich ständig erhöhende Schwelle der Resistenz auf stärkere Dosierungen sinnen zu müssen, hat an Bruno einen ihrer Paradefälle.

Brunos aufgehende Sonne der wahren Philosophie leitet noch nicht den unendlichen Tag der Neuzeit ein. Die Weltzeit ist zyklisch, und die Geschichtszeit kann davon nicht abgelöst werden. Lebenszeit und Weltzeit sind ihrer Prozeßform nach noch kompatibel. Der verkündete Lichtaufgang ist weder erstmaliges noch endgültiges Ereignis. Sonst konnte daran nicht die Wiederkehr der antiken Philosophie, soweit sie nicht durch Aristoteles am Mittelalter beteiligt war, erkannt werden. In der Metaphorik des Lichtes, die hier ihre Vorprägung für die ›Aufklärung‹ erhält, treten sich noch zwei heterogene Grundvorstellungen von der Geschichte gegenüber: einerseits die über die Menschenalter hinwegreichende Kette der Lichter, die schließlich eine hinreichende und unwiderrufliche

Helligkeit der Welt entstehen läßt, andererseits der Aufgang eines neuen Tageslichtes, das doch nur wiederum das Licht des vergangenen Tages nach einer langen Nacht ist. Bruno sieht nicht deutlich genug, daß seine Erneuerung der Lehren von Demokrit, Epikur und Lukrez vom unendlichen Raum mit unendlich vielen Welten durch die Astronomie des Kopernikus eine andere theoretische Dignität angenommen hatte. Sie war aus der Unverbindlichkeit der affektiven Neutralisierung der Welt durch ihren Wahrheitsanspruch herausgetreten, hatte damit aber auch die imaginative Freiheit, sich Welten zu konstruieren und alternieren zu lassen, dem Prinzip nach aufgehoben. Bruno hat in seine Abneigung gegen das Christentum die gegen jede Art von Auszeichnung eines unwiederholbaren Zeitpunktes eingeschlossen, so wie er als Konsequenz des Kopernikus jede Auszeichnung eines Punktes im Raum überwunden sieht. Insofern kann für ihn auch die Bestimmung der eigenen Zeitposition nur die der ›Wiederholung‹, nicht des Nullpunktes einer sich allererst definierenden Rationalität sein. So nimmt Bruno zwar teil an der Einstellung des neuzeitlichen Denkens gegen den theologischen Geschichtsbegriff mit seiner Zentrierung um einen absolut ausgezeichneten Nullpunkt der Chronologie, kommt aber auch nicht heran an die Idee einer absoluten Epochenschwelle – sei es einer schon gelegten in Gestalt des Anfangs dieser Neuzeit, sei es einer künftigen als ihrer und aller bisherigen Geschichte Negation.

Bruno ist auf die Erfahrung des räumlichen Durchbruchs der Sphären fixiert. Noch fast ein Jahrhundert vor Entdeckung der Endlichkeit der Lichtgeschwindigkeit weiß er nichts davon, daß die Weite des Raumes die Zeit frißt, daß Raumdistanzen in Zeitdistanzen übersetzt werden müssen und daß dabei die Weltzeit der Lebenszeit endgültig unfaßlich wird. Der Preis für das Pathos der Unendlichkeit ist noch nicht erkennbar, wenn Bruno sich in seinem Dialog als den Überwinder aller Beschränkungen der Erfahrung oder zumindest der Imagination feiern läßt: *Da kam der Nolaner und hat die Lufthülle hinter sich gelassen, ist in den Himmel eingedrungen, hat die Sterne durchmessen, die Grenzen der Welt überschritten und die erdichteten Mauern der ersten, achten, neunten, zehnten und weiteren Sphären zerstört, die törichte Mathematiker und das blinde Sehen gemeiner Philosophen noch hätten hinzufügen wollen.* Der neue Heilbringer vermittelt keinen

Zustand beruhigter Anschauung vor dem nur noch zum Schein geschlossenen Himmelsprospekt. Fast in demselben Augenblick, in dem die Erde durch Kopernikus exzentrisch und damit als Standort ruhender Anschauung fragwürdig geworden ist, verfällt die theoretische Phantasie darauf, sie zu verlassen. Der Inbegriff der theoretischen Selbstbestimmung ist das Maximum an Bewegung, an Wechsel der Position; wenn jeder Zustand der Welt gegenüber jedem anderen indifferent und damit jede Anschauung gegenüber jeder anderen gleichwertig geworden ist, kann der Gewinn nur in der Unablässigkeit ihrer Realisierungen liegen.

Die Rede von der Entfesselung der Vernunft, die Metaphorik von der Durchquerung des Raumes, kündigen das Ende der Theorie als Befriedigung, als Eudämonie, als Lebenserfüllung, statt dessen den unendlichen Prozeß als menschheitliche Daseinsform an: *Unsere Vernunft ist nicht mehr in den Fesseln der erdichteten acht, neun oder zehn Himmelssphären und ihrer Beweger gefangen ... So sind wir dazu befähigt, die unendliche Wirkung der unendlichen Ursache zu entdecken, die wahre und lebendige Spur der unendlichen Kraft.* Bruno hat zwar die Mauern des geschlossenen Kosmos aufgebrochen und die Unendlichkeit des Raumes wie der Welten beschworen, aber er wußte schließlich in dieser Bresche nichts weiter anzufangen, als eine spekulative Metaphysik der unendlichen Wiederholung des Gleichen, der eidetisch geschützten Zuverlässigkeit also, zu erdenken. In diesem Verfahren steckt immer noch die Anspannung, der Weltzeit einen letzten Vertrautheitsrest lebensweltlicher Kontur zu erhalten, sowenig der Sprengbegriff der Unendlichkeit dies auch gestattet.

Aus dem Inbegriff ihrer Leistungen bei Überschreitung des Horizonts der Lebenswelt wird die Vernunft selbst zum Organ des Begriffs der Unendlichkeit, als das sie bei Kant im dialektisch-negativen wie im regulativ-positiven Gebrauch fungieren wird. Bei Giordano Bruno ist das noch im undurchdachten und ungeschlichteten Ineinander von Zirkularität und Linearität verdeckt, die Vernunft sowohl auf das Eidos als auf sein Zerbrechen angelegt. Am deutlichsten wird das vielleicht an dem Komplex der Bewegungen, die Kopernikus der Erde verliehen hatte, zumal an der Präzession und ihrer vermuteten Periodik. Alle Bewegungen der Erde sind der Zweckmäßigkeit der Selbsterhaltung ihres Organismus zugeordnet: *Um ihr eigenes Leben und das der Dinge auf ihr zu erhalten und durch den täglichen Wechsel von Wärme und Kälte, Licht und Finsternis gleichsam ein- und auszuatmen, dreht sich die Erde* ... Um der Wiedergeburt der Dinge willen, die auf ihrer Oberfläche leben, vollzieht die Erde die Jahresbewegung um die Sonne, *wobei sie an vier Punkten der Ekliptik Geburt, Jugend, Reife und Verfall der Dinge ausruft.* So müssen auch die Präzession und ihre vermeintliche Trepidation einbezogen werden in die organische Zweckmäßigkeit der periodischen Zuwendung aller Regionen der Erde zur Sonne. Was die Astronomie nach ihren analytischen Bedürfnissen in Einzelbewegungen zerlegen muß, erscheint Bruno als eine organische Gesamtbewegung, deren Komplexität er nicht zu fürchten hat.

Für ihn wäre der vertrackte Zustand, in den das ptolemäische System geraten war, niemals Motiv zu eigener Reform geworden; er war Kopernikaner nur in der zweiten Hand, poetisch und hermeneutisch. Die organische Leitmetaphorik schließt die theoretische Bedrückung durch Unregelmäßigkeit aus. In der kosmischen Selbstdarstellung der unendlichen Allmacht gibt es ohnehin die Bevorzugung des Menschen und seiner Vernunft nicht. Jetzt ist die ›Ungenauigkeit‹ des Nikolaus von Cues nicht mehr das Stigma des konstitutiven Abstandes von der schöpferischen Idealität, sondern das faßliche Merkmal der sich realisierenden Unendlichkeit selbst. Sowohl die rückläufige Verschiebung der Jahreszeitenpunkte auf der Ekliptik als auch die Veränderung der Ekliptikschiefe durch eine Drehung der Erdachse um den Erdmittelpunkt werden zu vollständigen Umschwüngen, was vor allem für die letztgenannte Bewegung zur Voraussetzung hat, daß Bruno ihr einen Phantasiewert beilegt. Selbst für die Tagesbewegung gilt, daß die Unregelmäßigkeit einer Bewegung die aller anderen notwendig nach sich zieht. Die Idee der ›Ungenauigkeit‹ stellt die der Zirkularität in Frage: *Es genügt, wenn eine dieser Bewegungen unregelmäßig ist, um die Regelmäßigkeit aller anderen zu zerstören. Durch eine Unbekannte werden alle übrigen unbekannt.*[42]

Zu den heimlichen Erwartungen der beginnenden Neuzeit gehört

---

42 Bruno, La cena de le ceneri V (ed. cit. 195): *Di questi moti, uno che non sii regolato, e' sufficiente à far che nessuno de gl' altri sia regolato. Uno ignoto fá tutti gli altri ignoti.*

die auf Verlängerung der menschlichen Lebenszeit. Für die mechanistische Auffassung des Leibes mußte aus dem Fortschritt oder gar der Vollendung der Medizin, wie sie Descartes neben die der Moral stellen wird, die programmatisch nicht gewagte Verhinderung des Stillstandes möglich werden. Das Versagen der Makrobiotik war zwar eine der Enttäuschungen der frühen Neuzeit, aber zugleich auch die nachhaltige Korrektur ihrer Erwartung in Richtung auf das näherliegende Mögliche: auf den Zeitgewinn als Antrieb des technischen Willens.

Wenn die Lebenszeit der Erweiterung der Weltzeit nicht nachziehen konnte, wenn sie sich als konstantes Verhängnis erwies, mußte ihr mehr Realität zugeführt, schneller an ihr vorbeigeführt werden. Die Beschleunigung der Zukunft war die einzige Form, in der die endlich empfindbar werdende Divergenz von Lebenszeit und Weltzeit wenn nicht sistiert, so doch kompensiert zu werden schien. Die Vorstellung von der noch notwendigen Zukunft ist zunächst die von der Spanne bis zum Erreichen endgültiger Ziele, wie der Wiedergewinnung des Paradieses bei Francis Bacon oder der Herstellung der endgültigen Moral bei Descartes. Sie wird bloße Bedingung für die Entfaltung des Instrumentariums der Vorläufigkeit zu jenen definitiven Zuständen. Die Erweiterung der Zukunft ist die bloße Folge der Verselbständigung der Mittel. Diese macht die erhabenen Ziele immer undeutlicher und schiebt sich als das Endgültige vor das Ende. Das Bewußtsein, das Kopernikus davon hatte, es sei sehr viel Zeit nötig gewesen, um die Astronomie zu vollenden, verwandelt sich in das Bewußtsein, daß noch sehr viel Zeit nötig sein würde, um sie fortzusetzen. Es geht alsbald nicht mehr um Vollendungen.

Das neuzeitliche Bewußtsein von der Dimension der möglichen und nötigen Zeit entsteht nicht im Entwurf der Zukunft und ihres Fortschritts, sondern in der Entdeckung der Funktion der schon verbrauchten, als Basis schon gewonnenen Zeit. Die Umschaltung von dieser Entdeckung auf jene Erwartung ist bei Giordano Bruno greifbar, weil er sich an Kopernikus und der Überholung seines astronomischen Selbstverständnisses orientieren kann. Die Astronomie ist ein Paradigma dafür, daß die Art, wie Geschichte verstanden wird, den Entwurf bestimmt, wie Zukunft zu realisieren sei. Die moralistische Reflexion hat es schwerer als die wissenschaftliche, ihren lebensweltlich präformierten Zeitverstand auf den Weltzeitaspekt einzustellen. Ein thematisch einschlägiges Irritationsfeld ist das der moralischen Kulturkritik in ihrer Unsicherheit zwischen der anthropologischen Glorie der Erfindung und der moralischen Verdächtigung des Überflüssigen. Der Moralist, wenn es um Zeitgewinn durch Fortbewegungsmittel geht, bevorzugt das Pferd vor der Tragsänfte und dem Kutschwagen; er meidet so den Luxus und kommt zugleich schneller voran. So einfach ist das im ersten Schritt für den Zeitgenossen des Giordano Bruno, Michel de Montaigne. Ein Blick auf Prunk und Schaustellung durch Fürsten, zumal der spätrömischen Kaiserzeit, gibt die Folie. Aber neben der Distanz zum Luxus gibt es noch einen weiteren Gesichtspunkt, den der Erfindung und der Neuerung. Sie werden, indem sie Bewegung, Affektion, Bewunderung erregen, entschuldbar.

Es ist die Ängstigung einer Zeit vor der Stagnation, bemerkenswert nicht wegen der Besonderheit des Stillstandes, sondern wegen der besonderen Bedrückung durch diesen. Der Fortschritt wird nicht entworfen; er wird als schon gewonnen festgestellt oder am Befund seines Mangels als möglich erkannt. Noch an den aufgezählten Überflüssigkeiten könnten wir entdecken, wie fruchtbar jene Zeitalter an Intelligenzen waren, wie es sie zur Zeit nicht gebe.[43] Mit dieser Art von Fruchtbarkeit verhalte es sich wie mit allen anderen Hervorbringungen der Natur; auch wenn man nicht sagen könne, daß sie ihre letzte Kraft damals erschöpft habe, *so geht es mit uns doch nicht voran, wir drehen uns vielmehr um uns selbst, wenden uns hierhin und dorthin, beschreiten ein und denselben Weg immer wieder.* Die Furcht, daß die Erkenntnis gegenwärtig in jedem Sinne schwach sei, wird auf die Enge des Zeithorizonts zurückgeführt, auf zu kurze Sicht voraus und zurück. *Unsere Erkenntnis bekommt wenig zu fassen und ist wenig lebendig, kurz sowohl in ihrer zeitlichen als auch in ihrer gegenständlichen Reichweite.* Ein bemerkenswerter Text. Er enthält die Idee des Fortschritts im Zustand des Negativs: an der Findigkeit früherer Zeitalter, mag diese auch dem nichtigsten Prunke gewidmet gewesen sein, läßt sich ermessen, wie kurzsichtig und kurzatmig die eigene Zeit ist. Das ist kulturkritisches Lamento, gewiß, und die Übertragung von der Artistik

---

43 Montaigne, Essais III 6: ... *en ces vanitez mesme, nous descouvrons combien ces siecles estoient fertiles d'aultres esprits que ne sont les nostres.*

der spätrömischen Schauspiele auf die abstrakte Allgemeinheit eines Geschichtsbildes sowohl sprunghaft als auch gesucht, aber gerade wegen der suchenden Verlegenheit der Verdeutlichung eines Unbehagens aufschlußreich.

Wenn selbst die bloße Betriebsamkeit als attraktiv erscheint, der nichtige Luxus als Spiel der Erfindung, muß der Verdacht des Entgangenen und Entgehenden quälend sein. Gerade dies formuliert Montaigne: es gebe Grund, ein Versäumnis an Weltzeit zu vermuten. Lukrez habe geglaubt, die Fruchtbarkeit in seiner eigenen Zeit auf die Jugendlichkeit der Welt im ganzen beziehen zu können, und dies zu Unrecht. Montaigne schreibt seinen Zeitgenossen den gegenteiligen Schluß zu; aus der eigenen geistigen Hinfälligkeit folgern sie, die Welt neige zu ihrem Alter und zu ihrem Vergehen. Er teilt die Kritik der geistigen Schwäche seiner Zeit – und muß dies als Skeptiker tun –, aber zieht daraus den entgegengesetzten Schluß, daß nämlich noch alles möglich sein müsse, weil der bisherige Kraftaufwand in einem solchen Mißverhältnis zu den Gegebenheiten stehe.

Kräftigster Beleg dafür sei die Entdeckung einer neuen Welt durch die alte. Wer könne dafür einstehen, daß dies die letzte Entdeckung von dieser Größenordnung sei, da doch von der Existenz auch nur einer neuen Welt weder Orakel noch Prophezeiungen das Geringste vorausgesagt hätten. Diese neue Welt befände sich in einem Kindheitszustand; das müsse ganz andere Schlüsse auf den Gesamtprozeß eröffnen als solche auf Hinfälligkeit der Welt. Die neue Welt wird zum Indiz für die Möglichkeiten der alten. Deshalb gebraucht Montaigne starke rhetorische Reizmittel zur Darstellung der Jugendlichkeit jener, aber auch der Gefahren der Verderbnis durch ihre Entdecker. Der Preis dafür, unsere Meinungen und unsere Kunstfertigkeiten zu empfangen, sei diesen *monde enfant* sehr hoch zu stehen gekommen. Der Beweis für die Neuheit der entdeckten Welt wird also nicht nur räumlich, sondern auch zeitlich angelegt, denn nur ihre Neuheit im Sinne von Lebensfrische kann das eigene endzeitliche Bewußtsein kritisch beleuchten. Was für Bruno die neu eröffneten Räume des Weltalls als Möglichkeitshorizont sind, ist für Montaigne die neue Welt jenseits des Ozeans. Welche Möglichkeit der Verjüngung für die ganze Welt (*à toute cette machine*) hätte in einer brüderlichen Begegnung der alten mit

der neuen gelegen. Eine ironische Pointe Montaignes ist, daß die Bewohner Mexikos ihrerseits geglaubt hätten, die Welt gehe ihrem Untergang entgegen, was sie die Ankunft der Europäer als Bestätigung dieser Präsumtion nehmen ließ. Wie anders wäre die Weltgeschichte verlaufen, so Montaigne, wenn die Griechen oder Römer die Eroberung der neuen Welt gemacht hätten.
Montaignes Folgerung ist, daß es falsch sei, aus den Vorgängen der eigenen Zeit Schlüsse auf den Stand des Weltprozesses zu ziehen und damit den Fehler des Lukrez zu wiederholen. Die Weite des Horizonts der Lebenszeit ist hier nicht abhängig von dem Parameter der Weltzeit, sondern von der Einschätzung des Spielraums der Möglichkeiten. Was bleibt der Phantasie, der Erfindung, der Entdeckung? Wenn alles, was aus der Vergangenheit überliefert ist, wahr wäre und von einem einzelnen gewußt würde, wäre dies weniger als nichts im Verhältnis zu dem, was unbekannt bliebe. Könnten wir von der Welt alles das sehen, was wir nicht von ihr wahrnehmen, würden wir ein unaufhörliches Entstehen und Vergehen von Wesensformen feststellen. So bleibt für die Zukunft immer ein Vorrat an Möglichkeiten, der nicht ausgeschöpft wird. Der Blick auf das, was es gibt, ist ein schlechter Maßstab für das, was es geben kann. Diese Überlegung steht an der Schwelle der Entdeckung der neuen Zeitstufe, doch fehlt es ihr an Hinblick auf ein formiertes Paradigma, wie es Giordano Bruno fast gleichzeitig vor Augen hatte.

Exkurs: Die Kalenderreform

Von allen Institutionen, die der Auseinandersetzung des Menschen mit der Natur entstammen, seinem unablässigen Versuch, sich mit ihr zu arrangieren, ist der Kalender als Formular der Zeitordnung die fühlbarste. In den Kalendarisierungen der Zeit ist die Anstrengung erkennbar, die periodischen Vorgaben der Natur abzubilden und einzuhalten; zugleich aber die Vergeblichkeit der bloßen Unterwerfung unter Sonnenlauf und Mondphasen, Sternbilder und Wendepunkte, infolge der Inkongruenz dieser Vorgaben.
Jeder Kalender enthält daher positive Entscheidungen, ist Produkt eines durch sakrale oder imperiale Maßnahmen eingehüllten und

Exkurs: Die Kalenderreform

der Anstößigkeit des bloß Faktischen entzogenen Setzungsaktes. Jeder Kalender bedarf der Sanktion, um ihm die selbstverständliche Geltung zu verschaffen, die die Kunstform der Zeitordnung schließlich als Naturform empfinden, als Lebensform ausprägen läßt. Die Umkehrung des faktischen Sachverhalts ist der Streitwert von kultischen Festordnungen als Motiv sowohl zur striktesten Geltung des Kalenders als auch zu seiner fälligen Korrektur bei Abweichung zu den in religiösen Urkunden vorgegebenen Terminierungen.

Die erhabene Aufgabe des Schutzes der Genauigkeit gottgefälliger Feste und Feiern war in der nachchristlichen Geschichte die einzige Legitimation, gegen das Interesse des seine festgefügte Ordnung verteidigenden Lebensalltags Reformen des aus den Fugen geratenden Kalenders durchzusetzen. Nur Voraussetzungen von der Art, die älteste Zeitordnungen dem Leben hatten aufprägen und zum fraglosen Bestand der Lebenswelten hatten machen können, ließen Veränderungen des Formulars hinnehmbar werden. Allerdings nicht ohne abweichende Identifikationen mit Zeitordnungen zu verfestigen, bis die Bedürfnisse des kurzfristigen Weltverkehrs ganz andersartige Zwänge erzeugten.

Selten nur wird der vermutbare Widerstand einer Lebenswelt gegen die Zäsur ihrer Zeitordnung als des wichtigsten Stücks ihrer Selbstverständlichkeit: ihrer unbemerkbar gewordenen Künstlichkeit, auch am Dokument beobachtbar. Als Papst Gregor XIII. 1582 die große Reform des Kalenders einführte, wurde die fällige Verkürzung des Jahres um zehn Tage in Frankreich mit dem entschiedensten Schritt durchgeführt, vom 9. zum 20. Dezember zu springen. Der Landedelmann Michel de Montaigne gehörte nicht nur zu denen, die Widerstand leisteten – zumeist aus politischen Motiven gegenüber der Kurie –, er war es, der für seine Erfahrung dieser Zumutung an seine Welt den unvergleichlich mächtigen Ausdruck fand.

Er wolle in diesem Stück ein bißchen ketzerisch denken und seiner Natur den Zeitsprung nicht abverlangen. Ein Mann seines Alters brauche die Veränderung der Welt nicht mehr mitzumachen: er habe *nicht mehr die Zeit, ein anderer zu werden*. Ohnehin sieht er sich bedrängt vom Verfall der Welt, der er sich zugehörig gefunden hatte, fühlt ihren Boden unter sich wegsinken und die Form, die sie ihm und die er sich in ihr gegeben hatte, verdunsten: *Mon monde est failly, ma forme expiree* ...

Montaigne kennt den Ausdruck ›Lebenswelt‹ für den Begriff, den er zum Erlebnis zu suchen hat, nicht. Er steckt in den noch scholastisch gebrauchten Ausdrücken für ›Substanz‹ und ›Form‹, mit der entscheidenden Veränderung, daß der Zeit als purer Lebenszeit zugetraut wird, die Form durch unfragliche Beständigkeit ihres Gebrauchs zur Substanz zu machen. Das durch den Moralisten längst relativierte Faktum des geschichtlichen Augenblicks und der lokalen Bedingtheiten wird dabei zum Wesentlichen, der bloße Zufall zur Natur: *Par long usage, cette forme m'est passee en substance, et fortune en nature.*

Die unbefolgte Kalenderreform des Jahres 1582 muß Montaigne nachhaltig bewegt haben; er kommt darauf im elften Essay des dritten Buches nochmals zurück. Die Tiefe des Eindrucks ist nicht eine politisch-geschichtliche Erfahrung, sondern ein Erlebnis mit sich selbst am Kriterium des der dekretierten Reform zu erbringenden Gehorsams. Er eröffnet diesen Essay mit einer Anspielung auf das um zehn Tage verkürzte Jahr und formuliert sie als kopernikanisches Paradox: So zu verfahren hieße eigentlich, den Himmel und die Erde gleichermaßen in Bewegung zu versetzen. Aber die nachkommende Selbstbeobachtung zeigt nun auch, woran es gelegen hatte, daß jene Veränderung im Lebensvollzug hatte übergangen werden können. Sie war zu groß und damit dem inneren Maß unseres Wahrnehmungsvermögens entzogen wie andere Vorgänge in der Welt, die sein Raster unterschreiten oder überfordern. Die ›Lebenswelt‹ leistet ihre Gegenstabilisierung. In der Reflexion des alten Mannes ist nur des ›kleinen‹ Umstandes nicht gedacht, daß der Tod, die Endlichkeit jeder Lebenszeit, dafür sorgt, wenn schließlich doch an den Maßen der Weltzeit Korrekturen vorgenommen werden können, sofern es dafür die adäquaten Sanktionen gibt.

Nur für Augenblicke wird in der Geschichte ertragen, daß der Mensch nicht im Gehorsam gegenüber der Natur lebt. Bis er die von ihm auf sie projizierte Disziplin wieder zum unbemerkbar werdenden Schein der natürlichen Ordnung gemacht hat.

VII

Die Wahrheit – Tochter der Zeit?

Francis Bacon hat dem antiken *Nec ultra* sein triumphierendes *Plus ultra* entgegengesetzt. Es ist in der vordergründigen Antithetik räumlich gemeint, auf die Begrenzung der alten und die Entgrenzung der neuen Welt bezogen. Im weiteren Kontext aber ist es von temporaler Semantik, gegen die christlich-mittelalterliche Zeitenge und Zeitendlichkeit gerichtet. Auch hier wird der Raum zur Metapher der Zeit.
Wenn Bacon die verschiedenen Arten der Geschichtsschreibung behandelt, bestimmt er die *Historia Cosmographica* als einen Komplex verschiedener Themen der Naturgeschichte und der politischen Geschichte. Zu seinen Leistungen in dieser Gattung sei das gegenwärtige Zeitalter zu beglückwünschen: *Der ganze Erdkreis nämlich ist in unserer Epoche erhellt und bloßgelegt worden ... und das weniger durch beweiskräftige Theorien als durch Reisen.*[44] Irgendein kleines Schiff habe den ganzen Umfang des Erdballs umrundet und damit nichts Geringeres als die Leistung des Himmels zustande gebracht. Genau dies begründe den Vorrang der Gegenwart vor allen anderen Zeitaltern: *ea est nostri saeculi praerogativa*. Das ist eidetisch gedacht: die Vollendung der Kreisbewegung war die Signatur für die Natürlichkeit der Himmelsbewegungen. Dies in die menschliche Leistungsfähigkeit eingebracht zu haben, bedeutet zunächst ein Kriterium von Vollständigkeit, von Endgültigkeit, das der Öffnung der alten Weltgrenzen eine neue und gültigere Abgeschlossenheit verheißt. Das Unnachahmbare ist nachahmbar geworden, die Himmelsbewegung wie der Blitz; aber da dies bereits die höchsten Maßstäbe sind, verbaut die Auszeichnung mit dem schlechthin Ungemeinen zugleich die Sicht auf das danach noch Mögliche.
Es sind immer Sanktion und Provokation zugleich, auf deren Rhetorik es an der Epochenschwelle ankommt; die Formel für die Außerordentlichkeit des Neuen als des nunmehr menschenmöglich Gewordenen ist sowohl lästerlich als auch legitimierend. Die Magie der beruhigten Endlichkeit, der Wiedergewinnung des Paradieses,

---

[44] Bacon, De augmentis scientiarum II 10; Works, edd. Spedding, Ellis, Heath, I 514.

ist die große Illusion, auf deren Entblößung die Spekulation vorbereitet, die Hoffnung habe die Energien mobilisiert, die jene irgendwann doch noch rechtfertigen würden. Die Kreisbahn der Erdumschiffung ist nicht das Symbol einer abgeschlossenen Unternehmung, sondern die Versicherung einer glücklich eingeleiteten Erweiterung, die für Fortschritte und Mehrungen der Wissenschaften große Hoffnung zu erwecken vermöge: *haec praeclara ... felicitas, de ulterioribus etiam progressibus et augmentis scientiarum spem magnam facere possit.*

Die Säulen des Herkules und ihre mythische Sperrfunktion erscheinen nur stellvertretend für die dogmatisch nicht offen zu bestreitende Begrenztheit der Zeiterwartung. Das wird deutlich, wenn sich Bacon auf die Allegorese einer Prophezeiung im Buche Daniel beruft, nach der die Bereisung der Welt und das Anwachsen der Wissenschaft zum Merkzeichen des göttlichen Ratschlusses für das Weltende werden. Hier liegt die willkommenste Zweideutigkeit des Ausdrucks vor: Daniel spricht *de novissimis temporibus*, und in der Sprache der apokalyptischen Prophezeiung sind die *novissima tempora* allemal das Ende der Zeiten mit der Zuspitzung des Jüngsten Tages. Bacon deutet sich diesen Ausdruck auf die ›Neuzeit‹ als ein nicht mehr eschatologisch zu bestimmendes, qualitativ neuartiges Zeitphänomen zurecht. Die Allegorese darf ihrer Tradition nach gewiß großzügig verfahren, es ist ihr fast alles erlaubt; aber nicht ohne Witz ist doch, daß an der gemeinten Stelle[45] das an den Propheten gerichtete Gotteswort dazu mahnt, sein Buch bis zur Zeit des Endes zu versiegeln. Von diesem Buch – nicht von der wirklichen Welt – ist die Rede, wenn verheißen wird, daß viele es durchgehen werden und daß dann das Wissen groß sein werde. Es ist spürbar, wie gewaltsam Bacon verfahren mußte, um sich dies zunutze machen zu können. Die Welterfahrung gegen die Buchgelehrsamkeit auszuspielen, gehört zu den stehenden Wendungen der frühen, sich für empirisch haltenden Naturphilosophie. Bacon kam es denn auch auf die Quelle des Wissens hier nicht so genau an wie auf die Ersetzung von ›Endzeit‹ durch ›Neuzeit‹ – unter den Kennzeichen einer alles umfassenden Bewegung und des daraus erwachsenden Wissens.

Diese Intention ergibt sich schon daraus, daß er die Prophezeiung

---

45 Daniel 12, 4.

Die Wahrheit – Tochter der Zeit? 155

zu einem großen Teil bereits als erfüllt ansieht (*sicut magna ex parte jam completum videmus*) und die eigene Epoche den beiden früheren Perioden oder Revolutionen (*periodis aut revolutionibus*) der Wissenschaften bei den Griechen und Römern vergleichen will: diese *novissima tempora* ständen jenen Zeitaltern nicht viel nach, in einigen Dingen überträfen sie sie bei weitem (*in aliquibus longe superent*). Wenn man einmal davon absieht, daß Bacon sich hier eines Textes von sakraler Dignität bedient, um das Faktum der späten empirischen Explosion, wenn nicht verständlich zu machen, so doch wenigstens als ›vorgesehen‹ erscheinen zu lassen, dann hat diese Umdeutung der apokalyptischen Vision nichts mit ›Säkularisierung‹ zu tun. Das Ende der Zeiten als ein verheißenes muß in seinem Heilssinn widerspruchsvoll werden, wenn die ihm vorausgehende Endphase sich als ›progressiv‹ erweisen sollte, als Annäherung an einen Zustand der Erfüllung von Erwartungen. Dieser soll doch erst durch den Abbruch der zeitlichen Kontinuität und ihrer Bedingungen herbeigeführt werden. Bacons Mißverständnis des Apokalyptikers zeigt anschaulich, daß der eschatologische Vorbehalt gerade abgebaut werden muß, damit die Zeitdimension einer rationalen Auslegung zugänglich gemacht werden kann.

Die Zeit, als homogenes Medium des Fortschritts verstanden, verschließt sich gegen die organische Metaphorik der Erkenntnis als *a plant of God's own planting*[46], die zwar den Herbst der Welt und seine reifen Früchte als Sinngebung des ganzen Ablaufs gewinnt, zugleich jedoch die Frage nach dem, was darauf folgt, nicht loswerden kann. Die Elimination solcher Leitvorstellungen mit ihren zyklischen Implikationen ist eine der Voraussetzungen für die Begründung der Fortschrittszeit. Bei Bacon läßt sich das verfolgen: die organische Metapher des »Valerius Terminus« von 1603 wird nicht festgehalten, sondern neutralisiert und in eine Vorstellung umgeformt, in der die Anhäufung von Erfahrungen und Beobachtungen als Struktur des Fortschritts hervortritt. Es ist der Zusammenhang, in dem dann auch der so wirksame Ausdruck von der Wahrheit als der ›Tochter der Zeit‹ fällt. Von der Zeit kann als dem Urheber aller Urheber und aller Urheberschaft gesprochen werden: *author authorum atque adeo omnis authoritatis.*[47]

46 Bacon, Valerius Terminus (Works, ed. cit. III 220 f.).
47 Bacon, Novum Organum I 84 (Works, I 191).

Daß die Wahrheit die Tochter der Zeit sei, bedeutet vor allem, daß sie nicht die der Autorität und des Konsensus ist, daß sie nicht am Anfang stehen kann. Bacon fehlt Vertrautheit mit dem astronomischen Modell der Zeitbedingtheit von Erkenntnis. Er sieht, wie die Autorität alles vorwegnimmt, indem sie die Menschen in ihrem geschichtlich noch jugendlichen Zustand so zu beeindrucken vermag, daß sie ihren eigenen Kräften nichts zutrauen und wie Gebannte an die Sache selbst nicht herankommen.[48] Dann aber verdient das Altertum das Attribut des reifen Lebenszustandes nicht; die Gegenwart muß sich als das erfahrene Alter verstehen, wenn sie sich nicht lebenszeitlich, sondern weltzeitlich lokalisieren will: *Illa enim aetas, respectu nostri antiqua et major, respectu mundi ipsius nova et minor fuit.* Es steckt noch keine Einsicht in die Bedingungen einer möglichen Identität der Menschheit als des Subjekts ihrer Geschichte darin, wenn Bacon den Vergleich aufstellt, daß man von einem alten Mann größere Kenntnis der menschlichen Angelegenheiten und ein reiferes Urteil als von einem Jüngling erwartet, und zwar wegen seiner Erfahrung wie der Vielfalt und Menge dessen, was er gesehen, gehört und durchdacht hat. So gelte auch für die Gegenwart, daß ihr eine Anhäufung zahlloser Erfahrungen und Beobachtungen zur Verfügung stehe.[49]

Bacon gilt als Erfinder der empirischen Methode; aber ›Methode‹ heißt bei ihm nicht Nutzung der Zeit, sondern bezeichnet eine Art Auswertungsverfahren für die in der Zeit angefallenen und aufgehäuften Materialien. Das Alter der Welt hat die Verdichtung dieser Bestände ermöglicht und erfordert nun ihre Inventarisierung; Methode ist das Verfahren für die Bestandsaufnahme. Wenn also die Wahrheit die Tochter der Zeit sein soll, so ist sie dies vor allem für die vergangene Zeit, ohne daß ein Entwurf für die Benutzung der zukünftigen Zeit gemacht würde. Dieser Sachverhalt resultiert aus dem mangelnden Verständnis Bacons für die Astronomie. Für ihn erzeugt die Folge der Generationen nichts anderes

---

48 Novum Organum I 84: ... *ut cum rebus ipsis consuescere (tanquam maleficiati) non potuerint.*
49 Novum Organum I 84: ... *eodem modo et a nostra aetate (si vires suas nosset, et experiri et intendere vellet) majora multo quam a priscis temporibus expectari par est; utpote aetate mundi grandiore, et infinitis experimentis et observationibus aucta et cumulata.*

Die Wahrheit – Tochter der Zeit? 157

als eine Art Hinterlassenschaft, die aus mehr oder weniger zufälligen Erfahrungen, Beobachtungen und Resultaten besteht. Sie vermag sich aber nicht als Identität eines forschenden Subjekts zu konstituieren, die durch die Einheit der Methode gewährleistet würde. Hierin liegt der Vorsprung, den Descartes vor den anderen Begründern der neuzeitlichen Wissenschaft gewinnen sollte.
Bei Bacon ermöglicht der Ertrag der Zeit nur, dem Vorrang der antiken Autorität und des Konsensus zu widersprechen. Die Zeitalter häufen ihren Nachlaß an – das bezeichnende Stichwort ist die *cumulatio* –, sie erzeugen ihn nicht, sie machen die Geschichte nicht, sondern lassen sie werden. Bacon glaubt zu sehr an den metaphorischen alten Mann, der nur noch an die Auswertung seiner Erfahrungen zu gehen braucht, ohne sich um deren Erweiterung zu sorgen. Seine Grenzvorstellung von Erkenntnis ist, es wäre am besten, jemand zu haben, den man über alles befragen könnte – eine schwache Vorahnung des Laplaceschen Intellekts. Der man jedoch selbst nicht sein, sondern dem man dessen Wissen abfragen könnte, der nur beileibe nicht dafür Autorität beanspruchen dürfte. Man brauchte dann wenige Jahre, um die Auffindung der Ursachen und aller Wissenschaften abzuschließen.[50]
Bacon vermutet noch, daß die wahren Antworten auf solche Fragen an die Natur dem Umfang nach wie eine Handvoll (*manipuli instar*) wären im Verhältnis zu dem, was sich in den Schulsystemen an Erdichtetem angehäuft habe; folglich würde die empirische Beschränkung auf die Phänomene den Umfang der Theorie zur Angemessenheit mit der menschlichen Lebenszeit zurückführen.[51] Auf Zeitgewinn ist es also angelegt bei der Begründung der Wissenschaft. Sie unterscheidet sich darin nicht von der Technik, zu deren Programm außer der künstlichen Darstellung der Leistungen der Natur, ihrer Vermehrung und Steigerung, auch die ›Beschleunigung der Zeit‹ gehört.[52]
Bacon sieht die theoretische Entdeckung und die technische Erfin-

50 Novum Organum I 112 (Works, ed. cit. I 209 f.): *Apud nos vero si esset praesto quispiam qui de facto naturae ad interrogata responderet, paucorum annorum esset inventio causarum et scientiarum omnium.*
51 Novum Organum I 112 (Works, I 209): *Atque hujus vitae exitus in aperto est, et fere in propinquo; alterius exitus nullus, sed implicatio infinita.*
52 Novum Organum II 50 (Works, I 356): *Tum vero videatur homo revera auctus potestate, si per calores et potentias artificiales opera naturae possint*

dung wesentlich noch als punktuelle, ihrer Natur nach zufällige Ereignisse. Was getan werden kann zur *acceleratio temporis*, ist die Verdichtung der ›Fälle‹, unter denen sich die günstigen ›Zufälle‹ finden können. Die Gunst der Gegenwart als einer späten Phase der Geschichte resultiert aus der ›natürlichen‹ Form solcher Verdichtung durch die Zeit. Das methodische Verfahren der Wissenschaft wäre entsprechend eines der ›künstlichen‹ Verdichtung, des konzentrierten Sammelns von Fakten, des *anticipare casum*, wie es das programmierte technische Museum betreiben soll.[53] Es bereitet auf die *imitatio naturae* wie auf die *inversio naturae* gleichermaßen vor; verläßt also das Ideal der Nachahmung der Natur nicht, baut aber dessen Antithese ein in ein seiner ganzen Konzeption nach ›listiges‹ Naturverhältnis. Der Zeitgewinn ist die Steigerung der Zufallsrate der Natur, aus der das Instrumentarium für Nachahmung wie Umkehrung genommen wird.

Bacons heimliche Idee, sein Konzept im Hintergrund, ist die Reduzierung der Elephantiasis scholastischer Systeme auf die Fassungskraft der Lebenszeit: die genaue Zuordnungsfähigkeit der Natur und des Menschen in seiner lebensweltlichen Realität. Dabei bleibt ihm das Problem der temporalen Großräumigkeit als der Identität über die Lebenseinheiten hinweg verborgen. Für die Vergangenheit gilt, daß sie der Gegenwart ihre Erfahrungen als einen Bodensatz hinterlassen hat; aber nun wird dieser der Filterung und Selektion unterzogen, auf Lebensmaße gebracht, jene Handvoll im Vergleich zu den Gespinsten der Vergangenheit. Aber alles andere wird Wissenschaft hier als das, was sie in der Neuzeit werden sollte: Institution.

Es sagt sich leicht daher, bei Bacon und den anderen Gründerfiguren sei der Zeitbedarf der neuen Wissenschaft unterschätzt worden. Man muß diesen Sachverhalt auch einmal aus der entgegengesetzten Richtung betrachten: Was wäre den Gründern an Motivation zu gründen geblieben, wenn sie hätten abschätzen oder erahnen können, welcher Rücksichtslosigkeit des objektiven Zeit*bedarfs* institutionalisierter Theorie gegenüber dem subjektiven Zeit*besitz* sie den Weg eröffneten?

specie repraesentari, virtute perfici, copia variari; quibus addere oportet accelerationem temporis.
53 Novum Organum II 31 (Works, I 283–286).

Es gibt noch eine der Antike und dem Mittelalter fest verhaftete Voraussetzung für die Erneuerung der Theorie, deren Gegenstandslosigkeit sich erst entgegen den Erwartungen herausstellen sollte, nämlich die unmittelbare oder mittelbare Zurückführung aller theoretischen Resultate auf die Erfüllung individueller Glücksbedürfnisse. Zwar ist die theoretische Handlung, für sich selbst und in ihrem Wahrheitsbezug, nicht mehr identisch mit der Eudämonie; ihr kann nicht die *visio beatifica* der mittelalterlichen Jenseitsvorstellung ganz oder in Anteilen direkt abverlangt werden. Aber daß Theorie die Bedingungen nicht nur für die äußere Befriedigung der Bedürfnisse, sondern auch für die innere Weltzufriedenheit des der Unwissenheit entrissenen Individuums schaffen kann, gilt unbezweifelt. Insofern liegt der epochale Bruch mit einer Tradition, die seit den Griechen als unanfechtbar voraussetzt, daß der Mensch zu seinem individuellen Glück der Wahrheit bedarf, nicht schon dort, wo die neue Wissenschaftsförmigkeit der geistigen Prozesse entworfen wird.

Wenn Bacon sich als unfähig erweist, die für den theoretischen Handlungszusammenhang über die Zeit hinweg notwendige Identität eines institutionalisierten Subjekts zu konzipieren, so liegt dies auch daran, daß er eben dieses Subjekt schlechthin nicht für glücksfähig halten kann, und zwar mit vollem Recht. Der Zusammenhang zwischen dem Antrieb zu theoretischen Handlungen und der Genußfähigkeit für ihren Ertrag sollte zwar faktisch abreißen, aber dieser Hiatus zwischen Lebenswelt und wissenschaftsförmiger Theorie konnte nicht vorgreifend die Konzeption bestimmen, ohne sie als ihr innerer Widerspruch zu zerstören. Die Feststellung, daß der Transfer von theoretischer Wahrheit zu menschlicher Wirklichkeit nicht nur gestört, nicht nur durch instrumentelle Mängel geschwächt und unterbrochen, sondern unvermeidlich und unumkehrbar reduziert und minimalisiert wird, konnte erst als die des Unerwarteten und zugleich schon Folgenlosen getroffen und hingenommen werden. Der Satz: *Wir wissen heute mehr über die Welt als irgend eine Zeit vorher, aber ›wir‹ heißt nicht ›ich‹*, impliziert eine essentielle Enttäuschung. Deren Vorwegnahme hätte die Erwartung, die sie enttäuscht, unmöglich gemacht.

Wenn sich sagen läßt, der Rationalismus von Descartes habe den

Erfordernissen der Konstitution jenes theoretischen Übersubjekts besser genügen können, so liegt dies nicht am größeren Realismus seiner Disposition über die Zeit. Vielmehr liegt es an einer nachträglich erst zutage getretenen, der Konzeption ursprünglich nicht zudefinierten Leistungsfähigkeit. Der Zeitbedarf ist der unerwartete Widerstand gegenüber dem Konzept. Nachträglich läßt sich freilich sehen, daß auch Bacons Projekt der ›Wiedergewinnung des Paradieses‹ Momente enthält, die der Rechtfertigung des Hiatus von Theorie und Eudämonie unwillentlich vorgearbeitet haben. Denn dieses Paradies ist ja nicht mehr die jedem seiner Nutznießer durchsichtige und vertraute, sondern nur die gezähmte und allen botmäßige Wirklichkeit, die es dem einzelnen abnimmt, sich in seinen Beziehungen zu ihr zu begreifen. Statt dessen garantiert die Zusammenfassung der Leistungen aller den paradiesischen Zustand stabiler Herrschaft über die Natur auch ohne individuelle Einsicht in die Gesamtheit ihrer Bedingungen.

Von hier aus hat der triumphierende Unterton des Satzes, daß der Mensch seine Geschichte macht, seine Rechtfertigung ausschließlich in der Negation, daß kein anderer sie macht. Positiv bleibt das Subjekt dieses Satzes unbestimmt; nur der Idee nach gewinnen die Einzelnen Anteil an dem institutionellen Subjekt, das ihnen ihre Geschichte macht. Dem Prozeß der Integration dieses Subjekts korrespondiert ein Prozeß um die Partizipation an ihm. Der intentionale *terminus ad quem* des neuzeitlichen Verhältnisses von Lebenszeit und Weltzeit ist von Marx definiert worden als die Verwandlung der Geschichte in Weltgeschichte, bei welcher die Individuen *mit der Produktion (auch mit der geistigen) der ganzen Welt in praktische Beziehung gesetzt* werden; ein Vorgang, dessen spekulativer Begriff die ›Gesellschaft als Subjekt‹ ist, durch den *die aufeinanderfolgende Reihe von im Zusammenhange stehenden Individuen als ein einziges Individuum vorgestellt werden, das das Mysterium vollzieht, sich selbst zu erzeugen.*[54] Die einzelnen Individuen werden erst hierdurch in den Stand gesetzt, *sich die Genußfähigkeit für diese allseitige Produktion der ganzen Erde (Schöpfungen der Menschen) zu erwerben.* Dieses Subjekt erst leistet sich die Großzügigkeit mit der Zeit, deren Zukunft nicht mehr

---

54 Marx/Engels, Deutsche Ideologie I (Marx, Frühe Schriften, edd. H. J. Lieber, P. Furth, II 43 f.

Die Wahrheit – Tochter der Zeit?

die nächste zu sein braucht, die es bei Bacon wie Descartes noch sein muß.

Die Homogenisierung der Zeit als des beliebig verfügbaren Spielraums langfristiger Prozesse vom Typus des ›Fortschritts‹ ist nicht im Handstreich der Beseitigung alter Vorurteile, der ›Idole‹ in der Sprache Bacons, vollzogen worden. Die Perspektive der Zukunft stellt sich eher ein im Ausbleiben dessen, was schon sein könnte, als daß sie in einer jener Handlungen, wie sie die Aufhebung der Vorurteile darstellen soll, aufgerissen würde. Fast unter der Hand kann sich ein Wort vom Imperfekt ins Futur verwandeln, vielleicht nur verlesen werden. Im fünfzehnten seiner »Essays« behandelt Bacon die drei Quellen des Reichtums einer Nation unter den Stichwörtern: Rohstoffe, Manufaktur und Transport. Wenn alle drei Faktoren günstig zusammenwirkten, steige der Wohlstand wie eine Flut. Oft aber – und das ist offenbar der Fall, der Bacon fasziniert – biete die Natur nicht genug, und dann müßten Verarbeitung und Verkehr den Mangel des Substrats, der Materie, ersetzen. In diesem Zusammenhang zitiert er Ovids »Metamorphosen«, die Geschichte des Phaeton, die Schilderung vom Hause des Sonnengottes. Daß hier die Auserlesenheit der Materialien noch übertroffen wird durch die Kunst ihrer Verarbeitung, bringt der Dichter auf die Formel: *materiam superabat opus* ... Nach diesem Versstückchen greift Bacon für die von ihm vorgestellte Situation, daß der Mangel der Natur an Rohstoffen durch die menschlichen Leistungen ausgeglichen werden könnte – und ohne Bedenken setzt er das ins Futur: *materiam superabit opus* ...[55]

---

[55] Zur signifikanten Fehlhandlung des Verlesens, der Wunschverformung gerade im vielzitierten Bildungsstoff noch ein modernes, ebenfalls ›geschichtsphilosophisches‹ Belegstück: Als ich 1959 im »Gnomon« Rudolf Bultmanns Gifford-Lectures von 1955 »Geschichte und Eschatologie« (Tübingen 1958) besprach, schloß ich die Rezension mit folgendem Satz: *Nebenbei und zum Schluß: Der Indikativ des Horaz-Zitates auf Seite 5: ›Sic fratus illabitur orbis...‹ ist eine selten hübsche und ins Thema passende ›entsäkularisierende‹ Fehlleistung des Setzers, die man nur mit Wehmut in künftigen Auflagen der philologischen Akribie geopfert sehen wird.* Mag sich in diesem Zitat immerhin ein Fehler des Setzers finden, so ist es *fratus* statt *fractus*, jedoch kaum die Verlesung des *illabitur* statt *illabatur*; erst recht nicht die winzige Änderung des bedingenden *Si* am Versanfang zur Überprägnanz des unbedingten *Sic*. Das dem Setzer statt dem Autor in die Schuhe zu schieben, war eine Höflichkeit, die sich ein junger Rezensent heute nicht mehr leisten dürfte. Heute müßte er sagen: Diese Verlesung ist die

Die größere Anstrengung der Geschichte müsse schon hinter den Menschen liegen, war Bacons Folgerung aus dem Sachverhalt, daß der Umfang des abstrakt Erdenkbaren unendlich, der der auf die Phänomene der Natur gegründeten Erfahrung im Verhältnis dazu nur jene Handvoll sei. Das Wort von der Wahrheit als Tochter der Zeit bedeutete eben, es sei jetzt die Zeit für die Wahrheit gekommen. Mit dieser Voraussetzung konnte es nicht gut gehen. Blickt man auf das Ende des 17. Jahrhunderts, auf die neue *Critique* vom Typus derjenigen Bayles, so möchte man eher sagen: *error filius temporis* – denn was der historischen Kritik ihre gewaltige Last aufbürdet, ist doch gerade, daß sie die Fehlleistungen der Zeit als die einer noch nicht oder niemals gewissenhaften Zwischenträgerschaft rückgängig zu machen hat. Bayles Prinzip läßt sich so definieren, daß wahr immer nur das ist, was übrig bleibt, wenn die Möglichkeiten der Evidenz des Falschen ausgeschöpft sind.

Der neue Kritikbegriff, der mit Bayle beginnt und die Aufklärung des 18. Jahrhunderts so stark beeinflußt hat, bringt eine Art von negativer Teleologie der Wahrheit ins Spiel. Er unterstellt, daß, was falsch ist, sich von selbst in seinen Widersprüchen verfängt, und daß, was übrig bleibt, um so eher das Vertrauen des Historikers verdient. Die Wahrheit ist immer ein Rest, von dem man nur nicht weiß, ob es der letzte ist. An dieser Zweckmäßigkeit ändert nichts, daß der Berg der Falschheiten schier erdrückend für die Wahrheit zu sein scheint; Bayles »Dictionnaire« ist eine Enzyklopädie der historischen Unwahrheit. Bayle spricht von einer *infinité d'illusion, de préjugés*.[56] Die Pedanterie als das professionelle Merkmal des Gelehrten bezeichnet sein Recht, *le droit de l'historien*, auf Gegenanstrengung zu den ungeheuerlichen Leichtfertigkeiten seiner Vorgänger.

Für diese Art von Gegenmühe kann es kein Kriterium der Sacherheblichkeit geben; es gilt ein Äquivalenzprinzip, dessen Rechtfertigung allein die Beseitigung der Unwahrheit ist. Die intime Verwandtschaft zwischen jedem Positivismus und dem Verfahren der Falsifikation wird schon hier deutlich: wie es für den Positivisten in der Geschichte von ›Metaphysikern‹ wimmelt (nämlich allen

---

Wunschhandlung eines Theologen, den Konjunktiv des antiken Autors zum eschatologischen Indikativ seiner spezifischen Gewißheit zu machen.
56 Bayle, Pensées diverses à l'occasion de la Comète (1683) § 92.

jenen, die überhaupt etwas zu behaupten wagen), so für den ›Kritiker‹ im Sinne Bayles von ›Sophisten‹, denen die Verfälschung der Geschichte zur zweiten Natur geworden sein muß. Ihre Unfähigkeit, irgendeinen Text so zu lassen wie er ist, gibt der Zeit die Übermacht zu einem einzigen Prozeß der Verformung. Die Abwertung der schon zurückgelegten Geschichtszeit als des Spielraums jener ›Sophisten‹ gehört zu den die Zeitsymmetrie verschiebenden Faktoren: je weniger die Vergangenheit das bereitstellt, was nur noch der methodischen Aufarbeitung bedürftig ist, um so mehr muß dies von der Zukunft erwartet werden.

Der Fortschrittsgedanke trennt Lebenszeit und Weltzeit nicht nur endgültig voneinander, sondern auch so empfindlich, daß deren Inkongruenz die Disposition für bestimmtere und dadurch in der Handlungsfähigkeit bestärkende Ansichten von der Geschichte vorbereiten mußte. Der Fortschrittsgedanke selbst jedoch beruht bereits auf der Vorgegebenheit von geschichtlichen Prozessen, in denen die Überschreitung lebenszeitlicher Horizonte sich als Bedingung der Möglichkeit jeder Einsicht in Weltzusammenhänge erwiesen hatte. Der theoretische Vorsprung der Astronomie wurde zur Bestätigung des Postulats der langen Zeiträume und der gesicherten Tradition, als Kopernikus feststellte, daß der Fortschritt seiner Disziplin im wesentlichen schon stattgefunden habe. Es war für ihn unvorstellbar, daß die Astronomie – außer der Genauigkeit in der Besorgung ihrer laufenden Aufgaben als Kunstfertigkeit – noch Probleme von theoretischem Rang im strengen Sinne vor sich haben konnte. Als ›Wissenschaft‹ war sie durch das Werk des Kopernikus eine Disziplin ohne Zukunft geworden. Das Naheliegende, den für die Vergangenheit gewonnenen Begriff der Zeitabhängigkeit von Erkenntnis nun auch in die Zukunft zu projizieren, wurde gerade durch den Anspruch der Reform selbst dem Blick entzogen und im Grunde nur durch Abtrünnigkeit, wie im bohrenden Nachsetzen des Rhetikus, wieder zugänglich.

Es ist greifbar, daß am Anfang des folgenden Jahrhunderts die ersten Entdeckungen mit dem Fernrohr in dieser Hinsicht von unerwarteter Eindrucksmacht sein mußten. Zwar ist das Fernrohr für uns nur als kopernikanische Konsequenz verständlich, indem es aufs genaueste der Auflösung der achten Sphäre der Fixsterne und damit der Entkräftung des Sichtbarkeitspostulates korrespondiert. Nur so konnten überhaupt optische Erwartungen entstehen. Aber das Teleskop ist nicht ein bloßes Produkt dieser Konsequenz. Die Bedingungen seiner Wirksamkeit stehen noch in anderen Zusammenhängen als denen des Kopernikanismus. Das Fernrohr hat schon in seinen ersten Anfängen eine Zeitimplikation: seine Leistungsfähigkeit war quantitativ erfaßbar, technisch schnell zu steigern gewesen, und jede dieser Steigerungen hatte das Vordringen in den offenen Raum beschleunigt, die Zahl und Spezifität der neuen Objekte sprunghaft anschwellen lassen. Wenn der optische Raum unbegrenzt war, lag die Zeitbedingung des so plötzlich eröffneten Fortschritts auf der Seite der Technik des Instruments und ihrer Perfektionierung. Mit anderen Worten: Der Mensch hatte einen Zipfel der Möglichkeit in die Hand bekommen, sich durch technisches Geschick dem Entgleiten der Weltzeitdimension gewachsen zu erweisen. Das Fernrohr gehört in die Klasse derjenigen neuzeitlichen Mittel, die ihre Ziele vor sich her ins Uneinholbare schieben. Zwar ist, wie Feuerbach gesagt hat, das absolute Wissen der theologischen Spekulation *in dem teleskopischen und mikroskopischen Wissen der Naturwissenschaft* zum wirklichen Wissen geworden[57], aber um den Preis der unendlichen Dilatation, der Mediatisierung aller seiner möglichen Ziele, der Vergessenheit jeder Beziehung auf den Standard der Lebenszeit.

Beim Entdecker des astronomischen Potentials der Teleskopie wird die Zeitbedingung der optischen Erweiterung der Gegenständlichkeit so etwas wie eine Formel der theologischen Vorsicht und Demut, wenn man nicht sagen will, der selbsterhaltenden List. Diese Wahrheit sei den Scheiterhaufen nicht wert gewesen, hat Camus gesagt, und so sagt es sich leicht, nachdem unverkennbar geworden ist, daß weder die Wissenschaft noch andere Heilbringer überhaupt solche Wahrheiten mitzuteilen haben. Aber Galilei wußte das nicht. Was er tat, ist folgendes: Er nimmt die kopernikanische Endgültigkeit eines Fazits der Astronomie zurück in den Vorbehalt, dem menschlichen Geist bleibe da noch sehr viel, unendlich viel zu tun, da er seine Vermutungen doch niemals vollends in Einsichten umsetzen könne.

Als er seinen »Dialog über die Weltsysteme« abgeschlossen hatte, machte ihm der Zensor zur Auflage, den von ihm für besonders

---

57 Ludwig Feuerbach, Grundsätze der Philosophie der Zukunft (1843) § 12.

durchschlagend gehaltenen Rückschluß aus dem Phänomen der Gezeiten auf die reale Bewegung des Erdkörpers unter den ausdrücklichen Vorbehalt zu stellen, die Möglichkeiten der göttlichen Allmacht seien vielfältig, solche Phänomene hervorzubringen, so daß für eine bestimmte menschliche Theorie eindeutige Gewißheit nicht erlangt werden könne. Wenn diese Formel die in ihr intendierte Resignation gegenüber *allen* Theorien nicht erreichen konnte, versetzte sie doch wenigstens *jede* theoretische Anstrengung in einen unaufhebbaren Wartestand gegenüber *ihren* Aussichten auf Bestätigung.

Galilei hatte eine erkenntnistheoretische Grenzvorstellung für die mathematischen Disziplinen. Deren Evidenz sollte keinen Unterschied zwischen dem göttlichen und dem menschlichen Intellekt zulassen. Zwar war die Gezeitentheorie im »Vierten Tag« des Dialogs keine mathematische Demonstration, aber es blieb zumindest ungewiß, ob und wie die zum astronomischen Gegenstand avancierte Erde in ihren globalen Phänomenen dem absoluten Rang jenes mathematischen Erkenntnisideals zugeordnet werden konnte. Wenn Galilei die Physik mathematisierte, konnte diese nicht ohne Anteil an der erkenntnistheoretischen Auszeichnung der Mathematik bleiben. Als er dennoch den ihm auferlegten Vorbehalt akzeptierte, schuf er ein offenes Ärgernis dadurch, daß er ihn der Figur seines Dialogs in den Mund legte, die ständig den kürzeren zu ziehen pflegt und im Saldo der Verlierer ist, dem Simplicio.

Aber dieses offene Ärgernis verdeckt nur das substantielle: der theologische Vorbehalt wird zur temporalen Vorläufigkeit, er wandelt sich in kinetische Energie des theoretischen Prozesses. Die möglichen Theorien sind, wenn schon nicht absolut qualifizierbar, doch nicht gleichermaßen von ihrer Norm entfernt. Das rechtfertigt die Anstrengung, sie zu verbessern. Im Dialog läßt Galilei mit großer Geschicklichkeit den Salviati auf den Vorbehalt erwidern: Diese wahrhaft als engelsgleich bewundernswerte Lehre ließe uns doch die Möglichkeit, den Aufbau des Weltalls zu untersuchen, auch wenn wir nicht beanspruchen dürften, das Werk der göttlichen Hände in seiner wirklichen Beschaffenheit zu durchschauen.

Die Anerkennung des Vorbehalts erlaubt Bewegung in einem Spielraum der demütig zugestandenen Vergeblichkeit, innerhalb dessen jeder Stillstand als Schein definitiven Anspruchs verdächtig werden könnte. Man darf die kopernikanische Lehre nicht als wahr behaupten, aber gerade deshalb wird es geraten, damit fortzufahren, die Gegenstände, auf die sie sich bezieht, immer genauer zu untersuchen. Das Fernrohr hatte erwiesen, daß da noch weiteres zu untersuchen war; der Fundus der Tradition hatte die Möglichkeiten nicht ausgeschöpft. Der Generalvorbehalt wird im Munde Galileis zur Umkehrung der Resignationsformel: die Erlaubnis, trotz und wegen der endgültigen Vergeblichkeit das Werk der Schöpfung zu durchforschen, verhindert das Erlahmen und Erliegen der Regsamkeit des menschlichen Geistes und entspricht darin einer der grundlegenden Voraussetzungen der noch und wieder gültigen Scholastik, die natürlichen Möglichkeiten des Menschen seien als solche Rechtfertigungen ihrer Realisierung.

Das neue Ausgreifen in der Zeit ist so das immanente Nebenprodukt der erzwungenen Unbestimmtheit. Dieser Surrogatcharakter der Zeit für den absoluten Anspruch hatte seine formale Vorprägung gefunden in den Diskussionen der antiken Stoa über die Frage, ob der unbedingte Anspruch der ethischen Normen jeden Vorbehalt und jede Vorläufigkeit ausschließen müsse – nach dem Ausspruch des Chrysipp, in der Ethik sei bloßer Fortschritt genauso schlecht wie gar keiner[58] – oder ob die ethische Norm Regel der Annäherung in der Zeit sein könne. Die Analogie von ethischem und theoretischem Ideal beruht auf einer der elementaren Denkfiguren, mit denen die Vernunft immer wieder zu tun bekommt und die in bezug auf die Zeit als ›Besserungsverbot‹ bezeichnet werden könnten. Ein solches ist unter den Heilbringern am prägnantesten von Sigmund Freud ausgesprochen worden in der Vorschrift, der Analysand dürfe nicht merken, daß es ihm besser gehe, weil er sonst in dem Willen nachlasse, vollends gesund zu werden.

Der Zeitbedarf der Astronomie hat sich verändert. Es kommt nicht mehr nur darauf an, den großen Zeitabstand zwischen Datenbasis und Datenvergleich zu gewinnen wie zwischen Hipparch, Ptolemäus und Kopernikus. Vielmehr ist nun die Zeitstrecke sowohl für die Forschung als auch für die Aneignung ihrer Ergebnisse in kleine Distanzen zu zerlegen, wie in einer stetigen Folge von Schritten zu

---

58 Stoicorum Veterum Fragmenta, ed. Arnim, III 530.

Die Wahrheit – Tochter der Zeit?

durchqueren und dadurch zum ›Fortschritt‹ zu integrieren. Gegen Ende jenes »Vierten Tags« im Dialog Galileis tritt diese Konzeption unter ihrem Doppelaspekt auf. Sagredo vergleicht den unter der Führung Salviatis zurückgelegten Weg zum Verständnis der neuen Astronomie mit der Besteigung eines hohen Turmes: der unwissend auf das Bauwerk Zugehende, der noch nie die Vorrichtung einer Treppe gesehen hat, wird sich nicht zutrauen, jemals anders auf die Spitze des Turmes gelangen zu können als im Fluge. Wenn man es ihm zeige, begreife er das Prinzip einer Treppe als die Zerkleinerung der pauschalen Turmhöhe in Einzelschritte sehr leicht und benutze sie, sobald er sie innerhalb des Bauwerks vorfindet. So sieht Sagredo auf seinen viertägigen Kurs in der neuen Astronomie zurück: wie das Ersteigen einer Stufe fast keine Mühe mache, so seien ihm die vorgetragenen Behauptungen Schritt für Schritt so klar geworden, von Fall zu Fall sei so wenig, fast nichts Neues hinzugekommen, daß ihm der Fortschritt klein oder ganz verschwindend erschienen sei.[59]

Am Ende dieses Aufstiegs auf die Höhe des Turms, im Überblick über das Erreichte, bleibe aber, so Sagredo, eine letzte Schwierigkeit. Sie interessiert hier sachlich sehr wenig; wichtig ist jedoch die Technik ihrer Lösung, die Galilei im Dialog vorführt, indem er unmittelbar an das didaktische Modell der Turmbesteigung in kleinen Schritten anknüpft.

Er projiziert die Überwindung der Turmhöhe mittels des Prinzips der Treppe auf die Ebene der Zeit. Die Schwierigkeit, die Sagredo zu bedenken gibt, besteht in der Vorhaltung, die Jahresbewegung der Erde um die Sonne könne nicht gleichmäßig verlaufen, wenn das System von Erde und Mond physikalisch als ein Teilsystem behandelt werde. Werde dieses Teilsystem im Verhältnis zur Sonne als ein Pendel betrachtet, so habe es je nach dem Stand des Mondes in Konjunktion oder Opposition zur Sonne eine verschiedene Länge. Entsprechend müsse die Geschwindigkeit der Erde auf ihrer Jahresbahn nach der Umlaufperiodik des Mondes schwanken. Da aber eine solche Unregelmäßigkeit von den Astronomen nicht be-

---

59 Galilei, Dialogo IV (ed. Rizzolo, I 593): ... *e come nel salire un grado non è fatica veruna, cosí ad una ad una delle vostre proposizioni mi son parse tanto chiare, che, sopraggiugnendomi poco o nulla di nuovo, piccolo o nulla mi sembrava essere il guadagno* ...

obachtet worden sei, könne die zugrunde liegende Annahme der Jahresbewegung nicht richtig sein.

Salviati antwortet, weit ausholend, mit einer ›apriorischen‹ Kurzgeschichte der Astronomie unter dem Gesichtspunkt des Zeitaufwandes für die Objektivierbarkeit der Phänomene. Da es sich bei dem angenommenen Sachverhalt um eine kurzfristige Periodik handeln würde, könne die für die Einholung der Beobachtungsgenauigkeit erforderliche Zeitbasis nicht problematisch sein. Im Unterschied zu allem, was bei Kopernikus und Giordano Bruno zu dieser Thematik zu finden war, ist nicht nur die Vergangenheit als Zeitrahmen für astronomische Feststellungen gesehen, sondern ausdrücklich auch die Zukunft einbezogen. In ihr und durch sie werden nicht nur die bekannten, aber noch nicht entschiedenen Fragen der Astronomie weitergeführt, sondern sogar noch unbekannte Probleme aufgeworfen, die sich als solche erst in der Zeitdimension herausstellen könnten.[60] Der vergangene Fortschritt gewährleistet den zukünftigen, die gelösten Fragen werfen neue auf, wie die kopernikanische These von der Jahresbewegung der Erde die Frage nach der vermeintlichen Mondperiodik ihres Umlaufs. Zwar erscheint Kopernikus als ein herausgehobenes Datum in der Geschichte der Astronomie: bis dahin war eine so elementare Frage wie die nach der Reihenfolge der Weltkörper und der Anordnung der uns bekannten Teile des Universums ungelöst gewesen. Aber die Theorie der einzelnen Planeten sei ein ungelöstes Problem geblieben, wie sich inzwischen durch die Beobachtungen des Tycho Brahe für den Mars gezeigt habe. Von Keplers Lösung des Marsproblems hat Galilei also keine Notiz genommen oder jedenfalls nicht in der Weise der Anerkennung einer epochalen Leistung. Sonst würde er nicht gerade dieses Beispiel als das eines noch offenen Problems wählen, das den Astronomen große Mühe verursache und die Gegenwart als bloßes Durchgangsstadium des theoretischen Prozesses erscheinen lasse.

Man darf also die behauptete Unregelmäßigkeit der Jahresbewegung aus der spekulativen Übertragung des Pendelgesetzes auf

---

60 Galilei, Dialogo IV (ed. cit. I 593 f.): *... dico che benché l'astronomia nel corso di molti secoli abbia fatto gran progressi ... non però è ella sin qui arrivata a segno tale, que moltissime cose non restino indecise, e forse ancora molt'altre occulte.*

den Systemzusammenhang von Sonne, Erde und Mond nicht schon deshalb in Zweifel ziehen, weil sie bisher nicht beobachtet worden sei. Galilei läßt Salviati die wichtige Bemerkung machen, daß dieses zu vermutende Phänomen nicht nur bisher noch nicht festgestellt, sondern *vielleicht noch niemals untersucht* worden sei. Ob die Zeit nach dem Muster der schrittweisen Durchmessung genutzt werden könne, hänge davon ab, welche Fragen überhaupt gestellt werden. Das erscheint nur deshalb als Trivialität, weil uns das betriebliche Organisationsprinzip von Wissenschaft selbstverständlich geworden ist, alles zu messen, was gemessen werden kann, und die Genauigkeit von Messungen so weit zu steigern, wie sie gesteigert zu werden vermag.
Galilei erscheint es noch als selbstverständlich, daß Unregelmäßigkeiten nur auffallen können, wo sie bereits vermutet worden sind. Die Erzeugung von Aufmerksamkeit durch spekulative Vermutungen ist deshalb ebenso Bedingung des Fortschritts wie die Verfeinerung des Instrumentariums zur Erlangung besserer Beobachtungswerte. Man darf also annehmen, daß die durch Tychos Beobachtungen entstandenen Schwierigkeiten der Marsbahn die ›Reflexion‹ auf die etwaigen Unregelmäßigkeiten der Erdbahn, wie sie Galilei hier vortragen läßt, durch Analogieverdacht erst ausgelöst hatten. Daß die theoretische Neugierde als solche nicht ausreichen könnte, um einen theoretischen Prozeß in Gang zu setzen und zu halten, ist eine ganz unerwartete Unterstellung. Es gibt den ewigen Vorrat der Probleme einer wissenschaftlichen Disziplin nicht. Die Feststellung, daß eine bestimmte und nicht bedeutungslose Frage bis dahin überhaupt noch nicht gestellt oder daß ein bestimmbares Phänomen nicht mit dem ihm zukommenden Wissensinteresse erforscht worden sei (*non si è parimente con intera curiosità ricercato*), ist in ihrer damaligen Neuartigkeit kaum noch erfaßbar.
Eine eigentümliche Vorschrift historischer Analysen ist, daß die Entfernungsweite eines Belegs vom spezifischen Ursprung seines Inhalts die Intensität der Wirkung bezeugt. Als für die Astronomie die traditionell zur Verfügung stehenden Zeiträume zu klein geworden waren, weil sich Veränderungen und Periodizitäten als immer langfristiger herausstellten, brauchte der einfache Grundgedanke, die Welt müsse viel älter sein als die biblisch begründete Chronologie bis dahin anzunehmen gestattete, noch viel Zeit, ehe

er als Beunruhigung in entferntere Bezirke des Denkens eindrang. Zumeist geschieht das als stützendes Nebenargument für eine auf riskante Begründungen angewiesene These. Beispiele sind unvermeidlich kurios. 1655 veröffentlichte Isaac La Peyrère in Paris sein Buch über die Präadamiten. Es eröffnete einen langwierigen, unter vielerlei Aspekten ablaufenden Streit über die Frage, ob es vor dem biblischen Adam andere Menschen gegeben habe. Es ist klar, daß mit dieser Spekulation exegetische Schwierigkeiten am alttestamentlichen Doppeltext zu beheben gewesen wären. Keine der wichtigsten, aber doch eine, die den Streit ›modernisierte‹, bezog sich auf die sehr alte, etwa schon bei Philo von Alexandria behandelte Annahme, der Patriarch Abraham sei ein hervorragender Astronom gewesen. Natürlich diente diese Spekulation auch der Behebung des Ärgernisses, eine solche Weisheit und Wahrheit könnte ihren Ursprung bei heidnischen Götzendienern genommen haben. Dies zu vermeiden, wurde Abraham zum Lehrmeister der Ägypter in der Astronomie und ihren Folgekünsten, der Astrologie und Magie, ernannt. Die Exegeten der jüdischen und christlichen Tradition hatten es leicht, Abraham diese hervorragende Rolle zuzuschreiben, weil sie nach der Herkunft seines Wissens nicht allzu genau zu fragen brauchten; es war da immer die Aushilfe eines höheren Beistandes zur Hand. Eben das aber wird im 17. Jahrhundert schwieriger durchzusetzen.

Der Verfechter des Präadamitismus La Peyrère kann daher ernsthaft die Frage aufwerfen, ob Abraham überhaupt zu einer soliden Astronomie kommen *konnte*. Der springende Punkt bei diesem Problem war, ob die nach der Bibel errechenbare Zeitspanne zwischen Adam und Abraham ausreichte, um die Astronomie in den fortgeschrittenen Zustand zu versetzen, der auf die Ägypter solchen Eindruck machte, daß sie zu Schülern des Patriarchen werden wollten. Diese These von den Menschengenerationen vor Adam erlaubte es nun La Peyrère mühelos, zwar eben nicht Adam als den ersten Menschen, dafür Abraham als den großen Astronomen zu retten. Er ließ ihn das Erbe einer so viel langfristiger gewordenen Tradition der Himmelsforschung antreten. La Peyrère kann bei seinem Publikum als bereits geläufige Prämisse voraussetzen, daß Astronomie unter der Bedingung langer Zeiträume und gesicherter Tra-

dition steht und als solche in der Kürze der ersten Menschheitsfrühe nicht realisiert werden konnte.[61]
Schnell jedoch erscheint eine Erweiterung der Menschheitsgeschichte um einige Generationen nach rückwärts als allzu bescheiden für die neuen Zeitbedürfnisse dieses Faches. Bei einem weitverbreiteten Autor am Anfang des folgenden Jahrhunderts wird die Verlängerung der Zeitbasis schon großzügiger. Jakob Brucker, Lehrmeister des 18. Jahrhunderts in der Geschichte von Philosophie und Wissenschaft, wendet sich gegen das nach seiner Meinung immer noch vorherrschende *praejudicium antiquitatis* ausgerechnet mit Hilfe der These von den Präadamiten. Jenes Vorurteil, der grauen Urzeit besondere Weisheit und hochstehende Wissenschaft zuzuschreiben, die sich erst im Laufe der Zeiten in barbarischen Greueln verloren hätten, beruhe auf der Voraussetzung, die Menschen der frühen Zeit hätten vertrauteren Umgang mit den Göttern gehabt und von diesen ein Depositum an Wissen und Fertigkeiten empfangen. Selbst Plato gehe mit diesem Gedanken liebevoll um, wenn er im »Philebos« von den Alten sage, sie hätten noch in größerer Nähe der Götter gewohnt.

Für Brucker ist diese Umkehrung des Fortschrittsgedankens unerträglich. Er erwehrt sich ihrer mit dem Argument der Inkongruenz von Lebenszeit und Weltzeit. Hatte La Peyrère noch den biblischen Lehrmeister der Astronomie retten wollen, indem er seinen theoretischen Hochstand mit der durch die präadamitische Epoche verlängerten Tradition zu beglaubigen suchte, so liegt für Brucker die Anstößigkeit dieser Konstruktion darin, daß sie das Zugeständnis verlangt, *nach* Abraham und den von ihm belehrten Ägyptern sowie einigen anderen habe die Menschheit mit dieser Errungenschaft offenbar nichts mehr anzufangen gewußt und deren Wissenschaft wieder verloren. Unter der Prämisse des Langzeitbedarfs der Astronomie läßt Brucker ihren möglichen Fortschritt erst sehr viel später kulminieren, nämlich in der Nähe seiner eigenen Gegenwart, die dabei als ›späte Zeit‹ erscheint. Der auf dem Kaukasus gefesselte Prometheus figuriert jetzt für die Langzeitgeduld des menschheitlichen Beobachtersubjekts. So argumentiert Brucker mit

---

61 Isaac La Peyrère, Systema Theologicum ex Praeadamitarum hypothesi III c. 8 (p. 161). – Zu La Peyrère: R. H. Popkin, The History of Scepticism from Erasmus to Spinoza. Berkeley 1979, 214–228.

La Peyrère gegen diesen: *Allein gleichwie man den Vorsatz seines Schlusses allerdings gelten lassen muß, und er einen tüchtigen Beweiß wider die vorgebliche Astronomische Wissenschaft des grauen Alterthums abgibt, weil allerdings eine viel längere Zeit, größere Application und mehrere Erfindung darzu erfordert wird, als man von denselbigen Zeiten glauben kan, also wirfft er dadurch sein eigenes Systema über einen Hauffen, indem die ruditas disciplinarum et partium eruditionis, welche zu selbiger Zeit sich gefunden, genugsam anzeigt, daß die Erschaffung der Welt und des Menschlichen Geschlechts nicht älter seye, als es uns Moses beschreibt.*[62] La Peyrère habe seinen Beweis zwar wohl ausgesonnen, aber übel angebracht.

---

62 Jakob Brucker, Kurtze Fragen aus der Philosophischen Historie von der Geburt Christi bis auf Unsere Zeiten. Ulm 1731–1736, II 823–825 (Zusätze und Verbesserungen). Prometheus als Astronom: a. a. O. I 227–229.

VIII

Universalmensch und Weltvernunft im Zeitverhältnis

Die Institutionalisierung der Wissenschaft hat gegen die lebensweltliche Diskontinuität der Erfahrungszeit deren Homogenisierung durchgesetzt. Der theoretische Fortschritt ist potentiell die Einheit *einer* Erfahrung. Dem Entwurf der Methode nach findet die Ablösung der Generationen unmerklich statt, obwohl doch in ihnen die Menschheit so offenkundig immer wieder von vorn beginnen zu wollen scheint. Das ist gar nicht so selbstverständlich, wenn man den Vorteil einer relativ konstanten Außenwelt und den der biologischen Verweildauer des Menschenkindes bei seinen Eltern als Lernphase für die Bewältigung der Realität einbezieht. Erst wenn die Außenwelt als stark veränderlich angenommen wird, gefährdet die Konstanz des erlernten Verhaltens die Anpassung an die Lebensbedingungen. Aus der Verweildauer des Nesthockers resultieren so Stärke und Schwäche, Kontinuität und Kontrast der Generationen, Konservation und Auflehnung in ihrer Ablösung. Die Institutionalität der Wissenschaft besteht gerade darin, durch die Lebensvorgänge der Subjekte, die sie betreiben, nicht affizierbar zu sein. Dadurch wird die Pluralität seiner Träger für deren theoretischen Dienst gleichgültig. Der Prozeß verläuft, als sei er der eines einzigen, in seinen Motiven und Zielen identischen Subjekts. Aus der bloßen Divergenz von Lebenszeit und Weltzeit wird eine funktionale Gegensätzlichkeit, indem die Bedürfnisse der Objektivität die der Subjektivität zur Askese zwingen. Der Anspruch, den Dimensionen der Welt gewachsen zu bleiben, setzt in letzter Konsequenz den Verzicht voraus, die Dimension der Lebenszeit als Maß der Sinnerwartungen aufrechtzuerhalten. Der Erfolg des Wissenstriebs ist gebunden an den Sinnverzicht.

Universalität war in der Renaissance als Bildungseigenschaft eines Individuums konzipiert worden, welches den Ertrag der Tradition als ein wiederentdecktes abgeschlossenes Ganzes umgreifen zu können sich auswies. Als eine auf die Dimension der Zeit bezogene Kapazität ist Universalität zuerst von Pascal in Gestalt jenes *homme universel* begriffen worden, der das durch die Geschichte hindurch lernende und die Folge seiner Erfahrungen in der wissenschaftlichen Objektivation integrierende Subjekt sein sollte. Es geht hier nicht mehr um jene Metapher für die Totalität der Geschichte, die analog zu den Altersstufen des Individuums verläuft; im Gegenteil, über Totalität wird gerade nichts mehr gesagt, weil die neue Identität die offene des Prozesses *einer* Erfahrung ist. Für sie können Kriterien der Reife und Vollendung, der Befriedigung und Sättigung nicht angegeben werden. Die klassische Metapher der Lebenswenden hat ihren Anhalt an ausgezeichneten Punkten der Geschichte verloren. Die Reduzierung auf den bloßen Fortgang der Lebensjahre bringt die Imagination um ihre Prägnanz. Es ist aufschlußreich für das hartnäckige Bedürfnis nach Orientierung an der Lebenszeit, daß die Metapher dennoch nicht umzubringen war.

Pascal hat sie in dem Fragment seiner Vorrede zu einem »Traité du vide« von 1647 in Zusammenhang gebracht mit der ihm eigentümlichen metaphysischen Grundvorstellung, daß der Mensch *n'est produit que pour l'infinité*. Für die Unendlichkeit gemacht – das bedeutet gut mittelalterlich, er sei für den Bezug auf das aktual Unendliche veranlagt, für den Genuß des *actu infinitum* und für die dieser Anschauung adäquate Unsterblichkeit. Dabei hat Pascal Schwierigkeiten mit dem Gebrauch des Unendlichen, die die Gesamtheit seiner »Pensées« durchziehen werden. Im Traktat über den leeren Raum vermeidet er sie, indem er die metaphysische Formel von der Veranlagung für die Unendlichkeit ›anwendet‹ auf das menschheitliche Subjekt, sofern es sich in der Zeit als der Dimension seiner potentiellen Unendlichkeit aus Lebenszeiten integriert. In der Betrachtung des religiösen Metaphysikers kann diese Art von Unendlichkeit zur weltlichen Minderungsform jenes anderen Unendlichen werden, deren unentwegte Vergeblichkeit gerade Stimulus des Ungenügens ist, das dem Bekehrten Aussicht auf Bekehrungen gibt. Pascals Verhältnis zum unendlichen Raum und zur unendlichen Zeit steht in den »Pensées« unter dem nie vergessenen Satz: *Le silence éternel de ces espaces infinis m'effraye.*[63] Auch wenn man annehmen muß, daß in diesem Fragment nicht Pascals eigenes Empfinden ausgedrückt ist, sondern dem atheistischen Libertin ein Ausdruck gottverlassenen kosmischen Unbeha-

63 Pascal, Pensées 206 (ed. Brunschwicg).

gens in den Mund gelegt werden sollte, so ist dies doch für die ›natürliche‹ Funktion der Unendlichkeit, als einer nur mit fremder Hilfe angstlos zu ertragenden, gleichgültig. Dem Mittelalter wie der Antike hatte vergleichsweise für potentielle Unendlichkeit als Verlaufsform der Geschichte jede Vorstellung von einer inhaltlichen Erfüllbarkeit gefehlt: die Welt war schon deshalb endlich in Raum und Zeit, weil es nur endliche Möglichkeiten gab, sie auszufüllen. Das ist vor allem für die Klaglosigkeit von Bedeutung, mit der die Kürze des Menschenlebens und der Menschengeschichte zur Kenntnis genommen worden war. Mit einer endlosen Zeit war qualitativ nichts anzufangen. Deshalb, so könnte man sagen, hatte es der Sog der Transzendenz mit so wenig Widerstand zu tun.

Descartes' Abkehr vom Mittelalter hatte in der Komplementarität zweier zunächst heterogener Elemente seines Methodenprogramms Niederschlag finden können: Vollendbarkeit der Physik schließt als deren Anwendungsfall eine vollkräftige Medizin ein, die im Inbegriff ihrer Leistungen Lebensverlängerung wäre, deren Rechtfertigung wiederum in der nun gleichfalls erst möglich gewordenen ›definitiven Moral‹ läge; Übertragbarkeit der Idee wissenschaftlicher Methode schafft Unabhängigkeit der Erkenntnis von der Lebenszeit der ihr dienenden Individuen und definiert damit implizite eine Gattungsaufgabe, deren Begrenztheit allerdings für Descartes noch selbstverständlich erschien. Sonst würde der vollendende Abschluß durch Moral und Medizin illusorisch werden. Die Methodenidee schließt also ein, daß die Menschheit Zeit gewinnt, auch wenn das Individuum sie noch nicht oder nicht ausreichend gewinnen sollte. Die wichtigste Folgerung entsteht aus der cartesischen Theorie des Vorurteils: Der Zeitdruck der Endlichkeit weicht, der Krampf der *précipitation* löst sich, Voreiligkeit in Urteilsentscheidungen bleibt nicht der Grundzug der menschlichen Intellektualität. Die logische Möglichkeit, sich vom Urteil zu enthalten (*epochê*), kann institutionell werden.

Erst die durch Methode im Erkenntnisprozeß geeinigte Gattung wäre befreit von der auf Überstürzung angelegten Erfüllungsversessenheit des Individuums. Sie kann warten oder sollte es können, bliebe nicht der Hiatus ungeschlichtet, daß das Individuum sich die Geduld der Gattung nicht leisten kann. Da liegt potentiell die Verschärfung, die Pascal einbringt, indem er mit dem unendlichen

Programm des theoretischen Prozesses zugleich die Verführung durch Faszination endlicher und diesseitiger Erfüllungen und Paradiese entkräftet. Zugleich ist bei ihm die potentielle Unendlichkeit des menschheitlichen Subjekts in der Zeit die einzig denkbare Antithese zu der erschreckenden kosmischen Unendlichkeit des Giordano Bruno. Denn als deren unweigerliche Konsequenz der ›Erfüllung‹ war nur der Pantheismus denkbar.

Es mag eine Übertreibung sein, wenn der Biograph Morris Bishop von Pascal sagt, er habe immer ein Gefühl von Weltfremdheit gehabt und die Menschheit nicht wie ein Mensch unter Menschen, sondern wie ein beobachtender gottähnlicher Besucher betrachtet. Wie es damit auch sonst stehen mag, diese Feststellung paßt auf Pascals Anschauung der Geschichte. Für ihn wird das Wesen des Menschen selbst zum Subjekt des geschichtlichen Prozesses, indem es seine Bestimmung zur Unendlichkeit darin realisiert; in jedem Augenblick dieser Geschichte kann über den endlichen Lebensrahmen der Individuen hinausgegriffen werden auf die Vergangenheit und auf die Zukunft. Die jeweils Gegenwärtigen befinden sich in derselben Situation, die die antiken Philosophen vorgefunden hätten, wenn sie ihr Lebensalter bis zu dieser Gegenwart hätten ausdehnen können.[64] Friedrich Schlegel wird dafür die gewollt blasphemische Formel finden: *Philosophieren heißt die Allwissenheit gemeinschaftlich suchen.*[65] Pascal hätte dem nicht einmal widersprochen, denn aus dem Suchen ließ sich ein Nicht-finden machen.

Die Unendlichkeitsprämisse läßt einen apokalyptischen Schluß der Geschichte zumindest nicht mehr zur Konsistenz der menschlichen Natur passen. Nicht zufällig hat der eschatologische Aspekt des Christentums bei Pascal keinen Platz; sein Gott will durch Entbehrung der Unendlichkeit, nicht durch ihre Einbrüche gefunden werden. Entbehrung steckt in der Geschichte als der Vorbehalt des Fortschritts. Daß das Universum älter wird, hat nichts mehr damit zu tun, daß es hinfälliger wird, sich seinem Ende nähert; in der Folge der menschlichen Geschlechter soll nichts anderes geschehen als in der Folge der aufsteigenden Lebensphasen des Indivi-

---

64 Pascal, Fragment d'un Traité du Vide, ed. E. Havet, 592: *... s'ils pouvaient avoir vieilli jusques à présent.*
65 Friedrich Schlegel, Athenäum-Fragment 344.

duums.⁶⁶ Das Universum wird älter, aber es altert nicht; das würde den Sinn einer Geschichte, die im Vollzug ihrer unendlichen Aufgabe nur die größere Deutlichkeit der Distanz zur Unendlichkeit findet, zerstören. Die Gunst Pascals für die Unendlichkeit der Geschichte beruht darauf, daß er sie für eine schlechte Unendlichkeit hält. Die Chance des Fortschritts liegt darin, dies immer entdeckbarer werden zu lassen: im Maße, wie er der Hinfälligkeit der Menschengattung widerspricht, steigert er die Anfälligkeit für Enttäuschung an ihrem Fortbestand.

So kann die Folge der menschlichen Generationen angesehen werden, als sei sie ein identischer Mensch, der ununterbrochen existiert und im Zusammenhang einer einzigen Erfahrung steht: *comme un même homme qui subsiste toujours et qui apprend continuellement.* Das Postulat des *homme universel*, von dem Pascal in diesem Zusammenhang spricht, gilt nicht nur für die Konstitution der Zeit einer konsistenten Erfahrung, sondern auch für die Nutzung des in dieser Zeit vollzogenen Fortschritts als eines Ertrages, der in jedem Augenblick so etwas wie die Überzeitlichkeit des Menschen voraussetzt: eine Erinnerung, die durch die Fülle der tradierten Erfahrung nicht an der eigenen hindert und zugleich die Motivation der zukünftigen offenhält. Wie sollte sonst jede Gegenwart ihren Anteil am Gesamtprozeß haben können? Noch liegt die Erfahrung der Enzyklopädie Diderots mit dem Versuch in weiter Zukunft, wenigstens einmal für eine Gegenwart die Totalität ihres Besitzes an Wissen und Können zu thesaurieren. Noch scheint die Geschwindigkeit des Fortschritts in einem erträglichen und zuträglichen Verhältnis zur Lebensdauer des Individuums und zu seiner Fassungskraft zu stehen, deren Disproportion erst im Experiment der Enzyklopädie zutage treten sollte. Diese war aufs Lesen programmiert, im Vollzug wurde sie mehr und mehr aufs Nachschlagen eingerichtet.

---

66 Pascal, Fragment d'un Traité du Vide: ... *tous les hommes ensemble y font un continuel progrès à mesure que l'univers vieillit, parce que la même chose arrive dans la succession des hommes que dans les âges différents d'un particulier.* Die Einheit der Menschheit als Bedingung ihrer Selbstverwirklichung, wenn auch ohne die Verschärfung der Unendlichkeit, zu sehen, hatte schon Dante (Monarchia I 4) in einer aristotelisierenden Formel vermocht: *proprium opus humani generis totaliter accepti est actuare semper totam potentiam intellectus possibilis.*

Erst am Ende des 18. Jahrhunderts sollte die Idee der Integration des Subjekts der Erkenntnis über die Zeit abgelöst werden durch das Ideal der kausalen Extrapolation aus der Analyse des Systems der Natur in einem einzigen Zeitaugenblick. Laplace hatte es 1795 in seiner Vorlesung über die Wahrscheinlichkeitstheorie an der Ecole Normale und dann 1814 im »Essai philosophique sur les probabilités« als Fiktion einer Intelligenz vorgestellt, die zwischen Vergangenheit und Zukunft keinen Unterschied zu machen brauchte, weil sie für jeden beliebigen Zeitpunkt den Weltzustand in Differentialgleichungen anzugeben vermöchte. Für diese Art von Weltgeist und sein Instrumentarium wäre die Richtung der Zeit ebenso wie ihr Quantum gleichgültig geworden. Das 19. Jahrhundert sollte gern verschweigen, daß Laplace selbst dieses Ideal nicht zufällig in einem Traktat über die Wahrscheinlichkeit ausgesprochen und seiner Definition als einzig unabtrennbare Einschränkung hinzugefügt hatte: *Alle Anstrengungen in der Suche nach Wahrheit gehen dahin, den menschlichen Geist dieser Intelligenz zu nähern, von der er aber immer unendlich weit entfernt bleiben wird ... Zu einem Teil auf diese Unwissenheit und zum anderen Teil auf unser Wissen bezieht sich die Wahrscheinlichkeitsrechnung.* Für die Fiktion des Laplace liegt alles an der Gleichzeitigkeit ihrer Ausgangsbedingung: *ein* Weltzustand muß vollständig und zuverlässig bestimmbar sein.

Ein anderer Weltgeist, der des Historismus, läßt sich dem vorgreifend kontrastieren: Er ist schlechthin endzeitlastig. Er ist alles und weiß alles, sich selbst vor allem, erst am Ende. Die Zeit ist das ihm am wenigsten Gleichgültige. Während der Weltgeist der naturwissenschaftlichen Erkenntnis die Identität des Subjekts in der Zeit dadurch überflüssig macht, daß in jedem ihrer Augenblicke unüberbietbar enthalten ist, worüber in jedem anderen verfügt werden kann, stellt der Weltgeist der Historie in seiner Konsequenz die Identität des Subjekts über die Zeit insofern wieder in Frage, als dessen vergangene Erfahrung nicht mehr ohne weiteres als ›die seinige‹ prädiziert werden kann. Allenfalls bleibt seine Bemühung, sie als die Erfahrung eines anderen Selbst zu ›verstehen‹. Erfahrung akkumuliert sich nicht mehr und nicht ohne weiteres und wie von selbst über die Zeit, sondern über den unsicheren Vermittlungsweg einer Verständigung, die sich selbst als Verstehen versteht. Wollte man ein wenig modernisieren, würde man das als die ›Kommunikationsschwierigkeiten‹ der Menschheit in der Dimension der Zeit – statt in der des Raumes – bezeichnen. Die Divergenz von Lebenszeit und Weltzeit nimmt die spezifische Form der Differenz von Lebenszeit und Geschichtszeit an. Die Idee der Einheit des Subjekts sinkt vom Status des auf der Natur des Menschen begründeten Postulats zurück auf die der bloßen Fiktion, der rhetorischen Figur, der agitatorischen Vereinfachung: Weil ein *handelndes* Übersubjekt benötigt wird, um der Geschichte Zuverlässigkeit zuzutrauen, muß ein sie *erfahrendes* angenommen werden.

Vielleicht ist es nützlich, in diesem Ausblick auf Folgerungen und Folgen eine Datierung zu versuchen. Fast in demselben Augenblick, in dem Laplace und Schlegel ihre Ideen von Allwissenheit aussprechen, findet sich in dem Briefwechsel zwischen Goethe und Schiller am 21. Februar 1798 eine für das Selbstvertrauen der Naturwissenschaft höchst aufschlußreiche Bemerkung Goethes. In bezug auf die Natur heißt es, daß *die ganze Menschheit sie wohl begreifen könnte*; dies aber stehe unter einer unerfüllbaren Bedingung, weil die ganze Menschheit *niemals beisammen* sei. Das wiederum erlaube der Natur, sich vor dem Menschen zu ›verstecken‹. Es ist der konstitutive Mangel an geschichtlicher Identität, der die Natur zum unerreichbaren Geheimnis macht. Die Sprache ist nur Ausdruck dieses Mangels. Das klingt in der Antwort Schillers vom 27. Februar an, wenn er sagt, die Sprache habe zwar eine *der Individualität ganz entgegengesetzte Tendenz*, könne aber dennoch die Eigensinne nicht überbauen. Das heißt doch auch und immer: Was in der Anschauung gewonnen wird, geht in das Medium der Sprache nicht ein, wird nicht transportfähig für die Geschichte, konstituiert nicht deren Übersubjekt als das der Natur adäquate. Die gerade gewonnenen Ideen der Totalität bedingen auch schon den Schmerz der Entzugserfahrungen.

IX

Die Vernunft bekommt eine Geschichte

Goethes Bemerkung über das, was die Menschheit, sofern sie sich als ein Ganzes vereinigen ließe, an der Natur vermöchte, ist im vorletzten Jahr eines Jahrhunderts ausgesprochen, in dem sich erstmals große Beispiele gezeigt hatten, wie Naturforschung in einem weltumspannenden Verbund tätig und erfolgreich werden konnte; von dieser Art war die große Meridianvermessung der Jahre 1735-1737 durch Expeditionen nach Südamerika und Lappland, die die vorausgesagte Abplattung des Erdkörpers bestätigte. Dasselbe galt für die Suche nach Parallaxen und Aberrationen am Sternenhimmel entweder gleichzeitig von entfernten Punkten der Erdbasis oder von einander entgegengesetzten und zeitlich distanten Punkten der Erdbahn. Die Organisierbarkeit von Forschung als Institution ließ das Unmaß des Raumes bestimmbar und in den Dimensionen des Erdkörpers überwindbar erscheinen. Was das Unmaß der Zeit betraf, bedurfte es zweier Ansätze, um die episodische Stellung des Menschen in dieser Erstreckung der Realität erahnbar zu machen: der Entdeckung der endlichen Größe der Lichtgeschwindigkeit an den periodischen Schwankungen der Umlaufzeiten des innersten der vier Jupitermonde durch Olaf Römer 1676 und, ein Jahrhundert später, des Aufkommens kosmogonischer Theorien mit dem ersten Höhepunkt in Kants »Allgemeiner Theorie und Naturgeschichte des Himmels« von 1755.

Der Zeitbedarf für eine genetische Darstellung des Universums ist nicht notwendig repressiv gegen den Anteil des Menschen an der Weltzeit. Die Atomistik, in der Nachfolge des Demokrit und des Epikur wie des Lukrez, hatte das Zeitthema – das ihres Aufwands für die Entwicklung der Welt im Übergang von den Atomwirbeln zu gestalteten und organischen Verhältnissen unter Einschluß des Menschen – gar nicht erst aufgeworfen. Im Prinzip war es eins: einen Kosmos entstehen zu lassen *und* darin einen Menschen. Eine erhebliche Disproportion des Zeitbedarfs für jenes und für dieses brauchte es nicht gegeben zu haben, hätte Epikur die Frage in seiner verlorenen »Physik« erörtert; was übrigens unwahrscheinlich ist. Zumindest die Gattungsdauer des Menschen wäre ein angemessener, zu Zweifel und Selbstwertdepression keinen Anlaß gebender Anteil an der Weltzeit gewesen, was für die Atomistik immer hieß: an der Weltzeit der unendlich vielen Welten. Mit jeder Welt gab es eo ipso den Menschen. Die Ausdehnung auf die Vielheit blieb unbedeutend, weil als fraglos vorausgesetzt werden durfte, daß in jeder der unendlich vielen Welten das Repertoire gestalteter Vorkommnisse aus dem Fundus der Atome sich wiederholen müsse. Diese Selbstverständlichkeit jedoch, die die Grundidee des antiken Kosmos in jede seiner untereinander unverträglichen Theorien hineintrug, konnte keine der neuzeitlichen Kosmogonien übernehmen.

Ausgenommen von dieser Minderung des Weltvertrauens ist das Vorkommen der Vernunft in den Welten. Welche Varianten auch dem weltbildenden Zufall entsprungen sein mochten und noch entspringen konnten – zur Vernunft mußte es schließlich überall reichen. Sie selbst war nicht der Zufall, sonst wäre die in ihren Kosmologien sich auslegende Aufklärung ihrerseits nur ein Zufall in der Weltgeschichte gewesen. Für ihren Begriff der Vernunft liegt der Reiz einer Vielheit von Welten gerade in der argumentativen Hilfe, den irdischen und menschheitlichen Zustand der Vernunft weder als repräsentativ noch als endgültig erscheinen zu lassen. Das Universum sollte Aussichten auf Künftiges als Gleichzeitigkeit von nur räumlich Entferntem vorstellig machen. Noch war der Gedanke außerhalb jeder Reichweite, die horrende Distanz zu etwa vernunftbewohnten Welten würde die ›Nutzung‹ ihrer Gleichzeitigkeit unmöglich machen. Bis in die Gegenwart hinein weigern sich die Freunde astronautischer und astronoetischer Kommunikation, den Einwand ernst zu nehmen, die kosmischen Entfernungen könnten einen alles Menschengeschichtliche überschreitenden Zeitbedarf für Kontakte mit anderen Vernunftwesen erfordern, so daß Berechnungen der Wahrscheinlichkeit ihrer Existenz den menschlichen Erwartungen, davon auch nur Gewißheit zu erlangen, geschweige denn daran teilzunehmen, wenig hilfreich sein müßten.

Unaufholbarkeit der in Zeitverbrauch umzusetzenden Raumdistanzen schlummerte in der Entdeckung Römers. Zunächst erschien sie als eine unbedeutende Abweichung von der Annahme der augenblicklichen Ausbreitung des Lichts: Etwas weniger als sofort konnte alles in der Welt als geschehen wahrgenommen werden.

Allmählich wurde dies zu einer der großen Enttäuschungen der Vernunft: An der Größe der Lichtgeschwindigkeit im Verhältnis zu den sich auftuenden kosmischen Entfernungen zeigte sich ein begrenzter Wirklichkeitszugang des Menschen, eine wachsende Verspätung seiner Erfahrung von der Totalität des Universums und die Unmöglichkeit einer Kommunikation mit Bewohnern aller anderen Welten. Das Licht, beherrschende Metapher für Wahrheit und Erkenntnis, wandelte sich in deren Hindernis und zur Isolierung des vom Standort Erde her zugänglichen Weltausschnitts, entgegen dem Postulat der Austauschbarkeit aller Beobachterpositionen.

Als Umschlag der Metapher, als ihr Niedergang deutete sich an: Die Welt war ein träges Medium für die Ausbreitung der Vernunft. Daß sie überallhin schnell mitgeteilt, ihre Einsicht augenblicklich ausgewertet und vor allem realisiert werden könne, brach sich als Erwartung allein daran, daß noch die schnellste Bewegung in der ganzen Natur eine langsame war, die konstitutive Verspätung auch geistiger Wirkungen anzeigte. Allerdings würde erst die Überschreitung von Zeitmaßen der Geschichte die Metapher vollends unbrauchbar machen. Noch Schopenhauer konnte 1840 festhalten, daß *die wirklichen Erleuchter der Menschheit das Schicksal der Fixsterne teilen, deren Licht viele Jahre braucht, ehe es bis zum Gesichtskreise der Menschen herabgelangt*.[67] Schon 1848 wird die negative Tendenz der Lichtgeschwindigkeitsmetapher in einem Artikel der »Neuen Rheinischen Zeitung« von Marx erkennbar, wenn er über die Unverwechselbarkeit der preußischen Märzrevolution desselben Jahres von der englischen Revolution des Jahres 1648 und der französischen des Jahres 1789 sagt: *Während 1648 und 1789 das unendliche Selbstgefühl hatten, an der Spitze der Schöpfung zu stehen, bestand der Ehrgeiz des Berliner 1848 darin, einen Anachronismus zu bilden. Ihr Licht glich dem Licht der Sterne, das uns Erdenbewohnern erst zukommt, nachdem die Körper, die es ausstrahlen, schon 100 000 von Jahren erloschen sind. Die preußische Märzrevolution war im Kleinen, wie sie alles im Kleinen war, ein solcher Stern für Europa. Ihr Licht war das Licht eines längst verwesten Gesellschaftsleichnams.*[68] Es lag nahe und

---

67 Schopenhauer, Die beiden Grundprobleme der Ethik. Vorrede zur ersten Auflage von 1840 (Sämtliche Werke, ed. W. v. Löhneysen, III 506).

Die Vernunft bekommt eine Geschichte 183

immer näher, daß auch die Vernunft Zeit und immer mehr Zeit brauchen würde.

Ob die rhetorische Hyperbel doch wieder harmlos erscheint, hängt von der Verzögerung des Betrachters ab, der etwa schon die Milliarden an Lichtjahren im Ohr hat, die die Kosmologie in der zweiten Hälfte des 20. Jahrhunderts beherrschen, oder ob er an der Wende zu diesem Jahrhundert die nächstgelegene große Weltinsel, den Andromeda-Nebel, noch in der durchaus lebenszeitgemäßen Entfernung von 20 Lichtjahren (nach Bohlin) vorstellig haben sollte. Dann hätte die Spanne eines Lebens gerade noch ausgereicht, einen (damals noch nicht möglichen) Funkspruch in den Weltraum abzusetzen und auf die Antwort 40 Jahre zu warten. Alle sichtbaren Fixsterne – als innerhalb unserer Galaxie gelegen – wären zu mehrfachem Lebenszeitdialog disponiert gewesen. Ein halbes Jahrhundert später waren die Annahmen über die Entfernung des Andromeda-Nebels nahe der Millionengrenze, um alsbald diese noch weit über zwei Millionen Lichtjahre zu überspringen. Sinnlos, den Verkehr jemals aufzunehmen, auch nur im Gedanken.

Daß sich nicht nur das Individuum, sondern die Menschheit im ganzen und sogar ›das Leben‹, beginnend vom Protozoon, in der Geschichte der Natur verlieren würden, wie sie sich im Raum längst verloren hatten, lag verborgen und beschlossen schon im Grundgedanken einer sich aus der reinen Ungestalt der Materie entwickelnden Welt: Der ursprüngliche und zeitlich wie räumlich überwiegende Weltzustand wurde der der Unmöglichkeit allen Lebens. Auch wenn die frühe Kosmogonie, in einer Art von temporalem Übersehen der kopernikanischen Veränderung, die Hervorbringung des Lebens und des Menschen noch als Höhepunkt und Abschluß des Weltprozesses kennzeichnete, konnte sie doch deren zeitlich-quantitativen ›Grenzwert‹ nicht mehr verstecken, mochte auch eine Episodizität ›nach vorn‹, ein Wiederausscheiden aus der Weltkonfiguration, noch nicht gleichermaßen zwingend erscheinen – es sei denn als Vorbehalt einer Eschatologie. Die Verlorenheit des Menschen in der Zeit hatte ganz andere Bewußtseinsvirulenz als die vorhergehende im Raum: Diese war nur ein metaphorisches Indiz, das einer zuvor versicherten oder vermeinten Zentralstellung

68 Marx, Die Bourgeoisie und die Konterrevolution. In: Neue Rheinische Zeitung vom 10.–31. Dezember 1848 (Politische Schriften, ed. H.-J. Lieber, I 72 f.).

widersprach, während jene Ausdruck eines Sinnverlustes war, der die Geschichte im ganzen betraf, die Bedeutung weniger der Welt für den Menschen, als des Menschen für die Welt zu minimieren drohte.

Der Anfang zu dieser Sezession liegt bei einem Streitpunkt von harmlosem Aussehen, der noch ganz in die Typik der *Querelle des Anciens et des Modernes* zu gehören scheint, indem er einen eher ästhetischen Makel am Universum geltend macht, den die Alten nicht hätten wahrhaben wollen. Die Natur der Gestirne sollte, im Gegensatz zu der alles Irdischen, von reiner Unvergänglichkeit und demzuvor absoluter Unveränderlichkeit sein. Unter den guten Gründen, dies anzunehmen, war auch der, die Erzeugung und meßbare Darstellung der Zeit erfordere solche Gleichmäßigkeit der Bewegungen, daß Veränderungen der bewegten Körper als solcher schon vom Zeitbegriff her ausgeschlossen sein mußten. Nun sieht man leicht, daß unter allen denkbaren Veränderungen die einer Entwicklung des Ganzen die größte annehmbare ist; umgekehrt also der Weg zur Zulässigkeit einer kosmischen Entwicklungsgeschichte über die Zulassung von Veränderlichkeit überhaupt führen mußte, und sei es mit dem geringsten der empirisch erzwungenen Zugeständnisse.

Die kleinste mögliche Irritation an den Himmelserscheinungen ließ sich in den im übrigen ästhetischen Streit um den Vorrang von Antike oder Moderne gut einbringen. Dieser Streit nämlich hatte auch mit dem Vorteil des für die Moderne längeren Zeitumsatzes zu tun: Größere Erfahrung sollte den Vorzug bedeutenderer Leistung naturgemäß einschließen können. *Zwerge auf den Schultern von Riesen* – diese schon für das Mittelalter ausgesprochene Anschaulichkeit des Vorteils der jeweils Späteren konnte mit einem nochmals gesteigerten Selbstbewußtsein der Epoche anhebender Erhellungen und Aufklärungen ausgespielt werden. Das Argument, den Himmel betreffend, war einfach: Die Antike war für ihren Standpunkt durchaus im Recht, von der Unveränderlichkeit des Himmels zu sprechen, denn der Zeitraum der Erfahrung von Veränderungen seit den ersten zuverlässigen Feststellungen des Himmelsbestandes war noch zu kurz gewesen, um überhaupt bemerken zu können, wenn sich etwas verändert gehabt hätte. Die Voraussetzung allerdings, daß Wahrnehmbarkeit selbst eine faktische

Schwelle zwischen dem noch nicht Zugänglichen und dem gerade eben Bemerkbaren habe, war auch erst durch die neuen Optiken von Teleskop und Mikroskop vertraut geworden und hatte die Vorstellung von einer zeitbedingten Größenzunahme des Befundes über jene Schwelle hinweg eingängig gemacht. Es ging nicht mehr um die Wahrnehmung langfristiger Periodizität von Erscheinungen, die dennoch dem Gesetz der Regelmäßigkeit unterworfen gewesen wären, für die schon die antike Astronomie Vorkehrungen getroffen hatte, sondern um die Annahme reeller Unregelmäßigkeiten, etwa vom beunruhigenden und unreinen Typus der Sonnenflecken.

Die Veränderlichkeit des Himmels war zwingende Folgerung aus der Vereinheitlichung der Gesamtnatur, die in den Zug der nachkopernikanischen Naturansicht gehört. In der Herstellung des Zusammenhangs von *Querelle* und Naturerfahrung ging es nicht mehr um die allgemeine metaphysische Lizenz, am Himmel für möglich zu halten, was auf Erden wirklich war, sondern um die Begründung dafür, daß die mit so hoher Autorität ausgestatteten Alten sich hartnäckig geweigert hatten, Veränderlichkeit zuzugestehen. Jetzt mußte das unausweichlich zum Verlust jener Autorität beitragen. Es ging, mit anderen Worten, darum, die Abtragung des kanonischen Ansehens aus einem Akt der Usurpation umzuwandeln in eine geschichtliche Fatalität, die diesmal zugunsten der Jüngeren ausschlug, ohne diese als Empörer zu stigmatisieren.

Auch für den Vernunftbegriff der Aufklärung konnte sich als hilfreich erweisen, wenn die Vernunft für die Gewinnung ihrer vollen Leistungsfähigkeit auf Zeitverbrauch angewiesen war, so daß Rationalität und Geschichtserfahrung sich nicht trennen ließen. Nur so war einigermaßen begreiflich zu machen, weshalb die von Natur mit allen Voraussetzungen zum Selbstdenken ausgestattete Vernunft erst so spät Gebrauch von ihrer Potenz gemacht hatte. Die Aufklärung selbst, als Inbegriff aller Wirkungen der Vernunft, würde sich vergeschichtlichen müssen, um ihre vormalige Untätigkeit zu rechtfertigen, wie betont auch immer sie ihr Programm als Abwerfung von Geschichte, Tradition und Zeitballast stilisiert haben mochte.

Für diese Zusammenhänge ist Fontenelle eine unschätzbare Bezugsfigur. Einsicht in das, was Zeit für die Möglichkeit der Erfahrung bedeutet, gewährte ihm ein fast hundertjähriges Leben, das ein wesentliches Stück neuzeitlicher Wissenschaftsgeschichte nicht nur umspannte, sondern aus günstigster Übersicht zugänglich hatte: 1691 wurde er in die Académie française aufgenommen und 1697 deren Secrétaire perpetuel. Dort saß er im Zentrum des Netzes aktueller Information. Erkennbar wird dies an den Neuauflagen des erfolgreichsten seiner Werke, der »Gespräche über die Vielheit der Welten« von 1686. Die Vorreden, zumal zu den Auflagen von 1708 und 1714, lassen ersehen, welchen Wert er auf Berücksichtigung der jeweils neuesten Entdeckungen und Messungen legte. Was er an Entfernungen, Größen und Umlaufszeiten korrigierte, belegt Beobachtung der Mikrostruktur des Fortschritts. Sogar beim Titelbegriff der ›Welt‹ mußte er ändern, was darunter zu verstehen sein sollte: In der frühesten Ausgabe sind Sterne und Welten gleichgesetzt und die Marquise des Lehrdialogs wird dahin beschieden, sie würde mit besseren Augen als denen eines menschlichen Organismus jederzeit selbst sehen können, ob die Sterne Welten seien oder nicht; in der Ausgabe letzter Hand von 1742 wird Fontenelle den Aufklärer der Dame sagen lassen, mit schärferen Augen würde sie sehen können, ob die Sterne Sonnen seien, die – genauso wie unsere Sonne unsere Erde – ihrerseits Welten bescheinen.

In dem halben Jahrhundert der Geschichte dieses kleinen Werks hatte sich ergeben, daß die sichtbaren Sterne nicht selbst jene bewohnbaren ›Welten‹ sein konnten, um die es dem Zeitalter zugunsten eines vernünftig-wohnlichen Universums so dringlich ging. Der Anblick des gestirnten Himmels konnte nur noch mittelbar auf bewohnte Welten verweisen, indem die erkennbaren Leuchtkörper, als Sonnen nach Analogie des Zentralkörpers unseres Systems, auf zugehörige Planeten schließen ließen. Erst diese würden den auszeichnenden Kulturtitel einer ›Welt‹ verdienen, zu deren Beleuchtung und Erwärmung die Zentralsonne nur dienstbare, eben deshalb aber auch erschließende Funktion hätte.[69] Auch

---

[69] Fontenelle, Entretiens sur la pluralité des mondes, ed. A. Calame, 17: die Lesart der noch größeren ›Unmittelbarkeit‹ zu den anderen Welten – als Sternenwelten, nicht Erdenwelten – ist nur für die Ausgabe von 1686 nachgewiesen. – Ein prägnantes Beispiel für Fontenelles ›Verarbeitung‹ des theoretischen Fortschritts sind seine Änderungen an den Größenangaben für den Planeten Venus: Bis 1703 hat sie nur 1/40 der Erdgröße, wird bis 1724 eineinhalbmal so groß,

das denkbar beste aller Augen würde jetzt nicht mehr *sehen* können, worauf es ankam: eine jener vielen Welten voll Vernunft. Von ihnen zu *wissen* war exklusiv Sache der Vernunft. Zu deren Stärkung und Bestärkung sollten Fontenelles »Weltengespräche« dienen. Auf sie war der Plural ›Welten‹ bezogen. Nur sofern Wirklichkeiten zu regeln und zu formen waren, die denen auf unserem Planeten einigermaßen als vergleichbar gedacht werden konnten, ließ sich aus den in jenen anderen Welten zu denkenden Leistungen für die Leistungsfähigkeit des menschlichen Vernunftorgans etwas gewinnen.

Der Schluß, wenn es überall sichtbare Sonnen gebe, müsse es um sie herum auch dunkle und unsichtbare Erden geben, ist die zur universalen Vernunftherrschaft unerläßliche Endstufe eines Raisonnements, das die Überzeugung der Antike von der Unveränderlichkeit der Himmelskörper und damit von ihrer ganz unirdischen Sondernatur einer Beschränktheit zuschreibt, die allein unter der Entschuldigung mangelnder Erfahrungszeit steht. Die Alten hatten Veränderungen am Sternenhimmel nicht wahrnehmen können, weil sie noch nicht lange genug bei der Sache waren: *Avoient-ils eu le loisir de s'en assurer par l'experience? Les Anciens étoient jeunes auprès de nous.* Sie waren jung, wir sind die Alten – die Umkehrung durch die *Querelle*.

An dieser Stelle läßt Fontenelle das schöne Gleichnis von den Rosen und dem Gärtner folgen, die früheste Vorstufe zu Karl Ernst von Baers spezifischen Zeitmomenten der Organismen. In der hölzernsperrigen Verdeutschung Gottscheds von 1751 liest es sich so: *Wenn die Rosen, die nur einen Tag leben, Historien schrieben, und dieselben immer ihren Nachkommen hinterließen: so würden die ersten eine gewisse Abbildung von ihrem Gärtner gemacht haben, und nach 15 000 Rosenaltern würden diejenigen, die noch ihre Nachrichten aufzeichneten, nichts daran verändern. Sie würden davon schreiben: ›Wir haben allezeit denselben Gärtner gesehen; bey Rosengedenken hat man keinen andern als ihn bemerket; er ist allezeit geblieben, wie er ist. In der That, er stirbt nicht so, wie* um letzthändig 1742 gleich groß mit der Erde zu werden – was er schon 1686 durch den Nachweis von Régis hätte wissen können. Wichtiger noch ist, daß er in die Ausgabe von 1708 eine Bemerkung über die holperig-bergige Oberfläche der Venus einfügt, die uns nur wegen ihrer Entfernung vollkommen schön erscheine. Auch dies ist Annäherung des Himmels ans Irdische.

wir; ja er verändert sich nicht einmal.‹ Wäre nun dieser Vernunftschluß der Rosen gut? indessen hätte er vielmehr Grund, als die Schlüsse der Alten, von den himmlischen Körpern.[70] Schon unter tellurischen Verhältnissen also besteht jene Perspektivität der Erfahrung durch die Zeit und infolge ungleicher Zeitanteile, die auch den Erfahrungstypus der Astronomie bestimmt.

In Fontenelles Gleichnis steckt ein Kunstgriff, mit dem er die Erfahrung der Rosen von der Unsterblichkeit des Gärtners dem bloßen Tageseindruck einer Generation entzieht: Er läßt die Rosen ihre Geschichte schreiben, Memoiren hinterlassen, ein Subjekt ihrer Gattungserfahrung über die Zeit hinweg bilden. Sonst wäre ihre Ansicht vom Gärtner lächerlich und unvernünftig. Indem sie aber Tausende von Generationen überbrücken, bilden sie ein ihr Sinnesempfinden übersteigendes Organ der Erfahrung, das der Norm der Vernunft seiner Struktur nach durchaus genügt, obwohl es diejenige Kurzfristigkeit nicht überschreiten läßt, die den Irrtum über den Gärtner bewirkt. Den Rosen mag der Aufwand ihrer Historien über so viele Lebenszeiten hinweg gewaltig und jedem Zweifel entzogen erschienen sein, weil es schlechthin für den Zeitbedarf der Erfahrung kein Maß des Zureichens geben kann.

Immer ist möglich, daß Unverändertes und damit als unveränderlich Vermeintes durch bloße Erweiterung des Zeithorizonts jene Annahme durchbricht. Anders ausgedrückt: Der Fortschritt kann sich selbst blockieren, indem er irgend ein Maß seines Zeitverbrauchs als das ausreichende für die Sicherung seiner Resultate setzt. Vernunft heißt hier und hier schon, daß der Zeithorizont der Erfahrung ebenso offengehalten werden muß wie der des Raumes. Eben dies meint Fontenelle damit, daß die Menschen nach dem Paradigma des Kopernikus ihre Augen durch ihre Vernunft ersetzen müßten: *On ne persuade pas facilement aux hommes de mettre leur raison à la place de leurs yeux.*[71] War es die klassische

---

70 Pluralité des mondes V (ed. cit. 153). – Kant hat die Rosenparabel 1754, also noch vor der Theorie des Himmels, in einen Zeitungsaufsatz »Die Frage, ob die Erde veralte, physikalisch erwogen« aufgenommen. Er erläutert mit ihr den Satz: *Am meisten fehlt der Mensch, wenn er in dem Großen der Werke Gottes zum Maßstab des Alters die Reihe der menschlichen Geschlechter anwenden will, welche in dieser Zeit verflossen sind. Es ist zu besorgen, daß es mit seiner Art zu urtheilen bewandt sei, wie mit der Rosen ihrer beim Fontenelle* ... (Akademie-Ausgabe I 195).
71 Fontenelle, Œuvres, ed. Basien, II 177. – In der Eloge des Malebranche-

metaphysische Bestimmung der Vernunft, daß sie es mit den zeitenthobenen, den ewigen Wahrheiten zu tun habe, so rückt jetzt in das Zentrum ihrer Bestimmung, daß sie es jedenfalls nicht mit den Wahrheiten einer absehbar begrenzten Zeit zu tun haben könne. Obwohl das vernünftige Subjekt darauf angewiesen bleibt, sich nur der Erfahrungen bestimmter Zeiträume zu bedienen. Vernunft ist das Offenhalten der Erfahrung, oder mit einem noch nicht geprägten Terminus bezeichnet: deren regulative Idee.

Eine andere Formel für das, was Fontenelle auf seinem Beobachtungsposten als Einschnitt in die Geschichte der Wissenschaft gesehen hat, ist die von der Ablösung der Herrschaft der Worte und Begriffe durch die der Sachen: ... *le règne des mots et des termes est passé, on veut des choses*.[72] Dies ist nun zwar eine der ältesten Phrasen des immer wieder neu sich formulierenden Realismus; aber deswegen bedeutet sie keineswegs immer dasselbe.

Fontenelle bezieht sie auf einen Bruch, den er als Aufholung einer Verspätung in der Erneuerung der Wissenschaft nach dem Mittelalter erklärt: Von den antiken Disziplinen wurden zuerst restauriert die Rhetorik, die Poetik, die Architektur und Malerei, zu Lasten von Mathematik und Physik. Eben diese Abfolge und Verspätung projiziert das Verhältnis von Lebenszeit und Weltzeit auf den geschichtlichen Prozeß. Denn die bevorzugten Disziplinen jener Renaissance sind nicht nur die der ›Gefälligkeit‹, in denen dem Angenehmen der Vorzug vor dem Soliden gegeben wurde, sondern auch die der Angemessenheit an die individuelle Zeitverfügung – worin übrigens zu einem guten Teil die diskriminierende ›Gefälligkeit‹ enthalten ist. Dagegen sind die verspäteten Disziplinen solche der Rücksichtslosigkeit gegen die Lebenszeitbedingung: Disziplinen des institutionalisierten Subjekts der Theorie, der asymptotischen Anpassung an die Weltzeitdimension.

Schülers Louis Carré wird es zur Formel für den höchsten philosophischen Grad, er habe es in der Überwindung der Vorurteile und der Durchdringung mit den Lehren seines Meisters so weit gebracht, *qu'il sembloit ne plus voir par ses yeux, mais par sa raison seule; elle prit chez lui la place et toute l'autorité des sens.* (Eloges, Amsterdam 1742, 211) Was das heißt, ergibt sich aus der Mitteilung: daß Tiere Automaten seien, habe er nicht aus der Theorie gewußt, sondern gesehen.

72 Fontenelle, Histoire de l'Académie royale des Sciences depuis son établissement en 1666 jusqua'à 1686. Paris 1733, p. 2: Préface (bei: Werner Krauß, ed., Fontenelle und die Aufklärung. München 1969, 34).

Als Verfasser der »Weltengespräche« hatte er noch beides gewollt, die Sachen und die Worte, die Physik und die Rhetorik, die Vernunft und die Poesie, schließlich die Aufklärung durch Wissenschaft, die doch immer nur den endlichen Lebenszeiterfolg des seiner Unwissenheit enthobenen Subjekts haben kann. Als Verfasser der Geschichte der Akademie mag sich der Autor jenes frühen Bildungsdialogs problematisch gefunden haben, vielleicht weil er sich dessen nicht mehr bewußt war, daß immer noch seine Rhetorik im Dienst der Fortschreibung eines den Individuen zu entziehenden theoretischen Prozesses stand. Noch schien dieser sich nicht von selbst anzutreiben; noch war er der Gunstbewerbung bei den jeweils Zuspruchsfähigen bedürftig, denen doch unter der gewandelten Zeitprämisse nicht mehr die vollendete Nutznießung dessen versprochen werden konnte, was zu billigen und zu befördern ihnen angesonnen wurde.

Die Idee eines Ganzen des theoretischen Prozesses zu entwickeln, sobald sich erwiesen hatte, daß dieser nicht Sache eines einzelnen sein konnte, bedeutete noch nicht die Erzeugung der Bereitschaft der einzelnen, sich zu dessen Funktionären machen zu lassen. Insofern dazu, den einzelnen etwas tun zu lassen, wofür ihm im Horizont seiner Lebenszeit kein befriedigender Gewinn an Wahrheit versprochen werden kann, Rhetorik erforderlich bleibt oder wird, wäre diese dabei, sich selbst so überflüssig zu machen wie jene *morale par provision* bei Descartes durch die *morale définitive*. Dasselbe gilt für die Antithese zwischen Worten und Sachen. Sie wird von der Rhetorik immer wieder verwendet, um andere Rhetorik auf die Seite der ›bloßen Worte‹ abzudrängen. Doch wird auch in dieser Phrase der Konflikt zwischen Lebenszeit und Weltzeit ausgetragen. Die Neigung des Individuums, sich mit Worten statt der Sachen zufriedenzugeben – also seine Angehbarkeit durch Rhetorik –, liegt an der Sperrigkeit der Sachen im Raum der konkreten Lebenszeit.

Alles als es selbst haben zu wollen, war einmal Privileg des Gottes, seiner ihm eigentümlichen Wahrheit: der *veritas ontologica*, und ist es insofern geblieben, als jedenfalls der einzelne gerade dies nicht haben kann, was allein ihn zufriedenstellen würde. Das macht ihn anfällig für Surrogate, für Repräsentanten, für Symbole, für Worte. Mit der konstitutiven Ungeduld des Individuums hat es die Rhetorik zu tun, sei es, daß sie ihr Befriedigungen verschafft, sei es, daß sie ihr Bewußtsein der Vergeblichkeit in den Dienst einer nicht mehr überschaubaren und von ihr niemals zu erfüllenden Aufgabe stellt.

Fontenelle hat den durchgebildeten Kopf (*bon esprit cultivé*) verglichen mit der Gesamtheit der Köpfe aller vergangenen Zeiten: *ce n'est qu'un même esprit qui s'est cultivé pendant tout ce temps-là*.[73] Aber bedeutete das schon die umgekehrte Vergleichbarkeit der Köpfe durch die Zeit hindurch mit einem einzigen? Und konnte, was für die Vergangenheit galt, mit schöner Selbstverständlichkeit auch für die Zukunft angenommen werden? Für jede Zeit also, wenn es einmal gelungen war, die kulturelle Besitzstandswahrung zum Prinzip zu erheben? Die *Querelle* war nicht die Erfindung eines Formierungsprinzips der Geschichte. 1687 hatte jene Sitzung der *Académie française* stattgefunden, auf der Perrault die Alten mit den Neuen verglichen und gegen diese zurückgesetzt hatte. Bevor aber dessen *Parallèle* 1688 erschienen war, hatte Fontenelle das Thema in seiner *Digression* aufgegriffen und zur These von der Einheit des menschlichen Gesamtsubjekts vorangetrieben.

Allerdings war diese Einheit immer nur die der Vergangenheit. Es erschien als selbstverständlich, daß jede Zeit ihre Hinterlassenschaft zum Fundus des Bestehenden hinzubringen würde, sobald sie selbst zur Vergangenheit einer Gegenwart geworden wäre. Deren Eigenleistung bestände vorzugsweise in Sonderung und Auswahl. Die Form jeder zu gewinnenden, aber auch verbürgten Überlegenheit der Späteren über die Früheren war die der Bestandsvermehrung. Was für das Jahr 1688 galt, würde für jedes andere Jahr wieder gelten.

In diesem Konzept des Fortschritts fehlte jeder Gesichtspunkt einer über die Zeit durchzuhaltenden Intention. Der Cartesianer erkannte nicht, was im Methodenbegriff des Descartes für die Standardisierung der Subjekte und damit für die Institutionalisierung von Wissenschaft abseits der Zeitbedingungen programmiert wor-

---

73 Fontenelle, Digression sur les Anciens et les Modernes (ed. M. Roelens, Paris 1966, 256). – Fontenelle war in der *Querelle* nicht nur theoretische Schiedsinstanz, sondern auch Partei: Gleichzeitig mit der *Digression* hatte er *Poesies pastorales* veröffentlicht, etwas von der Mustergattung also, bei der die Probe gemacht werden konnte, ob die rationale Annahme, daß die Zeit für jede Gegenwart arbeitet, auch fürs Ästhetische galt.

den war. Für den Fontenelle der *Digression* schien es zu genügen, sich jeweils der faktischen Hinterlassenschaften der Vergangenheit zu versichern. Erst dem Akademiesekretär kamen in einer lebenslangen Beschäftigung mit den Zubringerleistungen für die Wahrheit Zweifel daran, ob genügend Sicherheit sowohl im Überlieferten als auch in den Verfahren der Überlieferung natürlicherweise und von selbst gegeben sein könne. Die entstehende Einsicht war, daß der *synchronen* Organisation wissenschaftlicher Teilleistungen, wie in der Akademie, eine *diachrone* Organisationsform entsprechen müsse.

Die von Bayle begründete historische Kritik war nur eine scharfe Ausmerzung des Unzuverlässigen, nicht die Sicherung von Überlieferung für eine Zukunft, die erst infolgedessen historische Kritik nicht mehr nötig haben sollte. Dazu mußte man den Mechanismus der Geschichte selbst untersuchen, ihre Transportformen, die Motive und Mittel der Verformung, den Mangel an Kontrolle. Statt Geschichte zu schreiben oder die Kritik der schon geschriebenen Geschichte zu verfeinern, erschien es nötiger, die Geschichte der Geschichte selbst (*l'histoire de l'histoire même*) zu analysieren.

Wahrheit ist nicht der natürliche Zustand von Überlieferungen, auch nicht, wenn sie die Gegenwart für die Zukunft zubereitet. Es hatte der Menschheit allezeit genügt, das Unbekannte als das längst Bekannte ›wiederzuerkennen‹, und jede Überlieferung an die Zukunft stand in Gefahr, in den Dienst desselben Bedürfnisses gestellt zu werden. Fontenelle sieht noch nicht, in welchem Maße auch die Wissenschaft diesem Bedürfnis auf ihre Weise genügt, etwa wenn sie dem Kometen seinen Schrecken dadurch nimmt, daß sie ihn als bekannten wiederkehren läßt, noch bevor die Gesetzmäßigkeit dieser Wiederkehr den entscheidenden Fortschritt markiert, sie ankündigen zu können. Die Sorge um den zu vermehrenden Bestand muß bei der Verantwortung für jedes diesem zuzuführende Element beginnen. So hätte die Beschreibung der Aufgabe einer Institution auszusehen, die Aufmerksamkeit und Anstrengung aufbringen sollte, nichts anderes zu sagen und vor allem nichts anderes sagen zu lassen als die Wahrheit.[74] Es gebe keinen providentiellen Schutz für die Wahrheit in der Geschichte und durch ihre Mechanismen hindurch, wie ihn Fontenelle allenfalls

74 Fontenelle, Sur l'histoire. 1720 (bei: W. Krauß, Fontenelle, 162).

für die alttestamentliche Überlieferung zugestehen will: *un soin particulier de la providence a conservé la vérité.*⁷⁵ Auch ohne alle Bosheit und ohne trügerischen Willen mache sich das Falsche eher von selbst, als daß sich das Wahre erhält.

Von dieser Einsicht hätte Fontenelle in der Frage der Orakel nicht abzuweichen brauchen. Er befreit sie von der groben Diffamierung ihrer Dämonenabkunft nur, um an deren Stelle die der Aufklärung auch weiterhin allzu preiswerten Machinationen listiger Priester zu setzen. Fontenelle erwähnt zwar die Gefräßigkeit der menschlichen Natur für solche Angebote, unterschätzt aber die Dringlichkeit der Bedürfnisse, denen sie entgegenkommen. Solche Zurückhaltung hat ihren Grund in der anderen Sorge, die Einheitlichkeit der menschlichen Vernunft über die Zeit festzuhalten. Diese ist ja nicht nur ein Problem des Heraustretens aus der Unmündigkeit der Vergangenheit, sondern auch des Bestehens jeder Gegenwart vor irgendeiner ihrer Zukünften: Wäre die Vernunft in der Vergangenheit hoffnungsloser Verfinsterung fähig gewesen, ließe sich die Anwandlung durch den Zweifel nicht abwehren, ob nicht auch die Gegenwart einer späteren Zeit wiederum als Zustand der bloßen Verirrung erscheinen werde. Dann gäbe es die als Institution durchlässig gemachte Weltzeit nicht.

Der Fortschritt darf sich selbst keine zu großen Sprünge attestieren, will er nicht in die Verlegenheit geraten, eben das Organ um seine Vertrauenswürdigkeit zu bringen, dessen er sich gerade bedient und künftig zu bedienen hat. Die Hirtengedichte der Antike waren zwar nicht so gut wie die der jüngsten Poesie, aber doch nur ein wenig schlechter.

War es schon Vorspiel zu Rousseau, daß Fontenelle in demselben Jahr 1688 eine Sammlung von Pastoralpoesie, eine Abhandlung über diese und als Beilage dazu die *Digression* der Öffentlichkeit übergab? Man könnte genauso gut sagen, es war das Ergebnis einer Deduktion aus den Prämissen seiner Geschichtstheorie. War diese richtig, dann mußte bei eben der Gattung ihrer Kunstprodukte, für die die Menschheit am längsten Zeit gehabt hatte, das Prinzip der Zwerge auf Riesenschultern am kräftigsten belegbar, die Probe der Neuen auf ihre Überlegenheit über die Alten am riskantesten und stichhaltigsten zugleich sein. *Poesies pastorales* zu machen, war

75 Sur l'histoire (W. Krauß, 165).

die Herausforderung auf dem Boden dieser Voraussetzung. Denn die Menschheit hatte mit der Schäferei angefangen und sogleich Zeit wie Geduld genug gehabt, sich ihre Verse darauf zu machen, bevor die Hirten in die Sklaverei der Städter kamen. Dies war das Feld ältester Vollkommenheit und damit jüngster Rivalität um die höhere Vollkommenheit.

Die Beziehung der Hirtendichtung zum Thema des Fortschritts besteht nun in der schlichten Wahrnehmung, daß jene Schäfer ein großzügiges Verhältnis zur Zeit besitzen mußten: Sie sind die Erfinder der Muße, die ihnen erst von der Unrast der Städter geraubt werden sollte, und damit der Hauptbedingung auch für die theoretische Lebensform. Von der Zierlichkeit dieser Brücke mag man enttäuscht sein. Sie führt immerhin zu dem gewaltigeren Sachverhalt, der gerade erst in der Lebensspanne Fontenelles zu entdecken war: zur alle Lebenszeit überbietenden weltzeitlichen Anforderung der Theorie an die geschichtliche Geduld des Menschen. Nicht nur und erst ästhetisch repräsentieren die Schäfer der frühen Geschichtsszene das reichere Potential des Menschen, sondern auch unter dem Aspekt der Ermöglichung von Theorie. Es war noch nicht die Welt der Vorurteile; Vorurteile entstehen, wie schon Descartes ausgesprochen hatte, unter Zeitdruck, als Überstürzungen (*précipitations*). Sie sind daher auch menschheitsgeschichtlich Produkte einer anderen Kultur als der pastoralen: der städtischen mit ihren räumlichen wie zeitlichen Verdichtungen.

Die Hirten der Frühzeit hatten alles, was sie zum Gedicht und zur Theorie instand gesetzt hätte, Muße und Freiheit; aber ihnen fehlte die Mitgift einer Vergangenheit. Sie existierten in den Umständen, die Höheres begünstigt hätten, zu früh. Andererseits haben die, die nicht mehr derart von den Lebensumständen begünstigt waren, schon unter den Bedingungen der Stadt lebten, Hirtendichtung gemacht und zum höchsten Rang gesteigert, weil sie die kultivierte Erinnerung an den Urzustand vorgefunden hatten. Vergil habe Theokrit übertroffen, obwohl er von der Realität der Schäfer und Hirten schon viel weiter entfernt gewesen sei. Was man denken soll, ist: Weshalb sollte nicht jemand beide übertreffen können, der noch weiter von jener Epoche entfernt ist? Höchstrangiges wird nur in der Verspätung, erst in der Wehmut des Verlustes, aber im Reichtum des über die Zeit zugewachsenen Ausdrucks gemacht. Fontenelle beschreibt die Situation des Pastoralepigonen, der er ist, als den Vorzug des poetischen Zwerges auf der Riesenschulter.

Weshalb sind die Hirten glücklich? Wie können sie glücklich sein, da sie doch über die Welt, in der sie leben, nicht aufgeklärt sind? Noch wird nicht ihre Bedürfnislosigkeit gesehen als das, was sie glücklich macht; statt dessen das Ausbleiben der Nötigung zu Vorurteilen. Insofern Aufklärung das Ausräumen schon entstandener Vorurteile ist, hätte sie bei Schäfern und Hirten keine Anlässe gefunden. Es gibt ein Glück in und durch Unwissenheit; freilich ein gefährdetes, sobald Erfahrungen auftreten, die nicht mehr im Zusammenhang des Vertrauten bewältigt werden können. Da kann das Nomadentum verstanden werden als eine Kunst des Ausweichens: Wandern ist Verzicht auf Standhalten, Selbstentzug aus Konfrontationen mit dem Nicht-Geheueren.

Diesem gegenüber macht erst Seßhaftigkeit empfindlich. Der Bauer ist in anderem Maße Mächten ausgeliefert, die sein Glück und Unglück bestimmen und die er nicht durchschaut. Fontenelle sieht das wiederum zuerst unter ästhetischem Aspekt: Die Bukolik habe nie begriffen, daß Bauernleben und Hirtenleben nicht vergleichbar sind, und schon gar nicht eigneten sich Fischer fürs Gedicht, weil ihre Arbeit dem Publikum zuwider sei. Sollten auch Jäger und Fischer historisch noch älter sein als die Hirten, so schickten sich doch für diese allein Müßiggang und Gesang. Bei den Schäfern sehe man nicht, so übersetzt Gottsched, *auf die Niederträchtigkeit ihrer Beschäftigungen, sondern auf die wenige Mühe, so ihnen solche Arbeit verursachet.* Für deren Art von Leben genügt die halbe Wahrheit oder gar keine.

Aufklärung kann daher nur eine sekundäre Form von Lebensglück versprechen. Sie steht im doppelten Verhältnis zur Zeit: *Was* aufzuklären ist, die Summe der Dogmen, Mythen und Meinungen über die Welt, ist unter dem Druck von Lebensnormen entstanden, die zur geruhsamen Betrachtung der Dinge keine Zeit ließen und daher zu Genügsamkeit an vorgeprägtem Material verleiteten; und *wodurch* aufzuklären ist, was an die Stelle der Dogmen, Mythen und Meinungen über die Welt zu treten hat – methodisch herbeigeführte und gesicherte Erkenntnis –, erfordert unbekannten Aufwand an Zeit. Organ der Aufklärung kann nicht mehr das ruhige Licht der natürlichen Vernunft sein; sie ist zur Regelung eines Prozesses geworden, zur Methode als einer Langzeitarbeitsform, die nur in institutionellen Enklaven inmitten aller auf ihren Erfolg wartenden Ungeduld aufgenommen werden kann. Wiederum am ehesten in Gestalt der Akademie. Wollte man Fontenelles Grunderfahrung in eben dieser Institution auf eine Kurzformel bringen, so müßte sie hier schon lauten: *Die Welt kostet Zeit.*

Die wichtigste Einsicht der aus dem zunächst ästhetischen Streit der Neuzeit mit dem Altertum hervorgehenden Geschichtstheorie ist, daß Ertrag und Erheblichkeit der Erkenntnis, der Aufklärung durch Arbeit der Wissenschaft, keine anthropologische Konstante nach dem ersten Satz der Metaphysik des Aristoteles ist, der Mensch sei das von Natur nach Erkenntnis strebende Wesen.

Was die sich erhebende Wissenschaft in ihrer Verspätung rechtfertigt, ist ihre geschichtliche Funktion als Abwehr und Korrektur der mit der Zeit eingetretenen Aberration. Die schöne Vermutung, die Wahrheit werde die Tochter der Zeit sein, deren Formel schon Leonardo dem Gellius entnommen und Bacon landläufig gemacht hatte, gilt Fontenelle nicht für jede Zeit und das Ganze der Geschichte. Sie steht ihm komplementär zu der anderen und weniger schönen Aussage, die er ebensowenig ausdrücklich gebraucht, der Irrtum sei ein Sohn der Zeit und die Wahrheit würde alle Hände voll zu tun haben, damit fertig zu werden. Er sah Wissen als Interferenz mit bestehender und in Irrtümern aufgetretener Unwissenheit entstehen. Unmöglich war ihm zu erahnen, daß Wissen nicht an Wissen gereiht werden kann, sondern immer auch gegen Wissen und unter Vorbehalt neuen Wissens gewonnen wird. So erfolgt kein symmetrischer Abbau von Irrtümern durch Wahrheiten; vielmehr bringt jede Wahrheit auch eine Verschärfung und Vermehrung der Fragen mit sich, aus denen die jeweilige Unwissenheit in eins damit entsteht. Da immer nur eine endliche Geschichtszeit vergangen ist, kann der aufgelaufene Bestand ihrer Irrtümer zu seinem Abbau durch Erkenntnis niemals eines unendlichen Fortschritts bedürfen.

Pascals Ausstattung des universalen Subjekts der Erkenntnis mit einer zugeordneten Unendlichkeit seines Zeitbedarfs ließ Fontenelle sogar vor der Treue gegenüber einem wesentlichen Lehrstück des Descartes zurückschrecken: vor der Behauptung, der

Begriff der Unendlichkeit sei die Voraussetzung unseres ursprünglichen Endlichkeitsbewußtseins und damit das sicherste Beweismittel für die Existenz eines unserem Geist unendlich überlegenen *ens infinitum*. Es mochte die Auseinandersetzung mit Pascals Argument der Wette gewesen sein, was Fontenelle dazu bestimmt hatte, nicht nur die Idee der Unendlichkeit als eingeboren zu bestreiten, sondern sogar zu leugnen, daß das Unendliche überhaupt eine Idee ist. Vielmehr sei es die Abwesenheit einer Idee, insofern damit, wie im Kalkül des Unendlichen der Geometrie, keinerlei Vollkommenheit verbunden sei. Fontenelle macht die Umkehrung des Descartes rückgängig, der entgegen dem sprachlichen Anschein die Negation auf der Seite des Endlichen, die Position auf der des Unendlichen gesehen hatte.

Unendlichkeit ist nach Fontenelle nur die Aufhebung von Grenzen der Erfahrung im Hinblick auf die Unvollkommenheit unserer Vorstellungen. Tatsächlich liege jede Grenze unserer Vorstellungskraft immer noch innerhalb des diese übersteigenden Endlichen. Der menschliche Geist reiche nicht nur nicht dahin, das Unendliche zu begreifen oder dessen Idee zu bilden; er reicht nicht einmal für das Endliche aus. Darin liegt die Unterstellung, daß jenseits der Grenze unserer Vorstellungskraft noch die Grenzen anderer und größerer Vorstellungskräfte liegen könnten. Die Differenz des geometrischen zum ungedachten metaphysischen Unendlichen bestimmt er so: *c'est seulement une grandeur plus grande que toute grandeur finie, mais non pas plus grande que toute grandeur.*[76]

Es stimmt zu Fontenelles Begriff der Vernunft, ihr die Ausschweifung der Unendlichkeit nicht zu gestatten. Was er für Fortschritt halten kann, darf nicht in der Dimension einer unendlichen Zeit verlaufen. Zwar braucht die Welt Zeit, aber da sie nicht unendlich ist oder wir nicht wüßten, was es bedeutete, sie unendlich zu nennen, keine unendliche Zeit. Die Vergangenheit diszipliniert die

---

76 Fontenelle, Préface des Éléments de la Géométrie de l'Infini (zit. n. J. R. Carré, La Philosophie de Fontenelle ou le Sourire de la Raison. Paris 1932, 220-224). – Die »Réflexions sur l'argument de Monsieur Pascal« bei W. Krauß, Fontenelle, 268-282. Trotz der theoretisch-terminologischen Entwertung der *infinité*, oder gerade deswegen, streut Fontenelle den Ausdruck üppig über seine Rhetorik, vor allem in der »Préface de l'Histoire de l'Académie des sciences«: *une infinité de vérités, une infinité de phénomènes nouveaux, une infinité de vues* . . .

Zukunft, soweit diese die Aufarbeitung jener durch Aufklärung ist. Die Weltzeit bleibt in den Maßen der Lebenszeit, wenn man diese einmal als gelebte Zeit – durch Überschaubarkeit für die Aufarbeitung ihrer Verirrungen im Erkenntnisfortschritt gekennzeichnet – nimmt. Der Fortschritt ist ein Exhaustionsverfahren. Immer bestimmen endliche Bestände die Geschichte: endliche Bestände an Irrtümern, Vorurteilen, Dogmen, Meinungen; endliche Bestände an Möglichkeiten von Erfindungen, Kunstgattungen, Erkenntnissen. Was wir die Irrtümer der Alten nennen können und müssen, hat seine geschichtliche Funktion in einer Art von Markierung des endlichen Horizonts menschlicher Vernunft wie Unvernunft: Sie haben durchprobiert, was an Folgen der Übereilung und Leichtfertigkeit im Urteil, als Versäumnis von Vorsicht und Methode, möglich ist. Insofern ist Aufklärung immer noch ›Erhellung‹ durch die Alten: Resultat ihrer von ihnen selbst freilich nicht genutzten Erfahrungen – unter der einzigen Voraussetzung, daß der Vorrat der Irrtümer erschöpfbar und invariant ist.

Das aber scheint ableitbar zu sein aus der Gleichheit der menschlichen Natur zu allen Zeiten und unter allen Bedingungen der Erde. Die Verirrung wie ihre Aufklärung müssen, wenn sie schon nicht das ständig Faktische der Geschichte sind, wenigstens das immer Mögliche unter Menschen sein, weil noch zur Aufklärung der Irrtümer gehört, ihren Ursprung aus dieser Natur zu verstehen. Dagegen verstoßen die, die die Alten allein zu ihren Leuchten und Aufklärern bestimmt haben (*les lumières destinées à éclairer tous les autres hommes*); wer in der *Querelle* diese Position einnimmt, zerstört die Möglichkeit der Geschichte als eines auf Erfahrung beruhenden Prozesses. Denn er muß unterstellen, daß die Alten unter entgegengesetzten natürlichen Voraussetzungen Größeres geleistet hätten als die Gegenwärtigen unter den günstigeren Bedingungen könnten – und da werden jene zu einer anderen Art von Menschen gemacht, als wir es sind: *en vérité ils nous les font d'une autre espèce que nous.*[77] Es sollte nur eine Metapher sein, was Kant aus seinem Fontenelle zitieren wird, daß zu Zeiten der Alten die Bäume auch nicht größer gewesen seien als heute[78]; es ist

---

[77] Fontenelle, Digression sur les Anciens et les Modernes (Krauß, 147).
[78] Kant, Die Frage, ob die Erde veralte, physikalisch erwogen (Akademie-Ausgabe I 196 f.).

eine Metapher für die Unveränderlichkeit der Gesamtnatur mehr als für einen bloßen Naturalismus in der Einschätzung des Menschen, wie Fontenelles Übersetzer Gottsched in einer Anmerkung aus dieser Stelle indigniert herauszulesen glaubt: *Die Künstler und Gelehrten aber wachsen nicht wie die Pilze aus der Erden.*[79] Der Zusammenhang der Fakten mit der menschlichen Natur darf nicht verlorengehen; gründen jene nicht in dieser, gibt es keine Hoffnung, aus den Beziehungen von Irrtum und Erkenntnis als einem System von Umbesetzungen konstant vorgegebener Stellen abschließend etwas zu gewinnen. Als Fontenelle 1724 sein wichtigstes geschichtsphilosophisches Werk über den »Ursprung der Mythen« schrieb, sah er alle Rechtfertigung für das Interesse an der Geschichte auch der Irrtümer in dem Satz ausdrückbar: *Alle Menschen gleichen sich so sehr, daß es kein Volk gibt, dessen Torheiten uns nicht erzittern lassen müßten.*[80] Was den Aufklärer am Menschen und über den Menschen erschrecken läßt, ist zugleich der Inbegriff seiner Chance, aus der Geschichte zu lernen: die Irrtümer zum Leitfaden der Erkenntnisse zu nehmen.

Zwischen dem Menschen und seiner Geschichte kann es kein Mißverhältnis geben. Dieses könnte allein auf seiner beliebigen Variabilität beruhen, also letztlich auf seiner Wesenlosigkeit als der Unbegrenztheit dessen, was ihm zu tun und zu leiden möglich ist. Auch Lebenszeit und Geschichtszeit würden endgültig auseinanderfallen, wenn alles jederzeit möglich wäre und alles es faktisch immer werden kann. Noch jene Irrtümer der Völker, die uns erzittern lassen, sind bei allen Fremdartigkeiten und Ungeheuerlichkeiten

---

79 Herrn Bernhards von Fontenelle Auserlesene Schriften... vormals einzeln herausgegeben, nun aber mit verschiedenen Zugaben und schönen Kupfern vermehret ans Licht gestellet, von Johann Bernhard Christoph Gottscheden. Leipzig 1751, 558: Abhandlung der Frage vom Vorzuge der Alten, oder Neuern, im Absehen auf die Künste und Wissenschaften: *Die Bäume sind bloß ein Werk der Natur. Eine gewisse Gattung derselben wächst wohl, ohne Zuthun der Kunst und des Fleißes, einmal so hoch, als das andere; wenn nur der Himmel gleich warm und der Boden gleich gut ist... Es fragt sich also eigentlich: ob unser heutiger Gartenbau solch schöne Früchte zuwege bringe, als vormals in Griechenland und Italien? Dem Herrn Fontenelle, als einem Franzosen, wollte ich sie so vortragen: ob der heutige Burgundier- und Champagnerwein so gut schmecke, als der Chier- und Falernerwein bey den Alten?*
80 Fontenelle, L'origine des Fables (Textes choisies, ed. M. Roelens, 238): *Tous les hommes se ressemblens si fort, qu'il n'y a point de peuple dont les sottises ne nous doivent faire trembler.* – Mit diesem Satz schließt der Traktat.

doch ihrer Wurzel nach vertraut. Diesen Gedanken treibt Fontenelle auf die Spitze, indem er eine ausreichend befähigte Intelligenz vorstellt, die aus der bloßen Kenntnis der menschlichen Natur die ganze menschliche Geschichte müßte erschließen können, ohne jemals von irgendeinem ihrer Ereignisse etwas gehört zu haben.
Da geht Fontenelle weit. Wäre es doch schon viel – und nach seinen Voraussetzungen bequem ausdenkbar –, aus der gewesenen Geschichte (der Irrtümer) die künftige (der Aufklärungen) vorherzusagen. Aber er geht weiter. Lange bevor der Gedanke an eine nicht mehr göttliche Totalintelligenz der physischen Welt konzipiert werden sollte, die aus jedem beliebigen Zustand des Universums die Gesamtheit seiner vergangenen und zukünftigen Zustände zu berechnen imstande wäre, gibt er die Imagination des absoluten Historikers, der ganz dem deduktiven Ideal des Cartesianismus verhaftet bleibt: *Quelqu'un qui aurait bien d'esprit, en considérant simplement la nature humaine, devinerait toute l'histoire passée et toute l'histoire à venir, sans avoir jamais entendu parler d'aucuns événements.*[81]

Man wird nicht erwarten, Fontenelle habe hier gemeint, eine Voraussage der Geschichte in der Abfolge ihrer Ereignisse lasse sich aus der menschlichen Natur deduzieren; was er allenfalls meint und was ihm viel wichtiger ist, betrifft die möglichen Ereignisse als solche und unabhängig von ihrem Vorkommen und ihrer Reihenfolge in der Zeit. Ihm ist nicht wichtig und kann nicht wichtig sein, wie auf der einen Seite der spiegelbildlichen Zeitflügel die Irrtümer sich aneinander reihen, auf ihrer anderen Seite die Aushebungen dieser Irrtümer durch Wahrheiten. Beides sind ihm im wesentlichen Bestände, deren historische Erfassung einem Inventar gleichkommt; auf die qualitative Entsprechung beiderseits kommt es an, nicht auf die Abfolge. Diese als ein Verhältnis besonderer Art zu begreifen, mußte Fontenelle schon deshalb fernliegen, weil ihm auch der Reihenbegriff im cartesischen Ideal der Methode nebensächlich geblieben war. Diesen hatte Descartes in der letzten

---

81 Fontenelle, Sur l'histoire. 1720 (Krauß, Fontenelle, 166). Für diesen gedachten Historiker wählt Fontenelle wieder die rhetorische *infinité* als Unmaß der imaginierten Imagination: *Après quoi, si cet homme voulait examiner toutes les variétés que peuvent produire ces principes généraux, et les faires jouer, pour ainsi dire, de toutes les manières possibles, il imaginerait en détail une infinité de faits, ou arrivés effectivement, ou tout pareils à ceux qui sont arrivés.*

seiner Regeln durch Vergleich mit der Zahlenreihe und deren zwingender Ableitbarkeit wie beschleunigter Aufzählbarkeit als essentiell für seinen Methodenbegriff herausgehoben. In der fiktiven Deduzierbarkeit der Geschichte aus der menschlichen Natur ist die Zeit nur das gleichgültige Medium zur Ausbreitung – also besseren Wahrnehmbarkeit – der Zuordnung jedes einzelnen Ereignisses zum Verbund der Eigenschaften, die die menschliche Natur ausmachen. Die Zeit ist die Projektionsfläche der in sich zu komplexen, für sich daher schwer zu erfassenden – darin auf eine Intelligenz höherer Art angewiesenen – menschlichen Natur. Die viel spätere Idee, die Historie sei der einzige Zugang zur Anthropologie, ist hier durch eine eigentümliche Geschichtstheorie präsumiert.

So weit wie Leibniz das gedacht hat, daß nämlich im Begriff eines jeden Gegenstandes sämtliche ihm überhaupt und damit auch in der Zeit zufallenden Prädikate enthalten seien, ist Fontenelle im Aperçu nicht vorgedrungen. Auch kam es ihm eher auf eine Polemik gegen den Selbstwert der historischen Erkenntnis an: Sie ist derart von abgeleitetem Rang, daß jede Erkenntnis der menschlichen Natur sie ersetzen könnte, statt umgekehrt ihren Primärwert gerade darin zu sehen, daß sie für jede Erkenntnis der menschlichen Natur unverzichtbar, weil deren einzige Chance sei. Die Zeit ist indifferent und als solche kein Ort von Rationalität, wie es auch Leibniz ihr bestritten hat. Gerade deshalb ist sie die neutrale, von sich her nichts addierende Dimension der Selbstdarstellung des Menschen in dem Modus ›Ereignisse‹. Insofern ist der Mensch, ohne theologische oder idealistische Rivalität, *la source des choses*.

Fontenelles Geschichtsbegriff ist nicht ohne Inkonsistenzen mit dem, worauf es ihm ankommen muß. Eine Konzeption der Geschichte, die aus der Natur des Menschen dessen zu ›Ereignissen‹ werdende Handlungen ableiten möchte, führt auf ein radiales Schema, das von einem Punkt her alle gleich entfernten Bezugspunkte gleichermaßen ableitbar macht. Die auf dieser Peripherie gelegenen Punkte sind unter sich bezugslos. Man sieht leicht, daß eine solche Betrachtungsart am ehesten zu dem zyklischen Geschichtsbild paßt, das der Antike zugeschrieben wird, während der prozessuale Geschichtsbegriff der Neuzeit die lineare Verlaufsstruktur selbst und ausschließlich für erklärungsfähig hält. Das entspricht einem neuen Methodenbegriff, in dem nicht nur jederzeit anwendbare Regeln der Fortbildung von faktischer Erkenntnis enthalten sind, sondern auch deren übergreifende Gesamtregel: die Abhängigkeit jedes Schrittes von allen zuvor durchschrittenen Phasen und deren Resultat. Zeitbegriff und Zeitverbrauch werden erst dann und dadurch wesentlich, daß sich die Struktur des fortschreitenden Prozesses von der Beziehung zur Motivation der an ihm beteiligten Individuen ablöst und autonomisiert. Was in Fontenelles Grundvorstellung unmöglich wäre und was jeder Kritik am Fortschrittsbegriff unausbleiblich dienstbar werden muß.

Man kann Fontenelles ›Geschichte der Geschichte‹ als einen der letzten Versuche ansehen, die Ablösung der Geschichtsstruktur von ihrer anthropologischen Bedingtheit zu vermeiden. Der Preis dafür ist, daß er ein wesentliches Ziel jeder Aufklärung und des ihr zugehörigen Geschichtsbegriffs nicht erreichen kann: den geschichtlichen Prozeß und damit die Konsolidierung der Vernunft in der Zeit irreversibel zu machen. Die Vernunft muß jeden ihrer je erreichten Erfolge mit dem Index der Unverlierbarkeit versehen; wenig nach Fontenelles Tod wird dafür Diderot mit der Enzyklopädie das Instrument propagieren, dessen Vollständigkeit die Geschichtszeit an die Weltzeit heranrückt. Solche Konsolidierung des Vernunftprozesses konnte es nur geben, wenn dieser seine immanente Gesetzlichkeit hatte, die jede seiner Phasen durch alle ihr vorausgegangenen begründet sein ließ. Mochte man auch nicht sogleich wissen, welches diese Gesetzlichkeit des Fortschritts war, die der Geschichte Autonomie gegenüber der noch von Fontenelle beschworenen menschlichen Natur gab, so war dies auch gar nicht die wichtigste Einsicht, wenn man sich nur überhaupt auf die Zuverlässigkeit gegen die Wiederkehr des Gleichen verlassen konnte, die erst Nietzsche wieder begeistern sollte. Die Auffassung, Torheiten und Irrtümer der Geschichte seien abhängig von konstanten Dispositionen der menschlichen Natur, war immer noch Anlehnung an den Cartesianismus gewesen: Wie eingeborene Ideen, die zur Erkenntnis tauglich waren und für sie immer wieder verfügbar, so gab es auch eingeborene Neigungen des Menschen zum Gegenteil, zum Irrtum, zum Vorurteil, zum Wahn. Die Autonomisierung der Geschichte erfordert, sie ohne Rücksicht auf die menschliche Natur, aber auch ohne Hinblick auf deren Bedürfnisse zu verstehen: das Werk eines anderen Geistes, doch nicht mehr des göttlichen.

Das Zeitverhältnis der Aufklärung wird bestimmt durch den Wandel ihres Wahrheitsbegriffs. Mit der Ablösung der Geschichte von der menschlichen ›Natur‹ wird die Geschichtszeit zu einer Dimension zwischen Lebenszeit und Weltzeit, zumal nach der Dissoziation von Erdgeschichte und Menschengeschichte. Wichtiger aber ist, wie die Geschichtszeit selbst immanent strukturiert ist, wenn Wahrheiten nicht mehr ihrer Funktion nach Umbesetzungen der Stellen von Irrtümern sind, nicht mehr das, was übrig bleibt, wenn die Einwirkungen von Betrug und Phantasie rückgängig gemacht und die Zuflüsse der Vorurteile verstopft sind.

›Wahrheit‹ wird, was aus der Prozeßordnung der Erkenntnis hervorgeht, die in überschlagbaren Zwischenschritten und Herstellung von Bedingungen ihrer Erweiterung das jeweils und nächste und weitere Stadium ihrer selbst hervorbringt, und dies ohne Rücksicht darauf, was durch jede einzelne Erkenntnis an faktischen Irrtümern der Menschheit etwa ›aufgeklärt‹ werden könnte oder an Möglichkeiten zu erneutem Irrtum ausgeschlossen würde. Das Medium der Zeit öffnet sich dem Bedürfnis einer immanenten Logik der Theorie. Damit liegt der Verdacht jedenfalls nicht mehr fern, dieses Verfahren könne seiner Eigengesetzlichkeit nach unendlich sein und brauche einer endlichen Vergangenheit als dem Produzenten der Irrtümer nicht mehr zu entsprechen. Unumkehrbarkeit in dieser offenen Struktur ist mit dem ›Stellenwert‹ jedes Erkenntnisschrittes gegeben und damit das methodische ›Modell‹ der Zahlenreihe doch noch durchgesetzt, das Descartes ohne den Gedanken an diese Implikation vorgetragen hatte. Die Garantie eines jemals erreichbaren Ganzen, verbunden mit dem Genuß eines ›Endzustandes‹, wird darin absorbiert.

Wonach man sich allmählich umsehen mußte, war ein anderes Subjekt als das mit dem Titel ›menschliche Natur‹ versehene. Man kann es als perfekte sprachliche Zweckmäßigkeit ansehen, daß mit der endgültigen Gleichgültigkeit der Geschichtszeit gegenüber der Lebenszeit, mit ihrer Annäherung an die Indifferenz der Weltzeit, auch so etwas wie ein ›Weltgeist‹ zum allein geschichtsfähigen Subjekt avancierte. Die Weltzeitgewinnung war der Weltgeisterfindung in einem an Fontenelles frühen Schwierigkeiten ablesbaren

Vorgang der inneren Ausformung vorausgegangen: als Entfaltung seiner Implikationen im Widerspruch gegen die Metaphysik der Unendlichkeit.

Es ist müßig, zwischen dem, was ein Autor gesehen hat, und dem, was an ihm gesehen werden kann, zu unterscheiden. Man braucht nicht das Unbewußte ins Spiel zu bringen, um die Beobachtung zulässig zu finden, daß Möglichkeiten, Richtungen, Bevorstände aus immanenter Logik sehr wohl heraustreten können, ohne Ausdrücklichkeit oder Rechtfertigung ihrer Abwehr erzeugen zu müssen. Eher wird man im Maß oder Übermaß der Ausschöpfung des ihnen Entgegenstehenden den Vermeidungsakt als Äquivalent ihrer Präzisierung zu nehmen haben. Fontenelle hatte ja nicht nur dem Konzept einer ›Geschichte der Geschichte‹ einige seiner nie ganz konzentrierten Aufmerksamkeiten zugewendet, sondern in seinen Begriff von der Funktion der Theorie immer auch, sogar vorzugsweise, die Naturwissenschaften aufgenommen. Das frühe »Weltengespräch« war nicht nur eine galante Fingerübung eines werdenden Akademiesekretärs, sondern durchaus Programm für Künftiges gewesen, auch wo es ohne Marquisen abgehen mußte.

Auch Kriterium für die Funktion der Naturwissenschaft war die Beziehbarkeit aller Erkenntnisse auf ihnen zugeordnete Irrtümer und Vorurteile der Geschichte geblieben. Als man in der Akademie die Herkunft der ›Donnerkeile‹ erkannte, war dies für Fontenelle ein Paradefall solcher Zuordnung einer Erkenntnis, die für sich genommen ganz einsam und unverbunden im Raum stand, zu einem mit Affinität zur Torheit belegten Irrtum der mythischen Erklärung dieser Versteinerungen als der Spitzen des Blitzes Jupiters – oder eines anderen Gottes.

Sogar an sich selbst fand Fontenelle diese Spiegelbildlichkeit von Irrtum und Erkenntnis bestätigt, als er 1733 die Vorrede zu seiner »Geschichte der Pariser Akademie der Wissenschaften« schrieb: Die erste Entdeckung, die Mathematiker der Akademie noch in deren Gründungsjahr 1666 bei Beobachtung der Sonnenfinsternis des 2. Juli gemacht hatten, war das völlige Fehlen einer Atmosphäre des Mondes, die bei dieser Gelegenheit hätte feststellbar werden müssen. Was der Akademiesekretär da aus den Akten der Frühzeit hervorholte, hätte ihn ein halbes Jahrhundert zuvor bei der Abfassung der »Weltengespräche« zurückhaltender gemacht in der

unbedenklichen Annahme von der Allbewohnbarkeit des Universums.[82] Nun mochte er es als eine der Enttäuschungen hinnehmen, die mit der Zuordnung von Erkenntnissen zu Irrtümern unausbleiblich verbunden sein mußten, dachte man die Selbstgefälligkeit des Menschen als Quelle seiner Verirrungen wie seiner Aufklärungsbedürftigkeit. Gerade deshalb sollte die Astronomie ihren hohen Rang unter den ›aufklärenden‹ Disziplinen bis in das 19. Jahrhundert hinein behalten. Nichts setzt uns besser ins Benehmen mit der Vernunft als die mühsam und langfristig erworbenen Einsichten in das, was uns zwar nichts angeht, aber dennoch oder gerade deshalb unserer kosmischen Gemütslage mächtige Impulse gibt.
In einem der zahllosen Nachrufe, die der Akademiesekretär auf verstorbene Mitglieder zu halten hatte, dem auf den Astronomen Cassini, nimmt Fontenelle eine so spezialistische Sache wie die Tabellierung von Umlaufdaten der Jupitermonde zum Anlaß, an dem nüchternen Bestand etwas zu bemerken, was für ihn das Verhältnis von Wissenschaft und Aufklärung entschied: Rückruf an menschliche Voreiligkeit. Schon Galilei hatte vorgeschlagen, die Konstellationen der Jupitermonde zu genaueren Bestimmungen von Positionen und Messung von Entfernungen auf der Erde zu nutzen; Cassini machte damit ernst und bekam, neben anderem, für die bis dahin angenommene Entfernung zwischen Paris und Siam eine Verkürzung von nicht weniger als fünfhundert Meilen. Für Fontenelle wird das zur ›Aufklärung‹ im präzisen Sinne durch die Verallgemeinerung, es zeige sich, wie die kosmischen Entfernungen immer zu klein, die tellurischen zu groß angenommen worden sind – und eben dies sei unmittelbare Äußerung der menschlichen Natur in ihrer Neigung zu anthropozentrischen Vorurteilen.
Die Akademie hatte sich im Rückblick auf einen ihrer Heroen als Ort der Konzentration so eindrucksvoller Berichtigungen, als Bastion gegen die nie nachlassende Energie der konstanten menschlichen Natur erwiesen. In der Dauerhaftigkeit der Institution lag

---

82 Fontenelle, Préface de l'Histoire de l'Académie des sciences (Krauß, Fontenelle, 177–179). Den Bericht über die denkwürdige erste Aktion der Neugründung leitet der Chronist ein mit der Zweideutigkeit, deren in diesem Kontext der Ausdruck ›Himmel‹ fähig geworden ist: *Il sembla que le ciel voulût favoriser cette compagnie naissante de mathématiciens par deux éclipses* . . .

die einzige Vertrauenswürdigkeit gegen die ewige Wiederkunft der Torheiten.

So kann es Fontenelle in diesem 1712 gehaltenen Akademienachruf gar nicht unterlassen, den verblichenen Cassini am Fernrohr auf der Suche nach der menschlichen Natur und ihren Projektionen ins Universum zu sehen. Ein Aufklärer weder mit noch gegen Willen, dem erst das Zentrum in der Akademie die Hermeneutik liefert. Was dort eingeht, sind nur die positiven Daten, deren Auswertung den Standort des Menschen an der Natur reflektiert, nicht mehr durch die Natur bestimmt. Alles bedeutete nichts, hätte er nicht *seine* Natur, zum Zerreißen gespannt im Verhältnis von Selbst- und Weltbewußtsein: ... *suite assez naturelle de notre situation et des premiers préjugez.*[83]

Die Erde ist menschenmäßiger, das Universum -unmäßiger. Das ist die Berichtigung der Proportion, die auch für die Zeit erwartet werden konnte. Wenn dem Astronomen eine so bewußtseinsträchtige Maßkorrektur nachgerühmt werden durfte, bedeutete das nichts für die Frage, ob es überhaupt gerechtfertigt war, Fragen dieser Art an die Natur zu stellen. Schließlich wurden sie nicht neuerdings gestellt, sondern gegenwärtig nur die Antworten berichtigt, die auf Fragen schon gegeben sein mußten oder ihnen zugetraut worden waren, in denen sich das Bedürfnis des Menschen, von der Natur Aufschluß über seine Stellung in ihr zu verlangen, unaufhaltsam Bahn gebrochen hatte. Entscheidend blieb, daß so einmal gedacht worden war, um zu bestimmen, was durch Umbesetzung noch getan werden konnte, nachdem Bedürfnis und Ausnutzung von Wissen nicht aus der Welt zu schaffen waren.

Die einmal gesetzten Irrtümer und Vorurteile waren die Form der geschichtlichen Fatalität, die den frühen Aufklärer daran hinderten, an eine von solchen Voraussetzungen unbetroffene Autonomie des Prozesses der Vernunft zu glauben. Denkt man langfristiger und über die Bordsteine der Aufklärung hinaus, sollte Fontenelle recht behalten: Aufklärung auf der ›grünen Wiese‹ der Geschichtslosigkeit als Zukunftseuphorie war zum Scheitern verurteilt.

Man darf Fontenelle nicht den Widerspruch anlasten, er habe die Notwendigkeit solcher Erkenntnisse und Disziplinen selbst bestrit-

---

83 Fontenelle, Éloge de Cassini (Œuvres diverses, Amsterdam 1742, III 250).

ten, die nicht unmittelbar auf den Menschen zweckgerichtet seien. Darin ist er Cartesianer, einen Endzustand zu kennen und anzustreben, der auf abgeschlossener Naturerkenntnis beruht: Sie würde, so hatte es Descartes konzipiert, durch die Ermöglichung der definitiven Moral und der Medizin den Menschen glücklich machen. Das konnte Fontenelle nicht ohne weiteres wiederholen. Ihm mußte nach Ablauf eines weiteren Jahrhunderts das cartesische Schnellverfahren zur Abschaffung der Vorurteile zweifelhaft geworden sein. Die Vorurteile ließen sich nicht durch einen einzigen Akt der skeptischen Sistierung entkräften, um unter einer neuen Norm der Evidenz Erkenntnis zu schaffen; vielmehr mußte Stück für Stück durch Erkenntnis anstelle der aufgelaufenen Irrtümer und Vorurteile etwas anderes und Stichhaltiges gesetzt werden.
Erst die ausgeglichene Bilanz von Verirrung und Berichtigung konnte das Niveau herstellen und sichern, auf dem ausschließlich nach dem humanen Standard der Theorie gefragt werden würde. In Fontenelles Nachruf auf Tschirnhaus heißt es: *Avec une bonne Logique et une bonne Médecine, les Hommes n'auroient plus besoin de rien.*[84] Das ist der pure Irrealis: Der Mensch, in seinen Bedürfnissen als Anforderungen an die Wissenschaft betrachtet, hätte noch nicht oder nicht mehr seine Geschichte. Daß die Logik an die Stelle der definitiven Moral getreten ist, hängt gleichfalls mit der suspekten Endgültigkeit jener Überwindung der Vorurteile zusammen: Logik ist dabei genommen als Inbegriff der Verfahren, die der Entstehung neuer Irrtümer vorbeugen und der Durchsetzung gewonnener Erkenntnis dienen können – etwas also, was unter Hinzutat eines gehörigen Anteils der alten Rhetorik genommen werden muß. Geblieben ist vom cartesischen Ideal der Abschließbarkeit von Erkenntnis die Konzeption eines verteidigungsfähig gewordenen Endzustandes, der einschließt, daß ursprünglich immer mehr gewollt worden ist und gewollt wird als Wissenschaft. Theorie selbst ist es nicht, was Glück gewährt, sondern nur auszuschließen gestattet, was es stört – darin lebt die an den archaischen Hirten der Poesie gewonnene ästhetische Vorstellung fort. Daß es eine Idee der Methode gab, bedeutete nicht, daß Methode etwas anderes als ›Durchgang‹ heißen sollte.
Fontenelle ist hundert Jahre alt geworden. Er hat die Erfahrung

84 Fontenelle, Éloge de Tschirnhaus. 1708 (Œuvres diverses III 166).

des natürlichen Todes oder der Natürlichkeit des Todes in der schlichtesten Formel ausgesprochen: *Je ne sens autre chose qu'une difficulté d'être.* Er starb zwei Jahre nach dem Wendepunkt der Aufklärung, dem Erdbeben von Lissabon. Solche Lebenslänge legt die Frage nahe, wie er das Verhältnis von Lebenszeit als erlebter Zeit und Weltzeit als die Lebenszeit übergreifender und bestimmender Geschichte erfahren hat. Zunächst sieht es aus, als sei ihm nicht erspart geblieben, was mit fortschreitender Neuzeit noch jedes höhere und hohe Alter mit sich gebracht hat: Entfremdung von der Zeitgenossenschaft, Entwertung eigener Lebenserfahrung als enttäuschte Erwartung und Gefühl des Niedergangs mehr der Dinge als der eigenen Kräfte. Gerade weil Fontenelle keinen Begriff der irreversiblen Zeit hatte, keinen Geschichtsbegriff endgültiger Gewinnbarkeiten, mußte ihm die Grunderfahrung seines Alters unheimlich werden: der Sieg des Newtonianismus in Frankreich bis in dessen intellektuelles Herz, die Akademie, hinein.

Es fällt uns schwer zu begreifen, daß der Cartesianer dies nur als Rezidiv des Mittelalters erkennen konnte und mit Entsetzen zurückweisen mußte. Anstelle der reinen Mechanik von Druck und Stoß, die alle Prozesse in der Physik und Kosmologie des Descartes beherrschten, die ganze berühmte Theorie der Wirbel, waren wieder stofflich unfaßbare Kräfte, okkulte Qualitäten der Massen im Weltall, getreten. Ohne Zweifel sah Fontenelle eine neue Scholastik vor sich. Das von ihm begrüßte Zeitalter, das die Begriffe endlich durch die Sachen ersetzen sollte, fiel in unvollziehbare Begriffe zurück. Noch 1752 veröffentlichte er gegen Voltaires Newton-Propaganda seine »Théorie des tourbillons«. Sie war nicht weniger als eine Kriegserklärung gegen etwas, was ihm als Modetorheit und als leichtfertigstes Risiko für die Herrschaft der Vernunft erscheinen mußte: *car il suppose essentiellement l'attraction, principe très-obscur et très-contestable.* Obskurität, der Lichtmangel des überwunden geglaubten Mittelalters, war wieder ausgebrochen und durch nichts anderes als den von Fontenelle in seiner Anthropologie dafür vorhergesehenen Hinterhalt: durch Torheit und Lust an bloßer Neuerung. Fontenelle hatte sich Zeit gelassen. Denn schon in der zweiten Hälfte der dreißiger Jahre war die Entscheidung gegen die nur durch Druck und Stoß betriebenen Wirbel des Descartes gefallen. Das Manuskript seiner Apologie der Wirbel

Die Vernunft bekommt eine Geschichte 209

muß damals entstanden und durch viele Hände gegangen sein. Voltaire hatte davon Kenntnis, als er mit einer Satire auf den Sekretär der Akademie und dessen Schule zurückschlug: mit dem »Micromégas«.[85] Er benutzte eine Fiktion, die durch die »Weltengespräche« in die Köpfe eingegangen war, es seien nicht nur alle Welten bewohnbar und bewohnt, sondern es würden auch Beziehungen zwischen den Welten aufgenommen und durch den verglichenen Stand der Vernunft in ihnen die Aufklärung entscheidend gefördert werden. Nur war bei Fontenelle der Mensch der Zuschauer dieser Vorgänge und ihrer Folgen, der Genießer und Nutznießer, während Voltaire sich ganz auf die Seite der kosmischen Reisenden stellte und den Menschen aus dem Aspekt der Welten sehen ließ – ein nicht erhebliches kosmisches Wesen. Entscheidend für unser Thema ist, daß Fontenelle nicht mehr als Fortschritt und als Vollzug der Vernunft zu akzeptieren vermochte, was da in den letzten beiden Jahrzehnten seines Lebens auf ihn zukam. Erlebt wurde dies als Indiz für die Unausrottbarkeit der menschlichen Irrtumsfähigkeit trotz vermeintlich schon erreichter Korrektur.

Die Zeit war nicht die Dimension der Konsequenz, sondern die des Risikos jeder je erreichten Gewißheit. In ihr wurde vergessen, was jemals schon überwunden worden war. Und dies war möglich, weil die Lebenszeiten nicht in der Weltzeit präsent gehalten, aufgehoben werden konnten. Die Erfahrung, die Fontenelle in der *Querelle* gewonnen hatte, war invirulent geworden. Für ihn bedeutete das: die Aufklärung konnte genauso in Schulen, Parteien – oder wie man damals sagte: Sekten – zerfallen, wie in der Vorwelt die ihre Differenzen zum Kernpunkt machenden Mönche. Die Zeit war die Feindin der Konsolidierung des Erreichten. Letztlich war sie es, die ermöglichte und bestätigte, was Fontenelle in seinen frühen »Totengesprächen« Homer zu Äsop hatte aussprechen las-

---

85 M. Fontius, Voltaire in Berlin. Berlin 1966, 83–85. Ebd. 69–90: Zur Entstehungs- und Veröffentlichungsgeschichte des »Micromégas«. – Ira O. Wade, Voltaire's Micromégas. Princeton 1950. – Voltaire hat Fontenelle nicht nur verspottet, sondern auch verleumdet: die »Entretiens« seien nur ein *embellissement* des »Kosmotheoros« von Huyghens, vor allem die Weltenbewohner, denen Fontenelle nur die Galanterien gegen die Marquise hinzugefügt habe (Notebooks, ed. Th. Besterman, I 82 f.) – aber der »Kosmotheoros« war erst postum 1698 zutage gekommen, mehr als ein Jahrzehnt nach den »Weltengesprächen«.

sen, daß es zwischen der menschlichen Natur und der Wahrheit keine natürliche und vertrauenswürdige Affinität gäbe: *Vous vous imaginez que l'esprit humain ne cherche que le vrai, détrompez-vous; l'esprit humain et le faux sympathisent extrèmement.*[86] Deshalb ist es der Fabeldichter, der angeredet wird, weil er von dieser Einsicht als erster Gebrauch gemacht hatte. Seine Weisheiten waren sorgfältig eingekleidet und verkleidet gewesen, um sie der unmittelbaren Konfrontation zwischen menschlicher Natur und Wahrheit nicht auszusetzen. Die Vorliebe der Aufklärung für die ›nackte Wahrheit‹ erscheint als ihr didaktischer Irrtum: Das Wahre muß sich die Gestalt des Unwahren entleihen, um sich überhaupt angenehm und annehmlich für den menschlichen Geist zu machen. Das Unwahre geht leicht in seiner unverstellten Gestalt dort ein, wo es den Ort seines Ursprungs und seines gewöhnlichen Aufenthalts hat: *le vrai y est étranger.*

Es gibt eine innere Gegnerschaft zwischen der Idee der Aufklärung und dem Begriff der Zeit. Zwar ist richtig, daß die Welt Zeit kostet; ebenso unantastbar aber bleibt, daß die Zeit der Endgültigkeit der Gewinne in ihr nicht günstig ist. Aufklärung ist, das liegt in ihrem Begriff der Vernunft und im versuchten Begriff ihrer Geschichte, auf Endgültigkeit angelegt. Fontenelle war wohl der einzige ihrer Denker, dem seine Lebenszeit den Vorteil oder die Enttäuschung brachte, erfahren zu können oder zu müssen, daß es eine ›Zweckmäßigkeit‹ der Zeit für die Vernunft nicht gab. Da bestand eine Indifferenz, die systematisch noch nicht ausgesprochen werden konnte, vielmehr auf Kant warten mußte.

An Fontenelle wird ablesbar, welche Dringlichkeit für die Aufklärung darin lag, etwas mit der Zeit zu tun, was soeben für die Anschaulichkeit des Erdoberflächenraumes ganz plausibel geworden war: sie zu organisieren. Das eben hieß, sie der anstößigen Indifferenz gegenüber dem Menschen und seiner Geschichte zu entziehen, die Verdrießlichkeit ihrer Eindimensionalität in den Dienst der Unvertauschbarkeit ihrer konstitutiven Elemente zu stellen. Fontenelle hatte gesehen, daß die Zeitanfälligkeit der Geschichte an der Eigenwilligkeit der Subjekte lag, an ihrem unabtretbaren Bedürfnis, trotz methodischer Funktionalität für die Theorie je ein

---

86 Fontenelle, Nouveaux Dialogues des Morts. 1683 (zit. nach J. R. Carré, La Philosophie de Fontenelle. Paris 1932, 44 f.).

Die Vernunft bekommt eine Geschichte   211

eigenes sinnvolles Leben zu führen und es dieser sogar zu entziehen. Anders ausgedrückt: Fontenelle glaubte nicht, die theoretische Funktionsform könne zur Lebensweltform werden.
Der von Pascal eingeführte *homme universel* stieß eben gerade auf dieses Hemmnis, daß der einzelne es nicht werden konnte, weil er, dieser einzelne zu sein, nicht als seinen Mangel, seinen Rückstand akzeptieren und als Vorbehalt preisgeben wollte. Es gab die Geschichte als Gesamterfahrung eines menschheitlichen Subjekts nicht. 1720, in Fontenelles Fragment »Über die Geschichte«, sieht das so aus: Ein Mensch, der nicht erst zu sterben brauchte, um unsterblich zu sein, dessen Organe nicht alterten oder sonst in Verfall gerieten, also der vollen Erlebnisfähigkeit teilhaftig blieben, würde dennoch in einem metaphorischen Sinne altern; die Erfahrungen, die er zu machen hätte, ließen ihn nicht sicherer in seiner Lebensauffassung und -führung werden, sondern mißtrauischer, furchtsamer, weniger empfänglich für Freundschaft. Anders ausgedrückt: Er lernt zu viel aus der Erfahrung, gewinnt zu wenig durch Vergessen. Der Gedanke von der Menschheit als einer durch ihre Lebensalter hindurchgehenden metaphorischen Person, die nur gewinnt und nicht verlieren kann, weil sie ihre Identität zu sichern vermag, ist dem, der mehr als andere mit seinem Leben sich dieser Fiktion anzunähern vermochte, zweifelhaft geworden.[87]
In der »Digression« von 1688, also gut drei Jahrzehnte zuvor, hatte Fontenelle das Gleichnis von den Lebensaltern des menschheitlichen Subjekts abgebrochen, um die Versicherung auszusprechen, eine naheliegende Folgerung aus dem Gleichnis treffe nicht zu: auch dieser Gesamtmensch werde, wie eben der einzelne, nach Blüte und Reife seines Lebens in Vergreisung verfallen. Ohne Überzeugungskraft, wenn das Lebensaltergleichnis einmal gewählt worden ist, deklamiert Fontenelle nur noch aufs treuherzigste, die Menschheit als dieser Eine werde stets die Kräfte des besten Alters behalten, *das heißt, um das Gleichnis fahren zu lassen, daß die Menschen niemals aus der Art schlagen werden und die gesunde Vernunft aller guten Köpfe, die nacheinander folgen werden, sich allezeit bereichern und verstärken wird.* Die Gefahr jeder Rhetorik, am entscheidenden Punkt ihrer Argumentation die figurative

---

87 Fontenelle, Sur l'histoire (Krauß, Fontenelle, 171): ... *et cela par les seuls effets de l'experience.*

Orientierung fallen zu lassen und ihr gar widersprechen zu müssen, ist erkennbar.

Der erste deutsche Übersetzer, Gottsched, ist schon 1760, also fünf Jahre nach Lissabon, dieser Rhetorik seiner Vorlage nicht mehr leichtfertig gefolgt; in einer besorgten Anmerkung stößt er seinen Autor auf das selbstgewählte Gleichnis zurück: *Wer weiß aber, ob die Welt nicht wieder einmal ganz barbarisch werden, oder, daß ich gleichnisweise rede, in die Kindheit verfallen wird. Da solches in Europa fast tausend Jahre lang geschehen ist, so machet es mich furchtsam, es könne wohl wieder einmal geschehen und vielleicht noch länger dauren.*[88] Die Indifferenz der Zeit gegen das, was in ihr geschieht, läßt nicht ohne weiteres zu, ihre Unumkehrbarkeit auf das zu übertragen, was in ihr so weit vorangebracht zu sein scheint, daß es sich der eigenen Endgültigkeit versichert glaubt. Geschickt hat sich Gottsched der Figur Fontenelles insofern angepaßt, als er die geläufige Gleichsetzung von Vergreisung und Infantilisierung ausnutzt, den etwaigen Rückfall der Menschheit aus den Gewinnen der Vernunft immer noch in der Konsequenz des einen und einzigen menschheitlichen Lebens zu halten. Langlebigkeit als solche hat ihre Eindeutigkeit verloren.

Exkurs: Zur fehlenden Geschichte der Unsterblichkeit

In Fontenelles Traktat »Über die Geschichte« sieht es aus, als wäre das, was der eine der beiden Stützpfeiler der cartesischen Glückseligkeit, die Medizin, im Grenzwert zu bieten gehabt hätte und unter dem Titel Makrobiotik wenigstens annäherungsweise anbot, von der Kontingenz seiner Erfüllungen her schon entwertet. Fontenelle hat gewiß unterschätzt, was das Jahrhundert durch Selbstorganisation der Vernunft, was die Institution Wissenschaft gegen die Kontingenz der Geschichte tun konnten und tun würden; doch hat er eine lebensweltliche Grunderfahrung ausgesprochen, gegen die sich die Rationalität der institutionalisierten Theorie nur zeitweise würde durchsetzen können. Was da geschieht, ist nicht etwa die Säkularisierung der platonisch-christlichen Unsterblichkeit aufs

---

[88] Fontenelle, Digression sur les Anciens et les Modernes (Krauß, 154 f.); Auserlesene Schriften, dt. J. Chr. Gottsched, Leipzig 1760, 631.

Niveau des Geschichtssubjekts, sondern deren Abbau als Lebenszeitideal.

Es war seit jeher schwer erfindlich, worin der Anreiz von Unsterblichkeiten bestehen konnte. Das Christentum, das auf der Hochebene seiner theologischen Spekulation die beseligende Anschauung Gottes als letzte Erfüllung des – mit der antiken Metaphysik so gesehenen – natürlichen Bedürfnisses der Seele nach Wahrheit darstellte, hatte doch den Gläubigen diese Unsterblichkeit am ehesten als das geringere Übel empfohlen: zur eifrigen Vermeidung der anderen als der um so lebhafter auszumalenden Option. Noch Kant wird seinem Postulat der reinen praktischen Vernunft weniger dadurch Plausibilität verschaffen, daß nur eine Existenz jenseits der Bedingungen natürlicher Kausalität die Konvergenz von Glückswürdigkeit und Glückseligkeit möglich mache – was aber noch weitere, in den Postulaten niedergelegte, Bedingungen hatte –, als dadurch, daß er in der Unendlichkeit des sittlichen Willens die Konsequenz des Faktums sah, einem absoluten Prinzip in einer endlichen Existenz zu genügen.

Man sieht leicht, daß unter der inneren Systematik des Zeitbegriffs bei Kant dies zwar so etwas wie die unerbittliche Konsequenz, nicht aber die höchste Attraktivität einer Verheißung sein konnte. Was Kant zu retten suchte, zeigte er doch zugleich in seiner fraglichen Disposition für menschlichen Zuspruch. Zwar hatte die Aufklärung der Hölle den Untergang bereitet – oder doch jedenfalls geglaubt, dies wenigstens geschafft zu haben –; doch war dadurch die Unsterblichkeit als Trost für die Unendlichkeit der Zeit nicht anziehender geworden. Es gibt eine Beziehung zwischen dem Verblassen der Idee von Unsterblichkeit als personaler Unendlichkeit und dem in vielen Formen das folgende Jahrhundert durchziehenden Zeitekel. Die Aufklärung hatte da mehr Erfolg gehabt, als in ihren Intentionen lag.

Aber das ist schon ein Aspekt ihres Scheiterns. Ohne ihn einzubeziehen, läßt sich der Lebensertrag des Frühaufklärers Fontenelle nicht zureichend erschließen. Man beginnt an der Größe des letzten Wortes, das der Hundertjährige sprach, die Nuance herauszuhören, daß er nicht von der Erschwerung zu leben, sondern von der zu sein gesprochen hatte – eine Formel von größerer Endgültigkeit, als die Erwartung auf Unsterblichkeit sie gerechtfertigt hätte. In

Fontenelles Daseinsgestus ist nichts von Überdruß an der Zeit, noch nichts von Georg Büchners *Es graust mich vor meinem Lebensmechanismus*. Aber die Indifferenz der Zeit gegen die Vernunft war zur Drohung geworden; als sei die Form, die sie allem Geschehen aufprägt, jeder sinngerichteten Intention des Einzellebens wie der Geschichte zuwider. In seiner ›Geschichte der Geschichte‹, dem Fragment des noch nicht Siebzigjährigen, können die Veränderungen nicht aus dem, was sie ändern, erklärt werden: vor allem die Wandlungen des Geschmacks, der Mode, der Sitten, die alles umzustürzen scheinen und doch jeder Begründung aus dem, was sie jeweils nichtig werden lassen, entbehren. Folgerung für den Begriff der Geschichte mußte sein, daß ein Volk auch dann, wenn es unter konstanten Bedingungen lebte – zumal unter derselben Staatsform, sogar zusammengesetzt aus denselben Individuen, langlebigen also –, dennoch seine Meinungen und sein Verhalten, seine Werte und seinen Geschmack unaufhörlich wechseln würde. Das eigentliche Ärgernis daran ist, daß keine Meinung und keine Sitte, keine Wertung für sich das Zugeständnis ihrer jederzeitigen Veränderlichkeit einschließen. So benimmt sich das Vergänglichste, als sei es das Unvergängliche. Damit diskreditiert es jeden Anspruch und jede Begründung, dieses zu sein oder sein zu können.

Die Geschichte des Themas ›Unsterblichkeit‹ ist nie geschrieben worden. Ihr Resultat würde, vermute ich, nicht die These bestätigen, die ›unendliche Aufgabe‹ der neuzeitlichen Wissenschaft sei eine Art Säkularisat der religiös-metaphysischen Unsterblichkeit; vielmehr sieht es so aus, als habe die Formierung immanenter Unendlichkeiten der Geschichte – Inbegriff ihrer Rationalität – von der Idee der Unsterblichkeit oder dem Verlustgefühl für diese eher abgestoßen und abgeschreckt. Beim Versuch, den Kern des Gedankens der Unsterblichkeit festzuhalten, war es unvermeidlich, die Probe auf etwas zu machen, was man noch gar nicht als Problem zu formulieren wußte oder zu ahnen allererst begann: auf die Erträglichkeit der Weltzeit in ihrer Divergenz zur Lebenszeit.

Der Funktion nach gleichen sich die am Anfang und am Ende der Aufklärung erfundenen Unendlichkeiten aufs Haar. Pascal hatte gesehen, daß der absolute Anspruch der Erkenntnis, dargestellt im Ideal der Methode des Descartes, unter den Bedingungen endlicher Subjekte sich nur als deren Vereinigung in der Form der unend-

Exkurs: Zur fehlenden Geschichte der Unsterblichkeit

lichen Zeit vollstrecken lassen würde. Darin fand er die abbildliche Bestätigung für seinen Satz, der Mensch sei nur für die Unendlichkeit geschaffen (*l'homme, qui n'est produit que pour l'infinité*). Kant statuiert dasselbe für das moralische Subjekt als Auflösung des Widerspruchs zwischen der absoluten Forderung und der Bedingtheit des Geforderten. Nur konnte seine Unendlichkeit keine unter Bedingungen der Weltzeit sein, wie es für das theoretische Subjekt aus Subjekten in Pascals Fragment »Traité du Vide« gedacht gewesen war. In beiden Fällen jedoch war es die Vernunft, die solche Dimensionen für ihre Zwecke zu verlangen schien: die theoretische dort, die praktische hier.

Gerade dies ist der Punkt, an dem sich die Lebensbewegung Fontenelles zum noch unausgesprochenen Überdruß an der Zeit als der Form der Wiederkehr des Gleichen erfassen läßt. Er traut ihr die Begünstigung der Vernunft nicht zu, die in der Integration des einen Subjekts der Erfahrung und Erkenntnis liegen müßte. Der alte Satz, alles sei möglich, wenn man ihm genügend Zeit lasse, bedeutet für Fontenelle, alles Mögliche sei möglich in der Zeit, nämlich alles Menschenmögliche als aus der Natur des Menschen folgend. Diese Natur verschafft sich allemal, ob durch Vernunft oder Torheit des einzelnen, was in ihren Zwecken liegt, die nicht die des individuellen Subjekts sein müssen, aber sich auch kaum als Zwecke der Gattung erfassen lassen.

Nun könnte die Indifferenz der Zeit bloß ihre Unverträglichkeit mit höheren Aufgaben des Menschen sein; und in der Tat ist der Versuch zur Ausmalung niederer Paradiese als Aufenthalt von Unsterblichen das Eingeständnis, Glück müsse in der Fassungskraft dessen liegen, dem es nicht nur zugemutet, auferlegt, sondern verlockend gemacht werden soll. Man könnte sagen, Fontenelle habe die Schäfer seiner frühen poetischen Rivalität mit den Alten niemals ganz aus dem Auge verloren. Die Hirten waren glücklich gewesen, weil sie noch keine Geschichte gehabt hatten und die Differenz zwischen Lebenszeit und Weltzeit sie nicht zu jenen *précipitations* antrieb und verleitete, aus denen die Verirrungen der Geschichte wie die auf diese bezogenen Korrekturen durch die Aufklärung entstehen sollten. Jenes Hirtenglück war also nur negativ bestimmbar: Es gab noch nichts, was sie hätte unglücklich machen können. Wenn es für Fontenelle die Wiederherstellung des Paradieses nicht gab – die doch in der Zielvorstellung der Wissenschaft bei Descartes enthalten, obgleich nicht wie bei Bacon ausdrücklich gemacht worden war –, so lag dies an der seither deutlich gewordenen Zeitbedingung, die jene pastorale Gelassenheit und Muße unmöglich erscheinen ließ, der allein Irrtumsfreiheit hätte verdankt werden können.

Die beiden im Gedankenexperiment entworfenen Generalsubjekte der Geschichte waren gescheitert: der universale Mensch, weil er die Integrationsfähigkeit der Individuen zur Voraussetzung gehabt hätte, die es nicht gab; das zur Unsterblichkeit erhobene Individuum, weil es die Erfahrung der Kontingenz in der Zeit ebenso hätte machen müssen wie der Nestor der Akademie im Jahrhundert seines Lebens. Was ihm über den Schwierigkeiten der hypothetischen Konstruktion eines solchen Intellekts entging, war die Einsicht, daß selbst das gelingende Subjekt der Geschichte das eine nicht sein und nicht werden konnte, nämlich ein glückliches Wesen. Da liegt, wie schon der Ausblick auf Kants Postulat der Unsterblichkeit gezeigt hat, eine Antinomie im Vernunftbegriff der Aufklärung: Der unter dem absoluten Anspruch zu denkende unendliche Prozeß und der unter dem Titel des Glücks zu denkende Erfüllungszustand schließen einander aus. Deshalb kann das seiner Definition nach schlechthin objektive Subjekt die subjektivste aller Ideen nicht besitzen und folglich auch nicht realisieren. Glück ist, was einer sich als *sein* Glück bestimmt; es wäre eine der möglichen Katastrophen für die Menschheit, wenn einer für alle oder alle für einen oder viele für wenige oder wenige für viele bestimmen könnten, was deren Glück zu sein hätte. Deshalb ist diese Bestimmung nicht in die Hände der Vernunft gegeben; also auch nicht Sache der Aufklärung durch Vernunft.

Den schönsten und umfangreichsten seiner zahlreichen Nachrufe auf die Mitglieder der Akademie hat Fontenelle Leibniz gewidmet. Bedenkt man, daß dessen Werk erst in Spuren sichtbar geworden war, so verdient die Würdigung Bewunderung. Um so mehr fällt im Rückblick auf, daß ein Berührungspunkt ausgespart ist, der Fontenelles Beachtung hätte finden müssen: Leibniz war an der Realität der Zeit irre geworden, weil sich das Prinzip des zureichenden Grundes auf sie nicht anwenden ließ. Das war, in der Kontroverse mit Samuel Clarke, der reinste Ausdruck für die

Antinomie von absoluter Temporalität und absoluter Rationalität. Nur war das bei Leibniz kein Zentralproblem der Aufklärung, sondern eines der Metaphysik. Aber der empirische Fundus, an dem sich diese Antinomie reflektierte, war nicht weniger gewichtig, denn dazu gehörte die geschichtliche Kontingenz der Aufklärung, wie sie Fontenelle als Symmetrieverhältnis von Irrtumsbestand und Erkenntnisbedarf zu rationalisieren gesucht hatte. Er hätte die Idealisierung der Zeit, wäre sie ihm bekannt gewesen, nicht nachvollziehen können. Es ist wohl kein psychologisches Faktum, daß die Berufung auf die Idealität der Zeit, zumal in der ihr von Kant gegebenen Form, bis hin zu Sigmund Freud noch niemand wirklich beruhigt hat über die Indifferenz der Zeit gegenüber dem menschlichen Sinnverlangen. Denn die idealisierte Zeit *ist* – keine andere brauchte es zu sein – die unendliche Newton-Zeit.

X
Verspätung der Aufklärung und Beschleunigung ihres Verfahrens

Aufklärung kommt immer zu spät, könnte ein Satz der Aufklärung selbst sein; auch wenn diese damit das Selbstbewußtsein verband, ihre Leistung so steigern zu können, daß die Verspätung aufgeholt würde. Dieses Muster hat in drei Kurzsätzen unvergleichlich eindrucksvoll Voltaire ausgefüllt: *Nous sommes venus tard en tout. Je l'ay dit et le redit. Regagnons le temps perdu.*[89] Hatte die cartesische Schule die Entstehung der Vorurteile und Irrtümer mit jener Überstürzung der Vernunft als ›Urteil‹ erklärt, das sich trotz der Endlichkeit des Vermögens in die Unendlichkeit des Willens habe hineinziehen lassen, so lautet die Maxime Voltaires angesichts des verspäteten Aufbruchs der Vernunft – der aber um jeden Augenblick verspätet gewesen wäre, der nach dem Anfang der Welt gelegen hätte –: Holen wir uns die verlorene Zeit zurück! Also: Beschleunigung des Verfahrens.

Angelegt war das in der vierten Regel des Descartes, die Akte der Vernunft in Angleichung an die Sequenz der Zahlen nicht nur auf eine unverrückbare und unumkehrbare Folge in der Zeit festzulegen, sondern auch das Durchlaufen der Reihe dieser Akte beschleunigungsfähig zu machen, so daß sie jedem in den intellektuellen Zusammenhang eintretenden Subjekt in Verkürzung verfügbar würde. Diese Vorschrift sollte jene verhängnisvolle Überstürzung, aus der die Vorurteile entstanden waren, endgültig ausschließen.

Voltaires Begriff der Beschleunigung ist weniger ein systematisches Element als ein rhetorisches Instrument, die Betreiber der Aufklärung anzutreiben. Das erscheint nur unter der systematischen Voraussetzung einer Logik der Geschichte möglich, die wie jene *series numerorum* bei Descartes indifferent ist gegen die Geschwindigkeit, mit der sie durchlaufen oder abgewickelt wird. Unter der Idee der Beschleunigung sieht es aus, als sei das Indifferenzverhältnis zwischen Weltzeit und Lebenszeit umkehrbar: Der Inhalt der Geschichte, als der Rationalität fähig gedacht, würde unempfindlich gegen das Quantum an Zeit, das er verbraucht. Beschleunigung

---
[89] Voltaire, Notebooks, ed. Th. Besterman, II 573.

heißt, daß der Zeitverbrauch als steuerungsfähige Größe erscheint. Man kann den Fortschritt, wenn es denn ein Fortschritt ist, schneller und langsamer haben, wie man ihn früher hätte haben können, später aber und zu spät erst bekommen hat. Jeder solche Ansatz zu einer inneren Logik der Geschichte schränkt ihre ›Machbarkeit‹ auf das Tempo ein.

Die Idee der Beschleunigung ist also an den quälenden Gedanken der Verspätung der Vernunft gebunden; aber auch an den der Größen des Zeitverbrauchs für ihre geschichtliche Leistung. Das Anstößige am Gedanken der Verspätung liegt in der Kontingenz des den Früheren Vorenthaltenen, den Späteren Zugeteilten; das Anstößige des gedachten, nötigen oder möglichen Zeitverbrauchs liegt im Vorbehalt, den er allen gegenwärtigen und künftigen Existenzen im Dienst ihrer Epigonen auferlegt. Im Maß des Zeitverbrauchs der Vernunft macht sich der weltzeitliche Horizont geltend.

Bei Voltaire darf man sich nicht zu schade sein, seine kunstvollen Anekdoten und Kurzromane als Anbietungsform philosophischer Gedanklichkeit zu respektieren; und nicht nur das: zu genießen. In einem seiner exotischen Romane, den »Lettres d'Amabed«, hat er dem Bewußtsein der Aufklärung, viel Zeit – und noch mehr Zeit als die des über seinen Zenit fortgeschrittenen Jahrhunderts – zu benötigen, um Helligkeit genug zu schaffen, possierlichen Ausdruck gegeben. Was der exotische Typus des Aufklärungsromans von den Missionsberichten erlernt und übernommen hatte, die Ansicht der europäischen Zentralwelt von einem ebenso ethnozentrischen Standpunkt her, wird auf die nicht weniger zentrierbaren Orientierungen der Zeit übertragen: Der reisende Held der Geschichte datiert seinen ersten Brief auf den zweiten Tag des Monats der Mäuse im Jahre 115652 seit Erneuerung der Welt nach der Rebellion und dem Sturz himmlischer Wesen gemäß brahmanischer Lehre. In der Jahreszahl kommen die Ziffern des Jahres vor, mit dem in der Großzügigkeit des Zeitverbrauchs rivalisiert werden soll: des in der christlichen Zeitrechnung entsprechenden Jahres 1512. Es war das Jahr der portugiesischen Eroberung Goas.

Der bildungsreisende Amabed berichtet im zweiten Brief seinem Lehrer, dem Großbrahmanen von Madura, über seine Studien bei einem italienischen Missionar, dem Pater Fa tutto. Bei diesem hat er die Universalgeschichte Bossuets kennengelernt, in der von den alten Reichen des Ostens kein Wort gesagt werde. Vom exzentrischen Aspekt des Missionslandes her erweist sich das europäischchristliche Geschichtsbild als seinerseits exzentrisch. Die Europäer werden verglichen mit Dorfbewohnern, die mit Pathos von ihren Hütten reden und nicht wissen, wo die Hauptstadt liegt. Vor allem fehle es ihnen an Maßen für die Zeit. Zwar differierten die verschiedenen Chronologien nach der Bibel, doch lägen alle errechneten Weltzeiten unter siebentausend Jahren. Scheinen zunächst in der Konfrontation von Asien und Europa Ignoranz und Arroganz auf der Seite des letzteren gekoppelt zu sein, so ergibt sich alsbald, daß Asiens Zeitrechnung und Zeitumgang ihre eigene Arroganz hervorbringen: das erste Jahrhunderttausend überschritten zu haben und in der Bibel der anderen nur den späten und schwachen Reflex brahmanischer Ausstrahlungen zu sehen.

Amabed wird Gefangener der Inquisition und nach Europa verschifft, um sich in Rom zu verantworten. Wenn er im siebten Brief die Ankunft an der Küste Afrikas schildert, heißt es von den Einwohnern dieses Erdteils, es sei fraglich, ob sie von den Affen oder die Affen von ihnen abstammen – Kunst jedenfalls hätten sie nicht, und ihre Musik habe den Rhythmus von Elefanten. Doch dann, und das ist der springende Punkt, wird ihnen zugebilligt, unter genügendem Aufwand von Zeit – Standard bleibt der der Brahmanenwelt – die Bebauung der Erde, die Einrichtung von Häusern und Gärten sowie die Kenntnis des Laufs der Sterne zu erlernen. Der Kulturvergleich steht ganz unter dem Prinzip der Zeitkosten für jedes erreichbare Niveau: *Il faut du temps pour tout*.[90] So mokiert sich das eine Opfer der wahnhaften Überlegenheit im voraus über das nächste.

Nun hat die Anmaßung des Brahmanenschülers einen reflexiven Effekt: Ihm kommt angesichts der Zustände an Afrikas Küste der Verdacht, noch die Zeitmaße der eigenen Chronologie könnten bei weitem untertrieben sein, sollten sie den Zeitbedarf umschließen, der für den Aufstieg der tierischen Natur zu den Höhen der Kultur angenommen werden müsse. Wenn das Selbstbewußtsein der heimischen Philosophie von ihrem einsamen Rang in der Welt stimmen sollte, mußte, bei allem schuldigen Respekt, ihre Zeit-

---

90 Voltaire, Lettres d'Amabed (Œuvres complètes, Basel 1792, LXVI 44).

rechnung untertrieben sein: *Il me semble qu'il faut bien plus de temps pour être arrivés au point où nous sommes.*
Die Zahlen, die Amabed nun für die Zeitspannen des Prozesses der Kultivierung nennt, können nur als ironische Relativierungen des geschichtlichen Bewußtseins der Aufklärung gelesen werden. Zwanzigtausend Jahre seien für die Erfindung einer erträglichen Sprache, ebensoviel für die Erfindung des Alphabets einer Schrift nötig, nochmals so viele für die Metallurgie, für den Ackerbau und die Webkunst sowie für die Schiffahrt – und wie viele andere Fertigkeiten blieben dann noch übrig, die ihrerseits Jahrhunderte erforderten. Die Chaldäer werden als Erfinder der Astronomie mit ihrem Anspruch, vierhunderttausend Jahre alt zu sein, nicht nur genannt; es wird im Hinblick auf ihre Kunst hinzugefügt: *et ce n'est pas encore assez.*
Der Aufklärer hat in den Abgrund der Zeiterfordernisse der Vernunft geblickt. Dabei muß sich ihm die Selbstgewißheit, am Scheitelpunkt der Vollendung ihres geschichtlichen Prozesses zu stehen, unvermeidlich problematisiert haben. Der Blick auf die exotische Küste, die Verwechselbarkeit von Affen und Menschen, die Unausweichlichkeit der riesigen Dimension einer Geschichte der Kultur, erfaßt als die der Menschwerdung selbst, haben das genuine Problem der Neuzeit und ihrer Aufklärung – wie aus dem Mittelalter heraus und von seiner Furcht wie seinen Hoffnungen wegzukommen sei – in den Hintergrund gedrängt. Sich an Bossuets Weltgeschichte zu messen ist etwas anderes als die mit der *Querelle* angesetzte Problematik der auf die Gegenwart zentrierten Epochenbegriffe und ihrer Rivalität.
Voltaire hat Kants »Naturgeschichte und Theorie des Himmels« niemals gelesen, aber er hat ein Gespür für die Notwendigkeit, eine Weltgeschichte nach den Maßen der Natur zu konzipieren: Lebenszeit und Weltzeit in ein neues Verhältnis zu setzen. Nachdem der Gleichlauf der Geschichten von Welt und Menschheit seit der Schöpfung hatte aufgegeben werden müssen, war die Weltzeit insofern normativ geblieben, als unter den Voraussetzungen einer Schöpfung schwerlich vorgestellt werden konnte, daß die Menschheit – wenn schon nicht den gesamten Naturprozeß erfüllend und bestimmend – in diesem nur eine Episode von ärgerlicher Kürze sein durfte. Es war immer noch ein Stück Anthropozentrik, mit dem

Anwachsen des Weltalters auch den urzeitlichen Hintergrund der Menschheitsgeschichte auszuweiten. Der Übergang dazu war vor allem die Destruktion der biblischen Chronologie.

Nur wenn das Alter der Welt ein Entwicklungsprozeß war, der dem Menschen allererst in fortgeschrittenen Stadien die Möglichkeiten des Daseins bereitstellte, konnte die rein quantitative Disproportion zwischen dem Alter der Welt und dem der Menschheit vernachlässigt werden, um in der Zweckmäßigkeit des Gesamtprozesses zugunsten des Menschen ein Prinzip der Rechtfertigung für die Proportion von Weltzeit und Lebenszeit zu finden. Diese Lösung war, ohne zur Wirkung auf die zweite Hälfte des Jahrhunderts kommen zu können, in der Kosmogonie Kants aus dem Jahr des großen Erdbebens 1755 gegeben. In ihr war der Aufwand des Universums an Zeit, Raum und Materie die Voraussetzung für die Herstellung einer schmalen Insel der Bewohnbarkeit für den Menschen.

Bei Voltaire bleibt die Natur das Szenarium, dessen Dimensionen die Geschichte nicht mehr als Folge von Ereignissen – sei es dynastischen und politischen, sei es militärischen: jener *tausend Schlachten, die nichts entschieden haben* – auffüllen oder in ihren Unmaßen rechtfertigen kann. Was soviel vermag, ist nur die Geschichte einer Welt, die selbst Zeit und nochmals Zeit kostet: die der Gesittung, der Kultur und der Künste des Menschen. Dies ist es, was allein den Spielraum zu vernünftigen vermag, der ihm zur Verfügung zu stehen scheint, indem es die Verlaufsform der Entwicklung annimmt und in Voltaires Gegenwart, als dem *siècle le plus éclairé qui fût jamais*, seinen Kulminationspunkt findet – wenn Voltaire nicht gerade einmal daran zweifelt. Seine Vorstellung von der Geschichte ist eher durch Analogie zu destruktiven als zu evolutionären Veränderungen der Natur bestimmt.

Nicht die Geschichte der Kultur, sondern die der Staaten wird von seinem höchst allgemeinen Begriff von Revolution erfaßt, der an den Veränderungen auf der Erdoberfläche abgelesen ist und nicht das vulkanische Moment der Plötzlichkeit und Heftigkeit, sondern das der langfristigen Allmählichkeit bevorzugt: die Aufschwemmung des Nildeltas, die Verlandung alter Häfen, die Verschiebung von Küstenlinien, das Erlöschen der Vulkane und das Versinken von Ortschaften im Meer. Die Beispiele haben keine eindeutige Wer-

Verspätung der Aufklärung und Beschleunigung ihres Verfahrens   223

tung, keine Linie einer Entwicklung, sondern nur das durchgehende Kennzeichen der Allmählichkeit, auch zu Untergängen hin. Dieses Bild der Geschichte hat Voltaire zuerst 1745 in der »Dissertation sur les changemens arrivés dans le globe« umrissen und dann in der Einleitung seines »Essai sur les mœurs et l'esprit des nations« von 1756 wiederholt. Das zusammenfassende 197. und letzte Kapitel des Geschichtswerkes beginnt Voltaire mit den Worten: *J'ai parcouru ce vaste théâtre des révolutions ... On y a vu les faits et les mœurs ...*[91]
Vor diesem Hintergrund hebt sich die Geschichte der Zivilisierung des Menschen als die eines gerichteten und bewertbaren Prozesses ab, bei dem die Zeit mehr können soll als in der Natur, an der Voltaire nichts vom Übergang niederer zu höheren Formen wahrnimmt. Die Funktion der Zeit in der Natur ist noch immer dieselbe wie in jener Antwort des Anaxagoras auf die Frage, ob die Berge bei Lampsakos dereinst zu Meer werden würden: *ean ge ho chronos mē epilipe[i]* – *Ja, wenn die Zeit nicht ausgeht.*
Die Zeit, bis dahin nur das Medium für den Auftritt von Ereignissen und Akteuren, für das Anwachsen unterschwelliger empirischer Größen zu meßbaren Werten, wird selbst zu einer Macht, der durch ihre bloße Quantität alles zugetraut werden kann, wie es ein Jahrhundert später voll zutage getreten sein wird. Am Zustand der Menschen zuerst sollte sie die Akkumulation des Unmerklichen zu einer neuen Art von Geschichte betrieben haben. Dabei wird die individuelle Lebenszeit zu einer Partikel der allmählichen Zähmung der Gattung. Was Voltaire hier begründet hat, ist die Mystik der langen Zeiträume: die Zeit erklärt, was wir nicht erklären können, sie ist, was die Allmacht gewesen war. Alles sei möglich, wenn man nur lange genug Zeit habe, heißt es bei dem Biologen Julian

---

91 Voltaire, Essai sur les mœurs et l'esprit des nations (Œuvres compl., ed. cit. XXIX 155 f.). – 1764, im »Dictionnaire Philosophique«, hat Voltaire wenigstens ein Zeitmaß des Nahezu-Unzumutbaren: Eine allgemeine Überflutung der Erde, wie die biblische Sintflut es gewesen sein sollte, sei physikalisch unmöglich, wohl aber eine wandernde Überflutung durch Verschiebung der Erdachse und damit der Pole; auf sie habe man seit einem halben Jahrhundert Verdacht, aber sie würde bis zur Deckung der Pole mit dem derzeitigen Äquator 2,3 Millionen Jahre erfordern, *une multitude prodigieuse de siècles* (Art. »Inondation«, in: »Dictionnaire Philosophique« ed. R. Naves, 250 f.). Man soll den Mut verlieren, das für die Ausweichlösung zu halten, obwohl es durch die Verlandungsgeschwindigkeiten der großen Flußmündungen ungefähr bestätigt würde.

Huxley auf dem Höhepunkt des Evolutionismus. Das hat seine Logik nur so lange, wie summative Allmählichkeit der Veränderungen den Begriff der organischen Entwicklung bestimmt. Als Geschichtsschreiber allerdings ist Voltaire seinem Begriff von der Geschichte der menschlichen Kultur und Gesittung nicht gefolgt. Da ist es bei dem Bild von Geschichte geblieben, das man als die Summe aller geschehenen Geschichten bestimmen kann, nicht als Summation von Elementarquanten, die ihrerseits noch nicht die Größenordnung einer ›Geschichte‹ haben.

Die Konzentration auf den Zeitgewinn für die Vergangenheit erweist sich als ein unverkennbares Merkmal der Aufklärung. Diese Erweiterung bedeutet Provinzialisierung der biblischen Chronologie und damit Entkräftung des Primats der Bibel als Geschichtsurkunde. Es wird im Zeitraum Platz geschaffen für die großen außerbiblischen Kulturen und für die vermeintlich langfristigen Prozesse der Sittigung und Vernünftigung des Menschen. Das war aus Voltaires Versuch des Jahres 1740 geworden, die Marquise du Châtelet für die Historie zu gewinnen, indem er die »Histoire universelle« des Bossuet, die schon bei Karl dem Großen geendet hatte, bis zur Gegenwart fortzuführen gedachte, dabei aber auf den Unwillen der Freundin stieß, die Voraussetzungen des Prälaten mit der Fortführung zu übernehmen. Daß mit dem Zeitgewinn für die Vergangenheit auch der Zeitbedarf der Zukunft problematisch wurde, blieb Voltaire durch die mehr oder weniger bestimmte Zuversicht verhüllt, die eigene Gegenwart sei die Zukunft jener Vergangenheiten und als diese dem Gipfel dessen zumindest nahe, was die Jahrtausende hervorgebracht hatten.

Ließ sich das aber glaubwürdig erhalten, wenn noch so kurze Zeit zuvor die Jahrhunderte des Mittelalters menschliche Kultur und Vernunft in einem als erschreckend beschriebenen Zustand dargeboten hatten? War einem Fortschritt zu trauen, der mit seinem Zeitbedarf in so gewaltigem Mißverhältnis zu den gerade erschlossenen Zeiträumen der menschlichen Gesamtgeschichte stand? Das noch wenig ausdrucksfähige Mißtrauen ging dahin, daß sich eine perspektivische Verzerrung für das historische Zeitgefühl eingestellt hätte, wenn es die Gegenwart zum Bezugspunkt aller Dinge und zum unüberbietbaren Maßstab menschlicher Möglichkeiten zu machen im Begriff stand, als hätte es das große Exempel für die Abweisung der Zentralillusion im Raum durch Kopernikus nicht gegeben. Die latente Drohung bestand darin, die für die Vergangenheit als vertrauenerweckend empfundene Ausweitung der Zeit auf die Zukunft übertragen zu müssen. Damit wäre die Frage unvermeidlich geworden, was denn ein solcher Spielraum der menschlichen Realität anderes als Verlust und Niedergang erwarten ließe, wenn doch die Gegenwart schon die Hoffnungen der Geschichte zu erfüllen schien. Wollte man diesem Dilemma entgehen, gab es nur die Zurückdrängung der Gegenwart zugunsten der Aspekte einer Zukunft, in der vielleicht für jeden Schritt weiteren Anstiegs der Gesittung, der Künste und der Kultur die Jahrtausende mit der gleichen Großzügigkeit würden aufgewendet werden müssen, wie man es für die Vergangenheit zugestanden hatte.

Nur dies gab der Unbestimmtheit der großen Zeitdimension einen Sinn, zumindest einen Trost. Aber aus dem Verzicht und Zugeständnis, die Gegenwart könne noch nicht die Vollendung der menschlichen Dinge sein, wurde durch Erweiterung der Zukunftsperspektive der neue Verdacht, die Gegenwart und ihre Zeitgenossen könnten dann nur noch Durchgangsstadium und Mittler, nicht aber Nutznießer dessen sein, worauf es für den Menschen ankommen mußte. Es sind die Bewußtseinsprobleme, die mit dem Begriff des Fortschritts heraufkommen und das Individuum zwischen Ermutigung und Trostlosigkeit hin und her reißen sollten angesichts eines Geschichtsbildes von solcher Großräumigkeit, daß das einzelne Leben darin nichts mehr zu bedeuten schien. Mußte sich dieser einzelne als Funktionär der Unmerklichkeit des Zugewinns verstehen, wie er sich in der Vergangenheit dargestellt hatte und als der er der Vergangenheit dieser Gegenwart unwidersprochen zuzumuten gewesen war, nun aber ihr als fatale Beinahe-Sinnlosigkeit abverlangt wurde?

Jede Annäherung der Maße für die Lebenszeit an die der Weltzeit durch Erweiterung des Prospekts der Vergangenheit weckt Vertrauen in die Entwicklungs*fähigkeit* der Menschen nach dem Zeitstandard der Natur, erregt Mißtrauen aber zugleich über das Maß an Entwicklungs*bedürftigkeit*, das noch in jeder Gegenwart stecken mag und muß, sollte nicht ein grandioser, aber immer unwahrscheinlicher werdender Zufall eben diese Gegenwart auf die Spitze des gesamten Prozesses gestellt haben. Dennoch, nur dies: eine Art endzeitlicher Lösung hätte das Dilemma der Verlorenheit der Gegenwart in der Zeit behoben. Doch welcher Mangel an kritischer Nüchternheit gehörte dazu, der Gegenwart diese Auszeichnung zuzusprechen, nachdem man nicht einmal mehr wagen konnte, die Himmelsgegend, in der solches ausgesprochen wurde, mit irgendwelchen Vorzügen vor anderen auszustatten, die Kultur, die solches zu sagen inspirierte, als eine in ihren Ursprüngen und ihrer Mitgift bevorzugte anzusehen.

Das solideste Indiz, welches Voltaire zugunsten seiner Gegenwart als einer unüberholbaren anführt, ist die »Enzyklopädie« – ein Wunderwerk in seinen Augen, bei aller Abneigung gegen Wunder. Hier sei ohne Rücksicht auf Gewinn und Ruhm ein unvergängliches und nicht mehr überbietbares Inventar der menschlichen Leistungsfähigkeit in Wissenschaften und Künsten entstanden (*ce dépôt immortel des connaissances de l'esprit humain*). 1767, als das Unternehmen noch keineswegs vollendet war, stellt Voltaire für die Umstände seiner Entstehung und das Resultat seines Aufwandes fest, es sei nicht nur das erste, sondern vielleicht auch das letzte Beispiel seiner Art auf Erden: *C'est le premier exemple et le dernier peut-être sur la terre*...[92] Da er zu diesem Zeitpunkt die Begleitumstände des Fortschreitens der Enzyklopädie und ihrer Wirkungen kaum noch als den Enderfolg der Aufklärung ansehen konnte, wird man seine Auszeichnung der Gegenwart nur so verstehen können, daß er die theoretisch-inhaltlichen Voraussetzungen für den endgültigen Erfolg der Vernunft in diesem Werk enthalten sah. Dessen Verbreitung und Durchsetzung würde erst den Erfolg der Folgen spürbar machen und sichern.

Der Höhepunkt der menschheitlichen Geschichte hatte also noch eine Nachgeschichte von unbestimmter Dauer, die man aber *nach* dem enzyklopädischen Großunternehmen sich selbst – und das heißt auch: der literarisch-satirischen und rhetorischen Ausmünzung – überlassen durfte. Die durch Newton vollendete Naturwissenschaft würde noch nicht *eo ipso* die definitive Moral sein; sie würde einer Arbeit der Übersetzung vom Theoretischen ins Praktische, darunter auch in die Medizin, bedürfen. Schließlich hätten sich doch

---

92 Voltaire, Lettres à son Altesse Monseigneur le Prince de... sur Rabelais et sur d'autres auteurs accusés d'avoir mal parlé de la religion chrétienne. Lettre VIII. Sur l'Encyclopédie (Œuvres complètes, Basel 1792, LXIX 32 f.).

so schließt Voltaire seine geschichtsphilosophische Bewertung der Enzyklopädie, der Blutkreislauf, die Heilmethode durch Brechmittel sowie die Impfung durchgesetzt. Man spürt, wie da immer noch an das durch Descartes sanktionierte Schema des Enderfolgs der Vernunft gedacht wird.

Was Fontenelle mit einer der für die Neuzeit charakteristischen Iterationen die *Geschichte der Geschichte* genannt hatte, wird bei Voltaire und durch ihn für lange Zeit *Philosophie der Geschichte* heißen. Die Hauptdifferenz zwischen Fontenelle und Voltaire besteht in der Frage der Abhängigkeit der geschichtlichen Fakten von der menschlichen Natur. Bei Fontenelle konnte man mit Klarheit sehen, daß die Behauptung dieser Abhängigkeit bedenkliche Folgen für die auf den Geschichtsprozeß zu setzenden Erwartungen und damit für das Selbstbewußtsein der Aufklärung haben mußte: Die Konstanz der menschlichen Natur war die Prämisse für die immerwährende Wiederkunft des Gleichen und damit für das Mißtrauen gegenüber allem jemals Erreichten gewesen. Voltaire kennt zwar auch einen solchen Zusammenhang zwischen menschlicher Natur und Geschichte, der jedoch auf einen schmalen Rest geschrumpft zu sein scheint durch all das, was im Verlauf der Geschichte durch Kultur und Sitte so etwas wie eine zweite Natur des Menschen gebildet hat. Sie trägt die Zuverlässigkeit der jeweils erreichten Zustände, die Unumkehrbarkeit des Gesamtprozesses.

Die Geschichte der Menschheit als Geschichte der Kultur, der Sitten und der Künste zu schreiben, hat in diesem Theorem über das Verhältnis von erster und zweiter menschlicher Natur sein Fundament und seine Funktion für ein gesichertes Selbstbewußtsein der Vernunftleistung. In der Etablierung von Gewohnheiten im weitesten Sinne gekonnten und gesicherten Verhaltens schafft sich die Vernunft jeweils das Nullniveau, auf welchem und von welchem aus sie die nächste Stufe der Zivilisierung der Menschennatur erreichen kann. Voltaires Geschichtsschreibung ist nicht mehr vorwiegend die der Theorie, weil er einen vor jeder Theorie liegenden und nicht durch die menschliche Natur gesicherten Prozeß anzunehmen begonnen hat: so etwas wie die Vorgeschichte der Geschichte. Ihr entspricht symmetrisch eben jene Nachgeschichte der Geschichte, in der die vollendete Theorie in Vollendung der Aufklärung umgesetzt wird.

Sowohl Fontenelles Geschichte der Geschichte als auch Voltaires Philosophie der Geschichte kann man aus der Intention erfassen, das Schema eines additiven Prozesses zu überwinden: Geschichtsschreibung nicht als bloße Auswertung der Buchführung über vorgegebene kalendarische Zeitabschnitte betrieben zu sehen. Man darf dies jedoch nicht zum immanenten Fortschritt der Historie erklären, wie es sich aus der Annäherung an den Standpunkt und Standard des rückblickenden Betrachters ergeben könnte. Vielmehr hatte sich gezeigt, daß das Anwachsen der Weltzeit unter dem Zwang theoretischer Resultate die Zeitmaße der Geschichtsschreibung zur Nichtigkeit und Sinnlosigkeit herabzudrücken drohte, sofern nicht eine menschliche Entwicklung noch jenseits aller Chroniken und Annalen, aller dokumentierbaren und überlieferten Ereignisse und Fakten angenommen werden durfte.

Diese Vorgeschichte der Nicht-Ereignisse übte einen verformenden Druck auf die Gestalt der dokumentierten Geschichte aus: Auch in ihr gab es hinter dem Vordergrund der datierbaren Verträge, Schlachten, dynastischen Perioden, Krönungen und Ermordungen, Gesetzgebungen und Umstürze, die jeweils für sich ihre Geschichten hatten, die eine den Menschen selbst und unabhängig von jenen Daten bestimmende Geschichte seiner Kultur, Gesittung, seiner Künste und Erfindungen, seines Aberglaubens und seiner Vernunft, die sich für bestimmte Realitäten eher an ihren Symptomen als an ihren Ursachen anzeigte, eher erschlossen werden mußte als beschrieben werden konnte. Die Entdeckung Amerikas ist ein datierbares Ereignis; wie aber die Entdeckung der Neuen Welt reflexiv die Strukturen der Alten Welt nahezu völlig verändert hat – wie Voltaire schreibt: trotz der dynastischen Streitigkeiten und Religionskriege Europa eine andere Form des Verkehrs und Betriebs aufgezwungen hat –, ist etwas, das in seiner Langfristigkeit durch das klassische Raster der Geschichtsschreibung hindurchfallen mußte. Aber: *Diese Geschichte ist es, die alle Welt kennen muß ... Alles geht uns an, alles ist für uns gemacht ... Wir können keinen Schritt tun, der uns nicht über die Veränderung belehrt, die sich seitdem in der Welt vollzogen hat.*[93]

Voltaire hat keinen abstrakten ›Rezipienten‹ im Auge, wenn er

---

93 Voltaire, Bemerkungen über die Geschichte. 1742 (Kritische und satirische Schriften, ed. F. Schalk, München 1970, 555).

statt des geschichtlichen Chaos der gestreuten Ereignisse das Kontinuum der Zustandsänderungen des Menschen dargestellt sehen will; immer ist es die konkrete Adressatin seiner Bemühungen, *cette femme philosophe,* Madame du Châtelet, die er 1740 über das Studium der Physik hatte hinausführen wollen zur Geschichte, indem er eine andere, ihren Ansprüchen adäquat gedachte Geschichte postulierte. Deren Gewinn für die Freundin brachte er auf die Formel: *Elle cherchait une histoire qui parlât à la raison.* Als eine ihres Geistes würdige Geschichte war sie gedacht: Darstellung der Gesittungen, des Ursprungs der Gewohnheiten, der Gesetze, der Vorurteile, die gegeneinander stritten, nicht nur der Entwicklungen, sondern auch der Niedergänge und Verluste; wie so viele Völker Schritt um Schritt aus dem bürgerlichen Zustand in die Barbarei zurückfielen, welche Kunstfertigkeiten dabei verlorengingen, welche erhalten blieben, welche anderen in den Erschütterungen solcher Umwälzungen erst entstanden. *Ces objets étaient dignes de son esprit.*[94]

Weshalb spricht eine solche Geschichte zur Vernunft? Nicht etwa und nicht zuerst, weil sie Lehrmeisterin des Lebens ist oder werden kann, sondern weil sie jenseits des ›Chaos der Ereignisse‹ in einem sinnvollen Verhältnis zur Dimension der Zeit steht. Deren Indifferenz gegenüber dem Menschen und seiner Geschichte wird durch so etwas wie Erfüllung des Prinzips der unzulässigen Leere aufgehoben. Es war das Mißbehagen der Freundin an der Universalgeschichte des Bischofs Bossuet, das den Geschichtsbegriff Voltaires seit jenem gemeinsamen Studienjahr 1740 verwandelte und in der neuen Richtung vorantrieb. Ihr zum Memorial brachte er es auf die für diese Situation alles besagende Formel: *Elle se plaignit qu'un homme si éloquent oubliât en effet l'univers dans une histoire universelle ...* Das Universum über einer Universalgeschichte zu vergessen –, das war der Überschwang, der zur Geschichtsphilosophie – in ihrer authentischen Form einer neuen Definition der Geschichtsschreibung – führte: das Diskretum der ›Ereignisse‹ durch das Kontinuum der geschichtlichen Bewegung zu ersetzen, gleichgültig noch, welches Ganze und welche Richtung sich dabei ergeben würden. Was unter dem Titel der Beanstandung mangelnder Universalität

---

94 Voltaire, Remarques pour servir de Supplement à l'Essai sur les mœurs et l'esprit des nations. 1763, II. (Œuvres compl. XXIX 159).

geschieht, ist immer perspektivische Korrektur: Zurücktreten vom bis dahin bevorzugten Standpunkt auf einen, der mehr sehen läßt. Schon Bossuet, der hierzu den Anstoß durch Anstößigkeit gibt, hatte gemeint, den größten Maßstab gewählt zu haben, indem er das Alte Testament als Geschichtsquelle ausschöpfte; aber in der Unzufriedenheit der Freundin Voltaires spielt all das eine Rolle, was jener an Raum und Zeit einfach weggeschnitten hatte, um dem Leitfaden der Nationalgeschichte einer winzigen Provinz der Welt und ihrer Bevölkerung nachzugehen. Chinesen, Inder und Araber sind nicht wegen ihres kulturellen oder moralischen Vorrangs reklamiert, sondern zur Wiederherstellung der Maßstäblichkeit. Mit ihnen wird der Zeithintergrund zwar unbestimmter, doch gewaltiger und leistungsfähiger.

Weder in den Annalen Frankreichs noch bei einem seiner Geschichtsschreiber hatte Voltaire die Einstellung gefunden, die in dem Satz Senecas ausgesprochen ist: *Homo sum, humani nil a me alienum puto*.[95] Unter dem Aspekt des historischen Zeitbegriffs könnte man da zögern. Voltaire will die Loslösung der Geschichtsschreibung von ihrer annalistischen und biographischen Kurzfristigkeit, also auch von den Zufälligkeiten der Lebensdaten und Lebensfristen der Personen. Die Erweiterung des Zeithorizonts bedeutet allemal, daß die Figuren verschwinden, ihre Lebenszeiten bedeutungslos werden vor dem großräumigen Geschichtsfaktor, den Voltaire unter dem Titel der ›Meinung‹ (*opinion*) zusammenfaßt. Das ist mit Absicht ein so unbestimmt gewähltes Wort, daß auch noch die Religionen darunterfallen. Vor allem betrifft es die Negation datierbarer Vorkommnisse vom Typus der Gründungsakte und Offenbarungen, auch der durch Schriftwerke eingeführten Systeme, indem er zum Begriff der Meinung den gesamten Verschleifungsprozeß ursprünglich präziser Lehrstücke hinzunimmt, ihre Anreicherung mit Unverständnis und durch Mißverständnis, ihre Umsetzung in Schuldogmen und Schulbücher, in literarische Formen und Übersetzungen. An der Konfrontation von Cartesianismus und Newtonianismus waren ihm diese Verhältnisse aufgegangen. Meinung ist ein Produkt von gerade ausreichender Konfusion und Diffusion, um die Befriedigung der Abdeckung weit-

---

[95] Voltaire, Neue Betrachtungen über die Geschichte. (Kritische und satirische Schriften, ed. F. Schalk, 560).

reichender Sachverhalte zu gewähren. In dieser Funktion kann sie nicht an Anfängen stehen: Meinungen beginnen nicht als Meinungen. Sie brauchen Zeit, um sich durchzusetzen. In der Zeit erwirbt die Meinung das Trägheitsmoment, das sie der Dynamik der Geschichte in eben dem Maß entzieht, wie sie von dieser gehärtet zurückgelassen worden war. Auf der Langfristigkeit der genetischen Prozesse dessen, was ›Meinung‹ heißen wird, beruht eine Wirkungsmächtigkeit von vergleichbarem Zeitverbrauch: *L'opinion a donc changé une grande partie de la terre.*[96]
Wenn zutreffen sollte, daß Meinungen die Geschichte beherrschen, muß verwundern, daß die Forderung, sie zum Thema der Historie zu machen, erst noch zu stellen war: *C'est donc l'histoire de l'opinion qu'il fallut écrire; et par-là ce chaos d'événemens, de factions, de révolutions et de crimes devenait digne d'être présenté aux regards des sages.* Der von Voltaire bevorzugte Beweis dafür, daß Meinungen die Geschichte machen, ist die Aufrollung von der Negation her. Was die nachantike europäische Welt am meisten bestimmt und im Wechsel verändert hat, waren Meinungen über Existenz und Willen Gottes; eben darüber hätten die Chinesen niemals eine Meinung gehabt. Das hat ihre Geschichte in anderer Weise geprägt: Abwesenheit der Faktoren möglicher Umwälzung, die in jenen europäischen Meinungen lagen, hat die Stabilität ihres politischen Zustandes über Zeiträume europäischer Größenordnung hinaus bestimmt.
Voltaires Vorliebe für dieses Belegstück geschichtsbestimmender Meinung auch durch deren bloße Abwesenheit hat mit dem Dilemma zu tun, in das es diejenigen stürzt, die jene um Gottes Existenz unbekümmerte chinesische Ordnung als atheistisch bezeichnen. Sie würden dann schwerlich bei ihrer heftigen Verdammung von Bayles Behauptung bleiben, eine Gesellschaft von Atheisten könne genauso Bestand haben wie eine vom Gegenteil überzeugte. Mehr als zwei Jahrtausende bevor man sich in Europa aus dem Zustand der Wildheit erhoben habe, hätte unter dieser Voraussetzung in China ein politischer Status bestanden, der seither ohne Änderung geblieben sei.
Seit etwa fünfzig Jahren, pflegt Voltaire vor der Mitte des Jahrhunderts zu sagen, hat die Vernunft begonnen, sich bei uns einzu-

96 Voltaire, Remarques VI (Œuvres compl. XXIX 165–167).

führen. Diese Phrase scheint in Widerspruch zu stehen zum geschichtlichen Selbstbewußtsein des sich schon erfüllenden, seiner Kulmination nahenden kulturellen Prozesses. Dabei darf man nicht vergessen, was von diesem Prozeß verlangt und erwartet wird. Von der theoretischen Leistung der Vernunft erwartet Voltaire nicht so viel wie Fontenelle, nur zweierlei: die Preisgabe der Vorurteile mit Descartes und die Preisgabe der Physik des Descartes mit Newton. Beides hielt er für schnell durchsetzbar, wenn auch in der Auswirkung nicht von heute auf morgen spürbar. Das Problem liegt nicht bei der Evidenz des Neuen, sondern bei der Trägheit des Alten. Betrachtet man dieses Konzept genauer, scheint am chinesischen Vorzug der Abwesenheit von Meinungen eine letzte Form der Herrschaft der Meinung über die Geschichte durch: Die Vorurteile sind immer Positionen, und deren Abbau schafft den Zustand, den man etwas modernisiert als die herrschaftsfreie Macht der negativen Meinung bezeichnen könnte. Am Ende der langen Zeit, die der Prozeß erfordert, steht eine neue Art von Zeitlosigkeit.

Es gibt unter den Völkern Ungleichzeitigkeiten; doch sieht es bei Voltaire noch nicht so aus, als implizierte diese Aussage, alle hätten dasselbe Pensum zu erledigen, dessen Programm in einer Logik der Folge von Stadien des Gesamtprozesses für jede Kultur und für jeden Kulturkreis bestände. Bei aller Romantik der fernen Chinesen hätte Voltaire doch nicht gewagt, deren dauerhaften Status als möglichen Endzustand auch der europäischen Entwicklung zu postulieren; was nach dem Abbau der Vorurteile hierzulande als Dauerzustand herauskäme, wäre unvergleichbar, ausgenommen das formale Moment seiner Stabilität aus dem Mangel an dogmatischem Konfliktstoff. Das Ende der Herrschaft von Meinung als Herrschaft der Negation der Meinung ist eine formale, keine inhaltliche Idee. Voltaires Geschichtsbegriff fehlt für das Verhältnis von Geschichtssubjekt und Geschichtszeit noch ein Moment: das einer Sequenz der Ereignisse, die als Faktum nur das *Tempo* des Durchlaufs durch die Stadien und Phasen des Prozesses übriglassen würde. Erst Kant wird aus seinem Geschichtsbegriff der *Vollziehung eines verborgenen Plans der Natur* in der »Idee zu einer allgemeinen Geschichte in weltbürgerlicher Absicht« von 1784 die Folgerung ziehen, dann könnten wir den Fortgang der Geschichte beschleunigen, durch *vernünftige Veranstaltung* die Erreichung ihrer Endabsicht der vollkommenen Staatsverfassung *schneller herbeiführen.* So wird noch Lenin auf Verkürzung des Zeitverbrauchs für die Geschichtsprozedur von Marx dringen. Liegt diese einmal fest, wird jene disponibel.

Was die Logik der Geschichte der Vernunft als deren Versagen zuweist und übrig läßt, besteht im Zeitverbrauch, den sie beliebigen Subjekten zumutet, nicht in der unaufhaltsamen Vollstreckung ihres Programms. Gerade wegen der Indifferenz der Zeit gegen dieses Programm wird das Quantum der Zeit, das es verbraucht, der Vernunft zum Vorwurf ihrer ständigen Rückständigkeit, die sie nicht abschütteln kann. Es ist der transformierte Vorwurf, nicht von Anfang an das zu sein, was erst für das Ende versprochen wird. Beim Begründer der ›Geschichtsphilosophie‹ ist das nur im Negativ der Erfordernisse, die bei ihm offenbleiben, als das Kommende abzusehen.

Was an Voltaire sichtbar, wenn auch nicht von ihm gesehen wird, ist die Differenz im Zeitbedarf und Zeitverbrauch, also im Zeitverhältnis, von Rationalismus und Empirismus. Auf diesen Gegensatz läuft alles hinaus, was Voltaire gegen den heimischen Cartesianismus bei seiner Rückkehr aus England und unter den Namen Newtons stellt. Dabei kommt es nicht primär auf erkenntnistheoretische Positionen an; zu einer solchen Gegenstellung hätte sich Newton auch nicht geeignet, wie man an Fontenelles Verdacht sehen kann, mit der Gravitation ginge es zu den okkulten Qualitäten des Mittelalters zurück.

Um sich die hier gegebenen Sachlagen handlich zu machen, ist eine Erweiterung des Schlagsatzes zweckmäßig: *Die Welt kostet Zeit; die Vernunft keine.* Darin sind die Schwierigkeiten ausgesprochen, die ein zu Ende gedachter Rationalismus mit Zeit und Geschichte hat und die er durch mannigfaltige Paratheorien, etwa vom Typus der ›selbstverschuldeten Unmündigkeit‹, zu bewältigen sucht. Es bedarf der Begründung, wenn ein vernünftiges Wesen seine Lebensgeschichte mit langwieriger Unvernunft beginnt und seine Weltgeschichte mit epochaler Unvernunft unterbrochen hatte. Von übertriebener Konsequenz war seit Plato gewesen, daß Vernunft, da sie durch die Bedingungen des Lebens selbst behindert zu werden scheint, schon vor diesem begonnen haben und in ihrer Vollform dagewesen sein müsse. Wie mythisch sie immer gewesen sein mag, die *Anamnesis* bringt aufs genaueste zum Ausdruck, was erforderlich wird, wenn man eine Geschichte vom Vernunftbegriff her zu denken unternimmt. Sogar die Romantik wird in dieser Hinsicht ein verkappter Rationalismus sein, denn sie verlegt die Anfänglichkeit der Vernunft in eine Quelle der Urweisheit vor aller Geschichte, deren Wrackstücke durch den Strom der Zeiten treiben.

Die eingeboren Ideen der Cartesianer, mit denen Voltaire es nach seinen englischen Vorbildern zu tun zu haben meint[97], waren schon der Kompromiß des Rationalismus mit dem Platonismus. Wenigstens einer der Lebenspole, der der Natalität, sollte mit der Vernunft zu verbinden sein; am deutlichsten und aufschlußreichsten mittels der Behauptung, daß wir wenigstens *einen* Begriff besitzen, den wir unmöglich aus uns selbst jemals hätten gewinnen können: den der Unendlichkeit. Doch ist die Unendlichkeit des *ens infinitum* nicht eine der Zeit; als die des ›vollkommensten Wesens‹ ist sie eher die ideale Gleichzeitigkeit des Ursprungs der Dinge, in dem alles schon vollendet gewesen war, so daß die Geschichte Wesentliches nicht hinzubringen konnte. Drastisch und von der schärfsten Konsequenz her gesagt: Die vollkommenste der möglichen Welten ist nur über die Zusatzannahme geschichtsfähig, daß in der Vollkommenheit jedes kompatiblen Zustandes diejenige Zeitbestimmung liegt, die das Werden einer noch größeren Vollkommenheit aus der gegebenen möglich macht.

Anders ließe der Begriff der Vernunft den Begriff der Geschichte nicht zu. Dieser wird, sobald es mit der vollkommensten der Welten nicht mehr recht gehen will, zum Instrument der Entschuldigung dafür, daß die Vernunft nicht jederzeit schon war, was sie doch jederzeit hätte sein müssen. Mit dem Ärgernis solcher Paratheorien wird erst Kant – wenigstens dem systematischen Anspruch nach – Schluß machen, indem er die Vernunft dialektisch sich selbst entgegenarbeiten läßt. Das wird freilich in seinem Aufklärungstraktat – nur drei Jahre nach der Dialektik der ersten »Kritik« – unter dem Titel der ›selbstverschuldeten Unmündigkeit‹ unbeachtet gelassen.

97 Voltaire, Le Philosophe ignorant XXXV. Contre Locke (Œuvres compl. XLIV 135): *Je répète encore qu'au lieu de ces idées innées chimeriques, Dieu nous a donné une raison qui se fortifie avec l'âge* . . .

Gängiger als die Selbstverführung der Vernunft war ohnehin die Schuldzuweisung für deren Defizienz an äußere Mächte und Instanzen: an die Sophisten seit Bayle, die jene *infinité d'illusions, de préjugés* aufgehäuft haben sollten, der eine ebenso unendliche Arbeit der historischen Kritik entgegenzusetzen war; an die betrügerischen Priester als die Repräsentanten von Machtgelüsten, die mit solchen Erfindungen wie denen der Orakel zu Leitfiguren der Schuld an der Ohnmacht der Vernunft geworden waren. Wobei hinzuzufügen ist, daß sich unter dem Kampftitel der Sophisten alles verbarg, was nicht viel später unter dem Namen des Ästhetischen zu entdecken war und eine radikale Umwertung erfuhr, die jede weitere Verbindung mit der Verderbnis der Vernunft verweigerte oder zu dieser schließlich das höhere metaphysische Recht, Kunst zu sein, erhielt. Der Priesterbetrug war im Geschichtsdenken der Aufklärung der Platzhalter der Kategorie des ›Politischen‹, der den Machiavellismus hinübertrug in die neue politische Welt des Nationalismus.

Man sieht, was die Rettung des Vernunftbegriffs aus seiner geschichtlichen Anfechtung – besser: aus seiner Anfechtung durch die Entdeckung der Geschichtszeit – erforderte. Es entstand eine Fülle von Aufmerksamkeiten und Aufschließungen, die sich ihrer Funktion – der Belastung, den vormaligen Schwund der Vernunft entgegen ihrem Wesen, nicht schwinden zu können, zu kompensieren – alsbald zugunsten der Etablierung autonomer Sachverhalte entziehen sollten. Auch darin hatte Bayle das erste Paradigma geschaffen, indem er für nichts anderes als den Abbau der über die Zeit angehäuften Vorurteile die Selbständigkeit des kritischen Geschäfts, *le droit de l'historien*, geltend gemacht hatte, ohne dieser Definition Dauer verschaffen zu können. Der Historiker wurde ein anderer, als sein Entwurf ihm mitgab.

Der Rationalismus hat eine Ausschließungsfunktion, die für die Heraufkunft der Geschichtsphilosophie nicht belanglos sein konnte: im Prinzip braucht er kein Geschichtssubjekt. Daß die cartesische Methode dennoch zum Formationsregularium eines solchen werden konnte, ist sekundär: Descartes selbst hatte an die Anwendung seines Programms in einem Zuge und in einem Leben gedacht und nur widerwillig, als Zugeständnis an die Desolanz seiner Bronchien und Lungen, den Aufschub der Vollendung von Physik, Medizin und Moral zugestanden. Erst damit wurde der Methodenentwurf zum Dokument einer Schulgründung. Jeder Rationalismus akzentuiert seiner strikten Natur nach das Recht der Jugend auf Wahrheit, im individuellen wie im geschichtlichen Sinn, weil er außerhalb jeder Verstehbarkeit setzt, daß bloßer Ablauf des Lebens zur Leistungsfähigkeit des Erkenntnisvermögens noch irgend etwas hinzubringen könnte. Im Gegenteil: Das Leben überlagert die Vernunft mit Schulmäßigkeiten, wie zukünftig einmal mit dem Über-Ich. Deshalb liegt es im Vernunftbegriff, daß immer wieder von vorne begonnen wird und werden muß, sowohl in der Geschichte als auch im Einzelleben und mit diesem. Das *semel in vita funditus denuo* des Descartes war der knappste Ausdruck eines Vernunftbegriffs, der in nichts sicherer ist als darin, nichts zu verlieren zu haben, nur gewinnen zu können, wenn er den ganzen Menschheitsplunder auf einmal – wenn auch wohl immer wieder ein für allemal – abwirft.

Der Empirismus hingegen hält kein anderes Privileg für rechtfertigungsfähig als das der vermehrten Erfahrung und der vollendeten Übersicht über diese. Seinen Prämissen nach ist er angewiesen auf das überindividuelle Subjekt, so wie er jederzeit bereit ist, die Vergangenheit als den Operationsraum einer übersubjektiven Arbeit zu begreifen. Allerdings hat er metaphysische Scheu genug, um in der Richtung dieser Konsequenz nicht allzu weit zu gehen. Lieber setzt er Organisation anstelle von Identität – in modernerer Sprache: Institution als das Dauerfähige, das die Zeit der Indifferenz des Verbrauchs der Individuen enthebt.

Auch dies war zuerst in der Astronomie begriffen worden. Keplers Angebot an David Fabricius vom 10. November 1608, die Zulässigkeit der Benutzung von Beobachtungsdaten anderer zu akzeptieren, gipfelt in dem unüberbietbaren Lakonismus: *Quid si non omnia possumus omnes.* Was wäre, so gibt er dem Adressaten zu bedenken, wenn Gott ihm gegeben hätte, aus den Beobachtungen des anderen Besseres herauszuholen, als dieser selbst könnte?[98] Es war das erste nachmittelalterliche Wort dieser Art, fast möchte

---

98 Johannes Kepler an David Fabricius in Osteel; Prag, 10. November 1608 (Opera omnia XVI 202): *Quid si non omnia possumus omnes. Quid si mihi Deus hoc dedit, ut melius uti possim tuis observatis, quam tu ipse. Ergo si ego cessem, et tu perperam utaris, frustra tu observasti?*

man sagen: der erste Verdacht, gewesen. Was, wenn wir nicht alle alles machen können? Für die Vernunft, im strikten Sinne, konnte das so nicht gesagt sein; der Umfang der Französischen Enzyklopädie wird gerade noch so bemessen sein, daß dem Zeitaufwand nach jeder von allem seinen selbstdenkenden Gebrauch machen kann. Aber als es am nötigsten war, der Vernunft die Funktion des Organs von jedermann zu geben, war diese längst dabei, ihrer Anmessungsfähigkeit an das Individuum zu entwachsen und sich das Subjekt ihres Maßes – das dann und dadurch auch Übermaß oder gar Unmaß werden konnte – zu suchen oder zu bilden. Erst wenn die neuen Anfänge der Vernunft nicht mehr fällig werden, ergibt sich so etwas wie eine *qualitative* Funktion der Zeit über ihre *quantitative* Indifferenz hinaus – aber auch die Erklärung dafür, daß Vorurteile, Priesterbetrug und Sophistenerfindung nicht Verschwörungen gegen die Vernunft, die sonst die Geschichte beherrscht hätte, sein mußten, vielmehr die unvermeidlichen Besetzungen einer geschichtlich noch unerfüllten *tabula rasa* sein konnten. Daß die Leistungen der Vernunft immer als Gegenarbeit der Geschichte gegen ihre eigene Hinterlassenschaft erscheinen, erklärte sich eben daraus, daß die Jugendlichkeit der Vernunft nur ihre vermeintliche Unbefangenheit gewesen war, ihre tatsächliche Unerfahrenheit und Selbstgläubigkeit.

Leistung der Erfahrung ist der Abbau unbewährter Zwischenlösungen – also auch der nach Voltaire die Geschichte beherrschenden Meinungen, die das Unheil konfessioneller Kriege oder Verfolgungen oder auch nur der Instabilität der Staaten angerichtet hatten. Ausschau nach dem Bewährten der Erfahrung anderer – etwa nach dem Erfolg der Chinesen – war damit im Prinzip verträglich. Die Rückständigkeit dieser Art ›Vernunft‹ widersprach nicht ihrem Begriff. Daß sie nur fähig sein konnte, ihren Ertrag in der Zeit zu erwerben, erklärte, weshalb sie noch nicht und nicht jederzeit solche Begriffe hatte, die weder ihre erinnerten noch ihre eingeborenen waren.

Voltaire hat im »Micromégas« den Generalsekretär der Pariser Akademie verspottet. Zu Unrecht, denn er war das Paradox der Personifikation eines impersonalen Subjekts. Die Akademie war zum ersten Mal keine dogmatische Schule, sondern institutionalisierte Inter- und Suprasubjektivität. War das Subjekt des Fortschritts als Herstellung von Identität der an übergreifenden Projekten Beteiligten ein logisches Erfordernis, für das es in der Realität noch an einem Funktionsträger gefehlt hatte, so hatte Fontenelle diesen gefunden. Er war es in gewisser Hinsicht selbst. Nicht nur, weil er fast ein volles Jahrhundert alt wurde und den Fortschritt registrieren konnte wie kaum jemand, sondern weil er durch dieses Instrument der Zeitoptik als erster zu sehen verstand. Nicht als Theoretiker der Geschichte hat Fontenelle die entscheidenden Schritte getan, sondern als Annalist der Akademie. Voltaire sah nur, daß er Newton nicht akzeptierte und dessen Rezeption verzögerte; aber da diese unaufhaltsam war, nimmt es sich im Rückblick wichtiger aus, daß Fontenelles Furcht vor der Wiederkehr des Mittelalters – in Gestalt der einen neuen okkulten Kraft der Gravitation – das Gesetz der Unumkehrbarkeit verteidigte.

Es kann keine Rede davon sein, unter dem Einfluß Voltaires hätte sich das Verhältnis von Lebenszeit und Weltzeit erheblich verändert. Die Erweiterung der Weltzeit steht noch nicht unter dem Druck handfester Erkenntnisse der Geologie und Biologie; sie wird noch ganz durch die Geschichtszeit ausgefüllt und durch deren perspektivische Erweiterung bestimmt. Die neuen Zeiträume, die Voltaire wahrnimmt oder sogar aufspürt, benutzt er als rhetorischen Leitfaden für seinen Hauptzweck: die Anmaßung einer kleinen Nationalgeschichte, sich unter dem Patronat Bossuets zur Weltgeschichte aufzuschwingen, angesichts der Disproportion *dieser* Geschichtszeit zur Weltzeit zurückzuweisen und lächerlich zu machen. Die vermeintliche Weltgeschichte sei, *gemessen an der Zahl der vorausgegangenen Jahrhunderte*, etwas allzu Jüngstvergangenes, während der vom Deisten zu bekennende Gott allein die Zeitdimension des Ganzen habe: *Unsere Religion ist ebenso alt wie die Welt*...[99] Gerade weil Voltaire überallhin blickt, um sich für seine Relativierung der biblischen ›Weltgeschichte‹ Bestätigungen einzuholen, findet und liefert er die Indizien für ein gewandeltes Zeitbewußtsein. Dieses muß sowohl die Geschichtsindifferenz der Weltzeit als Naturzeit hinnehmen können wie auch die neue Sinnerfüllung einer der Weltzeit angenäherten Geschichtszeit

---

99 Voltaire, Glaubensbekenntnis des Theisten (Kritische und satirische Schriften, ed. F. Schalk, 466–468).

Verspätung der Aufklärung und Beschleunigung ihres Verfahrens 239

im Hinblick auf deren sichtbar gewordenen Zeitbedarf leisten können. Die Rationalität dieser Vorstellung erwies sich als asymmetrisch: Für die Vergangenheit durfte gelten, daß jeder Zuwachs an Ausdehnung, bis hin zu echter oder falscher ›Unendlichkeit‹, die Illusionen eng zentrierter Geschichtsbilder zerstört und dafür auf ein Konzept menschheitlicher Universalgeschichte in Annäherung an die Einheit der Naturgeschichte drängt; für die Zukunft ließ sich nicht verkennen oder verdrängen, daß die Lebenszeit immer noch das Maß sinnvoller Daseinserwartung und auf diese angewendeter wie anzuwendender Anstrengung blieb. Jede Ausweitung des ›Fortschritts‹ über das dem gegenwärtigen und individuellen Bewußtsein noch Erreichbare hinaus gefährdete die Sinnstruktur, die den gedachten Anteil des Einzelnen am Fortgang des Ganzen gewährleistete. Deshalb hatte die erweiterte Dimension der dem Menschen künftig verfügbaren Zeit nicht die Folge der Lässigkeit ihrer Ausschöpfung, vielmehr die des Drängens und der Bedrängnis, es nicht noch einmal auf die erschreckend langen Zeiträume der Steigerung des Menschlichen ankommen zu lassen. Beschleunigung unter der Idee des ›Fortschritts‹ konnte und sollte nicht nur heißen, dessen innere Logik zu sichern und irreversibel zu machen, sondern auch, eine unbestimmt offene Zukunft in lebenszeitliche Proportionen zurückzuholen. Zumindest dem Maß der individuellen Lebenszeit so viel an künftigen Möglichkeiten zuzuführen, wie immer erreichbar. Die Zukunftsdimension des Fortschritts soll derart alles andere sein als die Zeitentsprechung der in ihren Maßen neu entdeckten und noch zu entdeckenden Vergangenheit.
Beschleunigung aber, die unter dieser Bedrängnis und aus ihr hervorgehen mußte, konnte als Grundidee das Verhältnis zur Geschichte – drastischer: das Geschichte-Machen – erst bestimmen, wenn ein formaler Grundriß dessen, was den Titel ›die Geschichte‹ tragen sollte, feststand: eine Aufeinanderfolge, in der sich eins aus dem anderen ergibt und ernötigt, dies jedoch ohne die Zeitabstände, in denen es Ereignis oder Zustand wird. In der Spannung, die durch Dissoziation von Lebenszeit und Weltzeit entstand, kam es darauf hinaus, mehr und schließlich vielleicht alles in die Lebenserwartung des konkreten und hinfälligen Subjekts hereinzuziehen oder hineinzuzwingen. Deshalb wird ›Fortschritt‹ etwas, was nicht

nur aus seinen objektiv-inhaltlichen Zwangsläufigkeiten hervorgeht – die zugleich quantitative Bedarfsstrecken der Erfahrbarkeit sind, wie jene von der Astronomie benötigten Zeitdistanzen es gewesen waren –, sondern was durch Methode, Organisation und Institution vorangebracht und durch Beschleunigung zusammengedrängt werden kann.

Erkenntnistheoretische Idealisierung der Zeit und Beschleunigung der Prozesse in der Zeit sind gegeneinander exklusiv anmutende Extreme der Reaktion auf den Absolutismus der Zeit: auf ihre Indifferenz als Weltzeit gegenüber der Lebenszeit, als absolute Naturzeit, als Zeit für Kosmogonie und Evolution. Diese Antinomie entspricht durchaus phänomenologischen Befunden. Zeit ist einerseits das Unmerkliche, an den Realitäten der Welt Unbeteiligte: *Tempus non est affectio rerum*, hatte Spinoza festgesetzt. Was er nicht gesagt hatte und was die hier thematische Wandlung im Geschichtsbegriff bestimmt, hieße in derselben Sprache: *Tempus est affectio hominum*. Für das Leben ist die Zeit ein Medium, das sich als Realität bemerkbar macht im Maße seines Entzuges oder seiner Verknappung unter Druck und Zug des Weltangebots. Man darf im Ohr haben, was Hofmannsthal die Feldmarschallin im »Rosenkavalier« sagen und Strauss sie singen läßt: *Die Zeit, die ist ein sonderbares Ding. Wenn man so hinlebt, ist sie rein gar nichts. Aber dann auf einmal, da spürt man nichts als sie.*

Seit der zweiten Hälfte des 18. Jahrhunderts häufen sich die Indizien, hat Reinhart Koselleck festgestellt, daß der Begriff einer neuen Zeit sich durch einen neuen Begriff der Zeit manifestiere. Dies erscheint dem Historiker nun erst als das Merkmal der Epochenformation, die als ›Neuzeit‹ zu bezeichnen sei: *Die Zeit bleibt nicht nur die Form, in der sich alle Geschichten abspielen, sie gewinnt selber eine geschichtliche Qualität. Nicht mehr in der Zeit, sondern durch die Zeit vollzieht sich dann die Geschichte. Die Zeit wird dynamisiert zu einer Kraft der Geschichte selber ...*[100] Diese Dynamisierung hat einen gewissen Abschluß der Geschichte des Begriffs der Geschichte zur Voraussetzung, den man als Über-

---

[100] R. Koselleck, Neuzeit. Zur Semantik moderner Bewegungsbegriffe. In: Studien zum Beginn der modernen Welt. Stuttgart 1977 (Industrielle Welt XX.), 279. – Dazu: R. Koselleck, Art. Geschichte V. In: Handbuch der geschichtlichen Grundbegriffe II 647–691).

gang zur Ausbildung eines einheitlichen Geschichtssubjekts ansehen kann: den seit etwa 1780 auftretenden Kollektivsingular von Geschichte. Ohne ein ihm zugeordnetes Objekt oder vorgeordnetes Subjekt – Geschichte wovon und wessen – war er so bestimmungslos, daß ihm gar nichts anderes übrigblieb, als selbst beides zu sein.

Was mit Fontenelles ›Geschichte der Geschichte‹ begonnen hatte, am sprachlichen Bestand beobachtbar zu werden, ist doch nicht dort primär zu lokalisieren; daher der deskriptive Versuch, auf die Änderung des Zeitbewußtseins zurückzugehen und in dieser die Pression erkennbar zu machen, unter der sich das Geschichtsbewußtsein konsolidiert als die Einheit dessen, was treibt und getrieben wird. Dies scheint der äußerste Punkt jener Dissoziation zu sein, in der die Weltzeit hinter den immanenten Maßen der Lebenszeit hervortritt und sich die Geschichtszeit assimiliert. Geschichte, als der die Lebenszeiten und Generationszeiten übergreifende Prozeß, integriert sich die Individuen, stößt zugleich aber auf deren Widerstand und Unbehagen, sich integrieren zu lassen. Was wiederum die Beschleunigung zur Folge hat: etwas wie den Kompromiß zwischen Weltzeit und Lebenszeit, indem sie die Illusion einer erneuten Konvergenz erwecken.

Solange es nur die Wissenschaft gewesen war, die einen relativ zum Einzelleben ungeheuren Zeitbedarf angemeldet hatte, war Verzicht auf *Wahrheit* in irgendeinem Sinne von Endgültigkeit zu leisten; sobald auch die Veränderung von sachlich-technischen Lebensbedingungen unter den Zeitbedarf eines unendlichen Fortschritts gestellt wurde, wäre es der Verzicht auf *Glück* gewesen, der mit diesem institutionalisierten Hinhalten des einzelnen zu leisten war – und eben an dieser Umsetzung des theoretischen Modells in den Verzicht auf Daseinssinn wird das Unbehagen faßbar, das aus der Divergenz von Lebenszeit und Weltzeit entsteht.

Hatte man im Theoretischen erlernt, eine Aufgabe zu organisieren, sie als Verbund in Raum und Zeit zu begreifen, so genügte das nicht mehr für den Lebensanspruch. Da läßt sich am Bedeutungswandel des Begriffs ›Revolution‹, den Voltaire noch durchaus im Sinne langfristiger Umwälzungsprozesse und damit im klassischen Sinne verstanden hatte, erfassen, daß Revolution immer mehr zu dem wird, was als Resultat der Beschleunigung eines ohnehin in sich stimmigen und konsequenten Geschichtsprozesses fällig ist. Es ist nicht nur, was unausbleiblich heraufkommt, sondern ist, was so gemacht werden kann, daß es morgen eintritt.

Schopenhauer wird im Wintersemester 1810/11 in Göttingen Metaphysik bei Gottlob Ernst Schulze hören. Die knappen Aufzeichnungen sind durchsetzt mit eigenen Einfällen, denen jeweils ein ›Ego‹ hinzugesetzt ist. Dozierte der Kantianer, der im Heft durchaus als ›Rindvieh‹ tituliert wird, wir hätten gegenüber einer weisen Weltregierung die Erwartung, daß das Menschengeschlecht im ganzen zwar langsame, aber doch sichere Fortschritte in der Entwicklung seiner Anlagen machen werde, so widerspricht der Student mit einem *Grade das Gegentheil*: Eine solche Weisheit habe die Welt so einrichten können, daß *das Individuum seine Bestimmung erreichte, in welcher Lage und Zeit es auch sey*.[101] Und da sie gekonnt hätte, hätte sie auch müssen. Besäße die Kultur einen wahren Wert für den Menschen, *wie ungerecht wären dann die vorbereitenden Jahrhunderte behandelt, die dem beglückten Geschlecht nur zu Stufen dienten, das oben steht und sagt: ›drum haben wirs so herrlich weit gebracht!‹* In der indirekten Sprache, die sich der ›Allweißheit‹ bedient, wird ausgedrückt, was in der Realität sehr wohl möglich wäre, und damit zugleich, worauf diese Realität tendieren oder zugerichtet werden muß, soll sie nicht nur durch die Gattungsgeschichte gerechtfertigt sein. Darin steckt ein gegen die seit Kant formierte Geschichtsphilosophie des Idealismus gerichtetes Argument. Schopenhauer weiß noch nichts von seiner künftigen Entwertung der Individualität zugunsten des allgemeinsten und sich in der Gattung Erscheinung verschaffenden Willens, dem die Bedingung der Zeit ohnehin ganz und gar äußerlich ist.

Fazit: Der Mensch macht nicht die Geschichte; er macht das Tempo der Geschichte; und dieser zweite Satz ist in seiner Geltung von dem ersten abhängig. Das Antreiben des Tempos setzt die anderweitig abgesicherte Zwangsläufigkeit der Abfolgen voraus. Kein erbauliches Resultat; aber, an seinen Faszinationen erkennbar, das angesichts der Zeitdimension Zukunft offenbar tröstlichste.

---

101 Schopenhauer, Handschriftlicher Nachlaß, ed. A. Hübscher, II 9.

Exkurs: Beschleunigung als Heilserwartungsrest

Die Vorstellung von der Beschleunigungsfähigkeit einer dem Ablauf nach festgelegten Geschichte ist von Ernst Benz zum Paradigma eines Vorgangs von Säkularisierung erhoben worden. Aber die christliche Heilserwartung zum Weltende kann nur für den kürzesten Zeitraum ihrer Lebendigkeit als ein Betreiben des Endes – Beschleunigung der Zwischenphasen zu ihm hin – durch das Flehen der Gemeinde um die baldige Wiederkunft ihres Herrn – verstanden werden. Beherrschend für die christliche Geschichte – für die langen Zeiträume, die einem Prozeß der Säkularisierung[102] noch vorausgehen mußten – ist die entgegengesetzte Bemühung um Verzögerung, die kultische Bitte um Aufschub: *pro mora finis*. Freilich ist auch sie gebunden an die Voraussetzung, daß alle wissen, was bevorsteht und wie es abläuft, wenn es ins kritische Stadium gerät, über welches die apokalyptische Spekulation Auskunft gab. Allerdings kehrt die Liebhaberei für schnelle Abwicklung der Schrecken des Endes in sektiererischen Schüben und Formen wieder, propagiert von solchen, die sich für diese Schrecknisse bereits eine privilegierte Sonderstellung gesichert zu haben glauben; ihnen kam es auf Beschleunigung an, weil sie fürchten mußten, solche Bereitschaft bei längerem Anhalten des Spannungszustandes durch Erlahmen ihrer spirituellen Kräfte wieder einzubüßen. Ob es für Sünden, die nach der Taufe begangen wurden, noch Begnadigung gab, war lange und vielfältig umstritten und mit dem Zusatzproblem der Wiederholbarkeit der Taufe verbunden. Zugleich war es das stärkste Indiz dafür, wie groß der Wunsch der durch Taufe Geretteten sein mußte, den noch ausstehenden Heilsprozeß so schnell wie möglich hinter sich zu bringen. Dies aber wird man nicht mehr unter den Titel einer Beschleunigung der Geschichte stellen können. Was auf kürzestem Wege zu Ende zu bringen wäre, ist der Bestand der Welt als ein purer Wartestand auf das Ende hin, in welchem es nur sinnvoll sein kann, keine Geschichte mehr zu machen.

102 Die Kritikbedürftigkeit des Begriffs der Säkularisierung wird hier, zugunsten der Deutlichkeit der These von Ernst Benz, außer acht gelassen: H. Blumenberg, Säkularisierung und Selbstbehauptung. Frankfurt 1974 (Neufassung des Teils I von »Die Legitimität der Neuzeit«, Frankfurt 1966).

Benz ist von der Vorstellung durchdrungen, daß alle modernen Theorien der Veränderung und der Revolution, des Umsturzes und des Terrors letztlich *eine säkularisierte Abart der ursprünglich christlichen Akzelerations-Idee* sind.[103] Um diese derart umzubilden, brauchte ihr nur das Ziel des Weltendes genommen und durch das eines irdischen Paradieses ersetzt zu werden. Vor allem Lassalle erscheint bei Benz als Repräsentant dieser Umformung, da er die Freiheit des Menschen ohnehin nur als verklärte Notwendigkeit anzusehen vermag, der Ablauf der Geschichte, ihre Morphologie, also vorgegeben und festgelegt sei. Ausgenommen ist nur das Tempo dieses Prozesses. Gerade die Bestimmung seiner Geschwindigkeit soll, nach der These von Benz, das zentrale Säkularisat sein, darin präziser als die Ersetzung des Weltendes durch die Weltperfektion. Nur auf diesen Teil der These kommt es hier an; nur er hat mit dem Verhältnis von Lebenszeit und Geschichtszeit, als deren neuerdings erzwingbare Konvergenz, zu tun.

Aus allen bisherigen Überlegungen ergibt sich, daß die Annahme einer Säkularisierung für die Idee der beschleunigungsfähigen Geschichte überflüssig ist. Jede geschichtsphilosophische Konzeption, die den Gang der Dinge in bestimmbaren Epochen, in einer Logik ihrer Ablösung, in der Erzeugung einer Phase durch die ihr jeweils vorhergehende festgelegt sieht, wird, sobald sie dieses inhaltliche Erzeugungsmodell der Geschichte gewonnen hat, schließlich vor ihrer letzten Frage stehen: ob das derart durch Notwendigkeit festgelegte Geschehen noch vom Menschen beeinflußt werden kann – ob es also zur ganzen Herrlichkeit dieser Theorie einen praktischen Aspekt überhaupt gibt. Denn der Determinismus des Geschichtsverlaufs gewährt eine Gewißheit, deren Bedeutung für das Bewußtsein so hoch eingeschätzt werden muß, daß Unsicherheiten durch etwaige Unzuverlässigkeit und Leichtfertigkeit menschlichen Handelns keinesfalls riskiert werden dürfen.

Diese Sicherheit hat, das läßt sich von vornherein sagen, allemal Vorrang vor dem ›Restproblem‹ der Beeinflußbarkeit in der einzigen Hinsicht des Tempos: Verzögerung oder Beschleunigung. Beides wird man sich vorbehalten müssen, um nicht in die Peinlichkei-

---

103 Ernst Benz, Akzeleration der Zeit. Mainz 1977 (Abhandlungen Akademie der Wissenschaften und der Literatur, Geistes- und sozialwiss. Klasse Jg. 1977, Nr. 2), 51.

ten allzu überzeugter Sektierer zu geraten, die sich auf bestimmte Daten des Weltuntergangs festgelegt haben und sich dann aus dem Verstreichen des Termins nicht mehr herauszuhelfen wissen. Tritt nicht ein, was der deterministische Theoretiker der Geschichte vorausgesagt hat, so hat es sich eben nur verzögert; da läßt sich an die Tatkraft der um diese Überzeugung gescharten Genossen werbend appellieren, alles zur Beschleunigung der festliegenden Prozedur zu tun – zumal und vor allem: die Verzögerer aus dem Wege zu räumen.

Es ist also ganz müßig, irgendeinen Zusammenhang zwischen Bengels ›Erweckten‹ und den Anhängern Lassalles herzustellen, nur weil bei beiden die Frage des Tempos einer ohnehin nach Plan ablaufenden Geschichtsprozession zu bestehen scheint. Dabei wird die Abhängigkeit der Temporegelung von der Modalität der Theorie ganz und gar übersehen. Ihr akzidenteller Charakter wird gegenüber ihrer zentralen Notwendigkeit ausgeschaltet. Das Theorem der Säkularisierung macht aus der bloßen Beziehbarkeit oder Analogie eine Abhängigkeit der Umwandlung und damit des der Originalität entbehrenden Gebrauchs zweiter Stufe. Aber es geht nicht nur um den Mangel an Originalität, die mehr oder weniger heimliche Entlehnung eines erhabenen Grundgedankens. Es geht um die Erklärung einer Nebenfolge der behaupteten Säkularisierung: Was sich im Ursprünglichen als Betriebsamkeit der Weltendsüchtigen darstellt und deren Neigung, so viele Menschen wie möglich teilhaben zu lassen an der Erwartung des Endes, das nimmt in der ›verweltlichten‹ Gestalt unsanfter Ungeduld den Extremwert des Terrors an, weil die Geschichtserwartung *das transzendente Ziel der Heilsgeschichte, das Himmelreich, aus den Augen verloren hat.* Transzendenz machte sanft, Immanenz gewalttätig.

Der Determinismus jeder Geschichtslogik läßt die Rolle des Menschen als Subjekt der Geschichte beiläufig werden. Das Unglück daraus erscheint den Betroffenen jedoch nicht groß. Die in dem Axiom, der Mensch mache die Geschichte, gelegene Erhebung war ja weitgehend eine negative gewesen, die man auf die rhetorische Formel bringen kann: Der Mensch macht die Geschichte, wer auch sonst? Und in dieser Form bleibt der Satz gültig und wirksam: Kein anderer soll sie machen können, auch wenn es der Mensch denn nicht sein sollte, der sie macht.

Die wichtigste Folge der Ausschaltung des Anderen ist die Möglichkeit theoretischer Einsicht in die Notwendigkeit des Geschichtsverlaufs. Diese Einsicht allein ist die zureichende Motivation für die Bereitschaft, etwas Bekanntes mit aller beschleunigenden Kraft zu unterstützen; etwas Unbekanntes müßte jeder Neigung zur Einwirkung und Mitwirkung entbehren. Aber trotz der Macht über die Gemüter der Menschen und durch diese kann das, was in einer deterministischen Konzeption der Geschichte zu tun übrig bleibt, nur als schwache Wirkung, als Rest eines erwarteten Anteils an der Subjektivität der Geschichte verstanden werden.

Da freilich gibt es Kompensationen. So ist mit der akzidentellen Beeinflussung des Gangs der Weltdinge eine neue Rolle der Kunst, wenn nicht erklärbar, doch in einem ihrer Aspekte zugänglich. Wenn es nur beschränkte Möglichkeiten des Einflusses auf die Geschichte gibt, wird es ganz verständlich, daß selbst die stärksten Mittäter sich auf dem Feld der schwachen Wirkungen versuchen – etwa Lassalle sein Drama »Franz von Sickingen« zur Verwunderung des Beobachters *für seinen wichtigsten Beitrag zur Beschleunigung der Revolution in Deutschland* halten konnte.[104] Wenn durch Geschichtstheorie nur noch die schwachen Wirkungen übrig gelassen worden sind, ist deren ästhetische Promotion unter Umständen die stärkste unter den schwachen.

Was kann einer sonst noch tun, nachdem er sich von der Mitwirkung an der Geschichte theoretisch ausgeschlossen hat, indem er sich den stärksten Trost über ihren Verlauf zuvor verschaffte, den es geben kann: den des logischen Determinismus? In Lassalles Drama findet sich für die geschichtsphilosophische Idee der Beschleunigung und ihr relativ großes oder zu großes Risiko ein krasses Gleichnis: das von der Geburt durch Kaiserschnitt. Es veranschaulicht im Gegensinn die Funktion des Dramas selbst und damit die ästhetische Wirkungsmöglichkeit: Wenn Notwendigkeit im Spiele ist, können die zusätzlichen Mittel relativ harmlos, bescheiden, ›sogar‹ ästhetisch sein.

Je brutaler die Geschichte mit dem Menschen verfährt, um so sanfter er ihr gegenüber mit der Kunst. Für sie gilt nicht der Kernspruch des Justinus Kerner von 1859, der Mensch rüste sich ganz sinnloser Weise mit solchen Requisiten wie Dampfschiff und Luft-

---
104 Ernst Benz, a. a. O. 48.

schiff aus, da er doch nicht weiter als bis zur Gruft komme – die Unterstellung also, die aufgewendeten Kräfte der Beschleunigung könnten auch von sinnloser Stärke sein, als wollten sie über ein ohnehin gesetztes Limit ins Unbekannte der Geschichte hinausschießen. Je zweifelsfreier die Unaufhaltsamkeit der Geschichte theoretisch festgemacht werden kann, um so mehr kann sich die praktische Kooperation mit ihrer Verläßlichkeit auf die ästhetischen Gleitmittel verlegen. Es ist eine Lizenz fürs Schönere, noch bevor es richtig schön geworden ist – und dann der Verschönerungen nicht mehr bedürfen könnte. Dieser Verdacht, diese Befürchtung, werden in die Ästhetik allerdings erst einziehen, wenn sich herausstellt, daß der Freizeitgewinn durch Fortschritt nicht von selbst und selbstverständlich dem Angebot ästhetischer Genußwerte zugute kommt. Da wird es angestrengter Paratheorien bedürfen, um zu erklären, daß der entbeugte Mensch sich nicht sogleich und vor allem den ›Werken‹ zuwendet, die für diesen Augenblick der Geschichte bereitgestellt gewesen sein sollten. Das Geschichtssubjekt mußte noch mit anderem beschäftigt, durch hinterhältigere Behinderungen bedrängt sein, als Uneinsichtige erkannt hatten.

Das Geschichtssubjekt, dessen Funktion sich in retardierender Störung oder in antreibender Beschleunigung erschöpft, ist ganz durch sein nie zuvor gekanntes Objekt, ›die Geschichte‹, bestimmt. Es ist ihr Laplacescher Dämon, denn es kennt sie kraft der Logik, die es mit ihr gemeinsam hat, im ganzen. So beherrscht die idealisierte Intelligenz der Physik die Naturgeschichte der Welt im ganzen, vermag also für jeden angebbaren Zeitpunkt den Weltzustand zu bestimmen, ausgenommen die Geschwindigkeit des Prozesses, bezogen auf die absolute Zeit, wie den Ort des Prozesses, bezogen auf den absoluten Raum. Das Maß an spekulativ-dialektischer Geschichtserkenntnis, welche das Geschichtssubjekt besitzt, geht ganz zu Lasten seiner Kreativität an dieser Geschichte, aber auch zugunsten der Minderung des Risikos mit ihr.

Denn ein Experiment des Geistes mit der Materie ist diese Geschichte nicht mehr – oder noch nicht. Der Ausgang steht fest. Gerade deshalb spielt sich das Ganze in einer eigentümlichen Isolierung von der Natur und ihren Bedingungen für die Prozesse des Lebens ab. Es sieht aus, als hätte die Geschichte kraft ihrer Logik in der Natur keine anderen Bedingungen als die der Ausschöpfung gegebener Potentiale – vielleicht mit der noch kaum ins Auge gefaßten Randbedingung: Beschleunigung kostet Kraft.

Was deren gesteigerten Einsatz ermöglicht, ist die Festigkeit der Bahn, auf der sich die Bewegung abspielt. Insofern wird die Eisenbahn – sowohl hinsichtlich der Erwartungen als auch hinsichtlich der Befürchtungen, die sich auf sie konzentrieren wie auf kaum ein anderes technisches Instrument des Jahrhunderts – zur Metapher des Verhältnisses von Programm und Geschwindigkeit. Wieder muß gesagt werden, daß dieses Verhältnis von Descartes entdeckt worden ist, als er nicht nur die Regeln für eine neue Methode sicherer Erkenntnis angab, sondern auch den Formalismus für die beliebige Schleunigkeit ihrer Durchführung. Die eiserne Schiene ist die letzte Umsetzung dieses Prinzips vor dem Computer, insofern sie indifferent ist gegen den Vorgang, der sich auf ihr abspielt, und dessen Schnelligkeit. Man muß sehen, in welchem Maße diese Metapher abweicht von der gesamten Metaphorik, die sich vom Vorgang des Bauens und der Errichtung von Gebäuden bis hin zu Systemen als babylonischen Türmen ableitet.

XI
Annäherung an den Lebenszeitaugenblick

Die Natur ist, in der Nachfolge Newtons, noch immer in letzter Instanz das starre System der absoluten Zeit und des absoluten Raumes, in dem sich alles für den Menschen Unbeeinflußbare mit seinen Zeitmaßen abspielt. Doch da ist der beunruhigende Prozeß der Subjektivierung der Sinnesdaten; als sekundäre Qualitäten sind sie nur im Subjekt erzeugte Entsprechungen zu dem, was sich allein in primären Qualitäten von Größe, Gestalt und Bewegung realisiert. Leibniz subjektiviert auch Raum und Zeit, allerdings nur aus Gründen der Rechtfertigungsfähigkeit der Welt, der prinzipiellen Begründbarkeit aller Lagen in Raum und Zeit, die ausgeschlossen war, wenn Newtons Absolutismus zu akzeptieren gewesen wäre. Kants Formen des äußeren und inneren Sinnes implizieren immer noch diese Indifferenz von Raum und Zeit gegen alles, was sich in ihnen ereignet. Doch sind sie bei ihm so etwas wie letzte Hilfsmittel der Sinnlichkeit zur Vorbereitung der Welt auf den Verstand. Insofern hätte Kant auch nach der ersten Kritik den erneuten Abdruck seines frühen kosmogonischen Werkes gestatten können, ohne ein Wort daran zu ändern.

Aber schon dieses Werk setzt etwas voraus, wovon freilich kein empirischer Gebrauch gemacht wird: Es gibt nicht nur die Geschichte der materiellen Welt im absoluten Rahmen von Raum und Zeit als ein Nacheinander; es gibt auch das Nebeneinander verschiedener Zeitstufen dieses Prozesses. Kant hat auf die Nebelflecke hingewiesen. Aber er hat noch nicht zum *Prinzip der Erfahrung* gemacht, daß eine aus dem unendlichen Fundus der Materie hervorgehende Kosmogonie ständig alle Stadien ihres Gesamtprozesses empirisch vorweisbar machen muß. Damit erst gibt es eine Ausflucht des Menschen aus seiner theoretischen Fixierung auf den Absolutismus der Zeit: die Gleichzeitigkeit des Ungleichzeitigen im Raum. Dieses ist ein Mittel der theoretischen Zeitraffung, der Darstellung des Ganzen im Nebeneinander seiner Relikte und Möglichkeiten. Die Verbindung von teleskopischer Optik und genetischer Theorie des Universums schuf die Voraussetzung, daß noch bei Unkenntnis der wahren Lichtjahrausmaße des Ganzen eine durch die endliche Lichtgeschwindigkeit nicht wesentlich beeinträchtigte Gleichzeitigkeit des Weltanblicks erzeugt werden konnte, in der alle Stadien von Sternlebensgeschichten enthalten sein mußten, obgleich erst die Spektrographie deren Nachweis möglich machen sollte.

1791 schrieb Lichtenberg über »Einige Neuigkeiten vom Himmel« für seinen Almanach. Es kam ihm darauf an, die Mannigfaltigkeit der bekannten Planeten als Dokumentation für die Geschichte des Planeten Erde vorzuführen, sowohl retrospektive wie prospektive Erkenntnisse für das Heimatgestirn zu gewinnen. Voraussetzung war die genetische Ungleichzeitigkeit, Ungleichaltrigkeit der um die Sonne sich bewegenden Körper. Damit war allerdings die aus der Geschichte der Astronomie erlernte Anstrengung und Verständigung über die Zeit hinweg nicht zu ersetzen. Wolle man *künftig mehr auch von unserm Schicksal dort oben lesen*, so bedürfe dies, trotz der gleichzeitigen Selbstdarbietung einer Embryologie sowohl wie einer Gerontologie der Natur, immer noch der gesammelten und organisierten Anstrengung der Menschheit: *Die Auflösung der Aufgabe ist freilich nicht für den einzelnen Menschen und nicht für einzelne Jahrhunderte, aber für den Menschen im ganzen und die Zeit im ganzen.* Voraussetzung muß für Lichtenberg gewesen sein, daß in geschichtlichen und durch Traditionen zu überwindenden Zeiträumen der Menschheit Veränderungen an den Planeten des Sonnensystems wahrnehmbar würden, sofern man nur zuverlässige Ausgangsdaten und kontinuierliche Beobachtungen über große Zeitdistanzen hinweg zur Verfügung bekäme.

Dafür war ein neuartiges wissenschaftliches Ethos nötig, bestehend im Verzicht auf kurzfristige Belohnungen des Wahrheitsbedürfnisses: *Nur muß es nicht an Männern fehlen, die für den Genuß der spätesten Nachwelt mit der Emsigkeit hinarbeiten, als wäre morgen der Erntetag.* Ganz ohne vorzeitige, wenigstens kleine Entlohnungen der theoretischen Arbeit scheint es zu diesem Zeitpunkt noch nicht zu gehen. Wer die aufs große und ganze gerichtete Anstrengung nicht scheut, den Verzicht schon geleistet hat, selbst zu den Nutznießern seiner Bemühung gehören zu können, wird dennoch im Nebenertrag ein wenig von dem zu fassen bekommen, was seine Insistenz für die fernste Nachwelt vorbereitet: *Und es wird auch sicherlich nie daran fehlen, denn Alles gehört zusammen in*

ein einziges Ganzes. Auch die Ernte bleibt im Besondern nicht aus. Wo große und entfernte Zwecke durch steten Wechsel im kleinen erreicht werden müssen, da lohnt der Himmel auch in der Zeit die kleinsten Dienste für die Ewigkeit.[105]
Nicht ohne Aushilfe einer fast anachronistischen Teleologie ist der Grundgedanke der Zeitabhängigkeit der Theorie und der Einheit ihres theoretischen Subjekts vereinigt mit dem der Begünstigung durch die Gleichzeitigkeit der genetischen Selbstdarstellung der Natur in Repräsentanten ihrer Stadien und Phasen. Das war kaum anders erklärbar als durch zweckmäßige Einrichtung der Natur für das Erkenntnisvermögen ihrer Bewohner. Weshalb sollte die kleine Zahl der bekannten Planeten gerade so günstig differenziert sein, daß sie dem Menschen eine um die Gegenwart der Erde zentrierte Darstellung ihrer Vergangenheit und Zukunft bieten konnten?
Der Zusammenhang läßt keinen Zweifel an der Reflexivität des in die Ekstasen der Zeit erstreckten Interesses: Jede in die kosmische Ferne gerichtete Frage impliziert die Rückwendung ihrer Antwort auf die Erde als den Standort des Menschen und das Zentrum seines theoretischen Interesses. Lichtenberg hat den Verdacht, der sich erst im Umschlag der Anteilnahme an der Raumfahrt bestätigen sollte, daß die Übergröße des astronomischen Gegenstandes das Interesse sich in ihm verlieren lassen könnte, sofern eine Rückbezüglichkeit auf den Menschen nicht mehr erkennbar wäre.
Zwar ist die Welt längst nicht mehr für den Menschen gemacht, aber doch auch nicht gegen ihn; er braucht sich die Drohung eines neuen *genius malignus* nicht zuzurechnen, die Erkenntnis der Natur könne jemals endgültig von ihm selbst wegzuführen und abzusehen zwingen. Daß Teleologie kein Erkenntnisprinzip mehr sein darf, ist nicht identisch mit dem Ausschluß der unerweislichen Annahme, die Erkenntnis selbst könne das einzige Teleologicum sein. Das Universum wäre dann nur einer jener weiten Umwege, die der Mensch einschlägt, um Aufschluß über sich als erkenntnisfähiges Wesen zu erhalten: ein Experiment, zu dem ihm sein umfassendster Gegenstand nur die Herausforderung anbietet. Ob etwas derartiges jemals aus den Untergründen der theoretischen Umgetriebenheit eliminiert werden kann, um diese endgültig als ›Betrieb‹ zu

---

105 Lichtenberg, Vermischte Schriften. Göttingen 1800/06, VI 426 f.

entlassen, ist eine der letzten, nein: die letzte Frage, die an das Verhältnis von Lebenswelt und Theorie gestellt werden kann.

Voreilige Beruhigungen sind jedoch gefährlich. Die Synchronisation ungleichzeitiger Zustände der Entwicklung von Weltkörpern, die Lichtenberg für die Planeten des Sonnensystems im Auge hat, erwies sich als Episode der Anwendung des Prinzips. Neue Schübe einer erschreckenden Disparität zwischen Lebenszeit und Weltzeit lösten die kurze Befriedigung ab, die der Gedanke gewähren konnte. An seinem Ende ist das Jahrhundert bis an die Schwelle der Ahnung gekommen, daß die Menschengeschichte nur eine flüchtige, darüber hinaus späte Episode der Naturgeschichte sein könnte, dazu nicht einmal deren Zentrum, wie noch in Kants Kosmogonie von 1755 vorausgesetzt war. Vielmehr die Vorstufe ihrer Erschöpfung und Erstarrung.

Die Begünstigung des theoretischen Menschen, der sich als solcher in seinem Wesen realisiert verstand, war die letzte der noch denkbaren Zentrierungen des Universums, für die das 18. Jahrhundert eine Chance fand. Dazu gehört eine Entdeckung, deren Tragweite ihrer Zeit weit vorausgriff, doch auf der Linie der Subjektivierung der Sinnesvermögen lag: die Annahme eines besonderen Zeitverhältnisses der Sinnlichkeit zu der Welt, wie sie sich der Theorie des mit diesem Vermögen ausgestatteten Wesens darbietet. Nicht nur seine Befähigung zum Erwerb sekundärer Sinnesqualitäten erwies sich als eine Art Gunst der Natur, mit der es sich durchhelfen und erhalten konnte; auch unter den primären Sinnesqualitäten gab es zumindest *eine* Bestimmung, die in einer Erfahrungswelt genuin nur auftreten kann, wenn deren Sinnlichkeit mit einer bestimmten minimalen Zeitgröße für die ihr zugänglichen Bewegungsereignisse ausgestattet ist.

So etwas wie ein *punctum temporis* anzunehmen war nicht nur für die Frage nach dem Zeitraster der Wahrnehmung, nach ihren Minimalquanten, von Bedeutung; es betraf auch die Erfassung von Gleichzeitigkeit als Voraussetzung von Messungen. Daß es ein *individuelles* Zeitminimum gab, war zuerst von dem Königsberger Astronomen Friedrich Wilhelm Bessel als *persönliche Differenz der Astronomen* nachgewiesen worden.[106] Ihm war ein merkwürdiger

---

106 F. W. Bessel, Persönliche Gleichung bei Durchgangsbeobachtungen. In: Abhandlungen III, Leipzig 1876, 300–304. Zur ›Toleranz‹ von Gleichzeitigkeit:

Vorgang aufgefallen, der sich 1795 an der Sternwarte in Greenwich abgespielt hatte: deren Direktor mußte seinen Gehilfen entlassen, weil dieser die Beobachtungen der Mittagsdurchgänge um eine halbe Sekunde zu den eigenen Zeitangaben seines Vorgesetzten differieren ließ, was ihm nur als Zuwiderhandlung gegen die methodische Disziplin ausgelegt werden konnte. Bessel – ein Meister der Genauigkeit, der einen neuen Standard der Messungen von Sternörtern setzte und damit erstmals die Eigenbewegung von Fixsternen nachwies – gab sich mit der vermeintlichen Aufsässigkeit des Greenwicher Gehilfen nicht zufrieden und zog erstmals in Erwägung, daß *zwischen zwei Beobachtern ein unwillkürlicher beständiger Unterschied stattfinden kann*. Zugleich gelang ihm auch zu formulieren, daß eine die *Grenzen zufälliger Unsicherheit* überschreitende Toleranz von Wahrnehmungen *auch in anthropologischer Hinsicht äußerst merkwürdig wäre*. Ein Vierteljahrhundert nach dem Vorfall in Greenwich begann Bessel, die Gelegenheiten der Durchreisebesuche von Fachkollegen zu benutzen, die individuellen Beobachtungsdifferenzen zu prüfen. Das bestürzende Ergebnis war, daß es feste Abweichungsgrößen gab, wobei man überzeugt blieb, daß keiner der beiden Verglichenen *auch nur ein einziges Zehntheil einer Secunde anders zu beobachten* vermochte. Bessel schloß, daß kein Beobachter bei strengster Observanz der Methode Bradleys jemals *sicher sein kann, absolute Zeitmomente richtig anzugeben*. Die Folgerung war, daß alle Daten einer Sternwarte die identische Abweichungsgröße haben müßten – der Einmannbetrieb: *auf der hiesigen werden alle Beobachtungen dieser Art von mir selbst gemacht.* Die andere Lösung, daß die Beobachter ihre Stationen austauschen

---

Otto Liebmann, Ueber den objectiven Anblick. Eine kritische Abhandlung, Stuttgart 1869, 91: Die Frage, *ob wirklich streng simultan, in dem nämlichen Moment, in einem einzigen und untheilbaren punctum temporis mehrere Empfindungen percipirt werden können*, wolle er nicht *ventiliren*; vielmehr solle man den Ausdruck ›gleichzeitig‹ *in etwas laxer Bedeutung* nehmen. Endgültig wird der Mensch als ›Organ‹ beobachtender Theorie disqualifiziert durch die Messungen der endlichen Reizleitungsgeschwindigkeiten von Hermann Helmholtz (1849/50), die dem mechanischen Modell der afferenten und efferenten Reizübermittlung durch ein hydraulisches Leitungssystem mit simultaner Effizienz ein Ende machten und an seine Stelle die relative Langsamkeit (50–60 m/sec) der Reaktion setzten. Die Enttäuschung an der endlichen Lichtgeschwindigkeit im Weltzeitmaßstab wiederholte sich am Zerfall der ›Einheit des lebendigen Aktes‹, dem der ›psychische Apparat‹ nicht widerstandslos dienstbar sein wollte.

müßten, erschien unerreichbar. Die Lebenszeit hatte an ihrer untersten Grenze so etwas wie Granulation.

Uhren sind durch die großen Umlaufsdifferenzen ihrer Zeiger auf Erleichterung der Herstellung von Gleichzeitigkeit eingerichtet; aber gerade sie machen den Unterschied von Zeitbewußtsein und Zeitbestimmtheit deutlich, indem sie vorführen, daß zwar Zeitbewußtsein auf die bloße Wahrnehmung von Bewegung angewiesen ist, Zeitbestimmung aber auf das Faktum des Vorkommens verschieden schneller Bewegungen in unserer Wahrnehmungswelt, die zueinander in ein Verhältnis gesetzt werden können.[107] Die jeweils langsamere Bewegung dient durch die Einteilung der von ihr zurückgelegten Strecken dazu, die schnellere Bewegung zu messen. An der Uhr zeigt der Minutenzeiger an, wie viele Umläufe der Sekundenzeiger zurückgelegt hat; der Stundenzeiger leistet dasselbe in bezug auf den Minutenzeiger; hat die Uhr, wie es sich heutzutage gehört, aber von altmodischen Leuten abgelehnt wird, auch noch ein Kalenderwerk, mißt dieses mit dem Fortrücken der Tageszahl jeweils zwei Umläufe des Stundenzeigers, das Monatswerk jeweils einunddreißig Durchläufe des Tageswerks. Die gesamte Struktur der Zeitbestimmtheit ist abgebildet auf die Proportion von Geschwindigkeiten, die als solche in faktischen Verhältnissen zueinander stehen können, sofern diese Verhältnisse konstant sind.

Daß es sich am Instrument der Zeitmessung um die Geschwindigkeit von Zeigern handelt, ist eine technische Erleichterung für den praktischen Zweck – nicht für die Konstitution dessen, was angezeigt wird. Deshalb erfolgt die Ablesung der Zeit am Instrument in der umgekehrten Richtung des Aufbaus der Anzeige; Gleichzeitigkeit wird durch extreme Unterschiede der Wahrnehmung der einzelnen Bewegungen ermöglicht. Mit einem Begriff der Phänomenologie ausgedrückt: durch die Überlagerung von Retentionen. So beginnt die Ablesung beim langsamsten Zeiger, dem der Stunde, dessen Bewegung außerhalb der rezenten Wahrnehmung liegt; seine Anzeige kann daher festgeschrieben werden, solange die Ab-

---

107 Otto Liebmann, Gedanken und Thatsachen. Straßburg 1904, II 11f.: *Gesetzt den Fall, es verliefe jedes natürliche Geschehen mit genau derselben Geschwindigkeit, so würde innerhalb der Natur wenigstens gar kein Zeitmaaß vorhanden sein; der Strom des Geschehens wäre dann uferlos ...*

lesung der anderen Zeiger dauert. Die Geschwindigkeit des Minutenzeigers liegt gerade auf der Grenze des momentanen, also innerhalb der Retentionsgröße, Wahrnehmbaren, so daß sich die ganze verschärfte Aufmerksamkeit auf die Gleichzeitigkeit seines Datums mit dem ›Stand‹ des Sekundenzeigers konzentrieren kann, während die bis dahin aufgenommenen Größen so etwas wie den ›Horizont‹ dieser letzten Ablesung ausmachen.

Es ist verwunderlich, daß Husserl sich des so naheliegenden Beispiels der Uhrablesung nicht bedient hat, um die Konstitution des inneren Zeitbewußtseins und zumal des Phänomens der Retention mit ihren verschiedenen Öffnungsgraden zu beschreiben. Aber der Überwinder des Psychologismus ist ganz von dessen Vorgaben abhängig. Er hält ein technisches Gerät nicht für erwägenswert, um einen ›lebensmäßigen‹ Sachverhalt herauszupräparieren, obwohl die Uhr gerade durch ihre technische Rücksicht auf die Leistungsfähigkeit des Organs dessen Eigenheiten in Überspitzung demonstriert. Vor allem darin, daß die Zeigerbewegungen die Toleranz zwischen dem kaum noch Wahrnehmbaren und dem gerade noch Feststellbaren abgrenzen.

Was das Präparat der Zeit auf der Anzeigeseite einer Uhr verdeutlicht, ist zweierlei: Einmal die Angewiesenheit jeder Art von Zeitbestimmung auf die Differenz von Bewegungen in unserer Wahrnehmungswelt, sofern diese in Bewußtseinsleistungen retentionsfähig sind, zum anderen der enge Ausschnitt der Differenzbreite von Bewegungen, der unserer unmittelbaren Wahrnehmung gerade noch zugänglich ist. Wo dieser Wert unter die Schwelle der Wahrnehmbarkeit absinkt, treten erinnerungsmäßige oder mechanische Vormerkleistungen dafür ein, die beim Stundenzeiger beginnen und beim Jahrtausend enden mögen. In einer durch Wissenschaft technisierten Welt kann das, was der an die Bewußtseinsleistung gebundene ›Ausschnitt‹ umgreift, überspielt werden. So werden Definitionen benötigt, die der Wahrnehmung entzogene Eigenschaften von Gegenständen voraussetzen, die ihrerseits nur erschlossen werden können.

Für die hier thematische Beziehung auf das Zeitbewußtsein ist die vielleicht überraschendste Definition die eines die Ansichtigkeit wie die Sichtverhältnisse der modernen Welt bestimmenden Materials: *Glas ist eine unterkühlte Flüssigkeit extrem hoher*

Zähigkeit mit praktisch unendlich kleiner Fließgeschwindigkeit. Wahrnehmung würde uns niemals dazu verhelfen, eine solche Definition zu finden, weil in ihr zumindest zwei Ausdrücke vorkommen, die wir mit der Natur des Glases sensorisch weniger verbinden als irgendwelche anderen: unterkühlte Flüssigkeit, unendlich kleine Fließgeschwindigkeit. Von Durchsichtigkeit ist nicht die Rede. Leicht läßt sich sehen, daß nicht einmal der, der mit diesem Material ständig umgeht und arbeitet, zu wissen braucht oder durch seine Erfahrung wissen kann, was das seiner Definition nach ist, womit er da umgeht.

Darin bekundet sich nicht eine der Vergeßlichkeiten und Vergessenheiten, in denen Husserl den Prozeß der Technisierung sich vollziehen sah. Vielmehr ist es eine der trivialen Eigenschaften des Bewußtseins, nicht nach dem Wesen dessen zu fragen, was sich ohnedies der Lebenspraxis fügt und einfügt, da sonst das Leben im Stolpern über ›letzte Fragen‹ zum Erliegen käme. Was auch hier durchdacht werden muß, ist das anthropologische Prinzip der Delegation: Wenn nicht alle Fragen von allen gestellt werden können, darf dies nicht zur Folge haben, daß sie überhaupt nicht gestellt werden. Daraus folgt, daß alle sie an einige delegieren – die ihnen freilich nicht weiszumachen versuchen sollten, die delegatorische Notlösung sei erst die rechte Art des Selbstdenkens.

Bei der Frage nach dem sensorischen Zeitminimum hat man es nicht mit einer Spezialität der Zeitthematik zu tun, sondern mit dem ›Berührungspunkt‹ von Lebenszeit und Weltzeit nach deren kleinsten – statt, wie bisher behandelt: deren größten – Maßdifferenzen. Achtet man auf den geschichtlichen Augenblick, in dem die Frage nach dem ›Moment‹ spezifischer organischer Systeme auftritt, so ist es kaum zufällig der, der die zur anderen Seite hingerichtete Aufmerksamkeit durch Zumutungen explodierender Übergrößen auf so etwas wie ›Kompensationen‹ angewiesen macht. Wie sich zeigt, ist bei der Definition eben dieser kleinsten organischen Zeiteinheit der Begriff der Gleichzeitigkeit als einer Noch-Gleichzeitigkeit nicht zu umgehen. Damit rückt etwas in die Beachtung der Theorie, was zumal die philosophischen Systeme beim Begriff der Zeit niemals besonders akzentuiert oder gar thematisiert hatten. Erst die ganze Verlegenheit der Phänomenologie mit ihrer cartesianischen Systematik, in die vermeintliche Momentaneität des *Cogito* mehr als dessen punktuellen Akt einzubeziehen und an seiner absoluten Evidenz teilhaben zu lassen, wirft die Problematik der Gleichzeitigkeit als in Urimpression, Retention und Protention entfaltungsfähiges Phänomen akut auf.

Diese Beschreibungsmittel für Gleichzeitigkeit fehlen noch, wenn Kant seiner ersten Kritik die »Widerlegung des Idealismus« einfügt und dadurch dem Werk in der zweiten Auflage eine veränderte Stoßrichtung gibt: der Drohung des Spinozismus-Vorwurfs zu begegnen, der seit Jacobis Lessing-Indiskretion von 1785 in Schwang gekommen war und von Kant gefürchtet wurde. Das erkenntnistheoretische Einquellensystem, wie es Berkeley vorgeführt hatte, schien unausweichlich in ein metaphysisches Einsubstanzensystem einzumünden, zu dem Spinoza gekommen war.

Kant legt den Gang seiner Widerlegung darauf an, die Unmöglichkeit der Zeitbestimmung ohne äußere, also räumlich-körperliche, Wahrnehmung und damit ohne eine Welt außerhalb der Innerlichkeit unseres Bewußtseins zu demonstrieren. In Kurzform: die Unmöglichkeit des inneren Sinnes ohne den äußeren. Diese Umkehrung der Verhältnisse, wie sie in der »Transzendentalen Ästhetik« festgestellt waren und auch in der zweiten Auflage festgestellt blieben, ist ohne Ironie: Der Vorrang des inneren Sinnes vor dem äußeren hinsichtlich der Unumkehrbarkeit, jede Gegebenheit des äußeren Sinnes müsse auch nach der Form des inneren auftreten, mußte sich zur Vermeidung des Idealismus die Korrektur gefallen lassen, Bestimmtheit nach der Form des inneren Sinnes sei nur durch den äußeren möglich. Denn für die Bestimmtheit in der Zeit kam es nicht nur auf das Vorher und Nachher der ›Lage‹ in der Eindimensionalität des inneren Sinnes an, die allein durch dessen Form gegeben war, sondern auf die durch Newton zum Begriff der absoluten Zeit unerläßlich gehörende absolute Zeitbestimmung.

Dabei darf von Kritikern des Arguments nicht übersehen werden, daß die *Idealisierung* von Raum und Zeit in der ersten Kritik von der absoluten Bestimmtheit dieser Begriffe in der Physik Newtons abhängig war. Insofern liegt zwar nicht das Motiv, wohl aber das Argument der Widerlegung des Idealismus schon in der Konsequenz der transzendentalen Ästhetik. Bestimmtheit der Zeit aber gibt es im Bewußtsein nur durch Feststellung von Gleichzeitigkeit, und für diesen Begriff hatte die Form des inneren Sinnes kein Fundament gegeben. Noch Husserls Phänomenologie des inneren Zeitbewußtseins, die doch als phänomenologische erst recht Begründung von Begriffen auf Anschauungen sein muß, wird diesen Mangel teilen, obwohl gerade sie die Problematik der Gleichzeitigkeit als ›Evidenztoleranz‹ vollends exponiert.

Kant läßt das Zeitbewußtsein seine Bestimmtheit nur dadurch erlangen, daß ihm Bewegung durch den äußeren Sinn und dessen Form der Räumlichkeit gegeben ist. Also muß es zumindest *einen* bewegten Körper geben. Es muß ihn geben, aber man braucht ihn nicht zu kennen. Das ergibt den lebenswelt-theoretischen Aspekt der »Widerlegung«: Sie läßt sich lesen als Beschreibung der Raumdingkonstitution mit der Zeitkonstitution und durch diese. Auch dann – und dann erst recht – steht es schlecht mit der Schlüssigkeit jenes Beweises der notwendigen Funktion des äußeren Sinnes gegen den Idealismus. Seine Verteidiger haben keine günstige Position; denn fast über jedem Zweifel steht, daß es dieses gar nicht war, was zu beweisen gewesen wäre, um zu leisten, was in Kants Absicht geleistet werden sollte. Das hat er selbst in seinen Entwürfen zum nachmals »Opus Postumum« genannten Spätwerk eingestanden, als er über die Begriffe der Bewegung und der bewegenden Kräfte die Abhängigkeit der Affektion des inneren Sinnes vom äußeren ›physikalisierte‹. Ganz unabhängig aber von der Beweislast gegen den Idealismus und überhaupt von Kants Absichten in diesem Zusammenhang bleibt die sich aufdrängende Frage, ob die Wahrnehmung *eines* bewegten Körpers zur Herstellung von Bestimmtheit des Zeitbewußtseins genügt.

Kant scheint für hinreichend zu halten, daß irgendein Datum des inneren Sinnes auf ein solches des äußeren bezogen werden kann, so daß sich jener bewegte Körper an einem bestimmten Ort seiner Bahn im Raum befindet, wenn die innere Wahrnehmung – etwa der Abfolge der Wörter dieses Satzes – eine bestimmte Stelle erreicht hat, die ihrerseits nur nach dem Vorher und Nachher im inneren Sinn lokalisiert werden kann. Durch ihre Gleichzeitigkeit mit einer Stelle der äußeren Wahrnehmung gehört diese Stelle der inneren Wahrnehmung ›in‹ die Zeit. Gleichzeitigkeit, das ergibt sich nur nebenher aus der Widerlegung des Idealismus, ist primär

jederlei Zeit*bestimmung*, obwohl Zeit*bewußtsein* aus der Gleichzeitigkeit niemals zureichend entwickelt werden kann.
Alles hängt nun daran, ob es für den äußeren Sinn die erforderliche Bestimmtheit eines Körpers in seiner Bewegung gibt, die für die Feststellung der Gleichzeitigkeit seiner Stelle mit der des inneren Sinnes zu dessen Bestimmung benötigt wird. Und da zeigt die Projektion der ganzen ›Leistung‹ auf das technische Gerät der Uhr den wesentlichen Sachverhalt, daß es nicht genügt, in der äußeren Wahrnehmung einen bewegten Körper zu haben; dieser muß vielmehr seinerseits eine Bestimmbarkeit durch die differente Bewegung eines anderen Körpers haben, der wiederum der Bestimmbarkeit an einer weiteren Bewegung bedarf. Für die Form des äußeren Sinnes sind diese Beziehbarkeiten von Bewegungen aufeinander kein Problem, weil der Raum schon als Möglichkeit der Gleichzeitigkeit von Körpern definiert ist. Man muß sich hier hüten, daraus ›etwas zu machen‹, daß das Element ›Zeit‹ schon in der ›Gleichzeitigkeit‹ vorkommt; im Grunde ›enthält‹ sie ›Zeit‹ erst deskriptiv, wenn ihr Noch-Gleichzeitigkeit zugeschrieben werden kann.
Phänomenologisch ist der Raum die anschauliche Basis für die Gewinnung des Begriffs der Gleichzeitigkeit, obwohl er für die Gewinnung des Begriffs der Zeit diese anschauliche Basis niemals sein kann. Die Schwierigkeiten, die in diesem Zusammenhang erneut auftreten – und auch die der Abhängigkeit der *objektiven* Zeit vom *immanenten* Zeitbewußtsein in der Phänomenologie sein werden –, brauchen hier nicht weiter erörtert zu werden, nachdem die zentrale Stellung des Begriffs der Gleichzeitigkeit deutlich geworden ist, ohne den auch die Erörterung des Problems der kleinsten sensorischen Zeiteinheit nicht vonstatten gehen kann. Denn diese wird erst definierbar als die Zeitgröße, in der zwei Sinnesdaten noch als gleichzeitig empfunden werden können. Das ist freilich als Problem der Sinnesphysiologie, obwohl dort am präzisesten erfaßbar, zu eng genommen; es berührt die Frage nach der menschlichen Erfahrungsfähigkeit für Ereignis und Veränderung auf mehreren Ebenen des Umgangs mit Realität, auch und nicht zuletzt auf der geschichtlichen.
Die Geschichte verlaufe so langsam, meinte noch Nietzsche, daß uns die Widerlegung der Irrtümer, von denen wir lebten, bei Leb-

zeiten nicht mehr ereilt. Es sei wie mit dem Licht längst erloschener Sterne, die es uns immer noch vom Himmel herabzusenden scheinen. *Denkt man an die Kürze des Menschenlebens, so reicht auch wohl ein Irrtum aus, um das Leben vieler Geschlechter ganz in Licht zu tauchen. Wenn endlich sein Glanz verbleicht und stirbt, so sind sie längst dahin und haben die äußerste Bitterkeit, die es gibt, nicht erfahren, den Stern erlöschen zu sehen.*[108] Was Nietzsche in der Lichtmetaphorik der Aufklärung gibt, ist die Umkehrung ihrer Geschichte, zumal ihres geschichtlichen Selbstbewußtseins. Zwar ist das Finden der Wahrheit auch hier das Auslöschen der Irrtümer; nur hat es durch die Differenz von Weltzeit und Lebenszeit, von Weltraum und Lichtbewegung jede Bedeutung für das menschliche Leben verloren. Mehr noch: da für die Betroffenen auch der Irrtum Licht bedeutet, bringt die Metapher die Unerträglichkeit jeder Veränderung in der Verteilung von Wahrheit und Irrtum zum Ausdruck.

Ein Jahrhundert nach Nietzsches Aphorismus wird man nicht nur festzustellen haben, daß nicht mehr selbstverständlich so gedacht werden kann, sondern auch als möglich gewordene Geschichtserfahrung des einzelnen zugestehen müssen, daß er innerhalb seiner Lebenszeit *nicht nur einmal* von der Aufklärung der Irrtümer – oder milder ausgedrückt: vom Wechsel der herrschenden Wahrheiten – ereilt und von den Folgen solcher Veränderung betroffen werden kann. Was als ›Beschleunigung‹ der Geschichte nur eine Idee gewesen war, die zwei Jahrhunderte zuvor aufzudämmern begann, als sich so etwas wie eine Logik der Geschichte zumindest als wünschbar und in ihren Konsequenzen faßlich ankündigte, ist durch die Angleichung der Geschwindigkeit des geschichtlichen Phasenwechsels an die Lebenszeiten sowie an den Informationszufluß zu den Individuen eine nicht ausschließlich erfreuliche Kon-

---

108 Nietzsche, (Aus der Zeit der Morgenröthe) 1880/81. Musarion-Ausgabe XI 5. – Im letzten Hauptstück von »Jenseits von Gut und Böse« (§ 285) hat Nietzsche die Grundmetapher auf die Größe des Gedankens im Verhältnis zur Möglichkeit seiner Wirkung umgestellt (1885): *Es geschieht da Etwas, wie im Reich der Sterne. Das Licht der fernsten Sterne kommt am spätesten zu den Menschen; und bevor es nicht angekommen ist, leugnet der Mensch, daß es dort Sterne giebt.* Wie viele Jahrhunderte ein Geist brauche, um begriffen zu werden, sei auch ein Maßstab für seinen Rang, für eine *Etiquette, wie sie noth thut: für Geist und Stern.* (Werke, ed. cit. XV 252.)

vergenz geworden. Auch die bedrückenden Anpassungsschwierigkeiten an sich schnell verändernde Erfordernisse innerhalb einer Lebenszeit werden im Maße des Fortschreitens derselben spürbar. Indem die Beschleunigung ihr lebensweltrestitutives Ziel so rasant erreicht, daß sie darüber hinausschießt, öffnet sich die Zeitschere erneut und schlägt die Lebenszeiten mit dem Verdacht, mit *einem* Leben nicht genug zu haben.

Der Gedanke, daß die Geschichte ihre immanente Logik habe und durch den Menschen nur vollstrecke, hatte den älteren Gedanken der Aufklärung umgeformt, die Natur erreiche die Vernunft ihrer Ziele auch durch die Torheit der Menschen, vielleicht sogar nur durch diese. Die Umformung, auch durch die Vernunft der Menschen sei nicht mehr und anderes zu erreichen als das, was in der Zwangsläufigkeit der Geschichte vorgegeben sei – nur mit dem kleinen Vorteil, daß sie auch noch einsehen dürfen, daß es so sein muß –, ließ die Beschleunigung als Vorteil im Unvermeidlichen erscheinen und damit in die Fassungskraft der Individuen rücken. Aber selbst die ihm angebotenen Vorteile der Beschleunigung müssen, so stellt sich heraus, zuerst und vor allem als Zumutungen von Veränderungen an ein, geschichtlich gesehen, träges System von Rezeption und Responsion gesehen werden. Die Differenz der Qualitäten scheint demgegenüber erfahrungsindifferent zu sein.

Was hier interessiert, ist nur die Abhängigkeit der Erfahrung des Menschen von seinen Lebens- und Sinnesmaßen. Wenn man Geschichtserfahrung und Geschichtsschreibung nicht verwechselt, wird man zugestehen müssen, daß ›Geschichte‹ zu den spätesten Gegenständen des Bewußtseins und seiner Fassungskraft gehört: Geschichtserfahrung ist, was in den jeweils erreichbaren Dimensionen einer Lebenszeit sich an einer Welt verändert. Darauf auch nur ständig gefaßt zu sein – etwa mit der Furcht, der nächsten Veränderung nicht mehr mit Anpassungsfähigkeit begegnen zu können –, ist ein Ertrag, der noch vor einem Jahrhundert über die Berichte der Generationen und durch deren Zusammenleben mit der Bereitschaft, den jeweils Älteren zuzuhören, allein gegenwärtig gemacht oder erahnbar werden konnte. Das Organ für diese Erfahrung ist eine nicht durch bloße ständige Erwartungen der Zukunft verdeckte und entmachtete *memoria*.

Die meisten Erfahrungen, die gemacht werden könnten, werden

nicht gemacht, weil wir nicht genug Zeit haben. Das gilt nicht nur für die Bereisung des Weltalls. Der Tourist, der die Lebensform eines anderen Landes kennenzulernen intensiv genug motiviert ist, weiß doch, daß er keine Chance hat, würde er nicht wenigstens den Ablauf eines Jahres als den Grundriß der Periodik jeder Lebensform an Ort und Stelle verbringen können. Wobei noch ganz offen ist, welche Modalitäten des Mitlebens jeweils nötig und welche rein technischen Voraussetzungen dazu geboten wären, um bei und mit den ganz Anderen zu leben. Aber sogar der Ethnologe, der vielleicht dieses Jahr aufwenden kann, erfährt alsbald, daß er zu wenig Zeit hat, weil seine Aufgabe immer zu speziell, seine Aufmerksamkeit nicht diffus genug ist, um leben zu können wie die Anderen und mit deren Zeitgefühl, das eben auch ein wesentliches Stück von Lebensform ist. Paradox zugespitzt: Nur ein Leben könnte ausreichen, um eine fremde Lebensform durchaus zu erfahren. Der Grenzwert der Erfahrungsbedingung nach der Zeit schlägt in die Absurdität um. Erst die Aufhebung jeder Zeitbeschränkung, als gedachtes Ideal, erlaubte den vollen Verzicht auf alle Hilfsmittel der Vorläufigkeit, der Extrapolation vom Momentanen her: auf das ›Vorurteil‹ im weitesten Sinne der Aushilfe für den konstitutiven Zeitmangel eines auf Erfahrungsgewinn angelegten Wesens.

Fragt man nach dem einfachsten Vorurteil, mit dem wir in einer Erfahrungswelt arbeiten, so ist es ›das Ding‹. Auch hier macht schon unsere Wahrnehmung von dem Behelfsverfahren Gebrauch, nur wenige Merkmale zu verarbeiten und ›dem Ding‹ seine Konstanten zuzuschreiben. Einem idealisierten Intellekt von zeitunabhängiger Übersicht würde das, was in unserer Erfahrung als Ding auftritt oder in ihr dazu aufbereitet wird, nur als flüchtiger Zustand im materiellen Gesamtsystem von jeweils relativ größerer Verweildauer erscheinen. Wir sehen nicht, daß Glas fließt, obwohl es doch ein zähflüssiger Körper, obzwar von äußerst geringer Fließgeschwindigkeit, ist; so kann Gläsernes vererbt, sogar von Archäologen ausgegraben werden – seine Zeit ist nicht unsere Zeit, und unser Glück nur das seine, wenn es bricht, anstatt zu fließen.

Dinge sind Vereinfachungen und als solche Vorurteile; Vorurteile aber erst recht darin, daß sie nicht nur unsere faktische Wahrnehmung, sondern schon unseren Anspruch auf Wahrnehmbarkeit beherrschen und die morphologische Klassifikation zu so etwas wie der Unterwerfungsbedingung unserer Erfahrungswilligkeit machen. Organismen sind da ein nicht ganz befriedigender Fall; jener idealisierte Intellekt würde deren Gestalten nur als kontinuierliche Übergangszustände im Stoffwechselfluß des materiellen Substrats feststellen. Aber Organismen kompensieren diese Schwäche dadurch, daß sie sich strikt eidetisch reproduzieren; was an dem einen Individuum nicht, noch nicht oder nicht mehr wahrgenommen werden kann, kann es an einem beliebigen anderen. Die Theorie der Evolution hat freilich an dem schönen Satz des Aristoteles, ein Mensch brächte wieder einen Menschen hervor, Abstriche nötig gemacht; aber für die Evolution gilt wiederum, daß ihre Fließgeschwindigkeit zu gering ist, um von uns wahrgenommen zu werden, ihre Zeit nicht unsere Zeit ist. Das Bewußtsein, durch solche Randbedingungen in unserer Welt als einer Erfahrungswelt begünstigt zu sein: gerade eben noch auf die lebenszeitige Konstanz *der Natur* bei weltzeitiger Inkonstanz rechnen zu können, verändert das Bewußtsein vom generellen Wert unserer Erfahrung, zumal ihrer morphologischen Elemente. Für *die Geschichte* bedeutet das Dingschema: Auf eine Lebenszeit wollen wir wiedererkennen können, was wir gekannt haben. Wir erleben unsere Enttäuschungen bis hin zu unseren Erbitterungen, wenn die morphologischen Vertrautheiten unserer Kindheit verschwunden sind, gar mit der Vermutung: zerstört wurden.

Erst in ihrem letzten Jahrhundert, genauer: erst in ihren letzten Jahrzehnten, ist die europäische und europäisierte Menschheit überrascht worden von dem Ausmaß an Veränderung, das in den Lebenszeiten der Individuen und als Stück von deren Lebensgeschichte erfahrbar geworden ist. Dabei war überraschend unerheblich, daß niemand anders als der Mensch der Antreiber dieser ›Fließgeschwindigkeit‹ gewesen ist. Der Satz, der Mensch mache die Geschichte, erwies sich als eine freundliche und zuvörderst fremde Instanzen abwehrende Illusion, soweit er die Erfahrung des einzelnen betraf: Zu wissen, seinesgleichen hätte solches insgesamt angerichtet, machte ihm wenig Unterschied zu der Feststellung, dies und nichts anderes sei schon geschehen oder mit einem hohen Grad von Unbeeinflußbarkeit im Ablauf begriffen. War es

doch zu allen Zeiten Eigentümlichkeit der Natur gewesen, nichts von der Gefügigkeit des Werkstücks zu haben, welches ein einzelner oder beliebig viele beginnen und zu Ende führen, allenfalls ihren Nachkommen zur Fortführung nach einer von ihnen schon bestimmten Vorstellung überlassen. Die Genesis eines ›Ding‹ sollte der Bedingung von Dinghaftigkeit entsprechen, die in aller Erfahrung gestellt wurde; die Geschichte statt eines anderen ›machen‹ zu können, hieß nichts anderes, als auch für sie der Norm der Herstellung in Lebenszeitmaßen zu genügen. So würde jeder vom ›Gemachten‹ noch etwas erfahren und erleben können. Aber auch wollen – daher das Individuum der nachmetaphysischen Epoche so *kurzatmig* ist, wie Nietzsche es genannt hat, für seine Lebensphase *alles* zu wollen, und so aufgeregt, nichts zu versäumen.
Nietzsche hat aber auch den Blick von der relativen Flüchtigkeit des *Objekts* auf die des *Subjekts* gerichtet und bei diesem Identität als eine nur durch die Kürze der Lebenszeit vorgegebene Bedingtheit des Zeitaspekts aufgetan. Die Einheit des Subjekts ist Schein, Phänomen aus der Kurzlebigkeit des Organismus, von dem es abhängt; dieser gibt ihm nicht genug Zeit, die verschiedenen Identitäten zu entfalten, zu denen es disponiert wäre. Aber der Sprung, den Nietzsche von den faktischen achtzig Jahren des biblischen Menschenalters in sein Gedankenexperiment tut, ist überraschend groß: *Dächte man sich aber einen Menschen von achtzigtausend Jahren, so hätte man an ihm sogar einen absolut veränderlichen Charakter* ... Man hätte an ihm dieselbe Mehrheit von Individuen, die die Natur auch ohne solche Lebensaltergewährungen durch die Reproduktion der Organismen erreicht.
Die am Anfang der Neuzeit für den Prozeß der Wissenschaft erdachte Einheit der methodisch verfahrenden Subjekte könnte denselben Folgerungen unterliegen, zu denen Nietzsches Überlegung für das gedachte überalte Subjekt kommt. Dann wäre es gerade die Kürze des Lebens, die dem Subjekt seine Einheit gewährt und es vor dem Schlimmsten der Erfahrung mit sich selbst bewahrt: dem Identitätsbruch. Wobei vorausgesetzt werden muß, daß so etwas wie ein Verlust von Identität überhaupt erfahrbar ist, was immer einen zumindest formalen Identitätsrest für jede Lebenszeit, die mikrobiotische wie die makrobiotische, voraussetzt.
Oder sollte diese ganze Erwägung falsch sein? Hinderte uns tücki-

scherweise die Identität gewährende Lebenskürze gerade daran, vollends zu werden, was wir sein könnten? Wird dem Subjekt etwas vorenthalten, indem es mit der Langeweile seiner Identität abgespeist und über die Fülle seiner Möglichkeiten getäuscht wird? Wäre das dann die neue Form jenes täuschenden *genius malignus* auf dem Umweg über die Zeitgestalt des Daseins? Unverkennbar impliziert der Hinblick auf vorenthaltene Lebensmöglichkeiten, auf den Preis der Kürze für die Wahrung der Identität, die Abwertung oder gar Preisgabe der Voraussetzung des moralischen Subjekts, das jederzeit für jede seiner Zeiten muß verantwortlich bleiben können.

Die Ersetzungsfähigkeit des theoretischen Subjekts durch jedes andere dem Formular der Methode unterwerfbare erlaubt zwar, das Ziel der Theorie festzuhalten, betrügt aber das Individuum um die alte Verheißung des Glücksgewinns durch Theorie: *Wenn man ein paar hundert Jahre zu leben hätte und nicht eine Meute hinter sich hätte, so wäre es eine Freude an diesen Dingen zu arbeiten, aber vita brevis, ars longa.*[109] Kein anderer der großen Arbeiter in der unendlichen Mühsal der Forschung als dieser Friedrich Miescher, selbst ein durch sie Zerstörter, hat diese Kürze der Formel für den Ruin des Verbunds von Theorie und Glücksgewinn erreicht.

Bleibt, von Nietzsches Gedankenexperiment her, der ästhetische Aspekt: Ausschöpfung der Mannigfaltigkeit von Daseinsimplikationen ohne die zum Formalismus degradierte Rücksicht auf Identität des Subjekts. Literarisch gesprochen: Für eine Sammlung von Kurzgeschichten ist die Identität ihres Helden über das einzelne Stück hinaus keine Sorge des Autors; dazu passiert in ihrer Kürze zu wenig an Weltveränderung. Identität ist die Sorge des Romanciers, der es mit der Welt seines Helden aufnehmen muß und deren Veränderung nicht ohne Folgen für diesen lassen kann. Dies zumal, wenn er erst einmal den Begriff einer Welt erfaßt hat, deren Ver-

---

109 Friedrich Miescher an W. His; Basel, 28. Juli 1892 (F. Miescher, Die histochemischen und physiologischen Arbeiten. Leipzig 1897, I 110). – An Boehm in Dorpat schon 1876: *Was es für eine Entsagung für einen Gelehrten ist, monatelang reiner Fabrikarbeiter zu sein, bis vielleicht ein paar Zahlen wieder die Basis einiger dürftiger Denkübungen geben können, davon haben Philosophen, Historiker, Ästhetiker und andere geistige Sybariten keine Ahnung.* (Arbeiten, I 91).

änderungsgeschwindigkeit für die Lebenszeit von Personen einschlägig geworden ist.

Will man noch wissen, wie sich Nietzsche der Vieldeutigkeit des Grundproblems entzogen hat, so muß man sich die Wiederkunft des Gleichen unter diesem Gesichtspunkt ansehen: Erneuerung der Moralität als Weltverantwortung durch extreme Erschwerung der Last, das jeweils Verantwortete zum Gesetz des Weltlaufs erhoben zu sehen. Dabei wäre es für das in jeder dieser Welten auftretende Subjekt unmöglich, seine Lage als Wiederholung zu erkennen und damit der Vermeintlichkeit und dem Schein seiner Verantwortung sich ins Ästhetische zu entziehen. Es erführe nicht, daß es nur um etwas ginge, was doch vor Ewigkeiten schon entschieden wäre. Identität der *memoria* hingegen wäre schmerzhafte Reue, doch zugleich Befreiung von der Last für alles Künftige, um das es nicht mehr gehen kann, weil es darum schon gegangen ist. Jede Gegenwart wäre durch dieses unmittelbare Verhältnis von Vergangenheit und Zukunft entlastet für das eine Leben als Gesamtkunstwerk, worin dieses Artefakt eines Mythologems sich durch seine Implikationen darstellte.

XII

Biologischer Funktionstausch
von Lebenszeit und Weltzeit

Das Subjekt erweist sich in doppelter Weise als ›subjektiv‹. Einmal für sich selbst: in der Reflexion auf seine Identität als eine von der Zeitgröße des Lebens und sogar der Erinnerungsleistung abhängige Bezogenheit seiner Erlebnisse auf einander; sodann durch die Abhängigkeit der stabilen Größen, der erfaßbaren Bewegungen, der Veränderungen eines jeweils Selben, von der Zeitstruktur der Wahrnehmung. Der Astronom Bessel hatte dies als eine individuelle, persönliche Differenz in der Genauigkeit der Erfassung des Gleichzeitigen erkannt und daraus Folgerungen für den Datenwert verfügbarer Messungen und ihrer Abweichungen von anderen gezogen. Ein Zeitgenosse Bessels, der Zoologe und Physiologe Karl Ernst von Baer, kam als erster auf die Frage nach *spezifischen* Differenzen der für die Wahrnehmung maßgebenden Zeitgrößen. Das grundlegende Phänomen und seine Meßbarkeit sind seit der Erfindung des Kinematographen jedermann bekannt als die Grenze des zeitlichen Auflösungsvermögens einer Bildfolge in diskrete Einheiten. Daraus folgt, welche Zahl von Einzelbildern je Sekunde dem Zuschauer angeboten werden muß, damit er keinen diskreten, zerhackten Ablauf von Bewegungen und Vorgängen mehr wahrnehmen kann. Diese Zahl ergibt das kleinste Zeitmoment der Erfahrung als die Erfassung dessen, was noch eine diskrete Gegebenheit wäre. Lange nachdem der in Petersburg wirkende baltische Zoologe 1828 durch sein Werk »Über Entwicklungsgeschichte der Tiere« zum Begründer der Entwicklungsphysiologie geworden war, hielt er 1860 einen Vortrag mit dem noch immer nach der längst verfemten ›Naturphilosophie‹ schmeckenden Titel des Schellingianers »Welche Auffassung der lebenden Natur ist die richtige? und wie ist diese Auffassung auf die Entomologie anzuwenden?«[110]

110 Karl Ernst von Baer, Reden, gehalten in wissenschaftlichen Versammlungen, und kleinere Aufsätze vermischten Inhalts. Petersburg 1864, I 237–284. Der Vortrag »Welche Auffassung der lebenden Natur ist die richtige?« bezog die Fortsetzung seines Titels »und wie ist diese Auffassung auf die Entomologie anzuwenden?« seinem Anlaß: der Eröffnung der Russischen entomologischen Gesellschaft im Oktober 1860.

Was einem organischen System als dessen Art von Erfahrung gegeben sein kann, hängt ab von der spezifischen Länge des Zeitmoments, die von seinen Rezeptoren noch aufgelöst werden kann. Was uns erscheint, noch oder nicht mehr erscheint, also unserer Auffassung von Realität zugrunde liegt, ist eine Sache des Maßstabs unserer Sinnlichkeit. Und, so folgert von Baer, *dieser Maßstab ist notwendig zu klein, wenn wir ihn an große Naturverhältnisse anlegen.*

Von der Informationstheorie und ihren psychologischen Filialen her hat die Entdeckung neue Bedeutung bekommen, daß die Leistungsfähigkeit des Sinnesorgans diskret, als Raster strukturiert, ist und die Elemente dieser Struktur von konstanter Größe sind. Wie hochgradig diese Konstanz ist und wie stark sie gegen Veränderungen des übrigen Organismus abgeschirmt wird, ist erst in der Schule des anderen großen baltischen Biologen, Jacob von Uexküll, experimentell nachgewiesen worden.

Dagegen waren die Überlegungen Karl Ernst von Baers eher spekulativ gewesen. Seine Leistung ist vor allem eine der Begriffsbildung und der Erschließung von Folgerungen für das Aussehen der Welt unter Bedingungen einer diskreten Subjektszeit. Dabei hatte der Petersburger Zoologe den philosophischen Hintergedanken, daß die Vorschrift nicht nur der transzendentalen Zeitform für die Natur, sondern auch von deren Maßeinheit dem Satz des Protagoras vom Menschen als dem *Maß aller Dinge* neuen Sinn verschaffen könnte – unter dem Zugeständnis, daß auch jedes andere Lebewesen das Maß aller seiner Dinge wäre. Dieser Hintersinn ist verbunden mit einem Begriff der Anschaulichkeit, der auf die Rückgewinnung einer als ›Natur‹ objektivierten Welt für den Menschen tendiert. Anschauung bezeichnet die Fassungskraft des Menschen für die Welt mit den Mitteln, die ihm seine eigene organische Natur dafür bereitstellt. Daher ist von Baers Bewertung der eigenen Spekulation bestimmt durch den Versuch der Analogie zu den Maßeinheiten für den Raum, die dem menschlichen Leib abgewonnen waren. Elle oder Fuß sind zwar zunächst anschauliche Einheiten, verlieren aber in Verbindung mit sehr großen Zahlen zur Erfassung terrestrischer und kosmischer Distanzen diese Anschaulichkeit sehr schnell, weil das Gewicht von der Einheit auf den Faktor ihrer Multiplikation verlagert wird, der sich der Anschaulichkeit entzieht und damit den Wert des genuin menschlichen Maßes nivelliert. Deshalb bedeutet es auch nicht viel, daß bei den Entfernungen der Astronomie die Geschwindigkeit des Lichtes in Zeiteinheiten zugrunde gelegt wurde, die der lebensweltlichen Zeitmessung nach Minuten, Stunden, Tagen und Jahren entnommen waren: nach Meinung des Festredners vor der Entomologenversammlung immer noch *ziemlich anschaulich*. Da wird die Verlegenheit dieser schönen Anstrengung der Rückführung auf Anschauung greifbar.

Von Baer wendet sich nicht der Frage zu, die ihn vor dieser Verlegenheit gewarnt haben könnte: woher denn die Abwendung von der Anschauung zur Operation mit bloßen Begriffen und Symbolen ihren Antrieb nimmt. Er wäre dann zweifellos auf dasselbe Phänomen gestoßen, dessen Ergründung er aus festlicher Gelegenheit so viel Tiefsinn zuwendet: auf die Zeit.

Nicht die untere Zeitgröße, nach der der Physiologe sucht, sondern die obere ist es: die Grenze der Lebenszeit, und damit der konstitutive Zeitmangel des Organismus Mensch, der zu den Mitteln des Zeitgewinns treibt. Zeitmangel drängt auf die bloßen Zeichen hin. Es läßt sich mehr aus der Zeit machen, wenn man die Dinge nicht selbst anschaut und vorstellt und handhabt, sondern die bloßen Zeichen für sie. Wenn man nicht alles selbst machen muß und nicht alles als es selbst haben zu müssen meint, sind das die beiden größten Gewinne, die der Mensch in der Auseinandersetzung mit seiner Endlichkeit zu erzielen vermag.

Dennoch bleibt die Großartigkeit der Anstrengung von Baers bestehen, denn in einer Zeichenwelt zu leben kann nie heißen, in einer totalen Zeichenwelt leben zu können. Immer dient das Zeichen, das Symbol, der Begriff dazu, die Rückkehr zur Anschauung offen zu halten. Sonst würde sich gänzlich verlieren, was beim Zeitgewinn der reelle Zuwachs an Möglichkeiten sein muß. In einer Zeichenwelt zu leben, soll frei machen für das, was ›erlebt‹ werden muß, also Anschauung gewinnen soll. Deshalb ist es wesentlich, nach dem Zugang zur Anschauung von jeder je erreichten Entfernung zu ihr her zu fragen. Das macht die Bedeutung der Rede von Baers aus und stellt sie in die Vorgeschichte der Phänomenologie.

Bei der Rückbindung der Weltmaße an die Lebensmaße schien die kleinste Einheit der Zeit am genauesten dem ›Augenblick‹ zu entsprechen, der durch das physiologische Maß des Pulsschlages vorgegeben war. Diese Lebenszeituhr spielt noch in die Frühgeschichte der neuzeitlichen Physik hinein. Ihre Brauchbarkeit besteht in der Regelmäßigkeit des Zeitgebers, bedauertermaßen nicht in der Abgleichbarkeit mehrerer dieser Uhren. Daß es nicht die Grenze der Wahrnehmbarkeit von Minima war, bedeutete wenig angesichts des Sachverhalts, daß es akuten Bedarf an der Feststellbarkeit von Bruchteilen der Sekunde nicht gab, weil etwas den Gegenständen des Mikroskops Vergleichbares in der Zeit nicht zu bestehen schien. Der spekulative Schritt, den Karl Ernst von Baer tut, geht schon insofern über sein konkretes Problem der Wahrnehmungstheorie hinaus. Die Frage, die nun zu stellen war, bezog sich auf jenes ›Atom‹ der Erkenntnistheorie, ihre elementare Größe von Wahrnehmung und Erfahrung: die Empfindung. Ist das Maß, mit dem wir organisch die kleinste Zeitgröße messen können, schon der Maßstab, mit dem unsere Empfindung selbst meßbar ist? Doch wohl nicht, wenn eine Sekunde der gespannten Erwartung noch lang erscheinen kann, als sei sie zusammengesetzt aus weiteren ›Augenblicken‹, die für einen einzigen Blick auf die vom Blitz aus der Nacht gerissene Welt genügen. Offenkundig gibt es eine kleinere Einheit als die Sekunde des Pulsschlags, *nämlich die Zeit, die wir brauchen, um uns eines Eindrucks auf unsere Sinnesorgane bewußt zu werden*. Dies sei es, was die Römer *momentum* genannt haben.

Karl Ernst von Baer wäre nicht der Nachfahre der idealistischen Naturphilosophie, die ihn ohne Widerspruch zum Begründer der Entwicklungsbiologie werden ließ, wenn er zu seiner Frage nicht noch weiter ausholte, noch gründlicher aus dem schmerzlichen Problem der Vergänglichkeit des Lebens dächte. Die Gesellschaft der Insektenfreunde und -forscher, vor der er sprach, hatte es in der Gestalt vor Augen, daß immer die entpuppten und ausgereiften Formen der Kerbtiere das Interesse fesselten, während die schmucklose Vielfalt ihrer Vorstadien vor allem den Nahrungsbedarf anderer Tiere zu befriedigen schien. Über der Insektenwelt steht das Verhängnis des Todes derart dicht, daß von Baer seine Überlegungen nicht ohne Hinweis auf den *frommen Glauben* vorbringen kann, dies müsse *vom bösen Feinde, vom Verderber aller Werke des Schöpfers* herkommen. Vor einem überraschten Auditorium wurde die dualistische Drohung dann zum ingeniösen Übergang, zum ersten Anklingen des Themas vom menschlichen Maßstab für die Welt. Im Zusammenhang damit steht, was ›Moment‹ heißt: *Kleinlicher Maaßstab, der alle Schöpfung nur in einen Moment zusammendrängt und damit beendet sich denken kann, wobei das einmal Geschaffene endloses und wechselloses Dasein haben müßte, ohne Verjüngung und also ohne Fortschritt.* Entgegen dieser falschen Metaphysik der Unveränderlichkeit steht der Gedanke, das Lebewesen trage *nur die Forderung in sich, den Augenblick des Daseins zu genießen, nicht die Ansprüche auf ewige Dauer.* Dann aber bekommt eben der Begriff des ›Augenblicks‹ eine Bedeutsamkeit, die nicht ohne Rücksicht auf die gesamte Dauer der auf ihren Augenblick angelegten Organismen gewürdigt werden kann. Dies also ist nicht eine Sache der Erkenntnistheorie oder Psychologie, sondern ein weither kommendes Thema: Die Theorie des spezifischen Moments wird zur Apologie der sonst diabolisch erscheinenden Kürze des individuellen Lebens überall in der organischen Welt.

Zur Rechtfertigung des Augenblicks tritt die Bestätigung für das, was ihn durchläuft, durch seinen Stempel gleichsam der Gestaltlosigkeit und Anonymität entrissen und ein für allemal mit Sinn geweiht wird. Gäbe es Leben auf Dauer, wäre die Welt endgültig geteilt in Sinnhaftes und Sinnloses. So dient der Stoff nicht nur den Organismen, sondern auch diese dem Stoff, dessen Durchgang durch die organischen Systeme das Mittel ist, ihn *zu vervollkommnen und zu veredeln.* Es ist wichtig, daß die Geschwindigkeit, mit der das geschieht, unterhalb der Schwelle des Moments der spezifischen Empfindung der Organismen selbst liegt. Dabei hat, um auch diesen nicht unerwähnt zu lassen, der Mensch allein die Fähigkeit, den organischen Stoffwechsel *zu seinem Vortheil zu leiten und so sich schrankenlos auf der Erde auszubreiten.*

Kaum hat der Zoologe dies gesagt, scheint es ihm gegen sein Konzept der Verschränkung von Endlichkeit und Augenblick zu verstoßen. Er läßt seiner Aussage über den Menschen eine Dämpfung, eine Bedingtheit durch den ›Augenblick‹, in dem das gesagt wird, folgen: *Schrankenlos dürfen wir wenigstens jetzt noch glauben, denn da der Stoffwechsel unter den Tropengegenden sehr viel rascher vor sich geht als in höhern Breiten, so können wir jetzt noch gar nicht berechnen, wie viele Menschen in Gegenden, wo die bei-*

den wichtigsten Agentien für den organischen Stoffwechsel, Wärme und Feuchtigkeit, in reichlichem Maaße wirksam sind, neben einander sich nähren können. Die Ernährung des Menschen aber ist der letzte Zweck aller Metamorphose des Stoffes, damit auch der Insekten als der Repräsentanten dieses Begriffs; der Stoffwechsel bringt die Materie *zur Verfügung und unmittelbaren Benutzung des Menschen als höchsten Gebildes der irdischen Schöpfung*...
Wenn der Stoffwechsel die eigentliche Realität, so etwas wie das ›Ding an sich‹ der organischen Natur ist, dann muß auch eingeräumt werden, daß dem Menschen das Sinnesorgan zur Wahrnehmung der Prozesse fehlt, die dabei stattfinden, und daß er der trügerischen Vordergründigkeit der Erscheinungen erliegt. Dann darf der Naturforscher den Mangel der Subtilität des Organs nicht zum Ideal seiner Theorie erheben und in der Beständigkeit der Gestalten nicht den Zweck der Natur unterstellen: *Der beobachtende und denkende Naturforscher darf nicht die kümmerliche Forderung an die Natur stellen, welche der Zimmermann an sein mit saurer Mühe ausgeführtes Gebäude macht, daß es, einmal gefertigt, nun auch ausdauere und wenigstens für seine Lebenszeit ihm Herberge gebe.* Der Maßstab, den der Mensch zumindest in die Welt seiner demiurgischen Gebilde einbringt, ist der seiner ›Lebenszeit‹, mit dem er unwillkürlich auch die Natur mißt, obwohl ihm diese doch dienstbar nur werden kann, indem sie seinen Maßstab mißachtet: wenn sie ihre Stoffe für ihn ›veredelt‹.
Das Bedürfnis nach Dinggestalten steht im Widerspruch zum Lebensinteresse des Menschen nach dem immer erneuten Durchtrieb des Stoffes durch die ganze Reihe der von der Natur vorbereiteten Formen. Alles Verharren ist Täuschung, die auf der Rasterung des Sensoriums beruht: *Es liegt nur in dem zu kleinlichen Maaßstabe, den wir anlegen, wenn wir in der lebenden Natur ein Verharren wahrzunehmen glauben.* Und dieser Satz ist es, auf den sich die Begriffsfindung des Moments als der kleinsten spezifischen Zeiteinheit der Wahrnehmung bezieht. Sie entspricht dem Kunstgriff des Organismus, seinem Verhältnis zu seiner Umwelt die Vereinfachung der ›Gestalt‹ als Orientierung zu verschaffen, sobald die isolierte Empfindung als ›Signal‹ von der komplexen Struktur der Empfindungsmannigfaltigkeit abgelöst ist, die ein ›Ding‹ ausmacht oder in Aussicht stellt.

Um sich die wissenschaftsgeschichtliche Stellung dieses Ansatzes zu vergegenwärtigen, muß man daran denken, daß Christian von Ehrenfels, der Urheber des Gestaltbegriffs und seiner theoretischen Verwendung, zum Zeitpunkt dieses Vortrages erst zehn Jahre alt war und es noch drei Jahrzehnte dauern sollte, bis seine grundlegende Abhandlung »Über Gestaltqualitäten« erschien.[111]
Wie nahe von Baer dem Gestaltbegriff gekommen ist, zeigt sich an der Zurückweisung des Versuchs, aus der Anzahl der in einer Sekunde gelesenen Zeichen einer Schrift auf das Raster der Wahrnehmung zu schließen. Beim Lesen würden nicht einzelne Zeichen, sondern aus der Sprache vertraute Zeichenkomplexe bis hin zu Wörtern und Wortverbindungen erfaßt. Man wisse das als leidgeprüfter Autor vom Übersehen der Druckfehler bei der Korrektur einer eigenen Arbeit. Wenn Affektionen Zustandsänderungen des Bewußtseins sind, könne es sein, daß bei zu geringem Abstand zwischen ihnen eine vorhergehende Empfindung die ihr folgende überlagere. Werde einer durch einen Stoß umgeworfen, empfinde er zwar den Schmerz des Stoßes, nicht aber den des Aufpralls auf den Boden. Hier hält es von Baer für nicht erheblich, daß die erste Schmerzempfindung auch emotional intensiv sein kann und dadurch die zweite als deren bloße Folge gleichsam entkräftet. Da scheint ihm die Gefahr zu groß, das soeben entdeckte Moment könne an seiner Konstanz leiden. Diese Befürchtung wird noch Husserl vor Erwägungen zurückhalten, die Ausdehnung der ›Retention‹ könne von der Erlebnisart der Urimpression abhängig, also sinngesteuert variabel sein – eine der entscheidenden deskriptiven Schwächen der Phänomenologie des inneren Zeitbewußtseins. Der baltische Biologe hielt sich noch ans Handfeste eigener Abenteuer: *In Astrachan, wo die Straßen nicht gepflastert sind, ging ich spät Abends in einem gekrümmten Hohlwege* ... Es wird ihm ergehen wie dem milesischen Protophilosophen.
Dennoch weiß Baer, daß die Zeit, die der Sinneseindruck braucht, um zum Bewußtsein zu kommen, unterschieden werden muß von

---

111 Chr. v. Ehrenfels, Über Gestaltqualitäten. In: Vierteljahresschrift für wissenschaftliche Philosophie 14, 1890. E. Mach, Grundlinien der Lehre von den Bewegungsempfindungen. Leipzig 1875. W. R. Woodward, From Association to Gestalt: The Fate of Hermann Lotze's Theory of Spatial Perception, 1846–1920. In: Isis 69, 1978, 572–582. W. Witte, Zur Geschichte des psychologischen Ganzheits- und Gestaltbegriffes. In: Studium Generale 5, 1952, 455–464.

der Zeit, welche er im Bewußtsein verharrt. Sonst könnte es ein Phänomen wie die Leuchtspur eines in der Dunkelheit fliegenden Geschosses im Unterschied von der Unbemerkbarkeit desselben am hellen Tag nicht geben: *Dieses Verharren ist ganz besonders abhängig von der Lebhaftigkeit des Eindrucks.* Dagegen sei die Zeit, die zur Auffassung erforderlich ist, nicht nur von der Stärke des Eindrucks, sondern auch von der *Perceptionsfähigkeit der Individuen* abhängig; die Astronomen hätten *schon lange gefunden, daß nicht alle Beobachter ganz zu derselben Zeit den Pendelschlag einer Uhr oder den Durchgang eines Sternes durch das Fadenkreuz eines Teleskops angeben.* Da ist die Möglichkeit einer Verbindung zwischen Baer und Bessel, zwischen Petersburg und Königsberg.

Dies alles bereitet nur den entscheidenden Schritt vor, die Weltansicht spezifisch verschiedener Lebewesen von der Länge ihres Zeitmoments abhängig zu sehen. Das ist zunächst erschlossen aus den großen Unterschieden der Pulsfrequenz, von der Baer annimmt, daß sie mit der inneren Zeitgebung des Organismus zusammenhängt, also etwa bei Kaninchen doppelt so schnell, bei Rindern nur halb so schnell wie beim Menschen wäre, was zu der Annahme berechtigt, daß Kaninchen in derselben Zeit bedeutend mehr als Rinder erleben. Die empirische Basis ist also die einer längst bekannten Differenz, auf der jetzt ein proportionaler Analogieschluß aufgebaut wird: Die Welten so verschieden zeitgebundener Spezies müssen entsprechend voneinander abweichen, können nicht aus den selben ›Dingen‹ bestehen.

Hier hilft, wie schon zu Zeiten des Fontenelle und seines Gleichnisses von den Rosen und dem Gärtner, nur das Gedankenexperiment. Man muß sich dieses *wahre und natürliche Maaß für unser Leben* in ›freier Variation‹ abgewandelt denken. Daß wir an einem Tier, welches wir vor uns sehen, etwas Bleibendes an Größe und Gestalt wahrnehmen, liegt an der Kleinheit des Grundmaßes, welche uns nötigt oder erlaubt, je nachdem, in einer Sekunde viele Male, in einer Minute sogar viele hundert Male auf dieses zu sehen und es daher als dasselbe zu erkennen. Phänomenologisch gesprochen, ergibt sich eine Drohung für die Haltbarkeit der Intentionalität, sofern man denken müßte, das Lebensmaß des Moments könne derart anwachsen, daß die jeweiligen Veränderungen des gedachten

Tiers von Moment zu Moment zu groß würden, um es noch als dasselbe wiederzuerkennen. Das konnte besonders den Entomologen – also jenen Zuhörer Karl Ernst von Baers bei seinem Petersburger Vortrag von 1860 – irritieren, der mit großen und kurzfristigen Veränderungen seines Gegenstandes – etwa wie von Raupe zu Schmetterling – zu tun hatte.
Husserl hätte hier unzweifelhaft gegengesteuert, indem er auf der Abhängigkeit der Länge unseres Moments von den Leistungsbedürfnissen unseres Bewußtseins als Intentionalität bestanden hätte. Diesem Argument hätte sogar ein Darwinist Beihilfe leisten können, indem er auf der Fähigkeit zur Identifizierung von Gegenständen als Bedingung der Selbsterhaltung und damit als Selektionswert insistiert hätte. Für die von Baer vorgeschlagene freie Variation ist freilich solches Bedenken unerheblich; hier wird auf Grenzfälle der Ansichtigkeit einer Welt ohne Rücksicht auf die Selbsterhaltung des Bewußtseins in ihr achtgegeben. Es geht darum, Auffälligkeit der Veränderung von Grundverhältnissen in unserem Wirklichkeitsbezug zu erzeugen, indem dieser als durch einen ›mittleren‹ Moment begünstigt erscheint – um Theorie der Natur zu treiben.
Das Lebensalter des Menschen, auf ein Tausendstel reduziert gedacht, würde ihn schon nach einem Phasenwechsel des Mondes als hinfälligen Greis zeigen; hinzugenommen, sein Pulsschlag wäre tausendfach so schnell, wie er jetzt ist, und ihm würden, wie Baer es für annehmbar hielt, in dieser organischen Sekunde sechs bis zehn Empfindungen möglich sein, so folgte daraus die schlichte Feststellung: *Er würde gar Manches sehen, was wir nicht sehen.* Zwar wäre ihm der Tageslauf der Sonne als ein in der Lebenszeit sich etwa dreißigfach wiederholendes, immer noch großartiges Ereignis der Wiederkehr vertraut, doch die Veränderungen des Mondes wären ein lebenszeitlich singuläres, der Vertrautheit des Regelmäßigen entbehrendes und daher wahrscheinlich furchterregendes Ereignis. Man kann sich aussuchen, mit welcher Phase am Lebensbeginn der Eindruck der Veränderung größer wäre; Baer wählt für die Kindheit die Sichel des zunehmenden Mondes als die vermutlich dem organischen Denken nächstliegende Ansetzung. Der im Mondzyklus gealterte Greis hätte freilich ein apokalyptisches Erlebnis mit dem Mond: *Mit dem ist es also vorbei, und die*

Nächte werden nun immer dunkel bleiben. So entstehen Eschatologien.
Der Monatsmensch hätte von dem Wechsel der Jahreszeiten und erst recht von deren Wiederkehr keine authentische Erfahrung. Er hätte davon nur die Ahnung, die ihm die Geschichtsschreibung seiner Gattung über viele Generationen hinweg zutragen könnte, wenn es eine solche gäbe (was die Verarmung einer Erfahrung ohne Geschichte in die Variation einbezieht). Immerhin würde er, wenn nicht seine Lebenswelt zufällig die eines Winters wäre, kaum eine Welt vorstellen können, in der Flüssiges fest wird und Bäume nicht grün sind, dafür die Welt bedeckt mit einer ihm unfaßlichen weißen Substanz; so wie wir mühsam erlernen mußten, daß es Gletscher gegeben haben soll, wo wir unsere Städte gebaut haben, was uns erst im Zeitalter der Touristik durch den Anblick kleinerer vergleichbarer Gletscher erleichtert worden ist. Die Geschichten über den letzten Winter nähmen zweifellos die Qualität der großen Mythen und ihrer Ungeheuerlichkeiten an. Die Frage, ob derartiges der Welt nochmals zustoßen könnte, wäre ein Sache für die Monatstheologen. Das freilich sagt Baer nicht.
Für das insektenkundige Publikum in Petersburg ist der bisherige Variationsgrad des Gedankenexperiments plausibel, denn manche Ephemeren leben nach ihrer letzten Häutung nur wenige Stunden oder sogar nur eine Anzahl von Minuten. Die nächste Verschärfung jedoch um ein weiteres Tausendstel mit einer Lebenszeit unterhalb einer Stunde führt ins Reich der blanken Fiktion. Pflanzen würden in einem solchen sensorischen Raster wie Felsen erscheinen. Der Wechsel von Tag und Nacht bliebe unbekannt oder mythisch. Eine besondere Huldigung erweist der ehemalige Königsberger Professor der Philosophie, indem er unter seinen Minutenmenschen einen Philosophen auftreten läßt, der sein Dasein etwa um 6 Uhr am Abend eines Sommertages verbracht hätte und seinen Enkeln gegen Ende seines Lebens etwa dieses überlieferte: *Als ich geboren wurde, stand das glänzende Gestirn, von dem alle Wärme zu kommen scheint, höher am Himmel als jetzt. Seitdem ist es viel weiter nach Westen gerückt, aber auch immerfort tiefer gesunken. Zugleich ist die Luft kälter geworden.* Das sind die Feststellungen einer knappen Lebensstunde, mit denen sich aber einer, wenn er ein Philosoph ist, nicht begnügt. Er extrapoliert aus einer Erfahrung auf das, was

kommt; es lasse sich voraussehen, daß jenes glänzende Gestirn bald ganz verschwunden sein und die erstarrende Kälte zunehmen werde: *Das wird wohl das Ende der Welt sein, oder wenigstens des Menschengeschlechts.* Wieder eine Eschatologie aus einem Unverhältnis von Lebenszeit und Weltzeit.

Für den von ihm zu denkenden Untergang des Menschengeschlechts hat der angenommene Philosoph mit der Lebenszeit einer Dreiviertelstunde und dem entsprechend verkürzten sensorischen Moment eine vertiefte Emotion. Sie beruht darauf, daß er inmitten einer sonst zur Leblosigkeit erstarrten Welt existiert. Nicht nur alle Pflanzen erschienen ihm als unveränderliche Wesen, auch die Bewegung der Tiere und ihrer Gliedmaßen würde er nicht wahrnehmen, da sie für seine Auffassung viel zu langsam wären. Wie wir die Bewegung der Gestirne am Himmel nur erschließen, nicht unmittelbar sehen, würde auch er nur durch eine Unterstellung ihrer Identität von der Bewegung der Tiere Kenntnis haben. Als Erscheinung wäre ihm die ganze organische Welt unbelebt – es sei denn, ein Tier stieße neben ihm einen Schrei aus.

Das aber macht die Sonderstellung der mit ihm seine knappe Stunde lebenden Menschen aus, die Einzigartigkeit dieser Gattung, von der er nicht weiß, daß sie eben nur eine Gattung von Lebewesen ist: *Wahrhaft lebend würden ihm nur seine Mitmenschen erscheinen; um so mehr müßte ihm ihr wahrscheinlicher Untergang mit dem Schwinden der Sonne zu Herzen gehen.* Ohne den Menschen gedacht, wäre diese Welt von äußerster Trostlosigkeit.

Der Gewinn der Philosophie in einer solchen Welt wäre die Konzentration ihrer Aufmerksamkeit auf den Menschen: die vollendete Anthropozentrik, ungestört von Fragen der kosmischen Proportion und Zentralbewegung. Eine Welt ohne die ›großen Kränkungen‹ für den Menschen – dieser Gedanke bewegt den baltischen Baron noch nicht: Darwins Lehre hatte ihn kaum erreicht, anderes von dieser Art der Beeinträchtigung wird er nicht erleben. Schon die Grenzstellung vor dem Durchbruch seiner ontogenetischen Entwicklungsidee zur phylogenetischen Universalität gibt dem Petersburger Vortrag Karl Ernst von Baers wissenschaftsgeschichtliche Signifikanz, verstärkt durch seinen Mut zur Kunst der Vermutung.

Dazu gehört, was er über die Empfindlichkeit des Sinnesorgans für Schwingungen zwischen den Frequenzen von Schall und Licht sagt.

Die angenommene Veränderung der Länge des Moments könnte zur Folge haben, daß das Gehör von dem, was wir als Schallwellen zu bezeichnen pflegen, nicht mehr affiziert werden kann, statt dessen die Lichtwellen in den Bereich der Empfindlichkeit des Gehörs kämen, so daß jene Minutenwesen vielleicht *sogar das Licht, welches wir sehen, nur hören.* Dazu müßte freilich die gedankliche Variation noch weiter auf die Verfeinerung des ›Moments‹ vorangetrieben werden, um schließlich die radikalste Grenzannahme für die Abhängigkeit der Weltansicht von der Struktur des Sensoriums vorzuführen. Was bei solchen Fiktionen an verwertbarer Vermutung herauskommt, steckt in der Erwägung, es könne in der Natur außerhalb des Frequenzbereichs von Schall und Licht noch unbekannte Schwingungen geben: solche, *die zu schnell sind, um von uns als Schall empfunden zu werden, und zu langsam, um uns als Licht zu erscheinen ...*

Ein aufregender Augenblick des Gedankens. Unsichtbares und überhaupt Unmerkliches hatte längst zugelassen werden müssen, entgegen dem ursprünglichen Programm der Neuzeit gegen die ›obskuren Qualitäten‹ der mittelalterlichen Scholastik, nur noch das mit menschlichen Mitteln Wahrnehmbare oder auf die Wahrnehmung von Druck und Stoß Zurückführbare als Realität zu akzeptieren. Der Widerstand, auf den Newton gestoßen war, den er selbst empfand und mit Vorsicht respektierte, galt der Zumutung, erneut Kräfte anzunehmen, für die der Mensch kein Organ besaß und deren Existenz lediglich aus geordneten Zahlenverhältnissen zu erschließen war. Es war die Wissenschaft selbst, die der Unsinnlichkeit wieder die Tore geöffnet hatte. Doch für jedes weitere Zugeständnis dieser Art – wie das des Galvanismus und Magnetismus – mußte mit dem Andrang der durch keine Aufklärung entkräfteten Bereitschaft bezahlt werden, dem Insensiblen alles zuzutrauen. Der Spalt, den Karl Ernst von Baer zwischen optischen und akustischen Sensationen sieht, ist wie von den alten Gefahren der Romantik umwittert und bedroht; zugleich aber abgeschirmt durch jene Disziplin der Interpolation, die allein die Öffnung für noch Unbekanntes vor der Überflutung durch die Sehnsüchte nach ihm vertretbar macht.

Wäre das uns spezifisch angeborene Zeitmaß ein anderes, sähe auch unsere Welt anders aus – diese Voraussetzung läßt sich nun auch in der entgegengesetzten Richtung betreiben, in der der Verlängerung der Lebenszeit und der Verlangsamung des Standards Pulsschlag. Bei tausendfacher Lebenszeit würden wir Pflanzen und Tiere wachsen sehen und manche Schnellwüchsigkeit kaum noch erfassen können, wie etwa die eines Pilzes. Die Trägheit unseres optischen Organs würde hinter der innerhalb einer Minute ihren Tageslauf über den Himmel ziehenden Sonne einen feurigen Schweif erscheinen lassen, wie ihn nächtliche Meteore haben. Der Sommer wäre vier Stunden lang, und in dieser Zeit wechselten ununterbrochen eine helle Minute für den Tag und eine dunkle Halbminute für die Nacht. Man fragt sich schon bei dieser Potenz der Verlängerung und Verlangsamung, ob die Menschheit noch die Erfahrungen hätte machen können, die sie machen mußte, um zu überleben.

Bei Weiterschreiten in dieser Richtung der Variation, nochmaliger Anwendung der dritten Zehnerpotenz, blieben nach des Barons Rechnung 189 Empfindungen im Jahr, für fast 2 Tage nur noch eine. Nicht genug, um den Tagnachtwechsel zu erleben oder auch nur die Sonne als leuchtende Scheibe zu erkennen; statt dessen stände ein leuchtender Bogen am Himmel, der sich im Jahreslauf rasch hebt und senkt, bei gleichzeitiger jahreszeitlicher Änderung des Aussehens der Landschaft. Jetzt ist vollends fraglich, ob Menschen noch eine Chance hätten, sich über ihre Lage in der Welt zu orientieren. Baer äußert Zweifel daran, ob sie *Scharfsinn und wissenschaftliche Mittel genug hätten, zu erkennen, daß die Erde durch eine feurig glänzende Kugel erleuchtet wird* ... Unter diesen Bedingungen des inneren Zeitmaßes wäre nicht erst ein Kopernikus undenkbar, sondern schon ein Ptolemäus, der eine extreme Auflösung des kosmischen Scheins hätte leisten müssen.

Der Biologe stellt sich der Frage, ob durch dieses Gedankenexperiment alle Wahrheit der Naturerkenntnis relativiert wird. Das schließt die andere Frage ein, ob es in der Skala von Varianten um Zehnerpotenzen eine erkenntnistheoretisch – nicht anthropologisch – bevorzugte Zeitposition gäbe. Als Philosoph zögert Baer nicht: *Ohne Zweifel die, welche aus dem größeren Maaßstabe hervorgeht. Die Natur arbeitet mit unbegränzter Zeit in unbegränztem Raume. Der Maaßstab für ihre Wirksamkeit kann nie zu groß sein, sondern ist immer zu klein.* Wolle man das Gedankenexperiment in den Dienst der Erkenntnistheorie stellen, und nicht nur

in den der Biologie, so müsse die Richtung seiner Steigerung nach der Seite der Annäherung des organischen Metrums an das des universalen Mechanismus genommen, die Verlängerung des Moments, die sensorische Entfeinerung vorangetrieben werden.
Nichts hindert daran, den Maßstab nochmals größer zu nehmen und den Wechsel der Jahre mit dem Pulsschlag zu synchronisieren: die ganze Abfolge der Jahreszeiten in einer Sekunde. Dann erst wäre die Erfahrung *einer* Lebenszeit so angenähert an die Wandlungen der Erde in ihrer ganzen Geschichte, daß sogar das leblose Gestein unter den physischen Kräften der Erosion ein unmittelbar der Wahrnehmung gegebenes Zeitschicksal bekäme: *eine fortgehende Auflösung der Erdoberfläche, um in den Wechsel der verschiedenen Lebensformen aufgenommen zu werden.* Trotz dieses Teleologismus käme auf platonische Gedanken keiner mehr, wenn alle Beständigkeit der Form nur noch Schein, die Entwicklung aber *das Wahre und Bleibende ist, wodurch alles Einzelne vorübergehend erzeugt wird.*
Jetzt würde unmittelbar zugänglich, daß nicht Formen, sondern Gesetze der Bewegung die Natur bestimmen. In wissenschaftsgeschichtlicher Anwendung: Der Aristotelismus wäre nicht mehr Auslegung der lebensweltlichen Erfahrung. Es wird des letzten Metaphysikers bedürfen, um den Gedanken der Konvergenz von Lebenszeit und Weltzeit zu Ende zu denken: die Unsterblichkeit als die Koinzidenz des inneren Zeitmaßes mit dem Erfordernis der Welterfahrung. So weit geht Karl Ernst von Baer nicht. Doch spricht er aus, daß diese Freiheit des Gedankens in der Variation seiner Bedingungen etwas damit zu tun haben muß, im Menschen *die Sehnsucht nach Unsterblichkeit* als ein *auf die Zukunft gerichtetes Bewußtsein* entstehen und lebendig bleiben zu lassen.
Die Uhr messe die Zeit, aber sie mache sie nicht, lautet eine der griffigen Prägungen Schopenhauers. Ist aber das, was die Uhr mißt, nach der klassischen Einteilung die subjektive oder die objektive Zeit? Karl Ernst von Baer sucht dieses Dilemma noch zu umgehen, indem er alle Veränderungen der Weltansicht durch die Größenordnung des kleinsten Zeitmoments auf den Pulsschlag als den inneren Zeitgeber des Organismus zurückführt und dessen Schwankungsbreite nach Gemütszustand, Gesundheitslage und Lebensalter dadurch zu standardisieren strebt, daß er den Herzschlag

in einem Manne von vorgeschrittenen Jahren zugrunde legt – mit der Rechtfertigung freilich, die nun alles wieder im Kreise zurückführt, bei einem solchen schlage der Puls *ziemlich genau von Secunde zu Secunde.* Das *momentum* der Römer, sucht Baer für sich zu erklären, entspreche der zuckenden Bewegung, die ein plötzlicher Stich in die Haut bewirkt; insofern dieser Stich wiederum *punctum* heiße, sei das *punctum temporis* nichts anderes als die Zeit, die zur Empfindung des Stiches, zwischen seiner mechanischen Bewirkung und dem bewirkten Zucken, benötigt werde.

Man könnte sagen, all dies sei das obligate Verfahren des Biologen, der sich bei der Erörterung des Zeitproblems an das Organische zu halten habe. Es ist jedoch nicht der objektivierte Organismus, nicht einmal der dieser Spezialität *homo sapiens*, woran er sich hält; es ist der *Eigenleib* des Forschers, an dem die Erforschung der *Eigenzeit* ansetzt. Daran zeigt sich die begrifflich nicht weiter verdeutlichte, aber methodisch naheliegende und erkennbare Anstrengung, zwischen der subjektiven Zeit der psychischen Empfindung und der objektiven Zeit physischer Bewegungen einen ›Übergang‹ zu suchen. Die ausgezeichnete Erfahrbarkeit des Eigenleibs für das Verhältnis zwischen Psychischem und Physischem bietet sich dafür an. Vermieden wird bei diesem unersetzbaren Übergang die Auffassung der objektiven Zeit als einer bloßen Projektion der subjektiven, eines letzten heimlichen Anthropomorphismus.

Blickt man voraus auf die deskriptiven Ergebnisse der Phänomenologie Husserls, so ist die von Baer gefundene oder vorgeschlagene kleinste Zeiteinheit gerade nicht die der subjektiven Zeit. Das innere Zeitbewußtsein kann als anschauliche Basis des Zeitbegriffs sich nur konstituieren, wenn die kleinste Zeiteinheit für die Funktion des Sinnesorgans nicht zugleich die des Bewußtseins ist. Wäre dessen Zeitstruktur ›gerastert‹ wie die des Sinnesorgans, das ihm seine Affektionen als Urimpressionen zuliefert (wenn man diese phänomenologisch unzulässige Sprechweise einmal verwenden darf), so wüßten wir nichts von der Zeit. Zeitbewußtsein muß gerade die Elemente der Affektion übergreifen – noch festhalten und schon gewärtigen – können, wie es sich in den deskriptiven Ausdrücken ›Retention‹ und ›Protention‹ darstellen soll. Ein den Zeitgrößen der Sinnlichkeit ›synchronisiertes‹ Bewußtsein könnte weder zum Bedarf noch zur Möglichkeit gelangen, etwas schließlich mit

Uhren zu messen, wovon es weder Anschauung haben noch Begriff bilden könnte.

Wenn dem großen Baer vorgehalten oder nachgesagt wurde, er hätte als Anatom und Physiologe gefälligst ein paar Experimente mit der Uhr anstellen sollen, verkennt man, wie dort zunächst die Formierung des Begriffs für eine Sache zu leisten war, deren Tragweite absehbar gemacht werden mußte, bevor eine empirische Aufgabenstellung sich überhaupt abheben konnte. Ein Indiz für den ungesicherten Stand der Begriffsbildung bei von Baer ist vielleicht, daß er zwar mit jenem römischen *momentum* beginnt und hantiert, sich dann aber doch nicht entschließt, seine kleinste Zeiteinheit für die Sinnesempfindung auch damit zu benennen. Das hat erst Jacob von Uexküll in seiner »Theoretischen Biologie« von 1928 getan, der Sohn, verschärft in der Definition, zur ›Eigenzeit‹ fortgebildet.[112]

Was Karl Ernst von Baer als Spekulation über spezifische Zeitmaße und die Abhängigkeit möglicher Erfahrung von ihnen praktizierte, Jacob von Uexküll mit seiner Unterscheidung von Merkwelt und Wirkwelt verfeinerte, ist eine Einsicht, die mit beiden die Phänomenologie teilt: Nur die Analyse der Begriffsbildung, nicht die bloße Verfügung über ihr Resultat, setzt uns instand, Erlebnisse und Anschauungen, schließlich die Gesamtverfassung unserer Weltansicht, derart frei zu variieren, daß wir fremde Weltbilder bekannter oder unbekannter Lebewesen zu denken oder auszudenken vermögen.

Was Uexküll das Abstandnehmen von menschlichen Selbstverständlichkeiten nennt, das Voraussetzung für das Eindringen in die Umwelten von Tieren sei, ist – wie jeder andere Distanzgewinn, den der Mensch erreichen kann – Leistung seiner Begrifflichkeit. Deren Extremwert an Abstandsgewinn ist bestimmbar durch Vorstellung nicht nur des Abwesenden, sondern sogar des Nichtexistenten. Wenn ›Moment‹ der Zeitraum ist, *innerhalb dessen wir alle Reize, unabhängig von ihrer objektiven Zeitfolge, als gleichzeitig empfinden*, gilt dies zwar für das Verhältnis des messenden Beobachters zu seinem lebenden Objekt, dessen sensorische Empfindlichkeit er durch Verdichtung der Reizfolge an ihre *Verschmel-*

---

[112] Th. v. Uexküll, Artikel »Eigenzeit« in: Historisches Wörterbuch der Philosophie, ed. J. Ritter, II 345 f.

zungsfrequenz heranführt. Es gilt nicht für die gedachte ›Erlebnisqualität‹ des zu erschließenden ›Subjekts‹, das Gleichzeitigkeit der experimentellen Reize gerade nicht *erfährt*, sobald ihm diese zur Momentaneität verschmolzen sind.

Dies läßt sich wiederum aufs schönste am Grenzfall verdeutlichen. Trotz hochgradiger Stabilität der spezifischen Zeitkonstante gegen Änderung äußerer Bedingungen ist doch bei Zuführung von Gift mit deutlicher Wirkung eine Verlängerung des Moments erkennbar. Jede solche Verlängerung bedeutet, daß die Verschmelzungsschwelle absinkt, immer mehr Außenreize ununterscheidbar werden, für ihren Komplex jeweilig Bewegung unbemerkbar wird. In der Steigerung toxischer Einwirkungen beginnt die Welt zu erstarren. Indem der Moment auf unendliche Länge tendiert, wird der Weltstillstand zu genau dem, als was wir ihn verstehen und benennen: zum Tod. Es gibt also zur objektiv feststellbaren Gleichzeitigkeit das subjektive Äquivalent nicht: *Gäbe es gar keinen Moment, so müßten alle Reize ›gleichzeitig und getrennt‹ erscheinen, ein Zustand, der uns gänzlich unvorstellbar ist, und da dann kein ›Früher‹ oder ›Später‹ existierte, sondern nur ›Gleichzeitigkeit‹ herrschte, gäbe es überhaupt keinen zeitlichen Ablauf des Geschehens. Erst der Moment gibt den auf einen Organismus einwirkenden Reizen eine zeitliche Aufeinanderfolge und Ordnung, und wiederum durch die untermerkliche Aneinanderreihung dieser kleinsten Zeitspanne entsteht die Zeit.*[113] Die in der verschärften Definition des Moments auftauchende Gleichzeitigkeit anstelle der Sequenz und Distanz von Reizempfindungen ist also ein theoretisches Konstrukt, kein phänomenologisch beschreibbarer Sachverhalt.

Für ein begriffsbildungsfähiges Subjekt wäre diese Gleichzeitigkeit gerade nicht die anschauliche Basis für einen Begriff, der allen Objektivierungen zugrunde liegen könnte. Denn sie erfolgen unter der Bedingung von Gleichzeitigkeit nicht erst und nur für jede Messung zwischen Maßstab und Objekt, sondern schon in der Herstellung derjenigen Intersubjektivität, auf die Messungen als Vorgaben für Nachprüfbarkeit bezogen sind. Das Verhalten anderer

---

113 G. A. Brecher, Die Entstehung und biologische Bedeutung der subjektiven Zeiteinheit, – des Moments. In: Zeitschrift für vergleichende Physiologie 18, 1933, 204–243.

bezüglich einer gegebenen Situation oder Sachlage kann mir deren Auffassung und Erfassung nur bestätigen oder widerlegen, wenn ich mich auf die Gleichzeitigkeit der beteiligten Subjekte verlassen kann. Was nicht nur bedeutet, daß diese Uhren gebrauchen und Zeitvergleiche machen können; dem zuvor müssen sie den Begriff von Gleichzeitigkeit haben und mit mir teilen. Diesen können sie nicht aus dem sensorischen Vorgang besitzen, den das Experiment als Überschreitung der ›Verschmelzungsfrequenz‹ darstellt.

Nochmals anders gewendet: Es gibt keine Gleichzeitigkeit. Das ergibt sich für die Immanenz des Subjekts aus dem Paradox der Verschmelzung: *Innerhalb eines Momentes ›steht die Welt still‹, weshalb auch nur ein Reiz einen Moment ausfüllen kann.* Was es aber subjektiv gibt und geben muß, ist die ›Überwindung‹ der Distanz von Impressionen. Nur darin konstituiert sich das Zeitbewußtsein, wie nur darin Wahrnehmung von Bewegung möglich wird. Zeitbewußtsein wäre dann so etwas wie ein ›Kompromiß‹ zur Vermeidung der beiden Extreme: Weltstillstand, Weltzersetzung. Nur als Feststellung des äußeren Beobachters heißt dies: Der Atomismus der Affektionen muß bis an die Verschmelzungsgrenze überschritten sein. Doch darf die Überschreitung nicht zur Gleichzeitigkeit nach dem spezifischen Zeitmaß des Moments werden: *Die bloße Existenz einer Verbindung von Empfindung zu Empfindung bildet demnach noch nicht die Ursache für das Phänomen der Verschmelzung.*

Unter dieser Voraussetzung ist die Einführung des Begriffs der Gleichzeitigkeit in die Theorie des Moments durch Jacob von Uexküll zu sehen. Er zeitigt kühne Folgerungen in einer strapaziösen Metaphorik. Momente sind jeweils nicht mit *einer* Affektion erfüllt, vielmehr durch eine ›Welt‹, deren Totalitätsimplikation mit der Einschränkung hinzunehmen ist, daß innerhalb des Horizonts der Unmittelbarkeit nur eine enge Auswahl von Merkmalen aufgefaßt werden kann. Den Weltzusammenhang beim Menschen, in der Sequenz seiner Momente, kann auch Uexküll – wie für die der absoluten Metaphorik bedürftige ›Welt‹ nicht anders zu erwarten – nur der Imagination anheimgeben: *Die zeitlich aufeinanderfolgende Merkweltenreihe läßt sich als Merkwelttunnel plastisch darstellen, wenn man jede einzelne Merkwelt zweidimensional*

auffaßt und sie nun wie runde Scheiben aneinanderlegt. Die Dicke einer jeden Scheibe entspricht dann einem Moment.[114]
Das Leben des Individuums ist nicht mehr die eindimensionale Kette der Empfindungen, sondern der dreidimensionale Tunnel der Lebenszeit, der aus zweidimensionalen und in sich abgeschlossenen Merkweltscheiben gebildet wird. Diese lösen sich nach der Rhythmik des zentralnervösen Zeitgebers ab, im Abstand von *für einen normalen Menschen, der sich in voller Ruhe befindet,* ca. $^1/_{10}$ *Sekunde.* Nur am Rande braucht ergänzt zu werden, daß der Merkmaltunnel noch zum Umwelttunnel erweitert gedacht werden kann, um die Objekte der Welten auch als Träger der von den Subjekten gesetzten Wirkmale einzubeziehen.
Bleibt man bei dieser Metaphorik, verwandelt sich die Weltzeit, gedacht als die der Gesamtheit von Organismen, in ein Röhrensystem von Lebenszeiten, das sich etwa wie eine Packung Makkaroni ausnehmen könnte. Diese formidable Degeneration der zunächst praktikablen Metapher ist die Folge des Versuchs, jedem Organismus seine Welt zuzuweisen und ihr aus der Statik des Moments heraus Bewegung in einem letztlich einheitlichen System zu verleihen. Analysiert man genauer, woher die Erschwerungen der metaphorischen Durchführung kommen, gerät man an die schlichte Feststellung, daß eine im Jahre 1922 geschriebene Abhandlung wie ein Stück Phänomenologie gearbeitet ist, ohne sich doch mit deren Errungenschaften und Enttäuschungen Erleichterung zu verschaffen.
Entscheidend ist, daß in solcher Beschreibungsweise für jedes Lebewesen wirklich ist, was es erlebt. Der Theoretiker hat gerade dieses und nichts anderes zu beschreiben. Doch war schon Jacob von Uexküll zur ersten experimentellen Messung eines Moments bei der Pilgermuschel übergegangen, und sein Hamburger Institut für Umweltforschung ist ihm darin alsbald für die Schnecke *Helix pomatia* sowie für den Kampffisch gefolgt. Nicht ein Einflußverhältnis zwischen Phänomenologie und Umwelttheorie wäre signifikant, wohl aber deren Gleichzeitigkeit: 1924 wird Husserl den folgenreichen Begriff der ›Lebenswelt‹ einführen.
Der Physiologe sucht nach der zentral gesteuerten und an die Art

---

114 Jacob von Uexküll, Wie sehen wir die Natur und wie sieht sie sich selber? In: Die Naturwissenschaften 10, 1922, 265–271, 296–301, 316–322.

gebundenen, für optische, akustische und taktile Reize identischen Konstante, wie sie die Rationalität jeder Wissenschaft erfüllt. Die Übertragbarkeit des Ideals auf den Menschen scheint mit denselben experimentellen Methoden gesichert und für jedermann in der sensorischen Konstante als Grundlage des kinematographischen Genusses zur alltäglichen Bestätigung geworden zu sein. Dagegen spricht alles, was die Phänomenologie wider den Psychologismus seit der Jahrhundertwende geltend gemacht hatte: Ein gegenstandsfähiges Bewußtsein hat an den Gegenstandssinn gebundene Funktionen, die sich experimenteller Objektivierung weitgehend entziehen.

Sensorischer Moment und erlebende Gegenwart können nicht identisch sein, wenn Erfahrung innerhalb einer Welt: Beziehung auf Weltzeit in einem lebenszeitlichen Kontext, möglich sein soll. Der ›Moment‹ dieses Bewußtseins kann nicht nur eine zentralnervös gesteuerte Rhythmik der Rezeption sein. Die Gegenwart, in der die Auffassung einer Melodie, einer Bildfläche oder eines sprachlichen Satzes geleistet wird, muß zumindest auch in Abhängigkeit stehen von ihrem Inhalt. Das lag in der Konsequenz auch der phänomenologischen Abwehr gegen jeden Naturalismus; doch Husserls Theorie der immanenten Zeit läßt beunruhigenderweise dieses Erfordernis auf sich beruhen.

In Annäherung an dieses Erfordernis ist ›Eigenzeit‹ auch, was der Psychologe William Stern schon 1897 als ›psychische Präsenzzeit‹ bezeichnet hatte.[115] Für das Einheitserfordernis von Bewußtseinsakten genügt die biologische Einheit des ›Moments‹ und der dadurch definierbaren Gleichzeitigkeit schon ihm nicht. Psychisches Geschehen, das sich objektiv innerhalb einer Zeitstrecke vollzieht, kann und muß *unter Umständen einen einheitlichen zusammenhängenden Bewußtseinsakt bilden unbeschadet der Ungleichzeitigkeit der einzelnen Teile.* Dann muß noch eine Zeitstrecke, wie sie der psychische Akt in Anspruch nimmt, ›Gegenwart‹ sein können, Präsenzzeit heißen dürfen.

Die strikte Gleichzeitigkeit einer Mannigfaltigkeit von Elementen würde deren Zuordnung beliebig, ihre Sinnhaltigkeit unmöglich machen. Stern hat das Beispiel der Lesbarkeiten der Buchstaben-

---

115 L. W. Stern, Psychische Präsenzzeit. In: Zeitschrift für Psychologie und Physiologie der Sinnesorgane 13, 1897, 325-349.

folge R.O.T, die drei differente sinnhaltige Anordnungen zuläßt; aber eben doch nur eine haben soll, um nicht aus einem Kontext zu springen. Die Zeitanschauung als formale Auffassung einer derart bestimmten Mannigfaltigkeit wäre unmöglich, sofern diese nicht als Einheit ihrer Bestimmtheit genommen und in *einem* Akt begriffen werden könnte.
Wenn man an der *Möglichkeit einer direkten Wahrnehmung zeitlicher Verhältnisse* festhalten wolle, könne *der Bewußtseinsakt, in welchem diese Wahrnehmung erfolgt, selbst nicht mehr punktuell, momentan sein*. Aber Zeitwahrnehmung ist nicht nur die der Bestimmtheit einer Sequenz von Elementen in einem Akt, sondern dieser als gegenwärtiger oder jederzeit gegenwärtig möglicher. Daß es in der Zeit zu jeder Zeit ein ›früher‹ und ›später‹ gebe, ist in seiner Evidenz der Gegenwärtigkeit dieses Sachverhalts entnommen. Insofern es auch *innerhalb der temporalen Gegenwart ein ›früher‹ und ›später‹ gibt*, ist das nicht anders als im wahrgenommenen Raum ›rechts‹ und ›links‹, ›näher‹ und ›ferner‹. Stern, der für den *Gedanken der streckenhaften psychischen Gegenwart* nur bei William James einen Anhaltspunkt der Vorgängerschaft gefunden hat, hätte bei Kenntnis der Vorlesungen Franz Brentanos sehen können, was Husserl zum Ausgangspunkt seiner Theorie von Retention und Protention nimmt. Damit war zunächst und vor allem Ausweitung der Gegenwart als der einzigen Sphäre absoluter Selbstevidenz zu leisten. So lag die Lizenz zur Transzendentalisierung der Phänomenologie schon mit den Vorlesungen Husserls im Wintersemester 1904/05 vor. Keine Chance für einen neuen Cartesianismus hätte es gegeben ohne die Behebung des Einwands aus der heimlichen Diskursivität des *Cogito*. Gegenwart durfte nicht die bloße Grenze zwischen Vergangenem und Künftigem sein. Sie war *eine, wenn auch kleine, so doch positive und endliche Zeitstrecke*, wie Stern seine ›Präsenzzeit‹ angeboten hatte.
Heißt dieses ›endlich‹ auch konstant und meßbar? Die Vorsicht, die bei Beantwortung dieser Frage geboten wäre, ist Stern nicht dringlich und kann es ihm nicht sein, weil er Folgerungen daraus nicht gewärtigt. Es mag zutreffen, daß es zu den Rändern der Präsenzzeit hin eine perspektivische Verzerrung wie beim Anblick von Körpern im Raum gibt: eine Veränderung des Maßstabs der Distanzen, durch die Übersicht über eine mit dem Abstand und

Ablauf anwachsende Mannigfaltigkeit ermöglicht wird – entscheidend ist immer, daß die Kontinuität nicht gebrochen, die Dimension der Erinnerung nicht erreicht wird. Die Einheit des wahrnehmenden Aktes ist nicht, wie bei der Erinnerung, eine erschlossene, sondern *eine unmittelbar erlebte, eine wahrgenommene, Resultat einer direkten successiven Vergleichung.*

Daß der Ausschnitt der Präsenzzeit im Verhältnis zu den Distanzen, die Erinnerung zu überwinden hat und mit wechselndem Erfolg vermag, eng ist und nur auf die Maße von Gegenständlichkeit hin geöffnet, bemerken wir an dem, was sich der Unmittelbarkeit unserer Erfahrung entzieht, was wir aber erfahren könnten und müßten, sollte von Selbsterfahrung in der Evidenz der Präsenzzeit ernsthaft die Rede sein. Was uns verborgen bleibt, ist unser Werden und Vergehen, das wir nur über Erinnerung und Erwartung, über die Hilfsmittel der Erinnerung anderer und einer Welt von Bildern erschließen. Wir *wissen*, daß wir werden und vergehen, uns verändern, aber wir *erleben* es nicht.

Betroffen erfährt einer, *daß* er sich verändert hat, nachdem ihm niemals ›gegenwärtig‹ war, *wie* er sich veränderte. Das eigene wie das fremde Wachstum etwa wird von keinem ›erlebt‹; es wird in Abständen gemessen, unzulänglich auch festgestellt im Fremdvergleich. Das Altern vor allem im Selbstvergleich, in der Erinnerung ans Spiegelbild, im genaueren Hinsehen aufs sonst nur flüchtig allmorgendlich wahrgenommene. Die Statik unserer Selbstwahrnehmung, die bloße Mittelbarkeit unserer Selbsterfahrung als Prozeß, ist das genaue Korrelat der Enge unserer Präsenzzeit. Man bemerkt hier, wie sich Karl Ernst von Baers Gedankenexperimente auf den Selbstbezug des Subjekts hätten anwenden lassen, um eine ganz andere Art von Selbsterkenntnis zu postulieren als die, die wir faktisch besitzen.

Die Fülle der Fragen, die der Begriff der Präsenzzeit aufwirft, mag unbeantwortbar oder nur aufwendig zu klären sein; sie detaillieren dennoch das zunächst allzu einheitlich erscheinende Phänomen. Etwa mit der Frage, ob Präsenzzeit für das Gehör und Präsenzzeit für das Gesicht der Quantität nach wesentlich differieren, wie sich aus dem Phänomen der Phrasierung einer Melodie oder eines Satzes nahelegen mag. Vom physiologischen Hintergrund des spezifischen Moments her würde sich diese Differenzierung verbieten; die Regulation durch den Sinngehalt mag sie demgegenüber erfordern. Vorsicht ist geboten, denn die Sukzession von Schalleindrücken läßt sich experimentell besser abgrenzen als eine Folge optischer Eindrücke. Nicht zufällig hat William James in den »Principles of Psychology« für den von ihm so benannten *Kern der scheinbaren Gegenwart* anhand akustischer Messungen einen Zeitwert von 12 Sekunden ermittelt. Der deutsche William hält diesen Wert für zu hoch. Er neigt zu der, von der Phänomenologie her begrüßenswerten, Feststellung, einen *Generalwert für die Präsenzzeit* gebe es überhaupt nicht. Ihre Länge sei je nach Qualität und Quantität des Bewußtseinsinhalts und nach der Richtung der Auffassung, nach der Stärke der psychischen Energie verschieden: *vom Moment bis zur Dauer von mehreren Sekunden kommen alle Zwischenstufen vor.* Nochmals anders bei Stern formuliert: *Der Optimalwert ist in hohem Maße abhängig von dem Inhalt des Bewußtseinsaktes.*

Der triviale Satz, jedes Ding habe seine Zeit, würde psychologisch buchstäblich wahr. Damit nähert man sich der entscheidenden Differenz zwischen Physiologie und Phänomenologie, Karl Ernst von Baer und Edmund Husserl – obwohl dieser den Zusammenhang von intentionalem Volumen und korrelater Retention wie Protention keineswegs mit der zu erwartenden, systematisch unerläßlichen Deutlichkeit postuliert hat. Nichts aber ist von größerer Erheblichkeit für die Funktion des Bewußtseins als die ›Elastizität‹ seiner Präsenzzeit für seine Gegenständlichkeiten. Der Begriff der Lebenszeit gewinnt erst von dieser anschaulichen Basis her seine Konturen, seine Widerständigkeit gegen den Begriff der durch die absolute Zeit im Grenzwert vertretenen, gleichsam zur Reindarstellung gebrachten Weltzeit.

Auch für die Sinnsteuerung der Präsenzzeit gibt es den Grenzwert: den der leeren Zeit. Sie ist, grob gesprochen, die Akzentuierung der bloßen Distanz zwischen Reizen als einer erfüllbaren, aber unerfüllten. Stern sieht das charakteristische Moment der leeren Präsenzzeit (dieses Oxymoron) darin, daß der jeweils vorhergehende Eindruck nicht abgebrochen wird, sondern sich über die Distanz *ungestört* ausleben kann, dabei zugleich die Entstehung eines einheitlichen Auffassungsgebildes blockierend. Dieses bloße Trägheitsphänomen ist jedenfalls nicht die dem Eindruck adäquate, von ihm selbst geforderte, für seinen Gehalt erforderliche Präsenz. Wieder ist das Sprache-Zeit-Verhältnis exemplarisch: Ein Satz hat eine optimale Zeitpräsenz, die jedes Zögern störend und bis zur Verlegenheit peinlich, jede Überhastung lästig machen kann. Es gibt also, wie Stern es formuliert, *für sprachliche Zeitfolgen entschiedene Vorzugswerte*, indiziert durch die Bequemlichkeit der Auffassung eines gesprochenen sukzessiven Inhalts, wobei das Erfordernis an attentionaler Energie (*Aufmerksamkeitsenergie*) das Kriterium abgibt. Auch wenn es sich allzu lässig definiert anhört, ist doch die ohne Gewaltsamkeit gesteuerte *adäquate Zeit* – im geradezu herausfordernden Gegensatz zum Ideal der Konstante – bestimmbar als der *Präsenzwert, welcher dem Individuum selbst am sympathischsten und angemessensten erschien (oft ohne daß es selbst wußte, warum).*

Solche Bestimmungen zeigen die Annäherung an eine künftige Theorie der Lebenswelt. In ihr ließe sich etwa das Verhältnis leerer Präsenzzeiten zum Phänomen der Langeweile, spannungsreicher Zeitpräsenzen zu dem von Zeitvertreib und Kurzweil bestimmen – Phänomene, die nicht deswegen philosophisch irrelevant sind, weil sie sich auf einer Anspruchsebene unterhalb der großen Daseinskrisen aufzuhalten scheinen. ›Scheinen‹ eben nur, wenn man bedenkt, welcher Zusammenhang zwischen Spannungslosigkeit der Zeiterfüllung und Sinnlosigkeitsverdacht gegen das Dasein besteht.

XIII

Zeitfüllung und Erfüllungszeit

Bei einem Lebewesen, das nicht durch ein Biogramm ausgeplant und ausgefüllt ist, muß es zur Aufspaltung der Lebenszeit in einen durch die Erfordernisse der Selbsterhaltung okkupierten Anteil und in einen freigesetzten Zeitspielraum unbestimmter Erfüllungen kommen. Das eine dieser Spaltprodukte tendiert zur Weltzeit hin, das andere von ihr weg, so daß nochmals so etwas wie eine Schere entsteht. Deren Flügel lassen sich in ihrer Divergenz beschreiben als Mußzeit und Kannzeit.
Die Mußzeit benennt den Aufwand an Zeit, der das Leben allererst möglich macht; und nicht nur das nackte der bloßen Selbsterhaltung, sondern auch das eines Überschusses fähige, dessen zeitlicher Spielraum der Kannzeit allein noch nicht genügt, erfüllte Zeit zu haben. Wie die freigesetzte Hand der vorderen Extremität des sich aufrichtenden Primaten zunächst, aber nicht lange, leer gewesen sein wird, um alsbald den Überschuß seiner Kultur als seiner Lebenswürdigkeit zu erzeugen, so mag im Übergang von der ständig angespannten Notdürftigkeit der Jägergesellschaft des frühen Menschen zur nomadischen Züchterform und schließlich zur bäuerlichen Seßhaftigkeit immer auch etwas von der Mußzeit freigeworden sein zu noch unbestimmtem Anderen. Zunächst als Leere; alsbald dem Angebot derer ausgesetzt, die schon in den Höhlen ihre Schwäche der Nichtteilnahme am Jägerleben mit den Gestalten ihrer Phantasie kompensierten. *Horror vacui* – die Natur mag ihn nicht haben, wie ihr zugeschrieben worden war, aber der Mensch hatte ihn seit je. Jede seiner Leeren belegte ihn mit der Plage der Langeweile. Dennoch hat die Ausstattung der Lebenszeit mit Sinnhaltigem zur Voraussetzung, nicht in der Ausschließlichkeit von Mußzeit aufzugehen. Die mancher Kulturkritik ärgerliche Paarung von Zeitgewinn und Zeitvertreib wurzelt in diesem Zusammenhang.
Sucht man nach einer Definition für Fortschritt, die nicht ausschließlich auf das Anwachsen objektiver Verfügbarkeiten abgestellt ist, wird man keinen Fehlgriff tun mit dem Versuch zu sagen, in der Verschiebung des Verhältnisses von Mußzeit auf Kannzeit

liege der menschheitliche Fortschritt, wenn auch nicht immer der Wirklichkeit, so doch seiner Möglichkeit nach. Nur oberflächlich gesehen ist es ein Verhängnis, daß es für Kannzeiten wiederum Mußzeiten gibt, wenn der Mensch mehr und mehr für seine Freizeit arbeitet, nicht nur und primär, um diese sich überhaupt zu verschaffen, sondern um sie sich vertreiben zu können. Für vordergründige Kulturkritiker ist das eine Verzerrung von irgend etwas, was sie sich statt dessen – und zwar immer nach dem eigenen Geschmack des Kritikers – vorgestellt hatten.

Aber verglichen werden muß nicht mit den Wünschen von Kulturbetreibern, sondern mit jenem Unverhältnis von Mußzeit und Kannzeit, wie es über weite Strecken seiner Zeit das Schicksal des Menschen bestimmt hat. Einen Blick auf die Statistik werfe ich nicht, um zu beweisen, was keines Beweises bedarf, sondern um zu veranschaulichen, was sonst abstrakt erscheinen könnte. Im November 1949 hatte ein Industriearbeiter für ein Kilogramm Zucker noch 58 Minuten aufzuwenden, im Oktober 1974 nur noch 9 Minuten; für dieselbe Menge Butter damals 4 Stunden 13 Minuten, ein Vierteljahrhundert später noch 50 Minuten. Jeder weiß, daß die Differenz nicht unmittelbar und ohne weiteres Gewinn zugunsten der Kannzeit als eines Kulturpflegespielraums ist – in neuerem Deutsch: zur Selbstverwirklichung. Was einen glücklich macht, wird niemand anders ihm bestimmen können; nur was ihn daran hindern könnte, es zu werden, gehört zu den bestimmbaren und minderungsfähigen Faktoren. Deshalb ist auch die weitere Bilanz, was für die Hilfsmittel zur Nutzung und Ausfüllung von Kannzeit jeweils an Mußzeit aufgewendet wurde, noch nicht ein letztes Wort zum Thema: In der Zeitdistanz jenes Vierteljahrhunderts der Statistik ging der Arbeitsaufwand für ein Rundfunkgerät von 107 Stunden 21 Minuten auf 26 Stunden 17 Minuten zurück.

Ein Unglück wäre es, wenn die Ungewißheit des Kannzeitwertes zum Argument würde für listig-didaktische Kannzeitadministration. Glück ist, gegebenenfalls, schon die technische Möglichkeit, nicht hören oder sehen zu müssen, was andere sich als Kannzeitfüllung ausgedacht haben und für bewußtseinsfördernd halten.

Noch unter einem anderen Aspekt ist die Mußzeit in ihrem Verhältnis zur Weltzeit zu betrachten, insofern sie es mit der Selbsterhaltung im strikten Sinne und dabei mit den Naturbedingtheiten des Lebens zu tun hat. Mir scheinen die Zeitaufwendungen statistisch noch unbeachtet geblieben zu sein, die im Gewinn von Kannzeit durch verlängerte Lebenserwartung stecken. Sie ist so etwas wie reine Lebenszeit, die zuvor und zugleich ihren Zeitpreis hat. Immer mehr und immer länger müssen Leute irgend etwas tun – vom präventiven Besuch der verschiedensten Ärzte mit den zugehörigen anwachsenden Wartezeiten bis zu den sportiven Anstrengungen, die den Zuwachs an Kannzeit – mit ihren nicht immer gesundheitsfördernden Zeitvertreiben – kompensieren und für die es ständig wechselnde, gar massenhaft realisierte Rezepte des ›gesunden Lebens‹ gibt. Dieser Komplex der gesundheitlichen Mußzeiten zur Erwerbung von Kannzeit wächst an, weil die Intensität des Wunsches anwächst, länger zu leben als man vermuteterweise sonst zu leben hätte und dazu noch die verlängerte Frist in besserer Kondition zu nutzen. Besserung der Kondition ist ein schwer abgrenzbarer Begriff. Er wird gesteuert durch jene hypertrophe Definition der Weltgesundheitsbehörde vom uneingeschränkten körperlichen und geistigen Wohlbefinden, dessen leiseste Trübungen schon – unter dem Verdacht, das Ausbleiben des großen Glücks könne nicht mit rechten Dingen zugehen – in die Ordinationen von neuartigen Seelsorgern treibt, deren Verfahren an Zeitaufwand in der Menschheitsgeschichte nicht ihresgleichen haben.

Es ist abzusehen, daß man sich einem Paradox nähert, wenn Entlastung des Lebens von klassischen Plagen, deren Nachteil in ihrer Unfreiwilligkeit besteht, nur um den Preis neuartiger Torturen zu haben ist, die sich allerdings durch die Freiheit empfehlen, mit der man sich ihnen unterwirft – nach dem Muster, das ein für allemal Pascal in seinem Argument der Wette entworfen hatte und das sich nur so mittelalterlich ausnimmt, es aber im Typus des Kalküls keineswegs ist: die unendliche Gewinnchance rechtfertige, ja erfordere jeden endlichen Einsatz.

Im Verhältnis der Generationen bedeutet die reine Kannzeit der Lebensverlängerung nicht nur den Ertrag, den sich jeder selbst an Zeit erwirtschaftet hat, sondern auch die Last auf der Mußzeit derjenigen, die das Defizit aus der Anpassung an gewachsene Ansprüche für das verlängerte Leben auszugleichen haben. Da wurzeln Konflikte zwischen den Alten und den Jungen.

Aber das Weltzeitproblem liegt bei dieser Differenz tiefer. Als der gerade dreißigjährige Kant »Die Frage ob die Erde veralte« physikalisch erwogen hatte, erschien ihm der Wahn der Alten, die Welt müsse mit ihnen zugleich untergehen oder zumindest ihren Höhepunkt überschritten haben, als Perspektive der Eigenliebe – kosmologisch gesprochen: als ein wiederum vorkopernikanisches Laster. Es ist die Abhandlung, in der Kant Fontenelles Parabel von den Rosen und dem Gärtner aufnimmt. Das Auswittern von Verfallserscheinungen als Spezialität derer, die, wenn sie selbst dahingehen müssen, das Bessere und Beste an der Welt nicht einer von ihnen nicht erreichbaren Zukunft überlassen sehen wollen, ist unter dem Aspekt des Verhältnisses von Lebenszeit und Weltzeit doch nur Episode zur Erzwingung einer Konvergenz, wo objektiv Divergenz besteht. Kant konnte nicht wissen, daß er nicht die einzige Auflösung des Dilemmas im Auge hatte. Ihm war die Prädilektion unbekannt, mit der auch eine Jugend dem Weltverfall zugeneigt sein, ihn vor sich zu haben glauben kann, wenn es darum geht, ihre Melancholie mangelnder Erwartungsintensität für das eigene Leben auf den Weltzustand – und damit auf das Resultat der Leben anderer – abzuschieben, alle Hinfälligkeit und Bedrohtheit wiederum den Alten anzulasten, unter welchem Titel diese auch fungieren mögen, z. B. unter dem der ›Gesellschaft‹.

XIV

Zur genetischen Phänomenologie der Weltzeit

Die Phänomenologie Husserls hat das ›innere Zeitbewußtsein‹ seit den Vorlesungen des Jahres 1905 zu ihrem ständigen Thema gemacht. Damit war eine Vorentscheidung für die Wende gefallen, die mit den »Ideen I« von 1912 endgültig vollzogen werden sollte, denn der Einblick in die Zeitstruktur des Bewußtseins ist der früheste Gewinn eines Wesenssachverhaltes, eines Apriori, dem keine Idealität, keine ›Gegenständlichkeit‹ im platonisierenden Sinne der logischen und mathematischen mehr zugeschrieben werden konnte. Seine Zeitlichkeit findet das Bewußtsein nicht vor – wo auch immer, und nicht einmal als ›Form‹ des inneren Sinnes –, es erzeugt sie selbst als Bewältigung seiner Unfähigkeit, seine Affektionen ›auf ein Mal‹ zu haben, aber doch auch seiner Notwendigkeit, sie nicht ›mit einem Mal‹ zu verlieren. Das innere Zeitbewußtsein erfüllt ganz die Primärforderung der Phänomenologie, alle Begriffe auf Anschauungen zurückzuführen und zu begründen. Die Konstitution der Zeit als innere ist für Husserl dem Subjekt unmittelbar gegeben, seiner Reflexion offen daliegend und danach beschreibbar. Auf dieser anschaulichen Basis des Zeitbegriffs beruht die Zuversicht der Phänomenologie, alle Erweiterungen der ›inneren‹ Zeit würden sich auf diese Basis stellen und von ihr her genetisch rechtfertigen lassen. Diese Implikation der Theorie des inneren Zeitbewußtseins versteht sich so weit von selbst, daß die Aufmerksamkeit und Energie des Begründers der Phänomenologie beim deskriptiven Vollzug ihrer Zusammenhänge nachzulassen scheint. Daß jedes Bewußtsein sich nicht nur seine Zeit produziert, sondern sich auch in der Zeit schon vorfindet, die ihm als objektive Zeit die Bestimmtheit seines Lebens bis hin zur Datierbarkeit zwischen Natalität und Mortalität vorgibt, daß schließlich diese Lebenszeit dadurch eingelassen ist in die Weltzeit als Inbegriff aller denkbaren Chronologien, scheint wegen jener apriorischen Zuversicht der deskriptiven Ausführung nicht zu bedürfen. Jede dieser ›Zeitstufen‹ von dem genuinen Begriff des inneren Zeitbewußtseins bis hin zur absoluten Newton-Zeit – mag dieser Begriff physikalisch noch so suspekt sein – müßte genetisch auf einer vorhergehenden auf-

ruhen und aus dieser beschreibbar abgeleitet werden können. Aber gibt es diese Beschreibbarkeit? Besteht da nicht nur jene Familienähnlichkeit vom Typus der Sprachspiele Wittgensteins, mit denen man ›zurechtkommt‹?
Schon in der Vorlesung des Sommers 1905 hat sich Husserl auf William Sterns ›Präsenzzeit‹ und den damit gemeinten Einspruch gegen das ›Dogma von der Momentaneität eines Bewußtseinsganzen‹ bezogen und die Zusammenfassung ungleichzeitig-sukzessiver Elemente im Bewußtsein durch einen einheitlichen Akt der Auffassung phänomenologisch bestätigt gefunden.[116] Während aber bei Sterns Feststellungen undeutlich bleibt, wie er zu ihnen anders als durch konstruktive Annahmen gekommen sein kann, ist Husserl gebunden an das Prinzip aller phänomenologischen Verfahren, es müsse sich Anschauung von diesem Sachverhalt selbst gewinnen lassen. Dabei aber droht die Iteration, das solcher anschaulichen Akte fähige Bewußtsein müsse seinerseits eine Zeitstruktur der Folge seiner Anschauungen haben. Dann fragt sich nicht nur, *ob es einen Sinn hat, im wirklichen und eigentlichen Sinn zu sagen, daß die konstituierenden Erscheinungen des Zeitbewußtseins (des inneren Zeitbewußtseins) selbst in die (immanente) Zeit fallen*[117], sondern dies ist die zentrale Schwierigkeit, wenn nicht das unaufhaltsam vorantreibende Dilemma der frühen Zeittheorie Husserls, insofern sie nicht bei der erschlossenen ›Annahme‹ jener ›Präsenzzeit‹ Sterns stehenbleiben konnte.
Unter der Drohung einer solchen Iteration der Zeitlichkeit wird der Phänomenologe so etwas wie das Opfer seiner eigenen Theorie und der von ihr beanspruchten Geltung für Bewußtsein schlechthin: Wenn das der absoluten Evidenz der Anschauung seiner Zeitkonstitution gewürdigte reflexive Subjekt seinerseits und wiederum aus Wesensgründen Zeitbewußtsein sein muß – jetzt freilich als nur erschlossenes, nicht nochmals anschauliches –, würde nicht nur eine seiner einzigen Evidenzart angemessene absolute Subjektivität zu erreichen sein, sondern auch deren nicht mehr erlebte absolute Zeitlichkeit. Wäre diese also ›Weltzeit‹ in einem durch die Newton-Zeit nur mißverstandenen Sinne? Man hätte sicher nicht gewagt,

---

116 Husserl, Vorlesungen zur Phänomenologie des inneren Zeitbewußtseins (1905) § 7 (Husserliana X 20 f.).
117 Husserl, (Aufzeichnung etwa 1909–1911) Husserliana X 369.

diese Frage dem Überwinder des Psychologismus selbst zu stellen. Zwar gilt Husserls *Für all das haben wir keine Namen* hier durchaus; aber wie zurückhaltend man auch die transzendentale Wendung und ihre spekulative Ausweitung bei ihm betrachten mag, die Richtung von der immanenten Zeitlichkeit zur Lebenszeit und Weltzeit führt nicht über die transzendentale Reflexion und die der absoluten Subjektivität wesensmäßig zustehende absolute Zeit.

Betrachtet man das mechanistisch anmutende Schema der inneren Zeitproduktion, das Husserl schon aus der empirischen Psychologie Brentanos übernommen hat, so könnte dessen erste Annäherung an Lebenszeitlichkeit in einer Verformung bestehen, die nicht nur durch den differenten Sinn der Gegenstände bestimmt wird, sondern auch durch den differenten Sinn des Subjekts für seine Gegenstände. Zwar ist der Unterschied elementar, daß eine homogene Farbfläche in einer momentanen Impression zureichend aufgefaßt werden kann, nicht dagegen eine Melodie oder ein gesprochener oder gelesener Satz; doch werden diese vom Gegenstandssinn gesteuerten Differenzen überlagert, gesteigert oder vermindert von dem attentionalen Anteil des Subjekts, seiner rationalen oder emotionalen Zuwendung zum jeweils Gegebenen. Und da wird zunächst und vor allem zu sagen sein, daß die Endlichkeit unserer Lebenszeit die der Intentionalität implantierte Attentionalität in allem bestimmt.

Man könnte das, dürfte man es, in die spekulative Frage fassen: Vermag ein Gott sich überhaupt auf irgend etwas außer sich einzulassen, da er sich doch unendlich viel Zeit damit lassen könnte, es noch zu tun? Einer, der im Amsterdamer Stedelijk Museum vor der mehr als 13 qm großen Farbtafel von Barnett Newman von 1967 steht, hat augenblicklich festgestellt, daß sie nur aus homogenen, wenn auch ungleichen Anteilen an den Farben Rot, Gelb und Blau besteht. Eines Aufenthaltes bedarf es dazu nicht. Wer dennoch verweilt, sich die Gegenwärtigkeit des Erfassens dehnen läßt, hat eine vielleicht ganz leere und dennoch gespannte Protention. Etwa der Art: die bloße Feststellung werde sich schon noch zum Erlebnis steigern, wenn es dem Maler gelungen sein sollte, so etwas wie die Suggestion der Notwendigkeit zu erzeugen, die immer mehr ist als die Feststellung des Faktischen. Auf ihrem

Grunde ist die Lebenszeit die Umstimmung der immanenten Zeitstruktur zur Erlebenszeit. Auch die Erlebenszeit ist als weitere, die gegenständliche Sinnsteuerung überlagernde Strukturierung der Schematik des inneren Zeitbewußtseins noch subjektive Zeit; insofern sie aber den intentionalen Bestand nur überlagert, ist sie potentiell die Zeit einer Mannigfaltigkeit von Subjekten, die über ihre Erlebnisse miteinander in Vergleich treten können. Und sei es auch nur in der Art des Verhaltens zu jenen Gegenständen, zu der gewaltigen Leinwand des Barnett Newman etwa, an der schnell vorbeigehen wird, wer die Feststellung »Rot, Gelb, Blau« getroffen und für abschließend befunden hat. Gerade diese Differenz selbst ist nicht nur subjektiv; sie impliziert das ästhetische Urteil, die Formel der ästhetischen Erfahrung, immer mit dem unübergehbaren und durch keine Toleranz preiszugebenden Anspruch, nicht Genuß gefunden zu haben an dem, was des Genusses nicht wert gewesen wäre. Kant hat die *Antinomie des Geschmacks* darin gefunden, daß sich zwar über diesen nicht streiten lasse, man aber ohne objektiv-begrifflichen Anteil daran nicht einmal über ihn streiten könne. Niemand ist enttäuscht darüber, wenn er sich glücklich fühlt und keiner ihm dies abnehmen und zubilligen will; aber jeder ist enttäuscht, wenn er seine ästhetische Erfahrung evident findet und dasselbe Erlebnis abweichend bis entgegengesetzt von anderen bewertet wird.

Für die Objektivierung der Lebenszeit zur Weltzeit liegt es nahe, den Leitfaden zu benutzen, den die Phänomenologie für die anschauliche Konstitution des Begriffs einer objektiven Welt anhandgegeben hat. Und das hieße: Zwischen der subjektiven und der objektiven Zeit, zwischen Erlebenszeit und Weltzeit muß es eine Konstitutionsstufe der intersubjektiven Zeitlichkeit geben. Welche Qualität hat sie? Und welcher Aspekt der Zeitthematik ist in ihr vorherrschend? Ist sie so etwas wie eine Projektion der inneren Zeitlichkeit, der subjektiven Zeit, auf den ›Verstärker‹, den der *consensus* einer Mannigfaltigkeit von Subjekten darstellen könnte?

Mit der Entscheidung der Frage nach dem Zusammenhang von subjektiver Anschauungszeit und objektiver Begriffszeit hängt weiterhin zusammen, welche ›Rückanwendungen‹ von der objektiven auf die subjektive Zeitlichkeit möglich und zulässig sind. Vor allem: Gibt es eine Meßbarkeit subjektiver Zeitquantität? Hat die Retention, für die es in der objektiven Zeit kein Äquivalent zu geben scheint, eine meßbare Ausdehnung, auch wenn diese in Abhängigkeit vom Gegenstandssinn variabel sein sollte? Oder ist Unbestimmtheit erst recht eine ihrer wesentlichen Bestimmungen? Das könnte gerade dann der Fall sein, wenn die Randunschärfe von Retention wie Protention eine bestimmbare Funktion hätte. Zumindest denkbar wäre, daß die Verwischung bei Absinken der Retention ins dunkle Diskontinuum der Vergangenheit mit ihren bloßen Exklaven der Erinnerbarkeit die Identität des Subjekts und damit seine moralische Verläßlichkeit diesem selbst ungewiß – also dieses selbst sich als *eines* suspekt machte. Diese Problematik der *memoria* gibt es ohnehin aus anderen Gründen als denen der Begrenztheit des Gegenwartfeldes. Es ist deshalb in diesem Zusammenhang unerläßlich, auch die Funktion der *memoria*, insofern sie die der anderen ist, für das Subjekt genauer anzusehen.

Der erste Schritt zur phänomenologischen Klärung des Problems der Weltzeit besteht in der deskriptiven Klärung, was ›Welt‹ sei. Denn der Besitz einer Welt ist gegründet auf die Evidenz von der Erfahrung der anderen, die als Subjekte mit gleicher immanenter Zeitkonstitution erfaßt werden. Darin liegt, daß sie nicht nur ihre eigene immanente Zeit genauso haben wie ich die meine, sondern daß die subjektiven Zeiten in Weltbeziehungen zueinander stehen. So flüchtig eine Fremdwahrnehmung, die eines anderen Subjekts in seiner Leibhaftigkeit, sein mag, sie hat als Wahrnehmung wie jede andere ihre Zeitbestimmtheit: ihren Zusammenhang von Urimpression, Retention und Protention, ihr endgültiges Vorher und Nachher, das ihre Bestimmtheit für jede Erinnerung ausmacht.

Nun gehört zu jeder Fremdwahrnehmung prinzipiell, daß ihre Gegenseitigkeit möglich ist. So wie ich einen anderen wahrnehme, muß er mich in derselben Gegebenheitsform wahrnehmen *können*. Das ist nicht die Feststellung eines Dritten, der die reziproken Verhältnisse von Subjekt und Objekt in einer fremden Fremdwahrnehmung beobachtet und feststellt; es ist vielmehr als Implikation in jeder Fremdwahrnehmung selbst enthalten. Es muß durch bestimmte Feststellungen erst ausgeschaltet werden, um doch als Möglichkeit bestehen zu bleiben, wenn das in der Fremdwahrnehmung gegebene andere Subjekt etwa schläft oder bewußtlos ist. Auch wenn ich mich schützen muß oder will vor der Wahrnehmung des anderen, gehe ich vom Bewußtsein dieser Möglichkeit aus, im Sehen gesehen zu werden.

Die Implikation der Gleichzeitigkeit beider Subjekte in der Fremdwahrnehmung hat aber noch eine Weiterung. Außer der Gewißheit, daß im Augenblick meiner Wahrnehmung des anderen dieser mich wahrnehmen kann und dann diese beiden Wahrnehmungen gleichzeitig wären, hat keine *andere* Wahrnehmung des anderen diese Bestimmtheit für mich. Das einzige Moment von Bestimmtheit des anderen, das sich aus dem Faktum meiner Fremdwahrnehmung und der möglichen Gegenseitigkeit ergibt, ist die Evidenz, daß dies nur stattfinden kann, wenn beide Subjekte eine gemeinsame Welt *haben*. Mehr noch oder genauer: Sie müssen sich in ein und derselben Welt *befinden*. Denn eine Fremdwahrnehmung haben zu können impliziert genau dies, daß das wahrgenommene Subjekt nicht nur in meiner Welt vorkommt, sondern in ihr die Subjektfunktion mit mir teilt. Erst infolge dieser Teilidentität hat es überhaupt Bedeutung für die Objektivierung meiner Welt als einer *unabhängig von mir* existierenden.

Zumindest für dieses eine gilt die Erwägung, daß es auch ohne meine Existenz und ohne von mir wahrgenommen zu sein und ohne mich wahrnehmen zu können, eine Welt hätte, die genau dieselbe Welt wäre, die ich faktisch habe, wenn auch unter den verschobenen Bedingungen der Wahrnehmung durch ein anderes Subjekt. Der andere ist immer der, der mich für meine Welt ersetzt, überflüssig macht, potentiell ausschaltet. Er ist der, von dem ich im Augenblick der Fremdwahrnehmung nicht weiß, ob er vor mir da war, und gar nicht wissen kann, ob er nach mir noch dasein wird, mich also überlebt; wie er ganz unabhängig von mir existiert, wenn er nicht zufällig ein Abkömmling von mir ist.

Nur der eine Augenblick der Wahrnehmung als der eines anderen und deren Gegenseitigkeit, mit dem Zeitindex der Gleichzeitigkeit, verbindet uns derart für immer, daß zwei voneinander gänzlich unabhängige Erinnerungen auf diesen einen Punkt zurücklaufen. Die Konvergenz der subjektiven Zeit auf den Augenblick der Gegenseitigkeit von Fremdwahrnehmung ist umgekehrt die Divergenz dieser Zeiten, indem sie von dem Punkt der Gleichzeitigkeit wieder wegführen. Aus gutem Grund: ein zweites Bewußtsein von strikter ständiger Gleichzeitigkeit wäre ununterscheidbar von meinem eigenen. Fremdheit entsteht durch die Divergenz der Zeiten.

Robinson sucht den Horizont ab nach den Mastspitzen, die die Welt der anderen anzeigen. Er tut es, *obwohl* er weiß, daß diese Welt der anderen fortbestanden hat, während er verschollen war, und fortbestehen würde, wenn er verschollen bliebe; er tut es geradezu, *weil* er dies weiß. Der Verschollene weiß sogar, daß die anderen ihn in ihrem Bewußtsein bereits überlebt haben, während er selbst nie so leben könnte, als gäbe es die anderen nicht. Die Welt, in die er zurückzukehren sich sehnt, ist gleichgültiger gegen ihn als die seiner Insel, auf der er alles allein seinen Bedürfnissen anpassen konnte. Ausgenommen die Zeit; denn hier mußte er sich ganz sicher sein, daß es mit dem Augenblick seines Ausscheidens aus dieser seiner intimen Eigenwelt keinerlei Erinnerung an ihn geben würde. Über seinem entseelten Körper würde die Gleichgültigkeit der Welt zusammenschlagen. Dieses Phänomen, daß dem Menschen nicht gleichgültig ist, ob die jenseits seiner Lebenszeit fortbestehende Welt Erinnerung an ihn hat oder nicht, ist das stärkste Indiz für seine Gegenwehr gegen die Fremdheit der Weltzeit. Er bäumt sich auf gegen diese Indifferenz, die er selbst in seiner Erinnerung an die eigene vergangene Lebenszeit ständig zu überwinden sucht. *La recherche du temps perdu* ist kein ästhetischer Sonderfall; Erinnerung verfolgt den Menschen im Maße seiner Fremdheit für sich. Die Zeit entreißt ihm seinen Bewußtseinsbesitz, seine Identität, seine Erlebnisse, schließlich ihn sich selbst. *Memoria* heißt das Zentrum der Auseinandersetzung zwischen Lebenszeit und Weltzeit.

Memoria ist auch so etwas wie die *intersubjektive Retention* der Lebenszeit. Sie ist nicht unendlich, aber ihre Endlichkeit kann nicht als bestimmte vorgestellt werden: Wann endet die Erinnerung an einen, der da war, endgültig? Diese Unbestimmtheit wird zur *subjektiven Protention* der Lebenszeit in die Intersubjektivität hinein: der Wunsch, die Erwartung des individuellen Subjekts, nicht vergessen zu werden. Was immer heißt, keine bestimmte Schwelle des Vergessens vorstellen zu müssen: *Dann werden sie nichts mehr von mir wissen.* Es spielt hier keine Rolle, daß der einzelne durch Außenerfahrung weiß, daß zahllose Menschen vor ihm längst in das Dunkel der völligen Vergessenheit versunken sind, viele auch von ihm vergessen worden sind. Das Wissen um die Endlichkeit der *memoria*, damit der Protention über die Lebenszeit hinaus, ist genauso indirektes, über die anderen, über die Wahrnehmung von physischen Gegenständen und Vorgängen vermitteltes, wie das um Geburt und Tod.

Es gibt einen Anspruch des einzelnen über seine Lebenszeit hinaus, nicht vergessen zu werden; er weiß selbst, daß dieser Anspruch nicht unendlich tragfähig ist, nicht aber, welche endliche Bestimmtheit er hat. Das Verlustgefühl der Überlebenden mag sich in dem Maße verringern, wie sie das Leben des Toten für erfüllt und, um den alttestamentlichen Ausdruck zu gebrauchen: lebenssatt, halten können. Für die Funktion der *memoria*, die mit Verlustgefühl und Trauer nicht unbedingt zu tun hat – sich sogar in der erheiterten Erzählung von Anekdoten ausleben kann –, spielt die Länge, Erfülltheit oder Abgelebtheit des Lebens keine Rolle; als Protention über die Gegenwärtigkeit des Lebens hinaus besteht sie in dem Widerstand gegen Kontingenz, gegen den immanent unvollziehbaren Gedanken von Anfang und Ende. Durch die protendierte *memoria* reicht die Lebenszeit in die Weltzeit hinein, verliert sich in dieser ohne das Ärgernis scharfer Bestimmbarkeit ihrer Grenzen.

Die Analyse des Zeitbewußtseins macht auch verständlich, weshalb es dogmatische Differenzen über die Weltzeit gibt. Aristoteles hat sich für zwei Jahrtausende unbeliebt gemacht mit seiner Behauptung über die Ewigkeit der Welt. Er hat aber diese nicht damit begründet, daß er sich eine Schöpfung nicht denken könne oder sie ablehnen müsse, sondern aus der Bestimmtheit des Zeitbegriffs selbst, welcher absolute Homogeneität einer letzten Dauer erfordert. Wir können uns keine schneller oder langsamer verlaufende Zeit denken, weil wir für diese Differenz erneut einen Begriff von Zeit in Anspruch nehmen müßten, der absolut homogen wäre; ebenso aber können wir Anfang und Ende der Zeit schlechthin nicht denken. Das tut auch die Theologie der Schöpfung nicht. Sie kann gar nicht vermeiden, eine Antwort auf die Frage zu geben, was denn vor dem Anfang der Welt gewesen sei, wenn sie auch diese Antwort mannigfaltig verklausuliert, unter Einschränkung der Bedeutung von Vorher und Nachher auf die Welt. Das behauptet sich leicht, versteht sich aber gar nicht. Selbst ein Gott muß unterscheiden können zwischen dem Zustand vor dem Anfang einer Welt und dem Zustand nach dem Anfang einer Welt, zwischen dem Zustand vor dem Ende einer Welt und dem Zustand nach dem Ende einer Welt; und der, der dies muß feststellen können, hat eben damit den gegenüber der Weltzeit absoluten Zeitbegriff. Er ist der Newton-Gott, den sich Newton glaubte nicht leisten zu können. Selbst Kant noch konnte ihn sich nicht leisten; er bestreitet die Notwendigkeit der Form des inneren Sinnes für jederlei Bewußtsein schon deshalb, weil für ihn nicht jedes Bewußtsein ein an Sinnlichkeit gebundenes sein muß. Diese faktische Trennbarkeit von Bewußtsein und Zeitbewußtsein hat Husserl aufgehoben: Jedes Bewußtsein ist seinem Wesen nach und damit unerläßlich immanentes Zeitbewußtsein.

Kein Schritt, den die Phänomenologie getan hat, ist wichtiger als dieser. Heidegger, um einen Blick auf diesen zu werfen, hat so etwas wie den nächsten Schritt oder den Schritt über das Erreichbare hinaus getan, indem er Zeit, statt endgültig und absolut mit dem Bewußtsein, vielmehr mit dem Sein selbst verschweißte. Auch dies bedeutet in der Konsequenz nichts anderes, als daß kein Seiendes, nicht einmal ein Gott, außerhalb des Seinshorizontes der Zeitlichkeit sein kann. Hier gibt es schlechthin keine Transzendenz, denn dies ist schon die Transzendenz.

Die Anderen sind die, die mit uns leben und von denen einige in die Aktualität unserer Fremderfahrung eintreten. Aber die Anderen sind auch die, die uns überleben werden, und ebenso die, die wir überlebt haben. Hier besteht dieselbe Symmetrie wie bei Retention und Protention der immanenten Konstitution des Zeitbewußtseins. Was man eine ›Kultur‹ der Retention nennen könnte: die Pflicht gegenüber den Gewesenen als *memoria*, als ›Geschichte‹ bis hin zur Prähistorie und Archäologie, geht als erlernte und erlernbare Form ein in die Kultur der jeweils uns Überlebenden. So wird sie zur ›Kultur‹ der Protention. Unschärfe der Begrenzungen ist hier wie dort nicht Mangel, sondern Bedingung für die Realisierung.

Der Andere ist – bezogen auf den Augenblick, in dem er mit mir in die eine Gleichzeitigkeit meiner und seiner Fremdwahrnehmung eintritt – einer, der vorher gelebt hat mit seiner immanenten Zeit, mit seiner Identität, seiner Erinnerung, in der ich nicht vorkam, aber von diesem Augenblick an potentiell vorkomme, habituell seine Zukunft mitbestimmendes ›Erlebnis‹ bin, wie geringfügig dieser Anteil immer sein mag. Relativ gering kann dieser Anteil nur sein, denn in Annäherung an den Grenzwert eines ›erfüllenden‹ Erlebnisses – das nicht mehr eines der Appräsentation, sondern eines der Selbstgegebenheit sein müßte – verliert sich das Ich an das andere Ich. Es würde am Ende selbst dieses oder dieses identisch mit seinem Selbst, wie man über lange Zeit in Zweifel sein kann, etwas selbst erlebt oder nur gehört zu haben. Der Rest des Anderen an Unzugänglichkeit ist konstitutiv für die Fremdwahrnehmung, damit sie immer Selbstbewahrung des in ›Einfühlung‹ eintretenden Subjekts bleiben kann.

Das gilt nun auch für die Punktualität möglicher Gleichzeitigkeiten. Die Lebenszeit ist auf solche Gleichzeitigkeit hin, aber auch von ihr weg absolut nur Zeit des einen erlebenden Subjekts, die Zeit seines ›strömenden Lebens‹, und als solche von der seines Nachbarn ›abgrundtief geschieden‹. Würde meine Lebenszeit über die Punktualität der Gleichzeitigkeit hinaus einig mit der Lebenszeit des anderen, *wären wir beide ein Ich mit einem Leben*.[118] Husserl nennt diese Eigenzeit auch die *Seinszeit, Lebenszeit der Seele*. Als ›Sonderzeiten‹ dieser Zeit erwähnt er die Zeitstellen von Ereignissen und die Zeitdauern von Prozessen, ohne auf das Phänomen der Gleichzeitigkeit als das für die Fremderfahrung unerläßliche Moment einzugehen.

Zwar ändert sich am Begriff der physischen Gleichzeitigkeit nichts; er setzt außer dem feststellenden Subjekt Objekte voraus, die nicht von der Art von Leibern sind: Körper, für die objektive Zeitstellen angegeben und gemessen werden können. Doch ursprünglicher Begriff von Gleichzeitigkeit kann nur der in der Appräsentation auftretende sein, der dem erfahrenen anderen Subjekt dieselbe Wesentlichkeit von Bewußtsein inkorporiert, die als in der eigenen Leiblichkeit inkorporiert erfahren wird. Die Leiber sind in dieser Konfrontation nur die Instrumente der Beobachtung, auch etwa der

---

118 Husserl, Aufzeichnung vom 20./22. September 1931 aus einem Umschlag mit der Aufschrift *Zeitigung durch Einfühlung, die Vermenschlichung, Weltzeitigung, psychophysische Zeitigung* (Gesammelte Werke XV 337–339; dazu die textkritische Anmerkung des Herausgebers: XV 705 f.).

Beobachtung, vom erfahrenen anderen Ich selbst erfahren zu werden: des *video me videri*. Daß der Raum die Bedingung möglicher Gleichzeitigkeit von Körpern ist, bestimmen wir mit einem seiner Anschauung fremden, in unserem Erleben authentischen Begriff. Der Andere bewährt sich für meine Erfahrung gerade dadurch, daß er sich aus dem Moment der Gleichzeitigkeit mit mir wieder entfernt, in neue und von meiner Erfahrung ganz unabhängige Horizonte von Welt und Intersubjektivität eintritt, dabei doch nicht unverändert durch den Augenblick der Gleichzeitigkeit mit mir bleibt. Das Maß dieser Veränderung bestimmt seine *memoria* – das also, was mich überleben könnte und doch nicht unabhängig von mir überleben würde. Es wäre übertrieben zu sagen, der Andere wäre von diesem Punkt der Konvergenz her nicht mehr der, der er vorher war. Und doch ist etwas an der Schärfe dieser Formulierung: er ist nicht mehr ganz der, der er war. Ich erwarte, daß er eine Erinnerung an diese Gleichzeitigkeit in dem Maße hat, in dem ich selbst sie habe, so daß eine Art Symmetrie der beiderseitigen Bewußtseinsbestimmungen durch diese Gleichzeitigkeit eintritt. Es mag sein, daß Beiläufigkeit oder Gleichgültigkeit der Erfahrung die Erinnerung einseitig oder beiderseitig alsbald verblassen läßt – prinzipiell ist sie Bestandsstück einer *memoria*, von dem niemand je wird angeben können, welche Bedeutung es hat.

Es geht hier nicht, das muß ausdrücklich gesagt werden, ums Unbewußte, sondern ums Unbestimmte. Ums gnädig Unbestimmte, wie man hinzufügen muß, weil darin ein Moment der Erträglichkeit der Indifferenz der Welt gegenüber dem Menschen liegt. Was die von jedem individuellen Bewußtsein unabhängige Welt konstituiert, ist potentiell auch das, was durch die momentanen Konvergenzen der Einfühlung in jede daran beteiligte Subjektivität eingeht und von ihr mitgeführt wird. Ich erinnere mich nicht nur, ich werde auch erinnert; und dies nicht erst im Augenblick, in dem akuter Anlaß dazu besteht – da fällt nur auf, was sich herausgebildet hat.

Die Anderen bringen immer mit, daß sie ihre fremden Horizonte haben, ihre fremde Zeit, und nichts anderes kann zum Aufbau einer objektiven Welt integriert werden, die als Welt gültiger Erfahrung jedem an ihr beteiligten Subjekt sein Maß von Gewißheit und Sicherheit gewährt. Zugleich aber löst sich diese Welt *von allen* an ihr beteiligten Subjekten ab zu jener Sphäre der Gleichgültigkeit *gegen alle*. Diese Indifferenz der Welt, die von allen kommt, wendet sich gegen alle, deren jeder sie aus dem unabwendbaren Verlust seiner Subjektivität heraus – der der Preis für sein Maß an Objektivität ist – als ›Existenz der Welt‹, im Modus ihrer Rücksichtslosigkeit gegen Subjekte überhaupt, schmerzhaft empfindet. Das mundane Subjekt vollendet sich, indem es das schwerste aller Zugeständnisse macht, die ihm zugemutet werden können: *seine* Welt *die* Welt werden zu lassen, *seine* Lebenszeit im Verbund der Lebenszeiten zu *der* Weltzeit sich entfremdet zu sehen. Da geschieht nichts, was vermieden werden könnte, weil es schmerzhaft ist, vermieden werden dürfte, um dem Subjekt seine Subjektivität ungetrübt zu erhalten.

Es ist der Verzicht darauf, das Maß aller Dinge zu sein, was das Subjekt den Sinn seiner Existenz entdecken läßt: In seiner Kontingenz von der Welt zwar im Stich gelassen und mißachtet zu werden, zugleich aber diese Welt als das zu wissen und zu entdecken, was ohne seinen Verzicht und den aller auf deren Subjektivitäten nicht sein könnte. Was die Phänomenologie zu beobachten und zu beschreiben hat, ist der Reifungsprozeß der Subjektivität als der Ausgleich, den sie zwischen Resignation und Erfüllung, Verzicht und Anspruch zu finden hat.

Von hier fällt einiges Licht auf die transzendentale Spekulation des späten Husserl. Auch die absolute Subjektivität – entdeckt an der Einheit des absolut evidenten *Ich denke* – würde ohne die Fähigkeit zur Objektivität in einer Art von ›Unreife‹ verharren: der autarke Egotist des sich selbst denkenden Denkens mochte seit Aristoteles der Gott der Philosophie gewesen sein – der der Phänomenologie konnte er nicht bleiben. Die absolute Subjektivität genügt sich gerade selbst nicht, verlangt mit zwingender Evidenz nach einer Welt, die sie sich nur über die transzendentale Intersubjektivität verschaffen und zur Objektivität bringen kann. Die Subjekte dieser weltmächtigen Instanz können, was sie sollen, allerdings nur, indem sie voneinander wissen: Fremdwahrnehmung haben. Dies ist die Stunde der Geburt von Gleichzeitigkeit als erlebter – und damit die Begründung der prinzipiellen Beziehbarkeit von Erfahrungen auf einander. Könnten sich Subjekte über die Gleichzeitigkeit ihrer Erfahrung von einander nicht Gewißheit und Begriff verschaffen, könnten sie auch beliebige Erfahrungen von ›Gegenständen‹, die nicht Iche sind, nicht auf einander beziehen, deren Objektivität nicht konstituieren – und damit keine bewußtseinsunabhängige Welt haben. Genuine Gleichzeitigkeit ist das entscheidende Konstitutionsmoment in der Genesis der ›Welt‹, also auch der ›Weltzeit‹.

Das auf die Fremderfahrung gerichtete Interesse an dem Endprodukt der theoretischen Objektivität legt den Akzent ganz auf die Zuverlässigkeit des Anderen, insofern er Kandidat für Intersubjektivität und damit für die Konstitution der objektiven Welt ist. Wenn er aus dem theoretischen Verbund ausscheidet, wird er für die Theorie gleichgültig; er hat sein Protokoll geliefert und mag Erinnerungen haben, welche er will. Damit ist ausgestanden, was an Funktion zu erbringen war. Eine auf unendliche Arbeit eingestellte Theorie kann es sich leisten, ihre subjektiven Funktionäre derart zu behandeln.

Diese untereinander können es sich nicht leisten. Wenn das Subjekt durch die Erfahrung vom anderen Subjekt verändert, nämlich für seine Zukunft durch dessen Anteil an seiner Erinnerung bestimmt wird, erwirbt es durch das, was es erleidet, so etwas wie einen Anspruch an den, der es dies erleiden läßt, sich seinerseits von dem Punkt der Gleichzeitigkeit aus durch diese Erfahrung bestimmen zu lassen. Ich möchte das nicht eine ethische Verbindlichkeit nennen. Der Anspruch an die *memoria* des jeweils anderen ist so etwas wie Selbsterhaltung auf Gegenseitigkeit.

Den Horizont der Lebenszeit zu überschreiten, ist nur möglich durch diejenigen, die mir das Ärgernis *ihres* potentiellen Überlebens über diesen Horizont hinaus geben. Sie vertreten gegen mich die Welt in ihrer Gleichgültigkeit gegen diesen minimalen Anteil an ihrer Weltzeit. Sie übernehmen ja nicht die Erinnerung, sondern erleiden sie; es ist ein Moment der gewaltsamen Einprägung in den Bewußtseinsfundus des Anderen, der über seine Bereitschaft oder Unwilligkeit dazu nicht verfügt. Die potentielle Unwillkommenheit aufsteigender Erinnerungen ist eine ihrer wichtigsten Eigenschaften; wichtiger im Problem als ihre etwaige Unzuverlässigkeit. Das ist charakteristisch für Akte der Selbsterhaltung: Sie können nicht rücksichtsvoll sein. Ich präge mich der Erinnerung des Anderen ein; ob oberhalb der Schwelle seiner Wichtigkeiten oder unterhalb derselben, ist dabei gleichgültig. Ich hänge mich geradezu an die Indifferenz seiner Lebenszeit gegenüber der meinigen, breche in die Gleichgültigkeit der Weltzeit gegenüber der Lebenszeit eine winzige Bresche.

Die Phänomenologie ist, in ihrer besonderen Weise, von Anfang an Auseinandersetzung mit der Gleichgültigkeit der Welt. Die erste Stufe dieser Auseinandersetzung ist die des Verzichts auf die Welt durch Reduktion ihrer Existenz. Noch ohne zu sehen und zu sagen, daß es sich um die Gleichgültigkeit der Welt gegenüber ihrem ›Mitglied‹, dem Subjekt, handelt, wird sie als gleichgültig behandelt, in ihrem Sein- und Nichtseinkönnen, als ob auch sie dem Subjekt gleichgültig wäre, was sie doch nicht werden kann. Die Reduktion ist ein Kunstgriff der Umkehrung.

Husserl nahm dem Subjekt etwas weg, weil er ihm etwas geben zu können glaubte. Er nahm ihm die *Existenz* der Welt und eröffnete ihm dadurch den Zugang zum Universum dessen, was nach dieser Reduktion übrigbleiben mußte: zu dem der *Essenz* als dem Gegenstand der Anschauung. Mit dem Fehlschlag oder wenigstens mit der Schwierigkeit der Reduktion hat sich Husserl bis zum Ende seines Lebens beschäftigt. Für den Betrachter seines Weges ist aufschlußreich, daß er der Erwartung nicht nachkommt, er hätte sich fortan mit dem Gewinn aus der Reduktion beschäftigt und Wesensschau getrieben. Tatsächlich jedoch hat er sich weniger mit dem Verfahren schwergetan als mit dem resultierenden Verlust, so daß er diesen schließlich, am Ende der »Cartesianischen Meditationen«, als Ertrag aus der Analyse der Intersubjektivität zurückerstattete, indem er als deren Funktion die Konstitution der Existenz der Welt ermittelte. Was drei Jahrzehnte zuvor der Reduktion mit einem Handstreich zum Opfer gefallen war, trat auf der Seite der Essenzen des Bewußtseins wieder zutage: Die Existenz war auch etwas Wesentliches geworden.

Die derart beschriebene Restitution konnte nicht gelingen, sofern nicht die Aufgabe gelöst wurde, wie jedes der Subjekte im Verbund der Intersubjektivität mit seiner immanenten Zeit in den Aufbau der objektiven Welt und ihrer Zeit eingehen und in ihm aufgehen könne. Das Gewonnene wäre wenig, zu wenig gewesen, wenn als derart konstituierte objektive Welt nur die der positiven Wissenschaften geblieben wäre. Es mußte mehr sein, was dabei herauskam, und es war mehr; der Titel für dieses Plus war ›Lebenswelt‹. Noch vor ihrer Objektivität als Welt theoretischer Gegenstände war die Welt eine des Lebens, und darin schon nicht mehr die einer in sich verschlossen gedachten Innensphäre der Subjektivität. Als Lebenswelt war sie auch die der Anderen; nur war dies nicht ihr Stachel, solange die Lebenszeit nicht die Implikation des Versäumnisses anderer Möglichkeiten, als der Möglichkeiten nur der Anderen, hatte.

Die Anderen sind also nicht nur *Zuträger* ihrer subjektiv verschobenen, aber auf identische Wahrnehmungen beziehbaren Erfahrung; sie sind auch *Mitträger* der Erinnerung. Ohne die *Verschiebung* ihrer subjektiven *Standpunkte* wäre ihre Erfahrung wertlos für die Konstitution von Objektivität, denn dann könnte ein und dasselbe Subjekt sich zureichend aushelfen; ohne die Verschiebung der Horizonte von *Lebenszeiten* gegeneinander wäre die Erinnerung der anderen wertlos. Sie bilden schon die Welt, in die ich eintrete, und sie bilden die Welt, in der erinnert zu werden die einzige Form des Bleibens in ihr ist. Die Lebenswelt als Form der schmerzlosen Anerkennung des Vorlebens und des Überlebens ist eine Fiktion, ein Konstrukt; wir brauchen sie, um zu begreifen, wie der Hiatus von Lebenszeit und Weltzeit seine Kontingenz hat. Sie läßt uns nicht als der Thematisierung unbedürftiges Wesensereignis hinnehmen und ablegen, was zu selbstverständlich aussieht, als daß es ein Problem hergeben könnte.

Überlegungen von Grenzwerten dieser Phänomene – ihrer Intensität nach als steigerungsfähige gedacht – gehören zur freien Variation als Verdeutlichung des Kernbestandes. Zur Funktion des Subjekts in der Intersubjektivität gehört, daß es weder auf seiner Subjektivität beharrt noch diese vollends preisgibt. Transsubjektivität bedeutet diejenige Art von Unvernunft, die nichts mehr zu leisten wagt aus Furcht davor, eines Restes an Subjektivität als Unfähigkeit zur Übereinstimmung aller bezichtigt zu werden. Andererseits ist Subjektivität immer auch eine disponible Größe des Verzichts zugunsten der Beziehbarkeit auf eine Welt und deren Innenhorizonte.

Die Bedeutung, die der Andere als ungefragter Mandatar meiner *memoria* hat – um die Schranke der Lebenszeit gegenüber der Weltzeit zwar nicht zu überwinden, wohl aber durch Unbestimmtheit durchlässig zu machen –, kann als Angewiesenheit des Bedürfnisses auf ihn, um nicht überlebt zu werden, aufgefaßt werden. Der heimliche oder offene Wunsch, mit seiner Subjektivität ›aufzugehen‹ in derjenigen Objektivität, die nichts anderes als Übereinstimmung aller in Urteil und Gefühl ist, braucht nicht der episodische Rausch einer Masse in ihrer Einheitsemotion zu sein; er bietet auch für die Unleidlichkeit der Differenz von Lebenszeit und Weltzeit Linderungen an. Das Individuum in der Masse partizipiert an deren Unsterblichkeit, insofern sie sich als Einheit eines handelnden Geschichtssubjekts ständig und anonym rekrutiert aus denen, die nachkommen, um die zu ersetzen, die ausfallen.

Der Zeitbezug des Phänomens der Masse ist kaum bedacht worden. Sie ist, zumindest der Erwartung oder Verheißung nach, die Ohnmacht des Todes. In dieser Hinsicht könnte man die Konstitution einer Dauermasse als die Vermeidung derjenigen Mängel ansehen, die in der Angewiesenheit des Individuums auf die *memoria* der Anderen liegen, um der Kontingenz seiner Lebenszeit zu entgehen. Wenn die Masse ein einheitliches Subjekt geschichtlicher Handlung konstituieren könnte, wäre in ihr jedes einzelne sie konstituierende Subjekt vollendet, weil ohne *memoria* konserviert. Daher die Lust der Älteren an der ›Überjüngung‹ des Massenerscheinungsbildes, die sie simulativ verstärken: Sie sehen die Delegation ihres ungelebten Lebens gelingen.

Dies mag eine Chimäre sein. Aber auch bei Chimären kommt es darauf an zu begreifen, wie sie es fertigbringen, Menschen zu bewegen, was immer etwas mit deren wesentlichen Entbehrungen zu tun hat. Die Sehnsucht danach, in der Masse aufzugehen, ist auch der Antrieb, mit der Lebenszeit Anteil an der Weltzeit zu gewinnen. Im Grunde ist die Masse mit ihrer Indifferenz gegen den Zeitverbrauch nur die handgreiflichere, wenn auch noch nicht materialistische Darstellungsform des Weltgeistes, der die Weltgeschichte braucht, um Subjekt nicht nur zu sein, sondern dessen sich auch bewußt zu werden. Hegel noch ließ gegen den Zeitverbrauch des Geistes, *in seinem Selbstbewußtsein fortzuschreiten*, nur die *Ungeduld des Meinens* stehen und führte als Beispiel an, daß die Freiheit der Person erst seit anderthalbtausend Jahren durch das Christentum hervorgebracht worden sei, die Freiheit des Eigentums erst *seit gestern*, könne man sagen, *hier und da* als Prinzip anerkannt werde.¹¹⁹ Man kann sich denken, daß für die Masse als Inkorporation des Weltgeistes ähnliche Dimensionen erduldet werden müßten, nur daß man nicht, wie Hegel, schon die Gelegenheit hat, den Erfolg nachträglich festzustellen, sondern ihn erwarten muß. Es spricht sich gut vom Weltgeist, weil der Standpunkt des Sprechenden nur am Ende seiner Geschichte vorgestellt werden kann, während der geforderte und mit Verheißung gespickte Eintritt in die Masse zunächst verlangt, ihr die Unsterblichkeit zuzutrauen, die man selbst vermißt. Der noch ausstehende Messias ist stärker als der, der schon dagewesen sein soll und über dessen Erfolg man streiten kann.

In dem 1972 über ihn gedrehten und 1976 erstaufgeführten Film berichtet Sartre auch über den Freund Paul Nizan und dessen Verhältnis zur kommunistischen Partei. Er hatte nicht nur die Schwierigkeiten mit den Moskauer Prozessen, sondern auch mit der Enttäuschung seiner Erwartungen auf einer Reise in die Sowjetunion. Die Art der Erwartungen, die entsprechende der Enttäuschungen, ist von Sartre auf das persönliche Problem des Todes und seiner Überwindung hin definiert worden: *Ich denke dabei vor allem an eines: er ist nach Rußland gefahren, weil er herausfinden wollte, ob die Leute jetzt nach der Revolution keine Angst mehr vor dem Tod hätten, ob der Tod für sie etwas Zweitrangiges geworden wäre, weil, so dachte er, ein Mensch, der jetzt innerhalb der Masse etwas tut und weiß, daß das allen nützt und daß andere nach ihm dasselbe tun werden, sich selbst als einen Teil der Masse empfindet, die ihn fortsetzen wird; also, dachte er, muß er nicht mehr in derselben Weise an den Tod denken.*¹²⁰ Dann sei Nizan hingefahren und habe gesehen, daß die Russen in derselben Weise an den Tod dachten wie wir, und sei daraufhin enttäuscht zurückgekommen. Damals habe er – man kann das nur mit dem Ton der Resignation hören – zu Sartre gesagt: *In diesem Punkt, nein, da ist nichts zu machen, da haben sie sich nicht verändert.*

In dieser fast legendenhaften Erzählung liegt das ganze Problem der Aufhebung der *memoria am Tage*. Der Gegenpol zur Inter-

---

119 Hegel, Grundlinien der Philosophie des Rechts § 62: *Ein Beispiel aus der Weltgeschichte über die Länge der Zeit, die der Geist braucht ...*
120 A. Astruc/M. Contat, Sartre. Ein Film (Paris 1977). Dt. L. Birk, Reinbek 1978, 33.

subjektivität ist als Grenzwert in die Erwartung eingegangen, ist Hoffnung geworden: den Tod anders zu sehen, nicht unter dem Aspekt der Furcht, sondern unter dem des Lebenkönnens ohne die Kontingenz der Lebenszeit. Wie der Weltgeist, so wäre die Masse Trägerin der Weltzeit; sie machte es dem Einzelnen gleichgültig, nicht weiterleben zu können. Daß sie, im totalen Verzicht auf Subjektivität, auch die Objektivität zerstörte, macht keinen Einwand aus für den, der gerade darin die Chance zur Überwindung der Indifferenz der Welt gegenüber dem Menschen sieht. Nur muß dies, im Gegensatz zu den auf die theoretische Intersubjektivität gesetzten Erwartungen, ohne Aufschub spürbar werden. Hier gibt es nicht Hegels ›Ungeduld des Meinens‹, sondern die Verzuglosigkeit der Erwartung von Wirkungen. Daran scheitert die Hoffnung des Pilgers.

Die Enttäuschung an der Intersubjektivität ist, daß sie das Mißverhältnis von Lebenszeit und Weltzeit nicht zu entspannen vermag. Das gilt schon für die Klärung ihrer Begriffe. Zwar hatte Husserl gezeigt, wie es im Verbund der Subjekte zum Weltbegriff und zur Unabhängigkeit der Welt von jedem der Subjekte kommt, doch hatte er unbegreiflich vernachlässigt, wie die so konstituierte Welt, die ihren Weltraum als den der verleiblichten Subjekte hatte, zu einer Weltzeit käme. Daß diese sich schließlich nicht nur von den Lebenszeiten der intersubjektiv verbundenen Subjekte entfremdet, sondern rücksichtslos gegen sie und gegen die Subjektivität überhaupt kehrt, ihrem Wesen nach aus jeder Beziehung auf Lebenszeit ausbricht, das konnte nur begriffen werden, wenn der erste Schritt zu dieser Distanz hin als Projektion der immanent konstituierten Zeiten auf die eine Welt beschrieben worden wäre.

Dritter Teil

Die Urstiftung

Ein Mal
jedes, nur *ein* Mal. *Ein* Mal und nichtmehr. Und wir auch
ein Mal. Nie wieder. Aber dieses
ein Mal gewesen zu sein, wenn auch nur *ein* Mal:
irdisch gewesen zu sein, scheint nicht widerrufbar.

Rilke, Die neunte Elegie

Auf die Ursprünge zurückzugehen, gilt als ein romantischer Ratschlag. In den großen Krisen vergißt sich schnell, woher die Mahnung kam, auf den Grund und an die Wurzeln, zu den Anfängen zu gehen; je allgemeiner und schwerer solche Krisen sind, um so schwerer scheint bestimmbar, worin sie bestehen. Und dann gibt es die Definitoren, die das wissen und es auf den Punkt des Endes – oder auf den des Ursprungs bringen.

Seit es eine *Final*krise der Wissenschaften gibt oder geben soll, ist aus der Erinnerung geraten, daß es noch tief in diesem Jahrhundert eine *Fundamental*krise der Wissenschaft gegeben hatte oder gegeben haben soll. Für einige Disziplinen galt Unsicherheit ihrer Grundlagen als gesichert. Daß dies mehr als ein hausinternes Problem von Disziplinen wäre und darin eine Krise des theoretischen Selbstbewußtseins nur ihre Symptomatik fände, galt vielen als ausgemacht und erschien schon deshalb plausibel, weil das ausgehende 19. Jahrhundert sich nahe dem Ziel der Lösung aller ›Welträtsel‹ durch Forschung, durch exakte Verfahren, geglaubt hatte. Die Tiefe des Sturzes in die Grundlagenkrise konnte nur aus der erreichten Höhe des Wissensstandes und der Methodenqualität erklärt werden, die im Programm des Neukantianismus Ausdruck fand, dem ›Faktum‹ der Wissenschaft die Bedingungen seiner Möglichkeit *nach*zuliefern. Daß man dazu auf Plato zurückgehen konnte – und alsbald sogar mußte –, wie es Paul Natorp mit seinem Buch von 1903 tat[1], wurde nicht als Krisenzeichen der Jahr-

---

1 Paul Natorp, Platos Ideenlehre. Eine Einführung in den Idealismus. Leipzig 1903; Vorwort Oktober 1902. – Die Entdeckung des Platonikers Galilei in der Wissenschaftsgeschichte war zu gutem Teil ein Effekt der Projektion, die zuvor Natorp von Galilei auf Plato vorgenommen hatte. So können ›Rezeptionen‹ vorbereitet sein. Natorps Todesjahr 1924 leitet nicht nur durch dieses *factum brutum* das Ende des Neukantianismus ein; in dasselbe Jahr fällt ein kurzer Aufsatz von Julius Ebbinghaus »Kant-Interpretation und Kantkritik« (in: Deutsche Vierteljahresschrift für Literatur- und Geistesgeschichte VIII, 283–305), der die nicht ganz seltene Verbindung von ›kurz‹ und ›epochal‹ repräsentiert; seither gibt es mehr als Kantnachfolge, nämlich Kantkenntnis, und sie machte dem Neukantianismus auf angemessenere Art als durch den rüden Zugriff des Todes ein Ende.

hundertwende wahrgenommen. Emil Lasks stereotypes *Warne vor Natorp!* war schulfehdebezogen.

Natorp wußte nicht, daß er ein Paradigma schuf, indem er die neukantianische Hauptfrage nach den Bedingungen der Möglichkeit des Faktums Wissenschaft – also: dieser am Ende ihres größten Jahrhunderts existierenden Wissenschaft – ›historisierte‹, zu einer Frage nach dem Gründer dieser Wissenschaft und seinen Gründen machte, die er in den platonischen Ideen fand. Der Gang zu den ›Bedingungen der Möglichkeit‹ hatte unversehens zu den Ursprüngen geführt.

Natorps »Plato« hat der philosophischen Gründungslegende für die Wissenschaftsidee der Neuzeit ernstlich zugesetzt: Descartes habe das Programm einer absoluten Begründung einmal für allemal entworfen. Was sich nun im Blick auf Plato als Mangel der cartesischen Urheberschaft erweist, ist ihr Mangel an Idealität, ihre Absicht auf Endlichkeit und theoretische Mittelbarkeit. Denn Descartes wollte eine Naturforschung als Vorarbeit zur endgültigen Moral und zur lebensdienlichen Medizin. Reinheit der exakten Erkenntnis war ihm nicht die Idee für einen *unendlichen* Geschichtsweg der Theorie. Die Arbeit von Lebenszeiten sollte rasch zur Lebenszeitverlängerung und Lebensglücksicherung hinführen: Forschung wäre Provisorium gewesen wie die *morale par provision*. Das Korrektiv dieses Konzepts war, was Natorp ›Idealismus‹ nannte und bei Plato vorgegeben fand: die unendliche Aufgabe.

Dann konnte nicht mehr die Beendigung der Erkenntnis der Anfang der Aufklärung sein: Einsicht und Übersicht für jeden in seinem einzigen Leben. Diese Erwartung war historisch-faktisch längst zerstört. Es gab kein Ganzes von Begründungen und Folgerungen, das in irgend einem Einzelleben Platz gefunden und Orientierung gegeben hätte. Das kapitale Dilemma der neuzeitlichen Wissenschaft war ihre – wortsinngemäße – Überlebensgröße. In kein Leben ging mehr, was für jedes Leben hatte sein sollen. Diese zwar fast vergessene, aber nie verwundene Enttäuschung arbeitet der ›Idealismus‹ des Neukantianers um: Was das Leben überschreitet und überfordert, macht seinen Sinn aus. Aber dazu bedurfte es einer Verbindlichkeit, deren Herkunft zu suchen war. »Platos Ideenlehre« war ein Antwortversuch.

Edmund Husserls große späte Metapher der ›Urstiftung‹ läßt

Dritter Teil: Die Urstiftung 317

sich als ›Wiederholung‹ der am Jahrhundertanfang gefundenen Konstellation unter abrupt verschärften Bedingungen sehen. Die Fundamentalkrise hatte sich als bloßer Aspekt einer von ihm am Lebensende so benannten *Lebenskrisis des europäischen Menschentums* erwiesen, deren ›Ausdruck‹ die *Krisis der Wissenschaften* war. Auch diese Krisis war zu schwer, um leicht bestimmbar zu sein. Den Standard zu finden, an dem sie zu messen und zu korrigieren war, mußte der ›Urstiftungssinn‹ gefunden werden, gegen den verstoßen zu haben der Quellpunkt des Unheils war, wenn dieses nicht Fatum sein durfte. Auch Husserls Blick verlor sich in der Ferne der Ursprünge; doch nun, um der Nähe der Deviation ansichtig zu werden.

Am 7. Mai 1935 hielt Husserl in Wien, wo er noch öffentlich sprechen durfte, einen Vortrag »Die Philosophie in der Krisis der europäischen Menschheit«.[2] Es war die früheste Äußerung dieser Formel, die damals noch nicht so widerspruchsvoll erscheinen mochte – vor allem aber: von Husserl nie als widerspruchsvoll empfunden worden wäre. Denn in der europäischen Geschichte war entschieden worden und mußte weiter entschieden werden, was die Sache der ›Menschheit‹ war und wieder zu sein hätte. Der Gedanke der ›Urstiftung‹ ist von dieser Voraussetzung einer homogenen Geschichte und ihres raumzeitlich verbundenen und gebundenen Subjekts nicht zu trennen. Der Wiener Vortrag mußte wiederholt werden, und der Erfolg überraschte Husserl, der aus der Unwirksamkeit seiner Freiburger Aussperrung derartiges nicht mehr er-

2 Den Titel des Vortrags hat Husserl unter beachtlicher Verschiebung des Akzents zweimal geändert. Bei der ersten Niederschrift am 7. April 1935 lautete er: »Das europäische Menschentum in der Krisis der europäischen Kultur.« Aus der Wiener Version »Die Philosophie in der Krisis der europäischen Menschheit« (so in Wien wiederholt am 10. Mai) wurde mit nicht beweisbarer, aber faktischer Endgültigkeit: »Die Krisis des europäischen Menschentums und die Philosophie.« (so in: Gesammelte Werke VI, Haag 1954, 314–348). Schon die Varianten des Titels lassen die Schwierigkeiten erkennen, die in der großen Ausarbeitung des Themas zum Druck »Die Krisis der europäischen Wissenschaften und die transzendentale Phänomenologie« von 1935/36 (in: Philosophia I, Belgrad 1936; Gesammelte Werke VI 1–276) erkennbar werden sollten. Was immer hinter dem Wechsel der Begriffe ›Menschheit‹ und ›Menschentum‹, ›Philosophie‹ und ›transzendentale Phänomenologie‹, ›Kultur‹ und ›Wissenschaften‹ an Überlegungen und Bedenken motivierend sein mochte, die späteste Fassung engt das Thema am deutlichsten ein auf das Verhältnis der Wissenschaftskrise zu der eigenen Schulgestalt von Philosophie, der Phänomenologie in ihrer transzendentalen Letztform.

wartet haben mochte. Das bestärkte ihn in der weiteren Arbeit an der »Krisis«-Thematik, die erst durch den Ausbruch seiner letzten Krankheit im August 1937 abgebrochen wurde. Aus dem Jenseits der philosophischen Landschaft, der in Belgrad erscheinenden »Philosophia«, konnten die Teile I und II eine enger gewordene Öffentlichkeit gerade noch erreichen; der Hauptteil wurde nicht mehr fertig.

Was Husserl als die europäisch-menschheitliche Krisis bestimmt, ist zwar die Projektion seiner Lebenserfahrung, aber kaum vorwiegend die der bitteren letzten Jahre in Freiburg, die eher wie das Nachspiel zu der großen Entscheidung erscheinen, die er mit der Phänomenologie gegen Psychologismus und Naturalismus, gegen immer neue Varianten der Relativierung von Evidenzen und Werten in Historismen und Anthropologismen, herbeiführen wollte und zeitweise gewonnen zu haben glaubte. Eine Ahnung dessen, was noch bevorstand, ist nicht verspürbar. Dazu mochte die ›Erklärung‹ der Krisis als Verstoß gegen den Stiftungssinn von Wissenschaft doch die Größenordnung verfehlt haben. Aus dem Rückblick sagt sich das wohl allzu leicht.

Die Krisis soll als Resultat von Handlungen begriffen werden: als Inbegriff einer großen Verfehlung. Mechanische wie organische Metaphern scheiden aus; das ist ein Stück Abwehr von Naturalismus. Keine Degeneration eines überreifen Zustands, kein Reibungsverlust, kein Wärmetod. ›Wissenschaft‹ ist die Einheit einer Handlung und muß aus deren Intention verstanden, an ihr jederzeit gemessen und justiert werden. Auch die große Abweichung, als die sich die Neuzeit erweist, ist Handlung. Für deren Subjekt steht in der »Krisis«-Schrift der Name Galilei.

Die Proklamation Galileis zur negativen Stifterfigur der Neuzeit als einer Deviation vom ursprünglichen theoretischen Sinn steht in eigentümlichem Kontrast zu den Beschuldigungen, unter denen er historisch verurteilt wurde und von denen er gerade endgültig freigesprochen zu werden Aussicht hat. Was der von ihm, Husserls Vorwurf nach, gebrochene Urstiftungssinn gewesen sein kann, ist, wie sich erweist, überhaupt nur von seinen vermeintlichen Fehlleistungen her ›rekonstruierbar‹ geworden.

Fragt man nun, seit wann Husserl diese Zusammenhänge so gesehen, den Deviationspunkt so genau gekannt hat, muß man mit

Feststellungen darüber vorlieb nehmen, wann er es *noch nicht* so genau gewußt hatte. Jedenfalls, als er die Einleitung zu seinem vorletzten Werk, der »Formalen und transzendentalen Logik« von 1929, schrieb. Dort nämlich steht Galilei noch rühmlich und unverdunkelt im *Zusammenhang der für diese Zeit so charakteristischen Bestrebungen um die Begründung einer neuen, der wahren Logik.* Wenn aber dies, konnte er nicht in der Schuld stehen für die kommende *Epoche der Verselbständigung der Wissenschaften zu Fachwissenschaften, die sich um eine Logik nicht mehr kümmern, ja sie fast verächtlich beiseite schieben.*³

Die Einleitung zur »Logik« von 1929 zeigt aber auch, wie gleichgültig es ist, daß ein Name für die Handlung genannt werden kann, die den Bruch der großen Intention einleitete. Das ist nicht ohne Gewicht, weil es keine der *negativen* Gründerfigur entsprechende *positive* Stifterfigur zu benennen geben wird. Die Urstiftung verliert sich im Namenlosen. Worauf es ankommt, sind die Entscheidungen, die hier wie dort gefallen sind. Das 1929 noch auftretende ›Faktum‹ der Wissenschaft läßt den Gegner erkennen, mit dem im Jahr der Disputation von Davos zwischen Cassirer und Heidegger – dem *terminus ad quem* des Neukantianismus – auch Husserl noch vordringlich zu tun zu haben meinte. Vor das ›Faktum‹ der Wissenschaft hatte sich die ›Faktizität‹ des Daseins geschoben. In der »Krisis«-Abhandlung ist daher als Rivale um den philosophischen Primat der Neukantianismus nicht mehr in Sicht. Jetzt aber ist vollends klar, daß alles, was jenes ›Faktum‹ hinnimmt und nur nach den Bedingungen seiner Möglichkeit fragt, den kritischen Zustand der europäischen Intentionalität verdeckt und unbefragt läßt. Es ist inzwischen zur ›Naivität höherer Stufe‹ avanciert, das erfolgreiche Faktum kraft seiner historischen Durchsetzung als Erfüllung eben jener Intentionalität zu akzeptieren und ihm seine ›Geschichte‹ nachzuliefern.

Kant hatte das härteste Oxymoron wagen dürfen, vom ›Faktum der Vernunft‹ zu sprechen, als der stupenden Ausnahme, die der Vorrang der reinen praktischen Vernunft sowohl erfordert wie gestattet: sie müßte ihre Reinheit für das endliche Wesen verlieren, bliebe ihre Gegenwärtigkeit nicht Faktum. Dennoch hört dies, Ärgernis zu sein, nicht auf. Die Vernunft besteht auf Auflösung

3 Formale und transzendentale Logik. Einleitung (Gesammelte Werke XVII 6 f.).

der Tatsachen in ihren Begründungen; darin liegt ihr Vormachtanspruch als einer theoretischen. Um so anstößiger, wenn sie in ihrer Spitzenleistung als wissenschaftlicher Rationalität gleichfalls ›Faktum‹ sein, allenfalls durch Nachweis der Bedingungen ihrer Möglichkeit darin entschärft bleiben sollte. Wissenschaft aus dem ›Wesen‹ der theoretischen Einstellung hervorgehen zu lassen, der Idee des Wissens auf seine Institution hin nachzugehen, die Methode der Erkenntnis auf deren Idealität zu gründen, bedeutet immer auch Verhinderung dessen, *daß das Faktum einer irgendwie in Naivität erwachsenen Methode und Wissenschaft sich als Norm ausgeben dürfte, um wissenschaftliches Leisten rechtmäßig zu gestalten.*[4] So Husserls Zurechtweisung in der »Logik« von 1929.
Dennoch, was Husserl in Anspielung auf den Neukantianismus damals ›Faktum‹ nannte, läßt sich auch in der Sprache seiner Phänomenologie lokalisieren: es wäre die wesensmäßige Unerfüllbarkeit der auf Unendlichkeit angelegten Intentionalität, wie sie sich aus der elementaren Abschattung der Dingwahrnehmung aufbaut. Das ›Ding‹ war in Husserls zahllosen Deskriptionen seit je die ›Idee‹ seiner es nie einholenden Abschattungen, deren jede dadurch zum ›Faktum‹ wurde. Nicht anders kann es sein, wenn Wissenschaft *die Idee einer Unendlichkeit von Aufgaben* bezeichnet[5], daß jede Gegenwart ihres geschichtlichen Vollzuges nur ›Faktum‹ sein wird. Auf diese Idealität für *die Form der Unendlichkeit ausführender Arbeit* sollte es in der »Krisis« ankommen, sofern sich in jener erst *ein besonderes Menschentum* begründete, *das, in der Endlichkeit lebend, auf Pole der Unendlichkeit hinlebt.*[6] Darauf beruhte die Feststellung des bestürzenden Anspruchs an den gründend-urstiftenden Akt: *Mit der ersten Konzeption von Idee wird der Mensch allmählich zu einem neuen Menschen.* Dieser dann immer auch therapeutisch-orthopädisch auf die »Krisis« bezogene ›Idealismus‹ war erst durch die »Logik« von 1929 möglich geworden, mit der dem ›Faktum‹ abgesagt werden sollte. *War Wissenschaft überhaupt in Frage gestellt, so konnte natürlich kein Faktum Wissenschaft vorausgesetzt werden.*[7]

4 Gesammelte Werke XVII 5.
5 Die Krisis des europäischen Menschentums und die Philosophie. Wiener Vortrag Mai 1935 (Gesammelte Werke VI 323).
6 Gesammelte Werke VI 322.
7 Formale und transzendentale Logik. Einleitung (Gesammelte Werke XVII 6).

Dritter Teil: Die Urstiftung 321

Husserl hätte nicht Galilei zum Deviationsurheber der Neuzeit machen dürfen; er hätte Descartes in dieser Rolle sehen müssen. Dieser hat die Konzeption einer endlichen Wissenschaft ohne absoluten Wahrheitsvorbehalt gefunden. Für das Mittelalter war Erkenntnis auch eine ›unendliche Aufgabe‹ gewesen, die allerdings nicht im Diesseits absolviert werden konnte, aber allein die Ewigkeit der *visio beatifica* erfüllen würde. Für Descartes durfte die Aufgabe der Wissenschaft nicht unendlich sein, denn sie war intermediär geworden: eingeschoben zwischen das vergangene Reich der Vorurteile und das künftige der *morale définitive*, eröffnet durch eine abgeschlossene Naturerkenntnis und die durch diese möglich werdende Makrobiotik der Medizin. Dieser Entwurf schließt Unendlichkeit aus, weil sie der unendliche Aufschub der Daseinssicherheit und der unendliche Bestand der provisorischen Moral wäre. Dazu paßt die einzige absolute Evidenz, die Descartes zu bieten hatte und von der Husserl fasziniert war: Das *cogito sum* ist das jederzeit zuhandene theoretische Glück, dessen Beschränkung auf den Augenblick zu durchbrechen die Phänomenologie instandsetzen sollte. Trotz dieses *absoluten* Anspruches war Descartes der Stifter eines *endlichen* Fortschritts: einer Methode der durch Beschleunigung erreichbaren Endlichkeit. Diesen Verstoß der zweiten Stiftung gegen die erste, des Evidenzgewinns gegen die Idealität, hat Husserl übersehen, als er Galileis Neuzeitverantwortung ins Auge faßte.

Diagnostischer Befund der »Krisis« ist nicht, daß die europäische Wissenschaft im Erfolg verfehlt habe, was sie sein sollte. Es steht schlimmer. Sie ist nicht solide genug fundiert, um ihre großen Resultate zu tragen und zu ertragen. Der mit Verzögerung aufbrechende Begründungsmangel ist ein kunstvoll überbauter Defekt der Statik, über dessen unerkannter Tiefenlage auch die Phänomenologie begonnen worden war – gerade rechtzeitig, um dem Unheil Einhalt zu gebieten, das in der ›technischen‹ Überbrückung zugunsten ungehinderter Fortgänge entstanden war. Nicht der ›Fortschritt‹, sondern die ihm durch Leichtfertigkeit verschaffte Beschleunigung ist die Wurzel des Übels.

In der »Logik« von 1929 fehlt diese geschichtsphilosophische Generalisierung noch, sowohl auf der Seite der Diagnose wie auf der der Therapie. Nur die Andeutung einer melancholischen Vermu-

tung ist da. Sie bedient sich einer von Georg Simmel mit großer Resonanz geprägten Formel, nicht ohne ihr zugleich einigen Leichtsinn ihres Ursprungs und Umlaufs anzulasten: *Vielleicht bekundet sich darin eine tiefere und folgenreichere Tragik der modernen wissenschaftlichen Kultur, als welche man in wissenschaftlichen Kreisen gewöhnlich zu beklagen pflegt* ...[8]
Tragik liegt schon in einem gestörten und belasteten Selbstverhältnis aus Unkenntnis der Eigenschuld am Verhängnis. Im Maße der Ungegenwärtigkeit ihrer möglichen wie geschuldeten Selbstbegründung habe die Wissenschaft ihren Glauben an sich selbst und ihre Bedeutung für die Gesamtkultur eingebüßt. Husserls Anstrengung ist zwar konsequent seit seiner Wendung gegen eine technische Auffassung der Logik lange vor der Jahrhundertwende; aber unverkennbar ist auch, daß er den Anschluß an die sich rasch steigernde Hektik der Kultur- und Wissenschaftskritik, die den Garaus von Weimar so forciert hat, nicht zu verlieren bemüht ist. Als Initiator einer auf Langfristigkeit und Nachfolge angelegten ›unendlichen Arbeit‹ konnte er es nicht darauf ankommen lassen, seine Mitarbeiter und Schüler nach anderen Aktualitäten und Zeitgemäßheiten entlaufen zu sehen. Philosophische Schulen stehen unter Nachfragedruck. Sie können es sich nicht ohne Einbußen leisten, die wirklichen oder vermeintlichen Bedürfnisse des Tages nicht zu bedienen. Husserl hat die Zeitkritik nicht bis zum zentralen Lemma der ›Bodenlosigkeit‹ vorangetrieben, mit der sein Nachfolger Heidegger dem Angstgefühl des Abgrundes unter den Füßen eine seiner akzeptierten Formeln lieferte. Husserl selbst gingen alle Varianten von Boden-Metaphorik leicht von der Hand, und er muß gezögert haben, die pure Verlustformel zu wählen.
Was er statt dessen mit der Phänomenologie zu bieten hatte, bestand darin, nicht das Leben, sondern das Denken der eben modisch auftretenden ›Uneigentlichkeit‹ zu überführen. Nur für das Denken gab es die mit dem europäischen Gesamtschicksal identische Geschichte, der sich nachweisen lassen mußte, was so spät zu so unabsehbaren Folgen geführt hatte. Die Reichweite der Krise in allen Dimensionen verlangte nach einer ihr adäquaten Verantwortung aus der Geschichte dessen heraus, was allein im strikten Sinne ›verantwortlich‹ sein konnte. Deshalb ist Husserls Übersetzung der

[8] Gesammelte Werke XVII 7.

hypertrophen Kulturkritik der Nachkriegszeit in Kritik der Wissenschaft nicht einer professionellen Verengung des Problems auf das ›Nächstliegende‹, nicht einmal auf das repräsentativ Deutlichste, zuzuschreiben, sondern der schlichten Voraussetzung, daß Denken als zentrale Leistung einer Kultur in wissenschaftlicher Disziplinierung ihr Destillat gefunden habe.
Hatte man dem Angebot der Phänomenologie ernsthaft entgegengesehen, der Wissenschaft ihre Wesensgemäßheit zurückzugeben und damit, was Husserl *ein absolut gutes intellektuelles Gewissen* nennt, mußte sich die erst in der »Krisis«-Abhandlung drängende – obwohl unbeantwortet bleibende – Frage erheben, wie eine solche Restitution zum Gemeinbesitz einer Kultur in ihrer fortgehenden Geschichte zu werden vermag. Diese Gewissensreinigung sollte und konnte doch nur in der Gewinnung originärer Anschaulichkeit bestehen, dann aber auch nur als Anschauung vergegenwärtigt werden. Dies wäre ein Gewinn, der immer wieder denselben Preis erforderte.
Gegen das Entmutigende an solcher Vorstellung scheint helfen zu sollen, daß ein absolut gutes intellektuelles Gewissen nur *eine unendliche Idee* sein könne. Das ist keine durch Deutlichkeit ausgezeichnete Formel und erst recht keine, die sich vom platonischen Begriff der Idee her verstehen ließe. Denn für diese hätte ›Unendlichkeit‹ keine Auszeichnung sein können. Ihre Transzendenz gegenüber der Welt der Erscheinungen ließ sich nicht mehr als statischer Abstand der Unerreichbarkeit ›übersetzen‹; was unaufhebbarer Abstand von Urbild und Abbild gewesen war, wurde zur Richtungsweisung eines Prozesses, der nach dem Vorbild der Intentionalität sein Ziel so wenig erreichen wie aufgeben konnte. Als auf die Dimension der Zeit verwiesene Norm ist die Idee ›unendliche‹ geworden, Potential der Geschichte, Beanspruchung der Menschheit im ganzen.
Nun ist aber, was der Phänomenologe ›Idee‹ zu nennen berechtigt sein kann, kein Gebilde jenseits des Denkens von Subjekten, sondern das in der Anschauung eines Denkers lebendig Gewordene. Eben dieses darf dem fortgehenden Denkprozeß vieler und anderer nicht verlorengehen; es muß ihm in gleichwertiger Evidenz mitgegeben sein und gegenwärtig bleiben, obwohl es aus mitteilender Tradition nicht schlichtweg ›erlernt‹ werden kann. Aus gutem

Grund hatte Plato die Idee ›ewig‹ sein lassen, unabhängig von ihrem Gedachtwerden; Husserl wäre ihm darin nur zu gern gefolgt. Kompensation für das Versagtsein dieser Lösung war die unendliche Idee als Forderung des Denkens an sich selbst. In Sachen dieses Anspruches der Idee gibt es keine Delegation von Zuständigkeiten.

Husserl hat sich der Bedrängnis des Problems mit einem einzigen Satz entledigt, der allerdings rätselhaft genug ist: *Aber wenn Wissenschaft aus prinzipieller Verantwortlichkeit Entscheidungen getroffen hat, können sie ja dem Leben habituelle Normen als Willensrichtungen einprägen, als vorgezeichnete Formen, innerhalb deren die individuellen Entscheidungen jedenfalls sich halten müssen und sich halten können, soweit sie zu wirklicher Zueignung gekommen sind.*[9] Damit hat die »Logik« von 1929 noch eine eher der Ethik als der Geschichtsphilosophie zugehörige Formel gegeben, wie sich philosophische Arbeit in Normierung von Wissenschaftlichkeit umsetzt und für sie ›zuständlich‹ macht. Daß Stabilisierung von Evidenz, jenes absolut gute intellektuelle Gewissen, zu einer Sache der Entscheidung und des Willens würde, mag sich 1929 noch unverdächtiger angehört haben, als es 1936 hätte ausgeführt werden können. Die Dezision wird eingehüllt in die Sanktion, die sie durch den Begriff der prinzipiellen Verantwortlichkeit aus der Anschauung bekommt.

Die Begründung geht ganz in die *Richtung* der Bewegung über, ist in ihr die Form der Gegenwärtigkeit des Ursprungs, die ständige Anwesenheit von möglicher Kurskorrektur. Wie die ›unendliche Idee‹ selbst, wird man auch diesen Begriff der ›Willensrichtung‹ als Projektion des Grundmusters der Intentionalität sehen müssen, insofern diese niemals durch *Begründungen in wissenschaftlicher Rationalität* abgesättigt und erfüllt sein kann. Der Willensrichtung ist ihre Rechtfertigung mitgegeben, für die ›Augenblicke‹ des wissenschaftlichen Lebens selbst, da sie jenen ›individuellen Entscheidungen‹ nicht die Zeit lassen, wie Husserl hier einmal ausdrücklich zugesteht. Sie haben die Zeit nicht und brauchen sie nicht zu haben, wenn Einer sie jemals gehabt hat. Diese Forderung freilich darf nicht übersprungen werden. Jeder Sprung birgt die Gefahr des Richtungsverlustes.

Der Begriff der ›Habitualisierung‹ hilft allerdings nicht weiter, das

[9] Gesammelte Werke XVII 10.

Dritter Teil: Die Urstiftung   325

Verhältnis von Zueignung und Zuständlichkeit zu beschreiben. Einmal gehabte Evidenz zu verwahren, ist im strikten Sinne selbst am individuellen Subjekt über die Reichweite der Retention hinaus nur mühsam darzustellen. Jede als Wissen, als Institution, als Kulturbestand tradierte Zueignung hätte etwas von den am Anfang der neuzeitlichen Wissenschaft festgestellten Momenten der Unverantwortlichkeit: Als Evidenz wäre sie die Sache der immer Anderen, der gewesenen wie der gleichzeitigen. Die Rede von einer dem Leben eingeprägten Willensrichtung hat ihre Schwierigkeiten gerade dann, wenn solches ›Leben‹, als das der Geschichte, nicht auf die Kontinuität von Institutionen gestützt sein kann.
Das wird mit dem ganzen Gewicht seiner Erschwernisse erst in der »Krisis«-Abhandlung zutage treten, wenn dort die ›unendliche Idee‹ auf den Ursprung der theoretischen Einstellung bei den Griechen zurückgeführt werden muß. Denn die Neuzeit ist zur Epoche der Krise geworden, kann also nicht mehr die der Begründung der Idee unter Einprägung ihrer Willensrichtung ins Leben sein. Durch die Griechen wäre die Entscheidung über die Hauptlinie der europäischen Geschichte, über ihr Leben als ein wesentlich *theoretisches* – wie weit man immer diesen Ausdruck nehmen mag – gefallen. Sie hätten die Intention angesetzt, deren Erfüllung Aufgabe dieser Geschichte geblieben wäre. Zugleich war damit bestimmt worden, was durch diese Geschichte gefehlt und verfehlt werden konnte. Galileis Aberration, seine Überspringung der Anschaulichkeit, muß so etwas wie die Distanz möglicher Vergessenheit zu den Ursprüngen haben.
Nun ließ sich allerdings nicht behaupten, die bei den Griechen originär eingeschlagene Willensrichtung hätte bereits auf *Begründungen in wissenschaftlicher Rationalität* beruht, wie sie ›Rechtfertigung‹ im Vollsinne genannt werden dürfen. Das wäre selbst dann ausgeschlossen, wenn man an Husserls Zustimmung zu Natorps Platobild festhielte. Aber dieses konnte nicht einmal Husserl selbst noch genügen. Seine ›Urstiftung‹ fand zwar an Platos Idee ihr eigenes Urbild, jedoch nicht ihr geschichtliches Datum. Die Identität der theoretischen Einstellung mit der europäischen Geschichte, deren Krise zu bestimmen und zu behandeln war, wäre um ein zu großes Zeitstück verschoben worden. Die Nötigung, zu den Ursprüngen zurückzugehen, drängt diese selbst erbarmungslos ›zurück‹.
Husserl erlebte nicht mehr, wie es seinen einstigen Schulgenossen

Heidegger – aus nicht ganz unähnlichen Antrieben – in die Vorsokratik zurück verschlug und ihn noch diese selbst – als verspätete und verstümmelte Spur einer verlorenen Urgeschichte – zur Aussage zwingen ließ. Der Anschein, jene Urstiftung, die früheste Willensbildung, die den Geschichtsweg auf Theorie eingerichtet haben sollte, nur dezisionistisch verstehen zu können und verstehen zu lassen, mag Husserl schon dadurch unbedenklich gewesen sein, daß er den ›von der anderen Seite her‹ dem Anfang der europäischen Geschichte sich nähernden Gedanken einer transzententalen Deduktion der Menschheit als verleiblichter Intersubjektivität und ihrer Aufgabe der Realisierung eines objektiven Weltsinnes für durchführbar zu halten begonnen hatte.

Dann freilich hätte er zu einem Doketismus der ›Urstiftung‹ in den griechischen Anfängen der Theorie kommen müssen. Die endgültige Bestimmung der Menschheit wäre zwar erstmals zutage getreten – in einem sich selbst nicht durchsichtigen Akt neuartiger Aufmerksamkeit auf die Welt kenntlich geworden –, nicht aber absolut anfänglich in die Wirklichkeit eingetreten. Jener Eintritt mußte dann mit der Menschheitsgeschichte selbst kongruieren – nicht umgekehrt diese mit der europäischen.

Husserl konnte sich darüber gar nicht im unklaren sein, daß ihm mit der Verlegung der Urstiftung an die frühgriechischen Ursprünge die Drohung eines neuen ›Faktums‹ – von nur anderer Zeitlage als das neukantianische – ins Haus stand. Begründungen waren dort nicht zu finden. Eine äußerste Anstrengung der Spekulation – inhaltlich von bezwingender Schönheit, wo es ihr verständlicherweise an zwingender Beweiskraft fehlt – muß den Willensakt der Urstiftung zum *Vollzug* dessen machen, was die Existenz des Menschen in seiner leiblichen Mannigfaltigkeit aus der absoluten Subjektivität herausgezogen hatte. Das Faktum bekommt nicht nur die *Bedingungen seiner Möglichkeit* nachgeliefert, sondern auch die *Auszeichnung* seiner notwendigen Einzigkeit in der Geschichte. Auch wenn dem geschichtlichen Aspekt des theoretischen Uraktes die erwogene Deduktion aus dem ›Interesse‹ des absoluten Subjekts an einer Welt kaum genügen kann, verrät sie doch, was der ›Urstiftung‹ als Zutat nötig gewesen wäre, um ihrer über Jahrtausende bestandsfähigen *Verbindlichkeit* Grund zu geben.

Schon aus der Einleitung zur »Logik« von 1929 ersieht man, was

Husserl in die europäische Frühzeit rückübertragen wird: gerade das, was er erst als Resultat der phänomenologischen Arbeit vorgesehen hatte, war die Dauerstellung der Evidenz im Modus einer stabilen Konstitution des Willens. In jenen griechischen Anfängen sollte eine ganze Geschichte, repräsentativ die der Menschheit, auf *eine* Intention verpflichtet worden sein. Das späte Fakt der phänomenologischen Schulgründung konnte dann dieser Intention nur noch ihre Erfüllung zubringen. Für die Sinngebung der Geschichte würde es allererst die Augen öffnen und dadurch definitiv – also ohne Risiko erneuter Deviation – die genuine Intention befestigen.

Die Lebensprägung der Richtung verlangt keine stets erneuerten Erlebnisse des Staunens und der Neugierde mehr, um den Prozeß anzutreiben, aus Stockungen herauszuführen. Doch woher stammt die *Gewißheit* von der geschichtslangen Tragfähigkeit der einmal gewählten theoretischen Einstellung? Die »Krisis«-Abhandlung führt das einer Klärung zumindest näher: Die frühe Entscheidung wird später und spät *einfühlend* wieder aufgenommen. Überraschend taucht dieses Moment aus der Beschreibung der Fremdwahrnehmung als geschichtsphilosophisches wieder auf: Auch die jeweils anderen *in der Zeit* sind Subjekte für eine spezifische Art von Fremderfahrung. Das Verfahren der ›Einfühlung‹ als homogener Integration in den theoretischen Kontext erlaubt, die Hypostasierung zu einem identischen Geschichtssubjekt zu vermeiden.

Husserl hatte sich geweigert, das andere Subjekt für die Fremdwahrnehmung zum hypothetischen abschwächen zu lassen; diese Weigerung rentiert sich nun geschichtsphilosophisch. Es bedarf, um es grenzwertlich auszudrücken, des Weltgeistes nicht mehr. Damit steht nicht alles auf der deduktiven Zuordnung zu einer transzendentalen Subjektivität und ihrem Weltbedürfnis. Was früheste Intention der Theorie gewesen sein muß, läßt sich eben aus deren Geschichtsweg einfühlend vergegenwärtigen: *Mit den Wissenschaftlern in Einfühlungsgemeinschaft stehend oder tretend, können wir nachverstehen – und uns selbst ›besinnen‹.* Das läßt sich dann benennen als *ursprüngliche Sinnesauslegung.* In einer anderen Formulierung: *Die in jedem wirklichen Nachverstehen sich verlebendigende Intentionalität wird befragt, worauf sie eigentlich hinaus will.*[10]

10 Gesammelte Werke XVII 13–15.

Dieses Worauf des Hinauswollens ist die letztbefragbare Alternative zur Frage nach der Bedingung der Möglichkeit des Faktums Wissenschaft. Die Sicherung der Richtung erlaubt jederzeit die kritische Prüfung, ob sie eingehalten wird. Vorausgesetzt ist dabei, daß sie nie geändert worden ist – und eben dies wird die »Krisis«-Abhandlung bestreiten. Damit macht sie es endgültig unmöglich, sich an das Faktum Wissenschaft als ein *gegenwärtiges* einfühlend zu halten. Geschichte zu treiben, als ›Einfühlung‹, wird unerläßlich.

Die Phänomenologie muß nicht nur die Eignung annehmen, Tradition als Gegenwärtigkeitsform von Wissen und Methode zu werden; sie muß die jederzeitige Reaktivierbarkeit ihrer Voraussetzungen haben, weil nur diese jede Wiederholung der Abirrung in ›positive‹ Wissenschaftlichkeit, die bloße Annahme des Angebots im ›Faktum‹ Wissenschaft ausschließt. Die rätselhafte Formel von der Habitualität klärt sich nur wenig, wenn deutlich wird, daß diese Art des Fortbestands zur Funktion hat, die Erneuerung von Evidenz zu erleichtern. Aber es ist nicht unwichtig, damit zu vergleichen, daß die phänomenologische Grundform der Resultatbildung, die Deskription, auch nichts anderes vermag: Beschreibung *enthält* die Evidenz nicht, sie *ermöglicht* nur ihre authentische Erzeugung. Sie gibt so etwas wie den ›Ort‹, an dem sie zu leisten ist.

Die einmal gefundene ›Sinnesvorzeichnung‹ ist leichter disponibel und beschleunigt verfügbar, wie es die vierte Regel des cartesischen Methodentraktats verlangt. Damit ist jedoch keine nur noch technische Verfügbarkeit der originären Anschauung eingetreten: *Ist deren lebendige Evidenz verflossen, so verbleibt ihre habituelle Leistung, mit der Möglichkeit einer zunächst leeren Restitution, die dann in der Leergestalt die bestimmte Sinnesvorzeichnung enthält. Diese führt dann die Gewißheit möglicher klarer Restitution als Wiederholung der Evidenz mit sich.*

Da war noch das ganze Geheimnis von Fortbestand und Fortwirkung der phänomenologischen Leistung geblieben; und das konnte hingenommen werden, weil in der »Logik« von 1929 die Aberration der Neuzeit – schärfer: die Neuzeit als Aberration – noch nicht ausfindig gemacht worden war. Also war zwar die Sicherung der zu leistenden phänomenologischen Arbeit Absicht der Erörterung, nicht ihre therapeutische Funktion.

Dritter Teil: Die Urstiftung

Nur ein schulförmig organisierter Arbeitszusammenhang konnte der *Gewißheit möglicher klarer Restitution als Wiederholung der Evidenz* nahe kommen. Diese Philosophie konnte sich nicht auf ein Faktum des schon Geleisteten beziehen, dem nur noch das Bewußtsein der Bedingungen seiner Möglichkeit nachzuarbeiten war, sondern mußte in jedem ihrer Resultate die Vorarbeit zu künftig zu Leistendem sehen: *Erhaltung* als Bedingung von *Möglichkeiten* dessen, was es noch nicht gab. Es war eher zufällig, wenn in der Therapie des wissenschaftlichen Geistes, wie die »Krisis«-Abhandlung sie entwarf, Nachholung und Nacharbeitung akute Bedürfnisse waren – nicht das Wesen des theoretischen Prozesses gebot dies, sondern die einmalige Verfehlung seines Standards, wenn auch eine epochale. ›Epochal‹ heißt hier, gesehen auf das Ganze der Aufgabe, doch nur ›episodisch‹. Die Phänomenologie würde das Versäumte aufholen, das Gesollte einholen und auf diese Weise nahezu ungeschehen machen, was die Neuzeit ›verschuldet‹ hatte. Dieser Einsatz blieb Faktum, gekettet an das andere Faktum des Aussetzens der theoretischen Obligation; aber er würde eben auch das frühere Faktum zum Verschwinden bringen, indem er die Lücke zwischen Galilei und Husserl sich schließen ließe und die theoretische Grundentscheidung zu voller Geltung zurückbrächte.

Wenn Heideggers Charakteristik des Daseins als in der Sorge sich anzeigender Faktizität schon zwei Jahre vor der Disputation von Davos als Ablösung des Neukantianismus gelesen werden konnte – im doppelten Sinne: im negativen der Aufhebung der Beschränkung auf Wissenschaft als Faktum, im positiven der Herleitung des Faktischen an der Wissenschaft aus der Grundbestimmung des Daseins selbst –, so gibt es bei Husserl keine Anzeichen dafür, ihm wäre dieser Zusammenhang zwischen den beiden kritischen Gegnerschaften seines letzten Jahrzehnts zu expliziter Deutlichkeit gekommen. Dagegen spricht auch nicht die Belegbarkeit des Ausdrucks ›Faktizität‹ in der »Logik« von 1929. Was sich damit ankündigt, ist schon die Kontraposition der Urstiftungsmetapher gegen das ›Faktum‹ dort wie die ›Faktizität‹ hier. Zunächst ist es nur die geforderte Wissenschaftstheorie, von der gesagt wird, sie dürfe und wolle *nicht den vorgegebenen sogenannten Wissenschaften, den faktisch gewordenen Kulturgestalten dieses Namens, empirisch nachgehen*; vielmehr wolle sie *frei von aller Bindung an die Faktizität* das Wesen des theoretischen Interesses bestimmen und die diesem *dunkel vorschwebenden Zweckideen zu vollendeter Klarheit bringen.*[11] Das der geforderten Abwendung vom bloßen Faktum verheißene Attribut für Erkenntnis, Methode und Wissenschaft ist deren ›Echtheit‹.

Systematik solcher Echtheit ist nichts anderes als die Bestimmung der zum Programm erhobenen Logik. Sie kann dies sein, weil die Vernunft schon auf ihre Idealität ausgelegt ist – und dies sogar, wenn sie sich in ihr Gegenteil verkehrt: *Das Echte ist das, worauf die Vernunft letztlich hinaus will, selbst in ihrem Verfallsmodus der Unvernunft.* Der methodischen Heranziehung der Verdeckung im ›Verfallsmodus‹ nach könnte diese Aussage der ›Daseinsanalytik‹ nachgebildet sein; zugleich aber ist es die Vorgabe des Vernunftbegriffs für die intentionale Geschichtsphilosophie der Spätschrift. Die Vernunft verfehlt ihre Richtung nur, wo es an Deutlichkeit ihrer Ziele und damit der Wege zu diesen fehlt. Verdeutlichung ihrer Bestimmung kann also das Mittel sein, sie in einer Beirrung oder Verwirrung zu bewahren. Daß es überhaupt einer Therapie der Vernunft an der Vernunft bedürfte, sobald die Diagnose des Zustands düsterer werden sollte, zeichnet sich hier ohne Rückgriff auf Kants Doppelfunktion der Vernunft ab.

Ein Jahrzehnt später ist der Fall der desolaten Diagnose eingetreten. Die pathologischen Schwellenwerte von Naturalismus und Psychologismus, Positivismus und Historismus reichten nicht mehr aus, den Krisenbefund zu bestimmen. Die Phänomenologie war, als sie den Verirrungen vor und nach der Jahrhundertwende entgegentrat, nicht der Urentscheidung der Epoche gewahr geworden. Der Beginn der Neuzeit selbst geriet ins Zwielicht, mehr noch: in den Verdacht einer – wenn die Übertragung dieses Ausdrucks erlaubt wäre – ›urstiftenden‹ Verfehlung.

Das hatte noch in unerahnbarer Ferne gelegen, als Husserl im Wintersemester 1920/21 den einleitenden Satz zu seiner Vorlesung über »Transzendentale Logik« formulierte, die wissenschaftliche Unbekümmertheit um Logik, ja die Unbekümmertheit dieser um sich selbst, anzuklagen: *Aber diese selbst irrt in der neuesten Zeit von ihrem eigenen Sinn und ihrer unveräußerlichen Aufgabe ganz*

---

11 Formale und transzendentale Logik § 5. Vorläufige Umgrenzung der Logik als apriorische Wissenschaftslehre (Gesammelte Werke XVII 32).

Dritter Teil: Die Urstiftung   331

und gar ab.¹² Hier ist ›neueste Zeit‹ keineswegs schon ›die Neuzeit‹. Ausdrücklich wurde damals noch anerkannt, daß *die großartige Neugestaltung der Mathematik und der Naturwissenschaften des 17. Jahrhunderts* durch logische Reflexion über das Wesen und die Erfordernisse der Naturerkenntnis sowie über ihre apriorischen Ziele und Methoden bestimmt gewesen war. Bei Erwähnung der Namen, denen diese Auszeichnung galt, wurden nicht nur Descartes und Leibniz, die Vorläufer der Phänomenologie bleiben sollten, sondern auch Galilei genannt, dem es anders ergehen würde. Diese Aufspaltung der Heroentafel der neuzeitlichen Wissenschaftsbegründer reflektiert Husserls Problematik, die Verbindung von Vernunft und Wissenschaft zu einem Wesensapriori zu erreichen, der bloßen Faktizität des Rückbezugs der Vernunft auf die Wissenschaft zu entgehen. Seine Verlegenheit zeigt sich an im Begriff des ›kontingenten Apriori‹.

Es ist eine andere ›Vernunft‹, die konsistent bei dem bleibt, was geschichtlich einmal gewollt worden ist, als die, die eben dieses gewollt hatte. Es mag wenig ergiebig erscheinen, Vernunft des Ursprungs und Vernunft der Konsistenz zu unterscheiden; aber zur Verdeutlichung einer Argumentationsstruktur wie der Husserls ist es nützlich. Die Vernunft des Ursprungs ist in anderer Weise befragbar als die der Vollstreckung: Jene erschließt sich keiner geschichtsphilosophischen, sondern nur einer transzendentalen Erörterung, die auf die Abhängigkeit der theoretischen Einstellung von der Weltbestimmung des Menschen als Vollzugsorgans der absoluten Intersubjektivität zurückgehen könnte, wie Husserl es versucht hat; der geschichtsphilosophische Aspekt setzt voraus, was als ›Urstiftung‹ geschehen ist, und geht der Geradlinigkeit ihres Vollzugs als einer wesensmäßigen Zuordnung von Handlungen nach.

Dabei scheint die cartesische Regel der provisorischen Moral in zwei konstitutive Momente zerlegt zu sein. Sie enthält die Verpflichtung auf Entschlossenheit zum einmal eingeschlagenen Weg als ›Vernunft‹ der Annahme des Beschlossenen ohne Rücksicht auf dessen Grundlosigkeit. Dann aber gebietet sie auch die Reflexion auf die Vernunft des Anfangs als Auflösung einer Verlegenheit, die nur in Erstarrung und Hilflosigkeit hätte ausgehen können,

12 Vorbereitende Betrachtungen zur Vorlesung über Transzendentale Logik. Wintersemester 1920/21 (Gesammelte Werke XVII 353).

wäre es nicht zu einem Entschluß gekommen. Dessen Bestimmung blieb unabwägbar und unbekannt, obwohl auf seine Rationalität in jedem Stadium des weiteren Verlaufs und im Maße jedes Fortgangs deutlicher reflektiert werden kann. Es ist einfach vernünftig, Geschichte zu haben. Was aber in ihr mitgegeben und an ›Urstiftungssinn‹ beschlossen liegt, hat sein eigenes Potential von Vernunft und Unvernunft, von Konsistenz und Unstimmigkeit.

Die Vernunft, die auf etwas hinaus will, indem sie es ursprünglich gewollt hatte, ohne es sich vorhalten zu können, läßt sich fortan daraufhin befragen und zur ›Echtheit‹ ihres Fortgangs anhalten. In der ›einfühlenden‹ Rückfrage wird die Anweisung auffindbar, die Unvernunft in der Richtung ›zu den Sachen‹ zu vermeiden, wenn es jenen Entschluß jemals gegeben hatte, ›zu den Sachen‹ zu *wollen* – und dies unabhängig davon, ob auch schon oder jemals zu *können*. Das Ärgernis, das Husserl am ›Faktum‹ des Neukantianismus genommen hatte, war nicht einfach zurückgeschoben in die der Projektionen verdächtige Sphäre der geschichtlichen ›Ursprünge‹. Auch wenn es methodisch eine ›andere Sache‹ war und blieb – eine noch fragwürdigere vielleicht –, nach dem Anfang eine ›Geschichte‹ aus der Wesensnotwendigkeit der Subjektivität selbst zu geben. Das Verfahren der Konsistenzprüfung auf den Stiftungssinn hin ließe sich als ›Geschichtskritik‹ bezeichnen. Sie beruht – etwa nach dem Muster von Hans Kelsens »Reiner Rechtslehre« (1934) – auf der Herstellung positiver Kohärenzverhältnisse.

Auch wenn die »Logik« von 1929 die späte ›Geschichtskritik‹ noch kaum erkennen läßt und sich der wenig erhellenden Phrase vom *großen Rätsel der Neuzeit* bedient, ist es doch Husserls Position zur Logik, die das Instrumentarium der Geschichtsphilosophie bereithält, auch ihren voluntaristischen Einschlag in der Metapher der ›Urstiftung‹.

Die Materie des Urteils ist indifferent zu seiner Wahrheit; deshalb kann sie die Form der Frage, die Modalität der Möglichkeit annehmen. Descartes hatte darin die Technik zur Vermeidung des Vorurteils angelegt gesehen und war der Logik der Stoa gefolgt, den Wahrheitsbezug des Urteils erst durch einen zusätzlichen Akt herstellen zu lassen. Dem Urteil ist ein *Anspruch auf Wahrheit* nicht wesentlich, vielmehr erst durch Akte von ›Stellungnahme‹, die ihren Gehalt schon vorfinden müssen, in Kraft gesetzt. Als

Dritter Teil: Die Urstiftung   333

solches ist das Urteil noch nicht die Intention, durch die es ins Verhältnis ›zu den Sachen‹ tritt.
Dennoch ist jedes Urteil nicht nur entscheidbar, sondern schon *an sich entschieden*. Darin besteht seine quasi-platonische Indifferenz gegen die Intentionalität der Stellungnahme, auch seine ›Überlebensfähigkeit‹ für Akte der Revitalisierung. In der Urteilsmaterie liegt so etwas wie ein ›Angebot‹, im prägnanten Unterschied zu der ›Herausforderung‹, die der Gegenstand in Richtung auf Herbeiführung seiner Selbstgegebenheit bei jeder Art von bloßer Berührung und Abschattung darstellt. Die ›Entschiedenheit‹ des Urteils liegt auf einer anderen Ebene als seine ›Entscheidbarkeit‹ – jene ist ›ideal‹, diese geschichtlich.
Die Differenz von Logik und Gegebenheit projiziert sich auf die werdende Geschichtstheorie Husserls.[13] Für diese gilt, daß die einen geschichtlichen Zusammenhang übergreifende Intention nicht von den Inhalten und Resultaten her kommen kann, sondern von den Subjekten als den Trägern und Vollstreckern von Intentionalität kommen muß. Diese Trennung von Wahrheit und Vernunft – als dessen, was immer schon besteht, und dessen, was erst realisiert werden muß – erweist sich schließlich als die Art von Statik, die vom Platonismus nicht abtrennbar zu sein scheint. An diesem Punkt konnte das letzte Wort nicht gesprochen sein, wenn es zu neuer Verbindung zwischen Logik und Geschichtstheorie kommen sollte.
Das verbindende Moment besteht in einem Begriff der Geschichte, der impliziert, daß nicht jederzeit und überall alles möglich ist. Das gilt sowohl für die ›Verspätung‹, mit der die Phänomenologie im Geschichtszug der Philosopheme hervortritt, als auch für die nochmalige ›Verzögerung‹ um Jahrzehnte, mit der sie selbst ihre Stellung und Funktion in der Geschichte begreift. Sie braucht die ungebrochene Immanenz einer Geschichte, als die sie sich die europäische bestimmt, um deren Konsequenz als Norm und damit zugleich das Remedium zur Wiederherstellung der verlorenen Konsequenz zu sein; zugleich aber kann sie die ›Urstiftung‹, von deren Richtungseinschlag diese immanente Konsequenz abhängen soll,

---

[13] Formale und transzendentale Logik § 79. Die Voraussetzungen der Wahrheit und Falschheit an sich und der Entscheidbarkeit aller Urteile (Gesammelte Werke XVII 204 f.).

vom Makel der Faktizität, des kontingenten Entscheidungsaktes, nur freihalten, indem sie ihm eine transzendentale Vorgeschichte verschafft. Worauf sie beruht und sich beruft, um sich als dessen Vollstreckung zu verstehen, darf dem Verdacht auf Kontingenz nicht überlassen bleiben.

Jene urstiftende Begründung einer derart zukunftsfähigen Einstellung bei den Griechen konnte nur fortdauern und fortwirken in der Verfassung, die Husserl in einer Notiz von 1930 zur fünften der »Cartesianischen Meditationen« als *Anonymität des Transzendentalen* bezeichnet hat. Die Verborgenheit eines Unbenannten wird beendet durch einen zwar folgerichtigen, an seiner Zeitstelle jedoch faktisch bleibenden, also immer noch überraschenden Auftritt: *Die Menschheit ist transzendental erwacht, hat transzendentale Selbsterkenntnis errungen und damit transzendental ihr eigenes Sein in Natürlichkeit und Welt in dieser Natürlichkeit thematisch gemacht.*[14]

Erwecken und Erwachen sind bevorzugte Metaphern Husserls. Und dies nicht zufällig, wenn seine Theorie des Bewußtseins ohne die leichte Zuflucht zu einem Unbewußten auszukommen hat und dabei doch die mögliche Dauerhaftigkeit von Erwerben und Gewinnen nicht nur in biographischer Individualität, sondern in der von Brüchigkeiten aller Art bedrohten Dimension der Geschichte eines Kontinents und einer Menschheit für sich zu beanspruchen hat. Dennoch bleibt jenes transzendentale Erwachen der Menschheit zur natürlichen Thematisierung ihrer selbst und ihrer Welt ein Stück von jenem ›großen Rätsel der Neuzeit‹, wie es sein gerades Gegenteil gewesen war, das man dann nur mit ironischem Beiklang als transzendentale Schläfrigkeit dahingestellt sein lassen kann. Wollte man das genauer oder gar zu genau wissen, würde man sich sogleich zu den fatalen Attitüden des Seins in seiner vermeintlichen Geschichte mit ihren Verborgenheiten und Entbergungen flüchten müssen, wie es Heidegger vorzog, nachdem die Daseinsanalytik ihren letzten Dienst versagt hatte.

Gibt es eine Verbindung zwischen der sich vage vorzeichnenden

---

14 Texte aus dem Zusammenhang der Entstehung und ersten Umarbeitung der »Cartesianischen Meditationen« März 1929 bis März 1930 Nr. 5. Zum Problem der Intersubjektivität in den »Cartesianischen Meditationen« (wohl 1930) (Gesammelte Werke XV 76).

Theorie der Geschichte und dem inneren Prozeß des Schulgedankens der Phänomenologie? Etwa die Beziehung einer Projektion der inneren Geschichte auf die äußere? Nicht so etwas wie eine List des hypostatischen Subjekts oder des unterschwelligen, aber doch eine Analogie der Logiken dort wie hier? Um ein solches Aufschlußverhältnis der Schule für das Leben, der Methode für die Geschichte, der Studierstube für die Welt herzustellen – aus der Phänomenologie als einer sich verändernden Geschichtsgestalt innerhalb eines Jahrhundertdrittels das Schema *der* Geschichte oder zumindest ihrer europäischen Kernprovinz zu machen –, fehlt es dem Meister nicht nur an Vorstellungen von der behaupteten Entschließung zur theoretischen Einstellung bei den Griechen, insofern sie zwar ›die Geschichte‹ inaugurieren, doch dies schon und unabweisbar *in* einer Geschichte und *als* Geschichte tun mußten. Darüber hinaus mangelt es Husserl an Intensität des Interesses für die Bedingungen seiner eigenen ›Urstiftung‹ der Phänomenologie als des möglichen Modells für einen solchen Vorgang: als einer Ursprünglichkeit, die unausweichlich in die Selbstbefragung nach dem Horizont ihrer Voraussetzungen geraten mußte, je erfolgreicher sie mit ihrem Anspruch werden konnte.

Es hat sehr äußerliche Bedingnisse, daß die Geschichtsschreibung des Rückrufs ›zu den Sachen‹ mit einer Biographie und Schulverlauf überschreitenden Optik auf die Jahrhundertwende zum Desiderart wurde.[15] Husserl hat die ›Urgeschichte‹ seiner Gründung allzu sehr unter dem Aspekt der Abwehr tödlicher Drohungen von der Art des Psychologismus gesehen. Als Rezeptor des Zeitgenössischen war er der auf Unbedenklichkeit der Grundlagen fixierte Mathematiker, herausgefordert, sich Unklarheit und Unreinheit von jedem Typus der Relativierung nicht bieten zu lassen. Wie er diese eigene Frühzeit sah, hat ihm kein Muster von anderem vorgeprägt – den Entschluß zur theoretischen Einstellung hatte er nicht zu fassen, nur zu radikalisieren brauchen.

Sollte das aber gelungen sein, konnte die Selbstvorhaltung nicht ausbleiben, wie das Genuggetanhaben gegenüber der Strenge letzter

---

15 Zuerst durch: H. Lübbe, Positivismus und Phänomenologie. Mach und Husserl. In: Beiträge zu Philosophie und Wissenschaft. Fs. Wilhelm Szilasi. München 1960, 161–184. (Erneut in: Bewußtsein in Geschichten. Freiburg 1972, 33–62). Zu dieser Thematik neuestens: M. Sommer, Husserl und der frühe Positivismus. Frankfurt 1985.

Ansprüche sein Überleben in mehr als einem Leben finden konnte. Anders gesagt: die bloße Gegenwehr gegen Zumutungen an das theoretische Ethos mußte zur Stiftung von ›Bewegung‹, der *statische* Ertrag zum *dynamischen* werden.

Fragt man sich – einmal ohne Rücksicht auf den engeren hier in Rede stehenden Zeitraum –, welches Mittel der Philosophie in ihrer langen Geschichte der Auseinandersetzung mit allen Arten von Relativierung der Wahrheit am wirksamsten gewesen ist, gibt es keine plausiblere Antwort als diese: der Platonismus.

Jede weitere und neuere Theorie, so läßt sich aus freier Hand behaupten, die es mit einem Tatbestand der Problematisierung von ›Wahrheit‹ zu tun hat oder bekommt, wird wieder zu demselben Mittel greifen, wenn auch in einer seiner moderner gefärbten, umständlicher bezeichneten Varianten. Nicht immer läßt sich das auf Anhieb erkennen; etwa wenn A. Tarski bei seinen semantischen Präzisierungen von 1933 und später, unter nachdrücklicher Zustimmung Rudolf Carnaps, darauf bestand, es müsse – ohne Rücksicht auf Akzeptanz und Konsistenz unter faktischen Bedingungen der Wissenschaft – die zeitlose Wahrheit (oder Falschheit) von Sätzen geben. Fragen der ›Bewährung‹ oder ›Erschütterung‹, nach dem terminologischen Vorschlag Otto Neuraths, berühren die theoretische Praxis von Geschichte und Durchsetzung der Erkenntnis, nicht den Bestand theoretischer Wahrheiten und deren Definition.

Wesen und Existenz fallen dann auseinander. Die Geschichte bekommt ihre Norm möglicher Wahrheit unabhängig vom ›Faktum‹ des jeweils Erreichten, aber auch von der ›Technik‹ des Erreichens. Diese Distanz zur Erkenntnispraxis und deren Leistungsfähigkeit charakterisiert auch die Phänomenologie. Mit Begriff und Methode der ›Wesensschau‹ hatte sie sich zunächst und vor allem den mechanistischen Theorien über die Leistungsfähigkeit des Bewußtseins widersetzt, sowohl deren Naturalismus als auch ihren Implikationen einer vom Boden der Begründungen abhebenden Beschleunigung durch Formalisierung in der Konsequenz mechanistischer Erklärung.

Versteht es sich auch von selbst, daß ›Wesenheiten‹ etwas von der Art platonischer Ideen haben müssen, versteht sich damit noch nicht, worin sie sich von diesen unterscheiden. Das ist auch in der ganzen noch von Husserl dominierten Geschichte der Phänomenologie ungeklärt geblieben. Zumindest läßt sich die Tendenz bestimmen: Sie haben von der Nähe zu platonischen Ideen zunehmend eingebüßt – oder auch: den Begriff von Idealität zunehmend verändert. Diese Veränderung läßt sich bestimmen: als Preisgabe des statischen Moments am Begriff von ›Wesen‹ zugunsten eines genetisch-prozessualen. Bei diesem hat sich das Grunderfordernis der Idealität – deren unrelativierbare Konstanz – vom Bestand und dessen Beständigkeit auf den Erzeugungsvorgang eines beständigen Resultats verlagert. Die Genesis des Logischen aus der ›Lebenswelt‹ wird ›platonisiert‹.

Das bedeutet keine Rückkehr zur Konvergenz mit dem Neukantianismus. Es hat mit Natorps Vorschlag, die platonischen Ideen als Vorläufer von Naturgesetzen und damit als Verlaufsregeln zu erklären, nichts mehr zu tun. Husserl hatte sich selbst den Prototyp für die Genetisierung der Phänomenologie schon früh in den Analysen zur Konstitution des inneren Zeitbewußtseins geschaffen. Zeit sollte nicht ›Faktum‹ als genetisch unbefragbare Form des inneren Sinnes sein, wie bei Kant, sondern durch Anschauung einer Erzeugung zum Verständnis gebrachte Leistung auf der Stufe der elementaren Selbstermöglichung des Bewußtseins als Intentionalität. Was Husserl im dritten Jahrzehnt des Schulbestands seiner Theorie »Genetische Logik« nennen wird, hat immer noch oder wieder mit dieser Selbstermöglichung des Bewußtseins zu tun.

Was in der Analyse der Zeit auf die elementare ›Normalität‹ des Bewußtseins ging, muß für die Genesis der logischen Operationsmittel auf die Gefährdungen seiner Einstimmigkeit gerichtet werden. Logik als Produkt einer Genesis erweist sich dann als der Inbegriff von Instrumenten der Selbstbehauptung durch Restitutionen der Einstimmigkeit. Die Negation, um durch diese die These zu illustrieren, erlaubt Aufhebung und Berichtigung eines – sich durch Selbstgegebenheit herausstellenden – Fehlschlags der Intentionalität. Unter diesem Gesichtspunkt der Reparaturfähigkeit des Bewußtseinsprozesses ergibt sich ein Muster von solcher Allgemeingültigkeit, daß es für Diagnose und Therapie der »Krisis« als maßgebend erkannt werden kann.

Noch in der »Logik« von 1929 spricht Husserl von *echten Idealitäten der erweiterten platonischen Sphäre*. Allerdings dürfe man diese nicht verwechseln *mit dem von mir ausgebildeten phänomeno-*

logischen Idealismus, der gerade durch die radikale Kritik jenes Psychologismus auf Grund einer phänomenologischen Aufklärung der Evidenz seinen grundverschiedenen neuen Sinn erhält.[16] Jene frühen Idealitäten, von denen immer noch die Rede sein darf, waren Inhalte, auf die Urteile sich beziehen, ohne von den Urteilsakten abhängig zu sein. Sie waren und sind weiterhin etwas Statisches. Anders steht es mit den ›Stellungnahmen‹, den kategorialen Mitteln, mit deren Erzeugung sich eben die »Genetische Logik« beschäftigt. Deren Art von Anschauung ist es, dem Subjekt reflexiv zuzusehen, wie es sich in schwierigen Lagen zu helfen weiß. Was wie ein Mitbestand ewiger Wahrheiten ausgesehen hatte, erweist sich genetisch als ein Fundus von Notlösungen, vergleicht man es mit der schlichten Feststellung des Gegebenen, das als solches und nur als solches der Konstatierung nicht bedarf. Deshalb sind Feststellung und Beschreibung Vorgänge, die zu einer ›Lebenswelt‹ authentisch nicht gehören. Sie können auch einem klassischen Platonismus nicht mehr zugeordnet werden, weil ein intentionales Bewußtsein widerspruchsfrei denkbar ist, das ihrer nicht bedarf. Wahrheit ist lebensweltlich weder Vorkommnis noch Bedürfnis. Auf klassisches Platonisch gesprochen: Die *Anamnesis* der Lebensweltler ist leer.

Also muß, was sie bei Plato enthalten hatte, *entstanden* sein. An diesem Punkt wird der Begriff des Genetischen ersetzt durch den des Schöpferischen: der *schöpferischen Konstitution* als der *Schöpfung ihrer Wesen und Wesensbegriffe*. Doch ist dies, was wie die Zeitkonstitution auf dem Grunde der Subjektivität geschieht. Darauf läßt der bemerkenswerte, obgleich kaum durchsichtige Satz schließen: *Jede konstitutive Analyse ist in dieser Hinsicht schöpferisch; die schöpferisch erworbenen konstitutiven Einheiten sind Normen, und ihr schöpferisches Erwerben ist selbst thematisch gewordene Methode und als solche Norm für die künftige habituelle methodische Praxis.*[17] Die Schwierigkeit des Satzes liegt bei dem Ineinander von untersuchendem und untersuchtem Subjekt. Als ›schöpferisch‹ erscheint eher der Phänomenologe, der dem fungierenden Subjekt seine Kunstgriffe absieht, als das Subjekt selbst

---

16 Formale und transzendentale Logik § 66. Psychologistischer und phänomenologischer Idealismus (Gesammelte Werke XVII 178).
17 Formale und transzendentale Logik § 70. Der Sinn der geforderten Klärungen als konstitutiver Ursprungsforschung (Gesammelte Werke XVII 189).

Dritter Teil: Die Urstiftung   339

in actu. Diese Verwechslung oder Gleichsetzung hat den einzigen Grund einer Vermeidung: nicht wieder in die neukantianische Sackgasse zu laufen, wo den Wissenschaften nur zuzusehen ist bei dem, worin sie so erfolgreich sind. Denn das wäre die *schon wiederholt erwähnte Verkehrtheit, daß man die Wissenschaften als etwas nimmt, das schon ist.*
Indem Husserl das Verfahren des Neukantianismus derart eindringlich ausschließt, löst er sich auch von dessen Geschichtsbild. Es war die Konzeption einer ohne Bruch die wissenschaftliche Vernunft seit ihrer antiken Begründung zum Erfolg führenden Geschichte, die äußerstens solche Mängel wie Minderungen und Unterbrechungen ihres Tempos kennt. Darin hatte die nun nicht mehr romantische, sondern rationale Dringlichkeit einer ›Rettung‹ des Mittelalters gelegen. Dieser Aufgabe sollte sich, fast schon zu spät, vor allem Ernst Cassirer zuwenden mit »Individuum und Kosmos in der Philosophie der Renaissance« (1927).
Löste sich Husserl aus den Gemeinsamkeiten mit dem Neukantianismus, so lag schon darin die *Möglichkeit* zur Annahme einer Verfehlung gesollter Rationalität im geschichtlichen Prozeß. Es war zumindest die Freiheit zu dem gewonnen, was in der »Krisis«-Abhandlung als das pathologische Moment am Beginn der Neuzeit namhaft gemacht werden sollte, um dafür die Phänomenologie als Remedium der Konsistenz anzubieten. Dem Werk von 1929 fehlte noch das Instrumentarium einer ›Geschichtskritik‹; es war beherrscht von Kritik an *gegenwärtigen* Begründungsfähigkeiten und hob sich damit aus der Gesamtgeschichte der Phänomenologie nicht heraus. Erst die Abwertung der faktischen Geschichte zugunsten einer sich aus Identität begründenden ermöglichte, auf einen Hauptschuldigen oder zumindest einen exemplarisch Schuldigen zu zeigen.
Die Pathologie der Abweichung, auf die mit dem Namen Galilei gezeigt wird, hat freilich wiederum oder noch immer den Typus ›Technisierung‹. Im Gegensatz zu Wissenschaften, die *bei aller ingeniösen Leistung bloß theoretische Techniken* sind, ist die phänomenologische Theorie der Wissenschaft die Wirklichkeit des wissenschaftlichen Lebens selbst mit dem emphatischen Sinn von ›Leben‹, den Husserl von der Lebensphilosophie angenommen hat und der in diesem Zusammenhang zentriert ist auf das, was *Grundbegriffsschöpfung* heißt. ›Leben‹ wird zum Titel für die Identität des Ur-

sprungs von Philosophie und Wissenschaft als der Sinnbestimmung dieser durch jene. Die Geschichte der Wissenschaft ist nicht identisch mit der Konstitution der Vernunft; sie muß sich an der Selbstanalyse der Konstitution durch das transzendentale Subjekt messen und korrigieren lassen.

Der Einwand lautet: Was wäre geschehen, wenn Galilei das ihm angelastete Versäumnis der ›Grundbegriffsschöpfung‹ nicht begangen hätte? Die Frage ist identisch mit der anderen: Was bleibt von einer ›Grundbegriffsschöpfung‹ über die Zeit, über die Subjekte und Generationen hinweg? Erliegt man nicht einem unzulässigen Rückgriff auf die platonische *Anamnesis*, wenn man das Produkt einer ›Grundbegriffsschöpfung‹ auf die Ewigkeit der Ideen – und die damit jederzeit gegebene Chance aller Individuen zum Rückgang auf sie – bezieht? Nach Husserl soll die logische Konstitution eine auf Dauer fortgeltende, nicht auf Erinnerung angewiesene Leistung, eine zwar nicht ewige, aber ein für allemal geschaffene Idealität sein: *Die Logik bezieht sich nicht auf die Gegebenheiten in bloß aktueller Evidenz, sondern auf die bleibenden, in ihr zur Urstiftung gekommenen Gebilde, auf die immer wieder zu reaktivierenden und zu identifizierenden, als auf Gegenständlichkeiten, die hinfort vorhanden sind ...*[18]

Das sitzt voller Geschichtsphilosophie, möchte man sagen. Es gibt einen *terminus a quo* von geschaffener Idealität, und er ist Vorwegnahme derjenigen Verallgemeinerung, die in der »Krisis«-Abhandlung für die ›Urstiftung‹ der theoretischen *Einstellung* selbst und ihres Prozesses im ganzen vollzogen werden wird. Nur fehlt es an dem Analytiker der Konstitution, dem sie zugeschrieben werden könnte; also steht sie noch außerhalb des Kontextes, den sie inauguriert, und muß außerhalb seiner Bedingungen verstanden werden. Deshalb wird der Ausweg des willentlichen Gründungsaktes für die Norm der Gesamtbewegung der Theorie als der Idee der europäischen Geschichte gewählt. Es liegt ganz nahe, das Problem des Ursprungs aller Ursprünge zwar nach Analogie der Urstiftung von Logik, aber nicht aus deren gründender Instanz zu

---

18 Formale und transzendentale Logik § 73. Idealisierende Voraussetzungen der mathematischen Analytik als Themen konstitutiver Kritik. Die ideale Identität der Urteilsgebilde als konstitutives Problem (Gesammelte Werke XVII 191–195).

Dritter Teil: Die Urstiftung   341

begreifen. Anstelle der platonischen *Anamnesis* ist am ehesten so etwas wie ein Prinzip der Beharrung für Idealitäten getreten. Wie ist das zu denken?
Man muß sich immer wieder die Grundaussagen der Phänomenologie vergegenwärtigen, um ihre Projektionen wahrzunehmen. Die Intentionalität des Bewußtseins fungiert im Kontinuum zwischen leerer Vermeinung und erfüllter Selbstgegebenheit. Begriff und Anschauung bilden nicht diskrete Stufen oder Handlungen, die zwar aufeinander bezogen, aber letztlich nicht genetisch miteinander verbunden werden könnten, wie es bei Kant der Fall war. Doch beim Gebrauch des deskriptiven Begriffs der Intentionalität wurde von Husserl immer nur in der einen, der final vorgegebenen Richtung von der Leere zur Fülle, von der Vermeinung zur Anschauung gedacht und gesprochen. Soll nun einmal gestiftete Idealität auf Dauer gestellt werden können, kommt alles auf deren intentionale Rückführung auf Vermeinung an, also auf die Umkehrung der Bewußtseinsfinalität.
Die Grundbegriffe werden aus voller Verantwortung und Begründung geschaffen und behalten die derart gewonnene Eindeutigkeit auch auf der Reduktionsstufe der Vermeinungen. Das macht sie geschichtlich transportfähig. Sie tragen das Recht ihrer originären Erzeugung mit und an sich. Das legitimiert sie noch für ihren uneigentlichen, von der Erfüllung zurückgenommenen, von Anschauung entleerten Gebrauch: *was ich gesagt habe, habe ich gesagt, der Identität meiner Urteilsmeinungen, meiner Überzeugungen kann ich jederzeit gewiß werden über alle Pausen meiner Denkaktualität hinaus, und ihrer einsichtig gewiß werden als eines bleibenden und jederzeit verfügbaren Besitzes.*
Nicht die Erwerbsform, die Besitzform ist die Schwäche der Phänomenologie. Ihr methodisch-erkenntnistheoretischer Aspekt wird damit verlassen und etwas in Betracht gezogen, was erst aus der Voraussetzung ihres Erfolges sich ergibt. Das gilt schon für das Verhältnis von Dasein und Erkenntnisbesitz beim Phänomenologen selbst: Wie wird er damit fertig, daß er die Kontinuität seiner theoretischen Arbeit *unterbrechen* muß, um leben zu können – oder: auch ein wenig zu leben? Denkaktualität ist nicht durchzuhalten. Husserl hat das gelegentlich gesehen, bei Annäherung an sein Schul- und Geschichtsproblem etwas deutlicher. Phänomeno-

logie als Besitzform beruht wiederum auf einem Willensakt: beim Rückgang von der Evidenz auf die Meinungsform den ›Rückfall‹ in diese nicht eintreten zu lassen, keinen Verlust als Abreißen der intentionalen Kontinuität hinzunehmen, die geleistete Bestimmtheit in der Aneignung zu halten: *dieses Bestimmte will ich hinfort stets als meine Meinung anerkennen.* Wie in der ›Urstiftung‹ steckt auch in dieser Formel eine juridische Metapher: die eines ein für allemal hergestellten Verhältnisses legitimer Zugehörigkeit dessen, was man sonst leicht ›wechselt‹ – der ›Meinung‹ –, als Eigentum durch rechtmäßigen Erwerb in der erfüllten Anschauung.

Die Möglichkeit dieser Konzeption beruht auf dem Verfahren der sich erfüllenden Vermeinung. Ihr Muster jedoch ist die Retention, das ›Ideal‹ aller ›Übergänge‹, die dem Ich ›gegenwärtig‹ sein können. Darin ist gefordert das Bewußtsein der festgehaltenen Identität durch reflexiv gesicherte Kontinuität. Kein Dualismus der Erkenntnisquellen kann dies leisten. Zwar gilt hier das Wort des dunklen Heraklit, der Hinweg und der Rückweg, der Aufstieg und der Abstieg seien derselbe Weg, doch es entsteht eine wesentliche Asymmetrie: die Vermeinung hat die bloße Funktion der Vormerkung für die Erfüllung, während die dieser retentional wie habituell folgende Nachmeinung ihren Zuschuß behält kraft des möglich bleibenden und ›gebahnten‹ Rückgangs auf die Anschauung. Es gibt den Zugewinn an Lebendigkeit wegen des durchlaufenen Zusammenhangs, von dem sich sagen lassen muß, er habe unabhängig von der erreichten Anschauungserfüllung seine eigene reflexive Evidenz, die des Geleisteten, das nicht selbst der Erwerb ist. Es gibt so etwas wie eine Rechtfertigung der Rechtfertigung, eine Anschauung des Anschaulich*werdens* als Übergang.

Dennoch wäre es kurzschlüssig gedacht, die dem Individuum zugetraute, weil auf der Kontinuität seiner Leistungsstruktur beruhende Identität seiner Besitze kraft ihrer Erwerbe ließe sich leicht auf die Geschichte übertragen, ohne unkontrollierter Metaphorik oder Hypostasierung zu erliegen.

Daß Husserl sich mit einer solchen Analogiebildung in illustrer Genossenschaft befand und befände, tröstet philosophisch wenig. Es läuft entweder auf den bloßen Schein der Individuation des mundanen Subjekts hinaus oder auf die besondere Variante eines Platonismus, dessen Bestand an ›Ideen‹ erweiterungsfähig ist. Man kann nicht sagen, daß Husserl beide Sprachen deutlich spricht; doch das nur, weil er den Wesensaussagen über das individuelle Bewußtsein stillschweigend eine auf die Geschichte übertragbare Gültigkeit unterstellt oder zumindest durchgehen läßt.

Im Hinblick auf die neuzeitliche Rationalität von Konstanzannahmen scheint ein platonisierender Objektivismus von vornherein das größere Anrecht auf unsere Verständnisfähigkeit zu haben. Was den objektiven Bestand erweitert, sind die jeweils neu konstituierten Begriffe und Einsichten. Diese haben ihre Art von Transzendenz, die sie einerseits den platonischen Ideen nahe stehen lassen, andererseits der ›Transzendenz‹ der physischen Objekte gegenüber ihren Subjekten. In beiden Fällen ist die Identität des Objekts bei Mannigfaltigkeit seiner Gegebenheiten oder bei Mannigfaltigkeit der ihm zugewandten Subjekte und ihrer Zeitmomente das, was dem Ausdruck ›Transzendenz‹ seine deskriptive Bedeutung gibt, oder besser: läßt.

Wenn Husserl sagt, das *Ideal der Identität der Aussagebedeutungen* – Kern der Programmschrift »Philosophie als strenge Wissenschaft« von 1911 – sei unerfüllbar, wird man zurückfragen müssen, für welches Subjekt das gesagt wird. Würde nicht die Konstitution eines Subjekts, für welches das immer weniger Geltung hätte, wiederum zu den schöpferischen Konstitutionen gehören? Dann wäre zwar die Geschichte nicht die eines identischen Subjekts, aber sie würde dies ›immer mehr‹, um es im Subjekt des Phänomenologen ›am meisten‹ zu sein. In der Erfüllung könnte freilich nicht ausgehalten werden. Darin unterschiede sie sich nicht von einer Erfüllung, die der Intentionalität des Bewußtseins zuteil werden kann: von der Ursprünglichkeit der ›Urimpression‹. Wie diese einen Prozeß festgehaltener Identität in der Retention durchläuft, ohne in die Erinnerung überzuspringen, so durchläuft die gegenständliche Intention aus der Vermeinung heraus den Zenit der erfüllten Anschauung und bleibt an dieser noch im Abbau der Erfülltheit unabgesetzt und unausgesetzt hängen. Für dieses ›Hängenbleiben‹ gilt der Satz: *Wahrheit ist eine dem ideal identischen Urteil bleibend zugehörige Beschaffenheit.*[19] Anders ausgedrückt:

---

[19] Formale und transzendentale Logik § 77. Die im Satz vom Widerspruch und vom ausgeschlossenen Dritten enthaltenen idealisierenden Voraussetzungen (Gesammelte Werke XVII 202).

Einmal vollzogene Anschaulichkeit ist nicht wieder aus der Welt zu schaffen, sofern Identität der Bezugnahme auf sie zur ›Geschichte‹ des Begriffs selbst wird.

Der ›Verfall‹ der Grundbegriffsschöpfung besteht im Abreißen ihrer ›Geschichte‹. Man kann das im Zusammenhang mit der Beschleunigung, ja der Überstürzung (*précipitation*), sehen, die seit der cartesischen Kritik an der Scholastik der Unendlichkeit des Willens als dem drängenden Moment der Zeitnutzung zugeschrieben worden war. Dann könnte, was Husserl ›Technisierung‹ im Feld der Logik nennt, als Isolierung der vierten Regel des cartesischen »Discours« gegenüber den drei vorausgehenden Maximen angesehen werden, *nachdem* das Erfordernis der Formalisierung in so hohem Maße erfüllt und verselbständigt war. Die Versuchungsqualität jener *Beschleunigungsregel* für diskursive Verfahren war zutage getreten, und neuerliche Verstetigung des Prozesses schien sich nur durch die *Verweilungsimplikation* des Platonismus anzubieten.

Aber noch in der »Logik« von 1929 hatte die Rede von der *deduktiven Technisierung der Zahlen- und Größenlehre* als dem für den Neuzeitbeginn wesentlichen Vorgang keinen negativen oder kritischen Beiklang. Im Gegenteil führte sie hin auf den bei Leibniz zu findenden *reinen Sinn* von Sachentbundenheit der *mathesis universalis*, für den es seit der Antike mit ihrem Unverständnis für die ›reine Leerform‹ keinen Boden gegeben hatte.[20] Schon von dieser Behauptung her mußte ein Platonismus zum Widerstand gegen Formalisierung geeignet sein, wobei nicht übersehen werden darf, in welchem Maße für Husserl Formalismen auch Inbegriffe für Wesensverhältnisse und -gesetzlichkeiten waren, mit denen sich Subjektivismen aller Art, zumal dem Psychologismus, entgegentreten ließ. Das schließt die immanente Tendenz auf ökonomisch-pragmatische Instrumentalisierung nicht aus, die in der Schwebe zwischen Subjektivität und Objektivität läßt, was es mit ihren Operationen auf sich hat. Vor dieser klärenden Entscheidung stehen zu bleiben, macht die Unentschlossenheit und Zaghaftigkeit aus, die *durch altererbte Ängste vor dem Platonismus blind ge-*

---

20 Formale und transzendentale Logik § 26. Die historischen Gründe der Verdeckung des Problems der Einheit von formaler Apophantik und formaler Mathematik (Gesammelte Werke XVII 84–89).

Dritter Teil: Die Urstiftung 345

macht für dessen rein zu fassenden Sinn und sein echtes Problem keinen Zugang finden.
Husserl besaß und brauchte keine historische Vertrautheit mit diesem Platonismus. Er sah keine Schwierigkeit darin, das neue unendliche Arbeitsfeld mit den Endlichkeitsbedingungen jedes Platonismus gegen den Psychologismus abzuschirmen. Das gilt für die transzendentale Umformung der Phänomenologie nicht anders und nicht weniger, zumal wenn man sie als genetische Deskription versteht. Sie ist dann so etwas wie ein von seinen naturalistischen Mechanismen befreiter Psychologismus, dessen Paradox darin bestand, das Unentstehbare als entstanden denken zu sollen. Der Zwischenschritt ist etwas, was man historisierten Platonismus nennen könnte: ein unfester und durch schöpferische Akte der Subjektivität anreicherungsfähiger, also geschichtlicher Bestand an Idealität.
Nimmt man die wenigen Stellen, an denen Husserl nicht die Ausdrücke ›Platonismus‹ oder ›platonisch‹ gebraucht, sondern den Namen des Philosophen selbst einführt, so ergibt sich in der »Logik« von 1929, daß der mit den Augen Paul Natorps gesehene neukantianische Plato von Husserl eben gegen den Neukantianismus umgedreht wird. Als Beleg dafür ist am kräftigsten der Doppelsatz: *War Wissenschaft überhaupt in Frage gestellt, so konnte natürlich kein Faktum Wissenschaft vorausgesetzt werden. So wurde Platon auf den Weg der reinen Idee geführt.*[21] Die Auffassung vom Ding als *Idee eines unendlichen, in sich geschlossenen Systems möglicher Erfahrungen* bleibt regulative Idee im Sinne Kants; aber die Deutung des ›Ding an sich‹ als einer *Idee, die das naturwissenschaftliche Denken rechtmäßig leitet,* ist gerade das, was die an dem Begriff ›Lebenswelt‹ kenntliche Gegenbewegung zum Neukantianismus ausdrücklich nur für den wissenschaftlichen Gegenstand gelten lassen will und damit einer Einschränkung

21 Formale und transzendentale Logik. Einleitung (Gesammelte Werke XVII 6). – Erkennbar bereitet sich vor, daß das ›Faktum Wissenschaft‹ nicht die Voraussetzung aller Voraussetzungen bleiben kann, wenn der Wurm der ›Krisis‹ gerade im historischen Werden und Bestand dessen, was derart ›Faktum‹ ist, ausgemacht werden muß. Die Therapie muß an das ›Faktum‹ selbst heran, und das kann sie nur, wenn die Bedingungen seiner Möglichkeit weniger interessieren als die Konsistenz der Genesis seiner Wirklichkeit. Insofern ist die »Krisis« Abhandlung schon ihrer Fragestellung, erst recht ihrer Diagnose nach ein Resultat des phänomenologischen Nachneukantianismus.

unterwirft, die das thematische Feld der Phänomenologie im übrigen von dieser Vorgabe freistellt.[22]

Die Geschichte der Phänomenologie zeigt gegenläufige Tendenzen. Als Auflehnung gegen den Psychologismus und dessen Überwindung muß sie auf eine Wesensform von Gegenständlichkeit setzen, die schlechthin unabhängig von den Bedingungen einer kontingenten Welt als Natur ist und so etwas wie anschauliche Zuordnung der wirklichen Welt zum ›Wesen‹ einer möglichen Welt erlaubt. Auch der Kosmos der platonischen Ideen war vor seiner Realisierung durch den Demiurgen und unabhängig von dieser eine mögliche Welt, allerdings die einzig mögliche Welt. Von dieser Einschränkung braucht sich die Phänomenologie nicht erst zu lösen; die Ablösung ist seit dem Begriff einer Unendlichkeit möglicher Welten erfolgt. Aber gerade im erweiterten Weltbegriff liegt das Bedürfnis nach einer formalisierten Erfassung der Weltstruktur begründet. Angesichts der Unendlichkeit möglicher Welten als der Repräsentanten dessen, was überhaupt eine ›Welt‹ sein kann, versagt selbst das Instrument der freien Variation. Und damit wird das Paradox fällig: es sei ein beharrlicher Platonismus, der, um zu wissen, was die Idee einer ›Welt‹ ist, auf Formalismen tendiert, die seit Leibniz allein noch geeignet erscheinen zur Ermittlung möglicher Welten, ihrer kompatiblen und kompossiblen Zusammenfügungen und Abläufe.

Jeder Formalismus aber enthält ohne Zutun seiner Konstitution die Erleichterungen seiner Funktionstüchtigkeit zur Ersparung von Zeitaufwand durch mechanische Abrufbarkeit seiner Leistungen. Insofern ist der immanente Platonismus der Phänomenologie unerwartet die Brücke zu dem, was Husserl ›Technisierung‹ nennt und was ihm die Gefährlichkeit der mit dem Vorteil des Zeitgewinns und der Kraftersparnis angebotenen Einsichtslosigkeit und Unverbindlichkeit annimmt: Verweigerung gegenüber Begründungsforderungen mit der Begründung des Erfolgs.

In der »Formalen und transzendentalen Logik« von 1929 ist die Dämonisierung dieses Begriffs noch nicht absehbar. Husserl kann da noch von der *Freudigkeit der Schöpfung einer theore-*

---

[22] Formale und Transzendentale Logik § 16. Die die Stufenscheidung der Apophantik begründenden Evidenzunterschiede (Gesammelte Werke XVII 66 Anm.).

Dritter Teil: Die Urstiftung 347

tischen Technik sprechen, von der *Erfindung von Theorien, mit denen man so viel Nützliches machen und die Bewunderung der Welt gewinnen kann. Dieses ist nur, was nicht genügt.* Denn wir können, so Husserls Begründung, *echtes Menschentum und Leben in radikaler Selbstverantwortung nicht trennen und somit auch wissenschaftliche Selbstverantwortung nicht trennen von dem Ganzen der Verantwortungen des Menschenlebens überhaupt –*, und daraus ergibt sich die Verpflichtung, in der Leistungsfreudigkeit der theoretischen Technik nicht aufzugehen, sondern sich über sie zu stellen, wie überhaupt *über dieses ganze Leben und diese gesamte Kulturtradition* ...[23]
Zwar fungieren apriorische Wissenschaften unvermeidlich *normativ-technologisch*, ohne dadurch aufzuhören, Wissenschaften zu sein, um Technologien zu werden. In diesem Werk ist noch keine kritische Schärfe gegen die ›Technisierung‹ da, nur gegen die Verwechslung von Form und Norm, gegen die Umkehrung der Begründungsfolge von Apriorischem und Regulativem. Aber diese Monita bestehen seit der »Philosophie der Arithmetik«. Die Mathematiker begnügen sich *mit einer Einheit aus theoretischer Technik*, wogegen *wir als philosophische Logiker* ganz von der Vorsicht geprägt sind, *nicht als mathematische Techniker* die theoretischen Ansprüche zu formieren.[24]
Daß die logische Operation selbst Anschaulichkeit muß haben können, ist das für eine genetische Logik unter den Bedingungen der Phänomenologie unverzichtbare Zugeständnis; sonst könnte kein Formalismus auf seine rechtfertigende Ursprünglichkeit zurückgeführt und von ihr her zur Autonomie seiner Funktion ›ermächtigt‹ werden. Es ist daher nicht weniger als konsequent, daß am Formalismus gegen die Phänomenologie geltend gemacht werden konnte, er sei die Erfüllung ihrer Begründungsforderungen, indem und sobald er sich seiner platonischen Implikationen entledigt und die Operation selbst als Grenzwert der Rechtfertigung anzubieten hätte. Ob die Rettung vor dem Psychologismus damit dauerhaft durchzuhalten wäre, hätte Husserls Bedenken sein müssen, wäre

---

23 Formale und transzendentale Logik. Einleitung (Gesammelte Werke XVII 9 f.).
24 Formale und transzendentale Logik § 7 (Gesammelte Werke XVII 35); § 26 c (a. a. O. 88); § 55 (a. a. O. 158 f.).

ihm der Konstruktivismus als ernsthafte Alternative zur ›kategorialen Anschauung‹ aufgegangen. Denn diese ist das frühe statische Äquivalent dessen, was in der späten genetischen Präsentation als bloßes Resultat erscheint: die klassische ›Form‹ als ›Aggregatzustand‹ der Idealität, bevor der operative Prozeß selbst – gleichsam als jederzeit vorführbare *Herstellung des Idealen* – die vormals platonische Qualität annimmt.

Die genetische Logik muß das Verhältnis von Noesen und Noemata insofern modifizieren, als sie die noetischen Akte nun selbst als noematische Inhalte zu behandeln hat. Die kategorialen Operationsmittel werden erzeugt, nicht vorgefunden – aber vorgefunden, insofern sie erzeugt worden sind. Darin liegt die Entbindung von der ständigen Originalität der theoretischen Leistung. Zugleich liegt darin eine Änderung am Begriff der ›kategorialen Anschauung‹: ihm nicht eine spezifische Region von Bedeutungen zuzuweisen – die sprachlich in Partikeln wie ›und‹, wie ›oder‹ auftreten –, sondern diese erst als Produkte anschaulicher Prozeduren entstanden sein zu lassen, die *anschauliche Verhältnisse von Anschauungen* ergeben. Diese können vereinbar oder unvereinbar, einander aufhebend oder bestätigend sein; sie werden gerade in den ›Störfällen‹ – nicht selbstverständlich und damit ›lebensweltlich‹ aufgehender Konsistenz – modifizierende, korrigierende oder adversative Maßnahmen erfordern, um sie der Identität des Bewußtseins oder diese ihnen zu erhalten. Das prädikative Instrumentarium ist nicht das der ursprünglichen Herstellung von Identität, sondern das ihrer sekundären Wiederherstellung.

Alle Elemente der klassischen Urteilstafel lassen sich auf diese Funktion beziehen und erfordern dadurch die Verschiebung des Begriffs der ›kategorialen Anschauung‹. Das Verhältnis von Akt und Aktinhalt ist dabei von anderer Art als in der primären Bedeutungslehre der Phänomenologie und durch das Prinzip des korrelativen Apriori nicht mehr ohne Einschränkung beschreibbar. Sonst könnte es die genetische Logik, ihren produktiven Platonismus – um es grobschlächtig zu sagen –, nicht geben. Es sind Gegenständlichkeiten eigener Art, aber ›eigener Art‹ wegen ihrer Herkunft aus der Selbstgebung in selbsterhaltenden Akten des Bewußtseins, die gegenüber den primären und schlichten Gegebenheiten immer ›Eingriffe‹ darstellen. Zugespitzt ausgedrückt: Man brauchte Ur-

Dritter Teil: Die Urstiftung 349

teile überhaupt nicht und fände für sie keine genetische Deszendenz aus der Lebenswelt, wenn es im Bewußtseinsleben nur kategorische Feststellungen zu treffen gäbe – diese sind, für sich genommen, immer überflüssig. Logik ist, in ihrem genetischen Aspekt, die Selbstbehauptung der Intentionalität gegen die Faktizität dessen, was dem Bewußtsein aus der Sphäre der Urimpressionen zugemutet wird – und insofern ist sie Ausdruck der Intimität von Selbsterhaltung und Vernunft.

Es ist doch kein Kunststück, daß das Bewußtsein das Verbindbare seiner Inhalte verbindet; es tut dies gleichsam von selbst. Aber es ist etwas Erstaunliches, daß es auch das Unstimmige und Widerstimmige noch zu ›verbinden‹ vermag, indem es für diese vorprädikativen Herausforderungen prädikative Hilfsmittel durch ›Urstiftung‹ bereitstellt. In diesem Verfahren wird der Erwerb von Anschauung immer wieder auf Anschauung angewendet. Um das nicht auf die Logik im traditionellen Sinne beschränkt zu sehen, braucht man nur darauf zu achten, wie im Übergang von Husserl zu Heidegger dasselbe Verfahren auf den gemeinten ›Sinn von Sein‹ übertragen wird: auf die Funktion der Kopula ›ist‹ im Urteil und damit auf die Fundamentalontologie, die ein Abkömmling der kategorialen Anschauung und ihrer genetischen Neukonzeption ist.

Anschauung heißt hier freilich, wie überall in der Phänomenologie, nichts anderes als: Unüberbietbarkeit der Art, wie etwas gegeben ist. Was das Bewußtsein mit einem ›und‹ oder ›aber‹ oder ›vielleicht‹ tut, läßt sich außer im gegebenen Fall des anschaulich ernötigten Vollzugs auf keine andere Weise beschreiben oder definieren – obwohl ständig im Gebrauch halten. Dennoch ist es anschaulich, in der Begründung seiner Bedeutung, nur in der Genesis ›gegeben‹. Mit einer gewissen Vereinfachung: Kein Wörterbuch kann mitteilen, was ›und‹ bedeutet, so wenig es erklären kann, was ›ist‹ bedeutet. Das überträgt sich noch auf die schönen und hochgemuten Versuche, den ›Seinsbegriff‹ bei diesem und jenem Autor darzustellen. Es gibt über das Sein nichts zu sagen; nur zu erinnern. Das, könnte behauptet werden, sei der Gipfel des Platonismus.

Jede Beschreibung einer Genesis benötigt einen Ausgangszustand, bei dem ihre theoretische Pflicht ›einsetzt‹. Darin liegt der systematische Zusammenhang zwischen dem Beginn des Themas ›genetische Logik‹ und dem des Begriffs ›Lebenswelt‹ am Anfang der zwanziger Jahre. Das bleibt folgenreich für die »Krisis«-Abhandlung. Für die in dieser analysierte Situation wird es zur beherrschenden wie erhellenden Einsicht, daß die transzendentale Genesis des Logischen und dessen formale Technisierung ihrer Genealogie nach diese selbe Startlinie ›Lebenswelt‹ haben, die den Einsatz der Begründungspflichten markiert. Als deskriptives Desiderat hat sie an der Ambivalenz dessen, was im Fortgang sich aufspaltet, sehen zu lassen, wie es mit dem Ausbruch aus der Lebenswelt eingeleitet und vorverständlich wird.

Daher kann mit dem bei Husserl uneingelöst bleibenden Programmtitel ›Lebenswelt‹ das kritische Prinzip namhaft gemacht werden, das eine geschichtlich voll zu leistende Begründung – gegen den bedrohlich defizienten Jetzt-Zustand der europäischen Kultur – zu regulieren hätte. Die Vermessung der Distanz, über die hinweg die ausgelassenen, übersprungenen Rechtfertigungen der Grundbegriffe unter der Verpflichtung der ›Urstiftung‹ nachgeholt werden müßten, hat ihren *terminus a quo* nicht nur *historisch* bei den griechischen Anfängen der europäischen Theorie, sondern auch *deskriptiv* in der Ursprünglichkeit einer weder chronologisch noch soziologisch zu lokalisierenden Lebenswelt. Deren einziges definitorisches Merkmal ist ihre Selbstverständlichkeit – und das heißt auch immer: ihre logische Unbedürftigkeit.

Was die Thematisierung der Lebenswelt der Geschichtsphilosophie Husserls hinzubringt, ist der neue Aspekt auf die Entschließung zur theoretischen Einstellung als fortwirkend verpflichtende ›Urstiftung‹. Wie alle Produkte der genetischen Logik sonst, ist schon dieses erste nicht mehr idealistische Schöpfertat allein, sondern Umformung der Selbsterhaltung, die in der Lebenswelt die Prämodalität der Selbstverständlichkeit gehabt hatte – also noch nicht Handlung geworden war. Die Lebenswelt ist von der Art des physischen Systems, auf das keine Kräfte einwirken; es braucht nichts, um zu bleiben, was es ist. Aber fast der Verdacht genügt schon, das Selbstverständliche könnte nicht das sein, was daraufhin Notwendigkeit genannt werden wird, um seinen Abbau als ›Modalisierung‹ einzuleiten.

Verlassen der Lebenswelt heißt, in die Kontingenz der Welt einzu-

Dritter Teil: Die Urstiftung 351

treten und ihre Unselbstverständlichkeit als Antrieb zu ihrer theoretischen Aufarbeitung weniger auferlegt als verhängt zu bekommen. Es wäre die Sache einer Theorie der Lebenswelt gewesen, die Husserl nicht mehr geliefert hat und wohl nicht einmal liefern wollte, statt der schon auf den Urteilsakt hin spezifizierten ›vorprädikativen‹ Erfahrungen die Einheit des Untergrundes zu erschließen, auf dem sie sich abheben.

Was ›Urstiftung‹ heißt, muß also von der Lebenswelt als Ausgangswert her erfaßt werden. Der Entschluß zur theoretischen Einstellung wird dabei selbst zur ›späten‹ Verselbständigung der Möglichkeiten und Mittel, die beim Verlassen jenes ›Urzustandes‹ – besser wohl: beim Ausgestoßenwerden aus ihm – gefunden werden mußten, um mit einer nicht mehr lebensweltlichen Wirklichkeit dennoch leben zu können. Vor der theoretischen Entschlossenheit war zu erschließen, daß einer nicht mehr selbstverständlichen Welt zu begegnen war und was dies zu ›bedeuten‹ hatte. Es war keine Ablösung von einer Unvollkommenheit, denn die lebensweltliche Bewußtseinslage schlechthinniger ›Unerfahrenheit‹ war nicht das Nichts des Bewußtseins, ›nur‹ das Nichts an Verlegenheiten für dieses. Es bekam seinen akuten Selbsterhaltungsbedarf, der aus vorprädikativen Erfahrungen und Anforderungen hervorgeht und diese umsetzt in prädikative Hilfsmittel der reintegrativen Selbstverfügung. ›Urstiftung‹ ist somit nicht Akt oder Teilakt einer idealistisch aufzufassenden Weltschöpfung am Anfang aller Dinge des Bewußtseins. Eher ist, was durch jene Stiftung gesetzt wird, so etwas wie das geschichtliche *depositum rationis* für die im Maße des Abbaus der Lebenswelt anspruchsvoller werdende Verarbeitungslast des Bewußtseins an der Realität. Wirklichkeit will sich nicht mehr ›von selbst verstehen lassen‹.

Wie Husserl die Pathosformel ›Urstiftung‹ gebraucht, beschwört sie den Rückblick, wie es nicht anders die der ›Lebenswelt‹ tun kann: Niemand hätte den ›Urstiftungswillen‹ kodifizieren können, so wenig wie den Willen oder die Anspannung beim Heraustreten aus der Lebenswelt. Beide Vorgänge sind charakteristisch ›hermeneutische‹ Erschließbarkeiten, für die der Überschuß des Intendierten über das jemals faktisch Gewollte und Gekonnte, Vorgesehene oder Absehbare wesentlich ist. Die Auffangoperationen des Bewußtseins für seine Unstimmigkeiten und die zugehörigen kategorialen Beschläge für Öffnung oder Sperrung werden, als gelungen und erfolgreich, dem Apparat ihres kaum noch einsichtigen prädikativen Gebrauchs, ihrer Rückverwandlung in ein neues lebensweltliches Substrat, entnommen. Dabei wird theoretisch nachvollzogen, was geschichtlich geschehen sein muß.

Was ›Urstiftung‹ heißt, läßt sich demnach nur im Rückblick auf die Sphäre schlichter Unverlegenheit erfassen, die Bedingung sein mußte für die oft genannten Affekte des Staunens und der Furcht, ohne die sich das nachlebensweltliche Instrumentarium kaum zur Formation der Theorie, zur Disziplin der theoretischen Einstellung, zusammengefunden hätte. Theorie als Welthaltung ist ein verdichteter Zustand des Potentials, das für die elementaren Notfälle des Bewußtseins disponibel gemacht worden war. Was sich anekdotisch als freie und kühne Blickwendung des archaischen Theoretikers auf den Kosmos darstellt, nimmt Antriebe aus dem Verlust von Selbstverständlichkeit auf. Sie waren zunächst bloße Vermeidung von Überlastungen gewesen, so etwas wie negative oder modalisierende Fluchtbewegungen. Diese repräsentiert, nach schon langem Vollzug, das theoretisch enttäuschte Postulat der skeptischen Enthaltsamkeit von jedem Urteilsentscheid.

Sie bestimmt noch die phänomenologische Reduktion. Die Weltenthaltung der gedachten letzten Figur des Theoretikers dient nun allerdings der Chance einer bis dahin übersehenen Möglichkeit von Festlegungen, in denen das intentionale Bewußtsein – als der letzte aller theoretischen Gegenstände – seine beschreibende Darstellung erfährt.

Im Rahmen dieser vermutungsweise nachholenden Systematik der Lebensweltheorie Husserls erweist sich die phänomenologische Reduktion als das finale Gegenstück zur initialen Enthebung aus der Lebenswelt und dem ihr inhärenten Entschluß zur theoretischen Einstellung. In der Blickweise einer historischen Eidetik gleicht die Reduktion am ehesten der stoischen ›Enthaltsamkeit‹, indem diese aus der Unverfügbarkeit der Welt für den Menschen die Folgerung ableitet: Verfügbarkeit des Subjekts für sich selbst über die ethischpraktische Besonnenheit hinaus zum Regulativ auch des theoretischen Sichabfindens mit der Befremdlichkeit der Welt zu machen.

Die phänomenologische Zurückhaltung hat zur Entsprechung die beginnende Bedrängnis angesichts des Übermaßes an positivwissenschaftlichen Verfügbarkeiten, die immer noch oder erst recht wieder die Selbstverfügung des Subjekts in absoluter Autarkie ratsam, dringend oder gar zwingend erscheinen läßt. Der daraus hervorgehende Spätplatonismus zeigt das in dem eigentümlichen Sinn einer durch seine dynamische Grundvorstellung nahegelegten neuen Art von *Anamnesis*: an eine nur noch metaphorische Präexistenz urstiftender Akte von kategorialen Fähigkeiten wie deren Konkreszenz zur theoretischen Einstellung – jenes wie dieses ›konserviert‹ im fortbestehenden Gebrauch ihrer Errungenschaften. Dieser Fortbestand ist es, der nicht nur durch einmalige Untat, sondern ständig vom Verlust seiner tragenden Rechtfertigungen bedroht ist, indem die begrifflichen wie methodischen Organe die Suggestion der Formalisierbarkeit mitführen oder erzeugen. Die ›Veräußerlichung‹[25] zur Kalkülisierung, Formalisierung und gar zur ›Technisierung‹ als Mechanismus und Automatismus ist so etwas wie das in der bloßen Fortbestandsform liegende Angebot.[26] Was fortbesteht, treibt aus der Abhängigkeit von seinen Ursprüngen fort; es bedarf der Wendung gegen diese Tendenz, um wahrzunehmen, daß es *eo ipso* an das erinnert, von dem es herkommt und seine Verstehbarkeit hat, die zu verbergen seiner Funktionsbereitschaft dient.

Diese Ambivalenz von forttreibender und rückweisender Richtung würde in eine Phänomenologie der Geschichte gehören, falls es sie je geben sollte. Sie entspricht der von Husserl noch angedeuteten Einsicht, der Regreß von der Deskription der Inhalte und Akte des Bewußtseins auf die der Genesis seiner operativen Mittel müsse nochmals vorangetrieben werden, um wiederum ein Wesensapriori statischer Art von höherer Geltung vor die Anschauung zu bringen. Ohne ein solches könnten weder die in der Geschichte anzunehmenden Urstiftungen als Fortgeltungen begriffen werden, noch würde die Genese einer Urstiftung selbst jemals auch nur thematisierbar werden. Sie wird es durch eine Art erschließender Erinnerung mit einer Evidenz eigenen Rechts. Nicht nur Produkte von Prozessen sind zu Idealitäten geworden, sondern diese Prozesse selbst. War-

---

25 Die Krisis der europäischen Wissenschaften § 9. Galileis Mathematisierung der Natur (Gesammelte Werke VI 48): *Zum Wesen aller Methode gehört die Tendenz, sich in eins mit der Technisierung zu veräußerlichen.*
26 Aus Entwürfen Husserls zu seiner Rezension von E. Schröder, Vorlesungen über die Algebra der Logik I. 1891 (Gesammelte Werke XXII 381–399).

um dann nicht auch deren Fortbestand in seiner unzufälligen Ambivalenz? Von dieser hängt doch ab, wie die ›Einfühlung‹ an die ›Urstiftung‹ herankommt.

Zwei absolute Metaphern standen Husserl zur Verfügung, um mit dem Paradox der statischen Idealität genetischer Prozesse, also auch der Geschichte, zurechtzukommen: die der Sedimentierung und die der Urstiftung. Für das, was im Bewußtsein habituell werden kann, hatte sich die Metapher der Sedimentation angeboten; die Formel der *sedimentierten ›Geschichte‹* lag dann auf der Linie der Annahme habitualisierter Einstellungen und Willensrichtungen. Schon in der »Logik« von 1929 schreibt Husserl im Hinblick auf geschichtliche Sedimentation als Herstellung der statischen Idealität dynamischen Ursprungs, wenn alles faktische Subjektive seine immanent-zeitliche Konstitution erfahre, sei *zu erwarten, daß auch diese Genesis ihr Apriori hat*; dann entspräche *der ›statischen‹, auf eine schon ›entwickelte‹ Subjektivität bezogenen Konstitution von Gegenständen die apriorische genetische Konstitution, aufgestuft auf jener notwendig vorangehenden.*[27] Die Schwäche dieser Metapher besteht darin, daß sie die Frage nach der Herkunft dessen, was als Sinkstoff die ablagernden Schichten entstehen läßt, ausschließt – oder irreführend zu beantworten verleitet. Zwar orientiert sie das Verständnis des Vergessens, nicht aber das der Erinnerung und des Einfühlens. Dieses könnte nur als präparativer Schnitt durch die Schichtenfolge vorstellbar werden und dann voneinander graphisch deutlich getrennt zeigen, was doch eben in der Richtung des Schnitts Kontinuität und nicht nur Kohärenz haben sollte. Die Metapher der Sedimentation verlangt einen Aspekt quer zur Richtung der Zeit. Anschaulich wird ein statisches Apriori, nicht sein Verhältnis zur Dynamik genetischer Apriontäten, die es konstitutiv übergreift oder unterfängt.

Beide Vorstellungsweisen dürfen nicht vergessen lassen, daß die statische Phänomenologie höherer Ordnung zur schulgeschichtlichen Differenz statischer und genetischer Apriontäten nicht das letzte Wort sein kann, obwohl faktisch sein wird. Im Nichtzurückzucken vor der Drohung des unendlichen Regresses geübt, bietet sich dem Phänomenologen kein Aspekt an, von dem her das sta-

---

27 Formale und transzendentale Logik § 98. Die konstitutiven Untersuchungen als apriorische (Gesammelte Werke XVII 257).

Dritter Teil: Die Urstiftung   355

tische Apriori genetischer Prozesse mit statischen Resultaten erneut und seinerseits als konstitutives Produkt begriffen werden könnte. Ausgerechnet einer phänomenologischen Theorie der Geschichte würde also bei der Anweisung auf ein nicht zu überschreitendes statisches Apriori Einhalt geboten werden.
Dennoch enthält diese Enttäuschung eine wichtige Lehre. Der immanente Übergang von der frühen statischen zur späten genetischen Phänomenologie konnte der endgültige Triumph der Methode nicht sein und war eher diejenige Wendung der Phänomenologie, die einen solchen angesichts der Paradoxe von Statik und Dynamik zu erwarten überhaupt und durchaus verbietet.
Das wird auch durch die Leistung der Urstiftungsmetapher nicht geändert. In ihr könnte man die Übertragung des Begriffs der ›normativen Kraft des Faktischen‹ auf die Geschichte sehen. Ihn hatte Georg Jellinek im Jahr der Jahrhundertwende zur Behandlung der Frage eingeführt, worauf sich die Überzeugung von der Geltung des Rechts gründet.[28] Husserl hätte das psychologistische Moment im Begriff der ›Überzeugung‹ abgelehnt, diese vielmehr nur als Komplement der anderwärts begründeten Geltung des Rechts gelten lassen. Jellinek wollte gerade *bis zu den letzten psychologischen Quellen des Rechts vordringen*.
Die phänomenologische ›Urstiftung‹ darf weder hinsichtlich des Stifterwillens noch hinsichtlich seines Vollzugs psychologische Anteile enthalten. Das wird begünstigt durch die Metapher aus dem objektivierenden Rechtsinstitut der Stiftung. Dieses soll eine Setzung unabhängig von Subjekten und Motivationen, von Umständen und Einflüssen, aus der mitgegebenen Wertsubstanz heraus nicht nur als Bestand, sondern als lebendige Funktion zu erhalten ermöglichen. Lebendig erhalten und zum Geschichtsfaktor werden kann, was ›Urstiftung‹ heißen darf, nur durch Gegenwärtigkeit dessen, was ihre Intention gewesen war. Auf diese muß der Rückgang jederzeit möglich sein, so wie man, *was ein juristisches Besitzrecht jeweils bedeutet und ausweist, nur erfragen kann durch Rückgang auf die Urstiftung dieses Rechts*.[29] Das Institut der Stiftung

---

28 G. Jellinek, Allgemeine Staatslehre. 1900; 7Darmstadt 1960, 337.
29 Formale und transzendentale Logik § 61. Evidenz überhaupt in der Funktion aller, ob realen oder irrealen Gegenstände als synthetischer Einheiten (Gesammelte Werke XVII 172).

ist ein Paradigma für die über die Zeit und die Geschichtsbedingtheit hinweg zu spannende Intentionalität. Die Frage des Stiftungskapitals muß kein Einwand sein, wenn etwa an die Anwendung des Begriffs auf die Entstehung von religiösen Orden gedacht wird, deren Vermögen zumeist sekundäre und zum Stifterwillen akzessorische, wenn nicht sogar adversative Zuflüsse sind.

Um die im Institut der Stiftung vorgefundene Form der Verbindlichkeit über die Zeit für seine Geschichtsphilosophie in Anspruch zu nehmen, wird Husserl zur Annahme eines Äquivalents der – von ihm schon gegen Dilthey als Relativismus abgelehnten – ›Geschichtlichkeit‹ genötigt gewesen sein. Es läßt sich, für die Folgen aus dem Stiftungsakt, auf den einfachen Satz bringen: Geschichte heißt, daß es keine Anfänge nach dem Anfang gibt. Den Urstiftungssinn lebendig zu halten oder zu machen und zu vollstrecken, ist daher nicht primär Sache der Ethik des Theoretikers. Er nimmt auf, was er in der Geschichte und als seine Geschichte vorfindet, womit zu brechen oder liederlich umzugehen ihn des Horizonts sinnfähiger Handlungen berauben müßte. Sich der Verstetigung oder gar Erneuerung des Stiftungswillens zu versagen, um leichtere und nach Lebenszeitmaßen passendere Leistungserfolge zu erzielen, würde primär gegen die Rationalität der Selbsterhaltung verstoßen, die auch in der Annahme geschichtlicher Sinnangebote – als der Ökonomie des Nicht-mehr-anzufangen-brauchens – liegt.

Die Metapher ›Urstiftung‹ wäre nicht so ergiebig als Leitfaden für eine Geschichtsphilosophie, wenn sie nicht die Dualität von Vergessenwerden und Einfühlbarkeit enthielte. Im »Krisis«-Werk ist die Zwiespältigkeit des Verhältnisses zu Descartes nicht nur im Vorwurf des vorzeitigen Innehaltens bei der transzendentalen Gewißheit des *Cogito* gegenwärtig, sondern auch im Hinblick auf die Analytisierung der Geometrie: als Tadel, er habe die der antiken Geometrie zugrunde liegende und ihren Stifterwillen ausmachende Idealisierung vergessen zugunsten einer naiv-technisierten Handhabung.[30] Das hat zwar nicht die Wucht dessen, was gegen Galilei

---

30 Die Krisis der europäischen Wissenschaften § 64 (Gesammelte Werke VI 224): *Freilich lag es an der Art der Übernahme der fertigen Geometrie der Alten, daß die ihren Sinn durchaus bestimmende Idealisierung fast vergessen, daß sie auf psychischer Seite als eine in Ursprünglichkeit und in einer dem Psychischen angemessenen Weise wirklich ausgeführte Leistung nicht gefordert, bzw. nicht vermißt wurde.*

vorzubringen ist, aber denselben Typus. Nicht zu Unrecht. Descartes selbst rühmt sich doch der ihn in Sachen Geometrie anstiftenden Wahrnehmung an seinen professionellen Zeitgenossen, sie hätten diese Disziplin auf ihre beschränkten technischen Zwecke hin partikularisiert und auf bloße Faustformeln reduziert. Da wäre, statt bloßer systematischer Vervollständigung zum zweckfreien Diskurs, ›Besinnung‹ auf den ›Urstiftungssinn‹ fällig gewesen.[31] Nicht nur, weil unzulässige Projektion der Subjektivität des Phänomenologen auf die Größenordnung der Geschichte vorläge, wird man sich an die Spuren von Selbstdarstellung zu halten haben, die Werk und Nachlaß bieten; auch die bloße Verlegenheit, das dürftige Material dieser Metaphorik auszuschöpfen, zwingt zur Erweiterung der methodischen Lizenz. Die phänomenologische Reduktion ist ein Gewaltakt, dem das ganze Gewicht einer existierenden Welt entgegenzustehen scheint; darin ist sie vergleichbar mit der von Freud erfundenen Selbstausschaltung des Analytikers, der sich zum stummen Zeugen aller auf ihn gerichteten libidinösen Stürme der Übertragung zu entmächtigen hat. Man wird heranziehen müssen, was dem theoretischen Subjekt beim Eintritt in seine endgültige Verfassung – die der phänomenologischen Weltversagung – an haltungstiftender Lebensentschlußkraft aus Selbsterfahrung zugetraut wird.

Das Schema des Zusammenhangs von entschlossener Wendung der Einstellung und daraus folgender Selbstverpflichtung ist die Autonomie einer selbstgegebenen ›Willensregel‹.[32] Schwäche oder Diskontinuität im Lebensentschluß ist die Enttäuschung, die den Phänomenologen ständig zur Überwachung seiner ›Treue‹ gegenüber der Reduktion, als Verschärfung des ursprünglichen Entschlusses und der Bedingungslosigkeit seiner Geltung, nötigt.[33]

31 Die Krisis der europäischen Wissenschaften § 9 k. Grundsätzliche Bedeutung des Ursprungsproblems der mathematischen Naturwissenschaft (Gesammelte Werke VI 57): Durch *Verwandlung ursprünglich lebendiger Sinnbildung* entsteht gerade zur Erfüllung der darin gestellten Aufgabe die ›Methode‹ als eine Kunst (techne), die *sich vererbt, aber damit nicht ohne weiteres ihren wirklichen Sinn vererbt.* Auf diesen muß, wer die Methode nicht ihres Sinnes entleert nur brauchen will, zurückfragen: *nach dem historischen Urstiftungssinn, vornehmlich nach dem Sinn aller darin unbesehen übernommenen und desgleichen aller späteren Sinneserbschaften.*
32 Erste Philosophie (1923/24). 50. Vorlesung (Gesammelte Werke VIII 154).
33 Erste Philosophie. Beilage zur 28. bis 54. Vorlesung (Gesammelte Werke VIII 302 f.; 309).

Der ständige reduktive Nachholbedarf in der Arbeitsgeschichte des Phänomenologen ist im Rückblick nichts anderes als die methodische Variante des Rückgangs auf den geschichtlichen Stiftungssinn. Ob realisierbar oder nicht, an faktischen Schwächen gescheitert oder durchgehalten: ein universaler Willensentschluß vermag ein Leben zu regieren.[34] Das ist die Grunderfahrung.

Aus der Radikalität einer Entscheidung entspringt ein Prozeß, zu dem zwar immer nur ein individuelles Subjekt aufbrechen, den es sich selbst aber nicht erfüllen und nur höchst fragmentarisch zutrauen kann.[35] Die Rede von dessen Unendlichkeit scheint eher ein Verdacht als eine Erwartung zu sein. Was diesem Verdacht Anstoß und Auftrieb gibt, ist die Unabschließbarkeit der Wahrnehmung von der schlichten Sache, die ›Ding‹ heißt. Die alle faktischen Wahrnehmungsakte übersteigende Identität ihres Gegenstandes macht dessen intentionale ›Unabhängigkeit‹ vom Bewußtsein als seine je erlebbare Rücksichtslosigkeit gegen dieses mit seiner Präsumtion auf die Sache selbst und im ganzen aus. Eben *diese Transzendenz liegt in der Weise ursprünglicher Stiftung im Eigenwesen der Erfahrung selbst.* Da zeigt die Metapher, noch diesseits jeder Geschichtsphilosophie, ihre Austauschbarkeit für mundane und für transzendentale Subjektivität. Bei dieser wie jener sind Erlebnisse und Akte ohnmächtig, die Einheit ihres Sinnes zu konstituieren, wenn sie nicht schon im Zusammenhang einer Intention stehen. Deren Ansatz kann nicht faktisch sein: *Erfahrung ist die Urstiftung des Für-uns-seins von Gegenständen ihres gegenständlichen Sinnes.*[36]

---

34 Erste Philosophie. 48. Vorlesung (Gesammelte Werke VIII 144): *Mit diesem universalen Willensentschluß regiere ich, sofern er als dauernd geltender gemeint ist, mein weiteres Leben.* – Unmittelbar nach diesem Wintersemester 1923/24 entstehen die drei Entwürfe zu der Festrede, die Husserl zum 200. Geburtstag Kants am 1. Mai 1924 in der Universität Freiburg zu halten hatte (Gesammelte Werke VII 208–287). Im ersten Entwurf vom Februar taucht der Ausdruck ›Lebenswelt‹ zum ersten Mal auf. Die Intensität der Beschäftigung mit Kant könnte mit der Idee des ›universalen Willensentschlusses‹ in Zusammenhang stehen; zu einem solchen lebensregierenden Grundsatz tendiert Kants Begriff der ›Maxime‹. Jede Maxime, die nicht selbst eine universale Regel ist, setzt eine solche voraus. In Kants Religionsschrift von 1793 ist der Endpunkt erreicht, daß eine einzige – noch dazu präexistente – Maximenbildung das ganze Leben ›regiert‹. Darauf konvergiert Husserls Idealisierung des Phänomenologen, dessen einmalige Einstellungswahl der Reduktion zumindest sein Arbeitsleben homogenisiert.
35 Gesammelte Werke VIII 302 f.

Man hat hingehen zu lassen, daß jede Erfahrung *eine* Geschichte hat, die sich nicht wesentlich unterscheidet von *der* Geschichte. Dies gilt zumal für den Zusammenhang zwischen Urstiftung und dem die ganze Intention durchziehenden Sinn. Jede einzelne Wahrnehmung von einem Ding muß sich beziehen lassen auf die Sinngebung der Intentionalität, die das Ding in seiner unerreichbaren Totalität darbietet wie entzieht. Daß diese ›Unendlichkeit‹ als ›Spiegelung‹ der Transzendenz auf die Ebene der Zeit das Subjekt nicht gleichgültig läßt, nicht zurückstößt auf den Trotz seiner Selbsterhaltung, liegt an der Ambivalenz von Sich-zeigen und Sich-entziehen. Zwischen beidem spielt sich die Unmöglichkeit der Flucht aus der Dimension der Erfahrung ab.

Man darf den Ausdruck ›Unendlichkeit‹ auch für Aufgabe und Arbeit des Phänomenologen nicht zu scharf ins Visier nehmen. Es genügt zuzugestehen, daß kein Kriterium für den Fall beschafft werden könnte, einer würde irgendwann behaupten, mit der Theorie sei es nun ans Ende gekommen. Wichtiger als die Bedeutung des Ausdrucks ist die Funktion seiner Verwendung: Theorie kann nicht als ein Ganzes jemals zum Mittel für einen Zweck gemacht werden. Es gibt das Ganze nicht und nie, das Mittel werden könnte. Mit der Zweckmäßigkeit von Theorie in faktischen Fällen hat das nichts zu tun. Auch wenn Husserl keine Kenntnis vom Programm seines Vorläufers Descartes genommen haben sollte, Moral und Medizin zu Endzwecken des als vollendet gedachten Mittels Naturerkenntnis zu machen, wäre eine solche Konzeption wie jede ähnliche durch Einführung des Attributs der Unendlichkeit ausgeschlossen.

Noch nicht genug. Mit dieser Qualifikation der theoretischen Aufgabe ist eine wesentliche Homogenisierung des ihr dienstbaren Prozesses in der Zeit gegeben. Dadurch ist es prinzipiell sinnlos geworden, den Ablauf theoretischer Handlungen zu beschleunigen und zu verdichten. Das jeweils Ungetane verliert an Mächtigkeit nicht. In der ›Pathosformel‹ (Aby Warburg) von der ›unendlichen Aufgabe‹ gründet der Tadel an der ›Technisierung‹ des Denkens und der Logik als der Vernachlässigung von Begründungsleistungen. Es gibt den Zeitdruck der Endlichkeit nicht, der zur Übergehung von Grundpflichten der Theorie drängt oder verleitet. Genauer: Es

36 Formale und transzendentale Logik § 61 (Gesammelte Werke XVII 173).

soll ihn nicht geben können, soweit es von der Sache her- und auf diese ankommt. Mit einer lebenszeitbezogenen Zeitnutzung ist in der Dimension der Unendlichkeit nichts zu gewinnen; wo der Abweichung zu ihrem Maß hin nachgegeben wird, bereitet sich die langfristig krisenhafte Unterhöhlung des Bodens für den ganzen Geschichtsprozeß vor. Aus demselben Grunde braucht die phänomenologische ›Nachholung‹ des Versäumten, die Korrektur der Galilei zur Last gelegten Untreue, nicht als Negativposten zugeschossener Zeit notiert zu werden: Der Theoretiker vom Typus des Phänomenologen hat nichts zu versäumen. Die durch Meditation zur Lebensform verstetigte Reduktion enthebt ihn dem beschränkten Leben.

So darf man den Griff nach der Metapher ›Urstiftung‹ nicht aus der Enge und Bedrängtheit der persönlichen Situation des späten Husserl verstehen. Das wird deutlich, wenn man die ›Krisis‹, von der in seiner letzten Abhandlung die Rede ist, über deren Horizont erweitert denkt. Unter dem Namen ›Urstiftung‹ belegt sich der Anspruch auf Unvergeblichkeit der menschlichen Geschichte in einem Augenblick, da man sich damit abzufinden gelernt hat, daß der Mensch zwischen Evolution und ›Wärmetod‹ nur ein Weltepisode ist. Nietzsche hatte aus der ihn erreichenden apokalyptischen Botschaft vom zweiten Hauptsatz der Thermodynamik die Folgerung gezogen, der Mensch in seiner Vergeblichkeit könne nur noch dahin kommen, *Mitleid mit sich zu haben.*[37] Die Form, in der er dies tut und sich darüber tröstet, ist der Blick auf seine Geschichte als auf die Spur, die er noch in der toten Welt hinterläßt. Wenn es keine absolute Zukunft mehr geben kann, muß es eine absolute Vergangenheit geben, das untilgbare Gewesensein. In dieser Steigerung ist der Historismus ein Stück Ableitung vom Beharrungsprinzip als dem karger Rationalität: Was gewesen ist, bleibt. Nur hat der ›tolle Mensch‹ seinen einzigen überlebensfähigen Zuschauer gerade ermordet, zu voreilig, um sich nicht wenigstens von ihm den Dienst der *Anamnesis* noch erweisen zu lassen.

Der absolute Historismus, für den das Immergewesensein des Fak-

---

37 Nietzsche (Aus der Zeit von »Menschliches, Allzumenschliches«. 1875/76–1879). Gesammelte Werke, Musarion-Ausgabe, IX 410 f.: *Die Liebe und das Mitleid mit sich selber sind für die höchsten Stufen der Erschwerung des Lebens aufgespart, als die stärksten Erleichterungsmittel.*

Dritter Teil: Die Urstiftung   361

tischen zur Ontologie der Idealität gleichberechtigt hinzustößt, impliziert – nach dem Verlust des absoluten Zeugen – eine Welt für niemand. Sein logischer Determinismus, der alles aus der Notwendigkeit schöpft, Vergangenes könne nie anders mehr sein, als es gewesen ist, konstituiert eine nachapokalyptische Idealität, der kein mythischer Demiurg jemals wieder zugeordnet sein wird und keine *Anamnesis* mehr folgt.
Dieser Historismus ist das rationale Äquivalent zu Nietzsches Spekulation von der ewigen Wiederkunft des Gleichen. Mit der ›Urstiftung‹ durch den Übermenschen sollte dessen Verantwortung für die Wiederholbarkeit seiner Handlungen und damit für die Totalität der Geschichte beansprucht werden. Auch das war Idealisierung des Faktischen auf den Trost hin, der Nietzsche unüberbietbar erschienen sein mag: schon die Gewalt des Gedankens der Wiederkunft präge dem Faktischen den Rang der Idealität auf, selbst wenn es beim Als-ob der Verantwortung für alle Weltdurchläufe bleiben sollte. So implizierte schon die Wiederkunftsidee einen dynamisierten Platonismus der menscherzeugten Idealität.
Zur Pathosformel taugt Beharrung weniger als Wiederholung. Jene bleibt im Rahmen der Epoche, deren Grenze Nietzsche überschreiten wollte: innerhalb der ökonomischen Rationalität der Neuzeit. An dem Sinn für die Idealität des Faktischen aus bloßer Beharrung seines Gewesenseins und Wahrbleibens fehlt es Husserls später Geschichtsphilosophie. Ihr immanentes Hindrängen auf dieses Postulat bleibt in der ›Urstiftung‹ stecken.
Husserl hat das Pathos von ›Urstiftung‹ auf das Initialereignis der europäischen Geschichte, definiert als Wendung zur theoretischen Einstellung, beschränkt. Entsprechend singulär ist das Ereignis der Abweichung von der einmal gesetzten Intention jener Urstiftung, wie es durch Galileis Namen markiert ist. Die Erweiterung der geschichtlichen Ideation führt zu der Frage, ob es den Rang der ›Urstiftung‹ – als elementare Form des Bleibens des Bleibenden deren nachhaltigste und folgenreichste Konsistenz – auch an anderen Fakten nachzuweisen oder zu vermuten gibt. Die offenen oder heimlichen Platoniker finden immer wieder den Punkt, an dem es für den Bestand des Faktischen gleichgültig ist, in welcher Gestalt es auftritt und ob es die der öffentlichen oder privaten Wirksamkeit oder Unwirksamkeit ist.

Wittgensteins »Tractatus« wird 1921 mit einem ins Deutsche übersetzten Vorwort von Russell veröffentlicht. Das konnte Wittgenstein nicht voraussehen, als er am 6. Mai 1920 an Russell schrieb, dessen Einleitung, die er sich zur Verstärkung der Motivation des Verlegers erbeten hatte, könne nicht gedruckt werden, weil die Übersetzung mißraten sei. Er habe sich auch schon darüber beruhigt, daß Reclam das Werk nicht drucken werde, *und zwar mit folgendem Argument, das mir unantastbar erscheint: Meine Arbeit ist nämlich entweder ein Werk ersten Ranges, oder sie ist kein Werk ersten Ranges. Im zweiten – wahrscheinlicheren – Falle bin ich selbst dafür, daß sie nicht gedruckt werde.* Soweit ist das die von jedem Autor zu erwartende Unterwerfung unter die Urteilssprüche des Zeitgeistes; in Umkehrung auch schon die Ausbeutung des positiven Falls, der Entschluß des Verlegers spreche für den ersten Rang des Werkes. Aber Wittgenstein macht sich unabhängig vom Faktum des verlegerischen Urteils: Für den Fall der Erstrangigkeit seiner Schrift sei es *ganz gleichgültig ob sie 20 oder 100 Jahre früher oder später gedruckt wird.*
Doch noch scheint das Äußerste nicht ins Blickfeld zu rücken und gewagt zu werden. Zunächst wird zum Vergleich der Erstrangigen untereinander auf Kant hingeblickt: *Denn wer fragt danach ob z. B. die Kritik der reinen Vernunft im Jahre 17x oder y geschrieben worden ist!* Das wird dem Empfänger des Briefes als Zeichen des ihm so vertrauten und gelegentlich lästigen Selbstbewußtseins seines Schülers erschienen sein. Dann erst folgt der Griff nach der äußersten Gewagtheit auf dem Umweg über das, was einer »Kritik der reinen Vernunft« auch nichts hätte antun können: *Ja, eigentlich brauchte sie in diesem Falle auch nicht gedruckt zu werden.*[38] Das faktische Schicksal von etwas, was einmal gedacht, gesagt oder geschrieben worden ist, bleibt für seine Weltbedeutung gleichgültig. Es ist schlichtweg da und bleibt da.
Zitate vom Gedruckten mögen Symptome für Wirkungen sein, sie sind diese Wirkungen selbst nicht. Ein solches Werk – und inklusiv ist immer der »Tractatus« gemeint – ist kraft seines Ranges und nicht kraft seiner Publizitätsform eine ›Urstiftung‹, die durch keine Äußerlichkeit in ihrem Bestand und Fortleben beeinträchtigt werden kann. Der »Tractatus« selbst stellt fest, wo die Existenz

---

38 Wittgenstein an Russell, 6. Mai 1920 (Briefe. Frankfurt 1980, 111).

des »Tractatus« bei Gleichgültigkeit seines Gedrucktseins oder Ungedrucktseins stattfindet: jedenfalls nicht innerhalb dessen, was dadurch definiert ist, alles zu sein, was der Fall ist. Im vierzehnten Band der von Wilhelm Ostwald herausgegebenen »Annalen der Naturphilosophie« mit dem Ort Leipzig und der Jahreszahl 1919 erschienen zu sein, machte ihn zweifellos zu etwas, was der Fall ist, also eben nicht zu dem, was dagegen gleichgültig ist, der Fall zu sein oder nicht.

Dann allerdings mußte auch seinen Schrecken verlieren, was Wittgenstein am meisten fürchtete: daß der Herausgeber der »Annalen«, den er am 28. November 1921 gegenüber Russell als einen Erzscharlatan charakterisiert, das Werk nach seinem Geschmack verändern würde. Tatsächlich wurde der Abdruck jedoch nur durch die Satzfehler entstellt, die Wittgenstein zu der Äußerung veranlaßten, er betrachte diesen Druck als Raubdruck.[39]

Ganz traut doch niemand dem platonischen Trost, es könne nichts, was einmal durch Denken zustande gekommen sei, ganz verlorengehen oder arg verdorben werden; zumal dann nicht, wenn es die Bedingung erfüllt, die Wittgenstein zum Kriterium für das Schicksal seines Werkes gemacht hatte: ersten Ranges zu sein. In einem anderen Brief, an Ludwig von Ficker, hatte er am 19. Januar 1920 nicht ganz die Indolenz des Platonikers gezeigt: *Ich bin neugierig, wieviele Jahre es noch dauern wird, bis es erscheint. Hoffentlich geht es noch vor meinem Tod.*[40] Man fragt sich, nach dem über die »Kritik der reinen Vernunft« Gesagten: Wieso solche Eile?

Wittgensteins Wirkungsweise bestätigt seinen heimlichen Platonismus. Der »Tractatus«, den niemand verstand, erzeugte durch die uferlosen Diskussionen um seine apodiktischen Sätze eine Institution, die mehr durch ihre Distanz zu Wittgenstein – und seine zu ihr – bestimmt war als durch den Einfluß des Werkes selbst: den Wiener Kreis. Alles, was Wittgensteins Schülerschaft und Nachfolge genannt zu werden verdient, kommt nicht vom »Tractatus« her, sondern aus den Absetzbewegungen zu ihm. Die kräftigsten Anstöße dazu, daß überhaupt weiteres aus Wittgensteins Arbeit gedruckt worden ist und der Nachlaß sogar zu gewaltigem Übergewicht anschwoll wie bei Husserl, ging von seiner Suggestion im

---

39 Wittgenstein an Russell, 28. November 1921 (Briefe, 122 f.).
40 Briefe, 107.

engsten Kreis aus, einer Zauberwirkung, die nur zum kleineren Teil auf Begreifen beruhte. Aus den Handschriften, die er wie aus Versehen hergab und deren Abschriften in Umlauf kamen, entstand der Eindruck der unerbittlichen Rücksichtslosigkeit dieses Denkers gegen sich selbst. Aber auch gegen die, die zur Evidenz gekommen waren, dieses müsse einer sein, dem zu folgen es lohne – denn wer würde um ein Geringes sich selbst solches zumuten? Die Fülle der Exegesen war da, lange bevor es solide Editionen seiner Handschriften und der Nachschriften gab.

Der »Tractatus« war ein kanonischer Text, der nur Häretiker erzeugte. Rudolf Carnap hat in seiner Autobiographie beschrieben, wie der heilige Eifer sich an der frühen Urkunde auf jenem Flur des Wiener Mathematischen Seminars entzündet hatte und der Motor der Regungen dieses Kreises geblieben war, nachdem der Meister als Dorfschulmeisterlein wie aus der Welt verschwunden und unerreichbar geworden war. Statt ihn zu befragen, konnte nur der »Tractatus« Satz für Satz gelesen und besprochen, in langen Überlegungen hin und her gewendet werden: *Und manchmal kamen wir zu keiner klaren Auslegung.*

Nun muß man auf Wittgensteins Selbstverständnis hinsichtlich des seiner Wirkung überlassenen »Tractatus« sehen. Es wird deutlich, als sich Moritz Schlick, inzwischen unstreitiger Doyen des Wiener Kreises, 1924 brieflich an Wittgenstein wendet, um die Verbindung der Schüler zum Lehrer herzustellen. Wenn der Erfolg sehr gering blieb, trugen dazu Prioritätsstreitigkeiten mit Carnap bei. Da stellt sich die Frage und bleibt offen, wie es bei seinem heimlichen Platonismus dazu kommen konnte, daß Wittgenstein Schlick vorhielt, Carnap habe seine ›Hauptquelle‹ verschwiegen. Wie das? Durfte Wittgenstein beanspruchen und reklamieren, diese Quelle sei der »Tractatus«? Für diesen hatte er zurückgewiesen, er habe Quellen. Zugleich hatte er im Vorwort des Urdrucks in den »Annalen« Wilhelm Ostwalds die behauptete Quellenlosigkeit erläutert, indem er die Unterstellung von ›Originalität‹ als Folgerung aus der Leugnung von Quellen zurückwies: *Dieses Buch wird vielleicht nur der verstehen, der die Gedanken, die darin ausgedrückt sind – oder doch ähnliche Gedanken – schon selbst einmal gedacht hat.* Da kommen die Schwierigkeiten des Verhältnisses zum Platonismus ans Licht. Jeder ist potentiell einer, der dieses Werk hätte

schreiben können, sonst könnte er es nicht verstehen. Aber *Anamnesis* kann und darf das nicht sein, *Ekstasis* erst recht nicht.
Wie *muß* schon einmal gedacht gewesen sein, was beim Lesen das Vergnügen des Wiedererkennens bereitet? Wie *kann* es gedacht gewesen sein, wenn zwischen Denken und Sprache der strikte Parallelismus besteht, auf dem Wittgensteins Frühwerk beruht und der nicht gestattet, sich darauf zurückzuziehen, es werde hier eben allererst klar gedacht und genau ausgesprochen, was beim Leser nur unklar und unausgesprochen gedacht gewesen war? Diese schöne Zuflucht oder Ausflucht, mit der Philosophen ihren Hörern und Lesern die Freude bereiten können, immer schon ganz nahe an dem gewesen zu sein, was sie nun im Hören oder Lesen nur ›erreichen‹, gibt es unter den Voraussetzungen Wittgensteins nicht. Dazu fehlt der Spielraum des Denkens gegenüber der Sprache. Diese Voraussetzungen machen Originalität zu einem verzweifelten, zumindest zweifelhaften Anspruch – und die Selbstbenennung zur ›Hauptquelle‹ eines anderen widerspruchsvoll.
Der Platonismus eines Autors empfiehlt ihn dem Leser. Er macht Fassungskraft und Zeitpunkt der *Rezeption* ebenso gleichgültig wie Leistungskraft und Zeitpunkt der *Produktion*. Der Autor gibt nur, was er empfangen hat; und er gibt nur dem, der selbst hätte empfangen können und nur zufällig noch der kleinen Bestärkung bedarf, diese wenigen Sätze zu lesen.
Philosophie offenbart nichts. Sie kann das erst recht nicht, wenn sie sich als beschreibende Disziplin vorstellt, wie es die Phänomenologie tut. Sie verschafft die Erlebnisse, auf denen sie beruht, und stellt dadurch Autor und Auditor auf gleiches Niveau: das der prinzipiellen Umkehrbarkeit ihres Verhältnisses.
Dennoch beansprucht sie ihren Adepten in ungleich größerem Maße, und zwar durch die Vorleistung der *Reduktion*. Was der Anschauung unterliegt, ist darin zugleich öffentlich und wird dennoch faktisch erst sichtbar durch einen Akt entschiedener Unterwerfung unter die Ordensregel, die Welt so zu behandeln, als gäbe es sie nicht.
Das war es, was Wittgenstein durch den ersten Satz des »Tractatus« hatte ausschließen wollen, der die Welt eben dadurch definierte, daß sie alles sei, was der Fall ist, und dadurch das Ärgernis vermied, daß sie auch gedacht werden kann als das, was nicht der

Fall sein könnte: als *Wesensform der Welt,* wie es Husserl noch 1936 notierte.[41] Jeder solcher Sätze selbst ist jedoch kein Satz über das, was der Fall ist. Es sind Sätze über Feststellungen dessen, was der Fall ist. Ohne Zulassung von Sätzen über Sätze kann es diese Art von Philosophie nicht geben; selbst das Minimum eines Satzes über Sätze, deren Verbot nämlich, wäre dessen Beleg.
Alsbald ist dies nicht mehr die gerade noch zugelassene Ausnahme, über die Sätze Sätze zu machen, sondern die Normalebene, auf der sich das philosophische Treiben abspielt. Es ist klar, daß das nicht anders sein kann, sobald besondere ›Gegenstände‹ der philosophischen Deskription – etwa Wesenssachverhalte als solche, die nicht der Fall in der Welt sind – nicht zugelassen oder auch nur für möglich gehalten werden. Hat die Philosophie ihre eigenen Gegenstände nicht, bleibt ihr nur übrig, über das Reden zu reden, das über beliebige Gegenstände der Welt stattfindet und insofern die zeitlose Idealität eines platonischen Gegenstandes simuliert.
Der ›dynamische Platonismus‹ der Geschichtsphilosophie des späten Husserl trifft entscheidend die Zeitunabhängigkeit der Wesenssachverhalte. Danach kommt alles darauf an, welchen Ort in der Zeit etwas im Verhältnis zum Moment der ›Urstiftung‹ hat und in welcher Konsequenz der zeiträumlichen Vollstreckung es zu dieser steht. Das jeweils Gedachte bekommt seine Idealität durch das jeweils zu Denkende, das dieses kraft der ›Urstiftung‹ ist und es unter deren Legislatur bleibt.
Bleibt? Was kann das heißen? Im *Posthistoire,* der apokalyptischen Naherwartung neuen Typs und alter Emotionen? Was kann schon sein mit einer Idee nach der Beendigung der Welt – gleichgültig, ob sie durch Wärmetod, Selbstausbrennung oder Überhitzung durch Kontraktion geschieht –, mit einer Idee also, wenn keiner mehr sie denkt?
Schon Plato hatte seine absehbaren Schwierigkeiten mit Ideen, die als Urbilder keiner nachbildet, wäre nicht ein williger und geeigneter Demiurg, und als Denkmuster keiner anschaut und bedenkt, wären da nicht Seelen, die sich ihrer gerade noch erinnerten. In beiden Fällen das greifbare Risiko einer Ewigkeit des unbedachten Denkbaren. Sein Ausweg war, die Ideen miteinander in Bewegung und Verkehr zu setzen, Verhältnisse zueinander eingehen zu lassen,

---

41 K. Schuhmann, Husserl-Chronik. Haag 1977, 480.

die jeweils ihrem Gehalt und dessen dialektischem Potential von Verbindungen und Trennungen entsprachen. Es wäre eine nur mäßige Übertreibung zu sagen, er hätte die Ideen sich selbst denken lassen. Seine Überidee des Guten war der wiederum als Idee gedachte Inbegriff der Antriebe, die Ideen unabhängig von äußeren Fakten zu ihrer Bestimmung von Sein, Werden und Erkenntnis brachten. Der Ideenkosmos hatte seinen internen Motor bekommen, der nur noch nicht der ›unbewegte Bewegung‹ hieß.
Schon Aristoteles sollte begreifen, daß seine Ablehnung der Ideen und jeder Unterscheidung des Denkbaren vom Faktischen keinen anderen Ausweg ließ, als ein Denken zu denken, welches nichts anderes als sich selbst zu denken hatte. Es ist die scharfsinnige Konsequenz aus der Ideenlehre – bei oder trotz strikter Kritik und Ablehnung derselben. Er stellte nun ohne transzendente Übergriffe mit seinem ›unbewegten Beweger‹ die Idee der Ideen in Reinkultur dar: als das sich selbst denkende Denken. Wenn er Platos Versuch mit dem Guten – Instanz noch jenseits der Ideen – als vergeblich ansah, so vermutlich wegen der dabei unbedachten letzten Konsequenz, daß es im Wesen des Guten liegen müsse, nichts anderes als sich selbst theoretisch und praktisch besitzen zu wollen. Genau diesem Bedenken entsprach der unbewegte Beweger als *noesis noeseos*; er machte die Welt nicht unmöglich, wie das Gute sie, streng genommen, hätte machen müssen, da sie nicht sein konnte, was es zu sollen ihr gebot. Er rettete sich, indem er sie sich selbst überließ. Er gab von sich aus nichts her als das bloße Schema einer in sich selbst zurückkehrenden Denkbewegung, dessen unerreichbare Selbstbezogenheit die reinen Kreisbewegungen des äußersten Himmels und der von ihm abhängigen Sphären physisch nachzuahmen ›bewegt‹ waren. Dies war nichts anderes als die Reduktion des Grundgedankens der Idealität auf einen einzigen und wegen der Ewigkeit der Welt absolut gesicherten Fall.
Das sind nicht Dinge, die irgendwo bei den vom Mythos noch nicht befreiten Alten spielten und nichts mehr zu tun hätten mit dem, was die Neueren an Nüchternheit aufzubringen haben. Husserls Phänomenologie, zwischen eidetischer und transzendentaler Reduktion, spielt das Schuldrama zwischen der Akademie und dem Peripatos nach. Es blieb in angenehmer Ungewißheit stehen, was die der Wesensschau zugänglichen ›Sachverhalte‹ bei Reduktion

der existenten Welt an ›Realität‹ besäßen, da man sich – umgeben von der Faszination exakter Wissenschaften und ihrer Erfolgsprodukte – eine Geschichte zu erzählen nicht mehr getrauen durfte. Nur: etwas an reduktionsresistenter Realität war da und mußte zugestanden werden.

Die Präzisierung dieses Moments kam mit derselben Unausweichlichkeit wie Aristoteles nach Plato. Nach einem knappen Jahrzehnt der Ungewißheit über die Idealität der phänomenologischen Gegenstände brachte die transzendentale Wendung – oder besser: transzendentale Präzisierung – das Äquivalent der Folgerung, wie sie Aristoteles aus dem Platonismus gezogen hatte. Für das mundan-individuelle Subjekt waren die idealen Inhalte, was es wie einen Ideenkosmos höchster Beständigkeit vorfand und durch Anschauung sich zueignete. Insofern aber dieses Subjekt im Kern seiner Selbstgewißheit nicht ein Stück der Welt war, in der es lebte und von anderen erfahren werden konnte, wie es selbst andere erfuhr, war es die auf seine Gegenwärtigkeit zusammengedrängte Evidenz, wie sie nur Sache einer absoluten und transmundanen Subjektivität sein konnte.

Als Subjekt der neuen Reduktion war das sich selbst denkende Denken der sich selbst vergegenwärtigende Gedanke, zu dem es nicht noch so etwas wie ein Organ zu geben brauchte. Mit welcher Antriebskraft die transzendentale Reduktion das sich selbst denkende Denken zur Selbstgenügsamkeit drängte – vollendet durch das Konzept der ›passiven Konstitution‹, die sogar die Versorgung des Subjekts mit innerem Zeitbewußtsein sicherstellte –, wird erkennbar an der vielfältig belegten Nötigung zu einer Gegenbewegung in Husserls Denken, die neben die transzendentale *Reduktion* die transzendentale *Deduktion* stellte: die Ableitung der Intersubjektivität aus der Subjektivität, der Fremderfahrung aus der Selbsterfahrung, der Leiblichkeit der Subjekte aus ihrer Objektintentionalität, schließlich der Weltlichkeit aus diesem ›Gesamtbedarf‹ an mehr als sich selbst. Aber die Versuche zur Deduktion von Subjektsvielheit, Leiblichkeit und Weltlichkeit tendieren nicht auf deren Unvergänglichkeit. Was der Fundierung bedarf, ist, wie auch sonst in der Phänomenologie, die genetische Darstellung des Begriffs. Für den Menschen, spezifisch diesen, gibt es keinen zureichenden Grund; obwohl für ein leibhaftes Vernunftwesen, spezi-

Dritter Teil: Die Urstiftung 369

fisch eines, weil anders die Intersubjektivität nicht in Funktion gesetzt werden könnte – und damit doch für den faktischen Fall des Menschen, als ob dieser nur gerade geboten hätte, was benötigt worden war.

In diesem Zusammenhang steht Husserls geschichtsphilosophische Rollenbestimmung der Phänomenologie als diagnostischer wie therapeutischer Instanz für die ›Krisis‹ der europäischen Neuzeit aus dem Intentionsvollzug der ›Urstiftung‹. Diese ist Faktum der Geschichte wie der Mensch Faktum der Evolution – und schließlich die Phänomenologie Faktum der Spätgeschichte der Wissenschaft. Aber diese Fakten stehen untereinander in einem Zusammenhang, der nur begriffen werden kann aus der transzendentalen Konsequenz des sich selbst denkenden Denkens. Die ›Urstiftung‹ ist Kriterium für die Geschichte, die darin intendiert ist; aber jene garantiert diese nicht, weder ihren Erfolg noch ihre Fortdauer.

Die ›Krisis‹ bedarf der Kritik aus dem Fundus der ›Urstiftung‹, und die Phänomenologie ist überraschend zu deren ausgeformtem Bereitschaftszustand geworden, jedenfalls aus der Sicht des todesgewärtigen Husserl. Sein Dilemma war, daß er nicht anzugeben vermochte, wie die phänomenologische Auftragserfüllung der ›Urstiftung‹ als Dauerform ihres Grundgedankens oder als dessen von geschichtlicher Kontingenz abgelöste Fortwirkung verstanden werden konnte. Sein Aufbegehren gegen den die Neuzeit beherrschenden Antiplatonismus fand die Konsequenz der Urstiftungsidee nicht an dem, was es als verteidigungswürdig befunden hatte: die Formel für einen ›dynamischen Platonismus‹ blieb ihm unzugänglich.

Im Grunde stellt sich unter dem eschatologisch radikalisierten geschichtsphilosophischen Aspekt die Frage erneut, was es bedeutet und ob es gar genügt, daß zu Denkendes in aller Rechtfertigung und Rechtlichkeit einmal gedacht worden ist. Die Existenz des Menschen – aus einer faktischen Evolution heraus und in einer Welt zwischen Ursprüngen und Untergängen – kann nur die Bedingung dafür sein, daß jenes kraft ›Urstiftung‹ zu Denkende einmal gedacht wird, nicht aber dafür, daß einmal Gedachtes in die Zuständlichkeit ständigen Gedachtwerdens übergeht und aus solcher Aktualität heraus die Geschichte mit Evidenz versorgt. Der als eine Art letzter Hypothese erwogene ›dynamische Platonismus‹

mit seiner Idealität *post factum* macht die Welt und ihre Geschichte zwar zur Bedingung der Möglichkeit seiner Inhalte, doch nicht zu der ihres Bestandes als eines sich selbst denkenden Denkens. Die Geschichte würde selbst so etwas wie ihre Geschichte haben. Der Mensch wäre dagewesen, darauf käme alles an, nachdem es ›ewige Gedanken‹ eines absoluten Wesens nicht mehr gab. Aber es genügte auch, daß er dagewesen wäre, ohne dableiben zu können. Mehr noch: Er machte sich auf eine fatale Weise überflüssig, indem er da war, und im Maße, wie er sein Dasein als künftiges Dagewesensein begriff. Nur *eine* Zuflucht gab es vor dieser Drohung, und sie schimmerte als Trug einer rettenden Dimension: Die Aufgabe, die sein Dasein zu lösen hatte, die der vollendeten Theorie im sich selbst denkenden Denken, wäre die Entdeckung einer unendlichen Arbeit gewesen. Sie würde aus sich selbst heraus den Widerspruch sowohl gegen ihre Erstarrung im Beharren als auch gegen ihre Beendigung durch die ihrer kontingenten Bedingungen hervorbringen.

Husserls Phänomenologie brauchte diese Linie nicht bis zum Ende auszuziehen und das Argument nicht auszuschöpfen, solange sie es ›nur‹ mit einer Krisis zu tun hatte. Was sie vermochte, war, den Menschen in der philosophisch definierten Endgestalt des Phänomenologen als ein der ›unendlichen Arbeit‹ fähiges und daher seiner Bestimmung nach kaum episodisches Wesen zu proklamieren. Sie konnte freilich noch nicht absehen, in welchem Maß die Wissenschaft aus der Erfüllung ihrer theoretischen Obligation heraus den Widerstand verstärkte, der einer solchen Konzeption entgegenstand. Das Bewußtsein der menschlichen Episodizität hat sich in dem halben Jahrhundert seit Husserls Spätgedanken verschärft durch rasche Steigerung der Disproportion zwischen dem Zeitquantum der Menschengeschichte und dem der Weltgeschichte. Aber auch durch die drastischen Aspekte auf Möglichkeiten eines selbstmächtigen Untergangs. Die Verfehlung des theoretisch übereilenden und seine Begründungspflichten überspringenden Galilei gegenüber der ›Urstiftung‹ erscheinen zur Harmlosigkeit nivelliert im Vergleich mit dem rüden Abbruch, den die menschliche Aufgabe im Zuge ihrer beschleunigten Erfüllung finden könnte. Wie stark ist die Idee der ›Urstiftung‹ gegen das, was sie zum perspektivisch minimalisierten Faktum zu degradieren scheint?

Die Phänomenologie ist ihrem Selbstverständnis nach, noch bevor sie gegen die ›Krisis‹ therapeutisch werden oder jedenfalls dafür vorgesehen werden konnte, ein faktisches Argument gegen den Unbeständigkeitsverdacht auf die urgestiftete Geschichte und erst recht gegen das naturalistische Philosophem vom Abendlanduntergang; dann aber auch gegen die logische Diskontinuität der von Dilthey kreierten und von Heidegger radikalisierten ›Geschichtlichkeit‹. Erst im Rückblick auf ihre Leistungen erkennt sich die Phänomenologie als Wiederherstellung einer geschichtlichen Kontinuität, deren Störung zu ermitteln eine Aufgabe ihrer späten Hinwendung auf das Thema Geschichte geworden war.

Sie *fordert* nicht nur, mit der Legitimation der ›Urstiftung‹. Sie *ist* schon, was sie fordert, und kann therapeutisch werden, nachdem sie diagnostisch war, weil sie zwar die *Störbarkeit* der Generalintention seit der ›Urstiftung‹ zugibt und lokalisiert, zugleich damit aber die *Unzerstörbarkeit* der durch jene gesetzten und von ihr wieder aufgenommenen Intention beweist. Wie konnte etwas dasein, das dieser Ungeheuerlichkeit der Zumutung in der phänomenologischen Reduktion gleichkam: die Welt als inexistent und die Natur als indifferent zum Wesentlichen und zum heilsam Wahren zu denken? Fast am vermeinten Ende der Theorie und angesichts der beschworenen Katastrophe ihrer Selbstdestruktivität wurde sichtbar, daß es sie in ihrer letztkonsequenten Gestalt noch gar nicht gegeben hatte. Dazu nämlich wäre und war das Eingeständnis der Reduzierbarkeit der Welt vonnöten. Sie wurde unzerstörbar, indem sie als unvorhanden gedacht werden konnte.

Das Gelingen der Reduktion würde zum Vertrauen berechtigen, daß der Mensch einer unendlichen Aufgabe gewachsen war. Doch mußte er unendlich in ihr ausdauern können, sollte die Welt nicht umsonst gewesen sein. Da es darauf ankam, gegen sie zu denken, war ihre Existenz als Leitfaden ihrer Negierung vorausgesetzt. Die Erwartung auf das Weltverbleiben des Menschen gründete sich auf das erscheinende Faktum Phänomenologie, noch bevor ihre methodisch-transzendentalen ›Mittel‹ überhaupt angesetzt worden waren, ihn aus seiner ›Krisis‹ zu retten. Die Bestandsgewähr als Implikation des Erfolgsbewußtseins dieser philosophischen Einstellung geht der Einzelleistung ihrer Applikation auf eine kritische

Lage voraus. In dieser Gestalt geht die Argumentation über das, was ein ›dynamisierter Platonismus‹ als geschichtsphilosophisches Minimum und damit als ökonomisches Postulat fordert, einen entscheidenden Schritt hinaus.

Doch bleibt der in allen Geschichtsphilosophemen nur unter Bedrängnis zu haltende Ertrag gewahrt, ein hypostasiertes Subjekt der Geschichte, einen objektiven Geist, eine Weltvernunft weder zu benötigen noch zuzulassen. Der Mensch macht die Geschichte, aber die Natur wird ihn nicht den Eigentümer dessen bleiben lassen – und vielleicht nicht einmal er selbst sich –, was er in ihr und durch sie macht. Seine aus der ›Urstiftung‹ hervorgehende und zur Einheit ihrer selbst tendierende Geschichtsleistung ist so etwas wie eine Hinterlassenschaft, die keines Erblassers und keines Erben bedarf. Dies ist es, was der transzendentalen Reduktion ihren Sinn und ihr Recht gibt: Die Inhalte des Bewußtseins werden denkbar als unbetroffen von der Kontingenz der Welt, von ihrem Anfang und Ende, von Einheit oder Vielheit der Welten. In der transzendentalen Reflexion wird auf die Idealität des sich selbst denkenden Denkens gestoßen, die in letzter Konsequenz aus der Einheit von aktiver und passiver Konstitution nicht zu unterscheiden gestattet zwischen dem, was denkt, und dem, was gedacht wird. Es genügt, daß etwas einmal gedacht ist, damit es für immer gedacht worden ist: *Facta infecta fieri non possunt*.

Der zur geschichtlichen Dynamik und durch diese erst zur apokalyptischen Resistenz fortgeschriebene Platonismus bedarf der Präexistenz der Ideen wie der Seelen bei diesen nicht. Was Idee genannt werden darf, beginnt damit, daß es gedacht wird, endet damit jedoch nicht. Idee ist ein Konstanzbegriff. Unter den gegnerischen Strömungen, die im Verlauf der phänomenologischen Gründungs- und Schulgeschichte genannt werden, kommt der Hauptgegner – wie man zugespitzt sagen könnte – nur ein einziges Mal vor. Das geschieht so spät, daß man den Eindruck nicht los wird, er zuvor mit dieser Genauigkeit nicht identifiziert worden. In der »Formalen und transzendentalen Logik« von 1929 findet er sich im Zusammenhang der historischen Selbstzuordnung Husserls genannt: *Nichts hat die klare Einsicht in den Sinn, in die eigentliche Problematik und Methode der echten Transzendentalphilosophie so sehr gehemmt als dieser Antiplatonismus, der so einflußreich*

Dritter Teil: Die Urstiftung 373

war, daß er alle Parteien, auch den sich vom Empirismus losringenden Kant bestimmte.[42]
Husserl hat Kants Freimachung vom Empirismus mit dem Mangel der unentschlossenen Abwendung vom Antiplatonismus behaftet gesehen; demzufolge seine eigene Loslösung von Hume und dessen Folgen als Nachbesserung jenes Mangels. Man habe nach Hume – und wohl durch diesen – niemals den Mut gefunden, daran zu gehen, *die Idealität der logischen Gebilde in der Weise einer eigenen, in sich geschlossenen ›Welt‹ idealer Objekte zu fassen* ... Das wäre zwar die Distanz zu Hume gewesen, aber nicht die der Neuzeit und ihrem Geschichtsbedarf angemessene Neufassung dessen, was gegen den ›Antiplatonismus‹ zu setzen war.
Dazu war in eins mit der Anerkennung der logischen Gebilde als einer eigenen Welt idealer Objekte *der peinlichen Frage ins Angesicht zu sehen, wie die Subjektivität in sich selbst rein aus Quellen ihrer Spontaneität Gebilde schaffen kann, die als ideale Objekte einer idealen ›Welt‹ gelten können.* Diese andere Hälfte des Satzes über die Stellung zu Hume enthält das Dilemma und sogar die Dramatik des Problems: wie der *statische* Begriff einer ›Welt‹ ideal-anschaulicher Objekte mit dem *genetischen* Begriff einer solche Objekte neu konstituierenden Subjektivität sollte vereinbar sein können. In der Absetzung von Hume hatte sich der Grundgedanke eines genetisierten Platonismus formiert. Ihm entsprach so etwas wie eine Kosmogonie der noetischen Sphäre, mit der der Einzigkeit und Notwendigkeit des antiken Kosmos das moderne Äquivalent entgegengestellt würde.
Zu dieser ›Kosmogonie‹ wird die Geschichte selbst, indem die transzendentale Subjektivität niemals ihre eigene Endgültigkeit enthält, wohl aber die Regel zur Erzeugung ihrer Ständigkeit. Sie ist in der ›Urstiftung‹ faktische Menschengeschichte geworden, ohne die Kontingenz ihres Vehikels damit aus der Welt zu schaffen. Dessen Reflexion erklärt freilich ihre Produkte nicht in letzter Instanz. Als ›Geschichte‹ hat sie eine Logik ihres Verlaufs in der Zeit, die wiederum auf Normierung durch Idealität angewiesen ist. Das müßte nochmals die Thematik einer unbekannten ›Urstif-

---

[42] Formale und transzendentale Logik § 100. Historisch-kritische Bemerkungen zur Entwicklung der Transzendentalphilosophie und insbesondere zur transzendentalen Problematik der formalen Logik (Gesammelte Werke XVII 265–267).

tung‹ sein: der Begründung einer Idealität höherer Stufe, die das Faktische der genetischen Idealität fähig machte. Der Phänomenologe definiert sich durch Furchtlosigkeit vor dem unendlichen Regreß.

Solche Überlegungen gelten als spekulativ. Es ist bemerkenswert, daß sie leichter abgenommen oder wenigstens der Denkart nach in Erwägung gezogen werden, wenn der Autor in allem übrigen im Geruch nüchterner und ernüchternder Wirksamkeit steht. Wer den »Tractatus« von Wittgenstein verehrt, läßt es dem daraus entkommenen und dabei nicht ohne Konsequenz verfahrenden Autor leichter durchgehen, wenn er einen zunächst so unverdächtigen Satz hinschreibt wie diesen: *Der Mathematiker erzeugt Wesen.*[43] Nun, wenn er das tun sollte, wäre er das nachweisbare Exemplar für einen dynamischen Platonismus. Wittgenstein hatte sich mit seinem Wesen erzeugenden Mathematiker gegen die These von Russell gewendet, der Schlußsatz in einer Folgerung folge immer schon und brauche nur noch gefolgert zu werden, wie auch Frege gesagt habe, die Gerade, die zwei Punkte verbindet, sei eigentlich schon da, ehe sie gezogen würde. Aber das hat mit Idealität im klassischen Sinne nichts zu tun. Denn damit ein Satz aus anderen folgen kann, noch ehe er gefolgert ist, müssen die faktischen und beliebigen, mit keiner Idealität zu verbindenden Sätze eben da sein – und sie sind nicht da, ehe sie nicht gedacht, gesagt, geschrieben worden sind. Daß damit ihre Folgerung schon da ist, ist gleichsam ein kurzfristiges Ereignis. Mit der Geraden zwischen zwei Punkten ist es nicht anders: sie ist schon da, bevor sie hergestellt wird, aber sie kann nicht da sein, bevor nicht die Lage jener beiden Punkte faktisch angegeben ist, die nichts von Idealität hat, so daß auch hier erst der Augenblick ihrer Lagebestimmung so etwas wie eine sekundäre Idealität setzt, die sich doch aus primären Fakten ergibt und nur das Verhältnis meint, das zwischen diesen Fakten immer schon besteht, unabhängig davon, ob es festgestellt wird.

Gerade das ist nicht, was als Wesen erst erzeugt werden könnte – und müßte, um es zu bleiben.

---

43 Wittgenstein, Bemerkungen über die Grundlagen der Mathematik I § 32 (Schriften VI 50).

Namenregister

Äsop 209
Alexander der Große 106
Anaxagoras 223
Anaximander 94
Aristarch von Samos 105, 107
Aristoteles 40, 46, 103, 106, 110, 121, 122, 125, 143, 196, 263, 306, 367, 368
Aristyll 108
Astruc, A. 311
Avenarius, Richard 11, 51

Bacon, Francis 117, 147, 153–162, 196, 216
Baer, Karl Ernst von 187, 267–270, 273–282, 288, 289
Bayle 162, 163, 192, 231, 235
Below, Nicolaus von 81
Bengel, Johann Albrecht 245
Benz, Ernst 243, 244, 246
Berger 106
Berkeley 257
Bessel, Friedrich Wilhelm 129, 252, 253, 267, 274
Bishop, Morris 176
Blumenberg, H. 243
Boehm 265
Bohlin 183
Bossuet 220, 221, 224, 229, 238
Bradley 129, 253
Brahe, Tycho 106, 118, 132, 168, 169
Brecher, G. A. 283
Brentano, Franz 40, 41, 45, 46, 52, 287
Brucker, Jakob 171, 172
Bruno, Giordano 140–150, 168, 176
Büchner, Georg 214
Bultmann, Rudolf 161

Burmeister, K. H. 130, 133, 134

Caloni, Jacques 135
Camus 164
Carnap, Rudolf 336, 364
Carré, J. R. 197, 210
Carré, Louis 189
Cassini 205, 206
Cassirer, Ernst 25, 319, 339
Châtelet, Marquise du 224, 229
Chaucer 102
Chrysipp 166
Cicero 119
Clarke, Samuel 87, 216
Cohen, Hermann 51, 63
Contat, M. 311
Crato, Hans 132
Cues, Nikolaus von 107, 146

Daniel 154
Dante 177
Darwin 277
Delcourt, M. 135
Demokrit 144, 180
Descartes 13, 90, 107, 117, 147, 157, 159, 161, 175, 190, 191, 196, 197, 200, 203, 207, 208, 214, 216, 218, 227, 232, 235, 248, 316, 321, 356, 357, 359
Diderot 177, 202
Digges, Thomas 125
Dilthey 24, 356, 371
Dingler, Hugo 51

Ebbinghaus, Julius 315
Eber, Paul 133
Ehrenfels, Christian von 273
Engels 160
Epikur 144, 180
Eudoxos 142

Fabricius, David 236
Ferdinand I. 131, 139
Feuerbach, Ludwig 54, 55, 164
Ficker, Ludwig von 363
Fink, Eugen 44, 45
Fisch, J. 10
Fontenelle 101, 185–217, 227, 228, 232, 233, 238, 241, 274, 294
Fontius, M. 209
Freud, Sigmund 80, 166, 217

Galilei 141, 164–169, 205, 315, 318, 319, 321, 325, 329, 330, 339, 340, 356, 360, 361
Gasser, Achilles 133
Gellius 196
Giese, Tiedemann 130
Goethe 9, 84, 179, 180
Gomperz, Heinrich 45
Gottsched, J. Chr. 187, 195, 212
Gracián 97
Gregor XIII. 151
Gurwitsch, Aron 24, 43

Haffner, Sebastian 81, 82
Hebbel, Friedrich 36
Hegel 310–312
Heidegger 14, 16–22, 41, 45, 46, 63, 92–96, 319, 322, 326, 329, 334, 349, 371
Heine 66, 114
Helmholtz, Hermann 253
Heraklit 94, 342
Hiob 142
Hipparch 103–110, 119, 120, 127, 128, 131, 132, 166
Hippokrates 72
His, W. 265
Hitler 80–84
Hofmannsthal 240
Homer 209
Humboldt, Alexander von 9
Hume 61, 373
Husserl 10–12, 14–18, 21–24, 27, 29, 30, 32–34, 40–47, 51, 52–54, 60–62, 64, 65, 89, 91, 95–98, 255, 256, 258, 273, 275, 281, 285–287, 289, 295–297, 303, 304, 306, 308, 316–361, 363, 366–370, 372, 373
Huxley, Julian 223, 224
Huyghens 209

Ingarden, Roman 17
Irenäus von Lyon 72

Jacobi 257
James, William 287, 289
Jaspers, Karl 92
Jean Paul 71
Jellinek, G. 355
Johannes 71

Kant 9, 10, 25, 37, 38, 45, 51, 53, 63, 87, 145, 180, 188, 198, 215–217, 221, 222, 232, 234, 242, 249, 252, 257, 258, 294, 298, 303, 315, 319, 337, 341, 345, 358, 361, 373
Karl der Große 224
Kelsen, Hans 332
Kepler 106, 124, 168, 236
Kerner, Justinus 246
Klöden, Karl Friedrich von 56
Kopernikus 102, 106, 116–142, 144, 145, 147, 163, 166, 167, 225, 279
Koselleck, Reinhart 240
Krauß, Werner 189, 192, 193, 197, 200, 205, 211, 212

Landgrebe, Ludwig 42
La Peyrère, Isaac 170–172
Laplace 157, 178, 179, 247
Lasalle 244–246
Lask, Emil 316
Lauterwalt, Matthias 130
Leibniz 53, 87, 201, 216, 217, 346
Lenin 233
Leonardo 196

Namenregister

Lessing 257
Lévi-Strauss, Claude 58, 59
Lévy-Bruhl, Lucien 24, 42, 43
Lichtenberg 250–252
Liebert, Arthur 42
Liebmann, Otto 253, 254
Locke 234
Lübbe, H. 335
Lukrez 79, 144, 149, 150, 180

Mach, Ernst 11, 34, 51, 273
Maier, A. 139
Malebranche 188
Marx 160, 182, 183, 233
Miescher, Friedrich 265
Montaigne 74, 148–152
Montesquieu 112, 113

Napoleon 84
Natorp, Paul 11, 23, 315, 316, 325, 337, 345
Nero 112
Neurath, Otto 336
Newman, Barnett 297, 298
Newton 87, 101, 208, 217, 226, 232, 233, 238, 249, 257, 278, 295, 296, 303
Nietzsche 259, 260, 264–266, 360, 361
Nizan, Paul 311
Novalis 7

Oresme, Nikolaus von 121, 139
Osiander 132
Ostwald, Wilhelm 363, 364
Ovid 161

Pascal 173–177, 196, 197, 211, 214, 215, 293
Paulus 72
Pauly-Wissowa 105
Perrault 191
Peucer, Kaspar 133, 134
Peuckert, W.-E. 119
Philo von Alexandria 170

Plato 23, 28, 97, 136, 137, 171, 233, 315, 316, 324, 325, 338, 345, 366–368
Plinius (der Ältere) 103–105, 119, 140
Popkin, R. H. 171
Proklos 136
Ptolemäus 105–109, 117–120, 123, 124, 126, 128, 132, 134, 135, 140–142, 166, 279

Ramus, Petrus 134–138
Régis 187
Rehm, A. 105, 106
Rhetikus, Joachim 130–140
Rickert, Heinrich 11
Rilke 313
Ritter, J. 106
Römer, Olaf 180, 181
Rosen, E. 119, 136
Rousseau 193
Russell 362, 363, 374

Sartre 311
Scheler 25
Schiller 179
Schlegel, Friedrich 176, 179
Schlick, Moritz 364
Schopenhauer 76, 182, 242, 280
Schröder, E. 353
Schuhmann, K. 13, 17, 43, 366
Schulze, Gottlob Ernst 242
Seneca 72, 74, 110–112, 230
Simmel, Georg 322
Sokrates 110
Sommer, M. 30, 335
Sperber, Manès 23
Spiegelberg, H. 43
Spinoza 240, 257
Stern, C. William 286, 289, 290, 296
Strasser, S. 44
Strauss, Richard 240

Tarski, A. 336

Thales von Milet 54, 55
Theokrit 194
Timocharis 108
Tschirnhaus 207

Uexküll, Jakob 268, 282, 284, 285
Uexküll, Thure von 282

Vergil 194
Voltaire 208, 209, 218–224, 226–234, 237, 238, 241

Wade, Ira O. 209
Warburg, Aby 359
Werner, Johann 119–121, 123, 124, 131, 139
Witte, W. 273
Wittgenstein 29, 296, 362–365, 374
Woodward, W. R. 273

Xenophon 110

Zinner, E. 128